Oliver Decker, Johannes Kiess, Ayline Heller, Elmar Brähler (Hg.)
Vereint im Ressentiment

HEINRICH BÖLL STIFTUNG

Otto
Brenner
Stiftung

Forschung Psychosozial

Oliver Decker, Johannes Kiess,
Ayline Heller, Elmar Brähler (Hg.)

Vereint im Ressentiment

**Autoritäre Dynamiken
und rechtsextreme Einstellungen**

Leipziger Autoritarismus Studie 2024

Mit Beiträgen von Marco Bitschnau, Elmar Brähler,
Kazim Celik, Oliver Decker, Marius Dilling,
Thorsten Fehlberg, Ayline Heller, Fiona Kalkstein,
Johannes Kiess, Sebastian Koos, Dani Kranz,
Johanna Niendorf, Gert Pickel und Susanne Pickel

Psychosozial-Verlag

Die Veröffentlichung der Leipziger Autoritarismus Studie
erfolgt in Zusammenarbeit mit der Heinrich-Böll-Stiftung
und der Otto Brenner Stiftung.

Bibliografische Information der Deutschen Nationalbibliothek
Die Deutsche Nationalbibliothek verzeichnet diese Publikation
in der Deutschen Nationalbibliografie; detaillierte bibliografische Daten
sind im Internet über http://dnb.d-nb.de abrufbar.

Originalausgabe
© 2024 Psychosozial-Verlag GmbH & Co. KG, Gießen
E-Mail: info@psychosozial-verlag.de
www.psychosozial-verlag.de
Umschlagabbildung: Ivan Vasilijevič Kliun, *Komposition mit transparentem Rot, Braun
und Blau*, 1920
Umschlaggestaltung nach Entwürfen von Hanspeter Ludwig, Wetzlar
Lektorat: Tilman Meckel, Leipzig
Satz: makena plangrafik, Leipzig
ISBN 978-3-8379-3397-0 (Print)
ISBN 978-3-8379-6286-4 (E-Book-PDF)

Inhalt

II. Zum Stand der Zivilgesellschaft

Vorwort der beteiligten Stiftungen

Otto Brenner Stiftung und Heinrich-Böll-Stiftung

Um aktuelle gesellschaftliche Entwicklungen in unserem Land verstehen zu können, sind empirisch fundierte mentalitätspolitische Analysen unerlässlich. Zum nunmehr zwölften Mal spüren die Leipziger Autoritarismus Studien demokratischen wie antidemokratischen, pluralistischen wie autoritären Einstellungsmustern nach und zeichnen ein empirisches, facettenreiches Bild von Ansichten, Werten und Stimmungen in der Bevölkerung.

Festzustellen ist: Theorie und Praxis unserer Demokratie werden von den Bürgerinnen und Bürgern in diesem Land stark unterschiedlich bewertet. Zwar stellt der Großteil der Bevölkerung die Demokratie an sich weiterhin nicht infrage, jedoch sind die Zustimmungswerte zur verfassungsmäßigen und zur gelebten Demokratie so niedrig wie seit Jahren nicht. Auch die unterschiedlichen Bewertungen im Westen und im Osten unseres Landes stechen hervor.

Die in diesem Jahr zum ersten Mal eingesetzte Freitext-Befragung gibt Aufschluss über die subjektiven Beweggründe für negative Bewertungen unserer Demokratie. Genannt wurden hier an vorderster Stelle »Politiker«, »Parteien«, »Regierung« und »Bürokratie«. Insgesamt zeigt sich, dass die Wahrnehmung krisenhafter Zeiten mit einer Skepsis gegenüber den Lösungskompetenzen unserer demokratischen Institutionen einhergeht.

Darüber hinaus ist das Gefühl, keinen Einfluss auf die Politik ausüben zu können, in der Bevölkerung weit verbreitet. Einmal mehr verdeutlicht dies die Notwendigkeit einer ausgeprägten politischen Bildungsarbeit, die zur Stärkung politischer Teilhabe beiträgt und dabei ein realistisches Verständnis demokratischer Prozesse vermittelt.

Zwar sank im Vergleich zu den vorherigen Erhebungen der Bevölkerungsanteil mit einem geschlossen rechtsextremen Weltbild, jedoch ist das kein Grund zur Entwarnung: Die Zustimmung zu ausländerfeindlichen Einstellungen bleibt bundesweit hoch und nimmt in den westdeutschen Bundesländern sogar zu. Und auch Antisemitismus ist nach wie vor tief in unserer Gesellschaft verankert. Dessen Erhebung wurde in diesem Jahr erstmals um die Dimensionen »postkolonialer Antisemitismus« und »antisemitischer Antizionismus« erweitert, um aktuelle Entwicklungen des Antisemitismus besser erfassen zu können.

Des Weiteren bewegen sich antifeministische, sexistische und transfeindliche Einstellungen auf hohem Niveau und finden sich in allen gesellschaftlichen Gruppen, vor allem jedoch auf der rechten Seite des politischen Spektrums. Darin spiegelt sich wider, dass Feministinnen und Transpersonen von Parteien und Bewegungen im äußeren rechten Spektrum offensichtlich zu einem zentralen Feindbild gemacht werden.

Ihren analytischen Blick wirft die diesjährige Erhebung auch auf die Einflüsse von sozialer Ungleichheit und sozialräumlichen Kontexten auf die Verbreitung rechtsextremer Einstellungen. Hier zeigt sich der bemerkenswerte Befund, dass auf individueller Ebene Faktoren wie Arbeitslosigkeit und niedriges Einkommen wenig Erklärungskraft besitzen. Rechtsextreme Einstellungen scheinen viel stärker befördert durch subjektive Deprivationserfahrungen, allgemeine Angst und insbesondere durch das Gefühl, dass es Deutschland insgesamt wirtschaftlich schlecht gehen würde.

Die Leipziger Autoritarismus Studien sind inzwischen eine Institution: Sie bilden einen zentralen Referenzpunkt für die offene gesellschaftspolitische Debatte. Gerade weil sie auf so großes Interesse stoßen, ist es wichtig, den Leserinnen und Lesern alle Informationen mitzugeben, die sie brauchen, um die Ergebnisse informiert einordnen zu können. Als unterstützende Stiftungen freuen wir uns deshalb, dass die diesjährige Studie ein eigenes Kapitel zu methodischem Vorgehen beinhaltet, das einen niedrigschwelligen Einstig in zentrale Fragen der Messung und Repräsentativität der Ergebnisse bietet. Die Unterstützung ist für uns ein wichtiger Beitrag, unsere Demokratie von innen heraus zu stärken. Für die bewährte Zusammenarbeit danken wir dem Team um Oliver Decker und Elmar Brähler – und wünschen eine anregende Lektüre!

Berlin und Frankfurt am Main im Herbst 2024

Heinrich-Böll-Stiftung   *Otto Brenner Stiftung*

1. Vereint im Ressentiment: Autoritäre Dynamiken und rechtsextreme Einstellungen in Deutschland 2024

Oliver Decker, Johannes Kiess, Ayline Heller & Elmar Brähler

Autoritarismusforschung

Die Kritische Theorie ist mit ihrem Autoritarismus-Konzept bis heute zentrale Referenz der Vorurteilsforschung. Entstanden in den 1920er Jahren, um das Aufkommen des Faschismus zu erklären, war die Autoritarismus-Forschung gleichzeitig der Versuch, die politische Einstellung der Menschen in ihrem engen Zusammenhang mit den gesellschaftlichen Widersprüchen zu verstehen. So war in der Kritischen Theorie mit Autoritarismus nicht eine bloße Einstellungs- und Vorurteilsforschung gemeint, sondern damit ebenso eine Gesellschaftskritik verbunden: die Kritik der gesellschaftlichen Bedingungen, unter denen Menschen diese destruktiven Einstellungen hervorbringen. Obwohl die Ziele der faschistischen Bewegungen vor hundert Jahren den Interessen der meisten Bevölkerungsgruppen diametral entgegenstanden, hatten sie doch in fast allen politischen Milieus ihre Anhänger. Darüber hinaus zeigte sich in den empirischen Untersuchungen des Instituts für Sozialforschung in Frankfurt am Main unter seinem Leiter Max Horkheimer Ende der 1920er Jahre, dass nicht nur unter den Anhängern faschistischer Bewegungen eine latente Sehnsucht nach Autorität und Gruppenidentität bestand. Auch bei jenen, die sich auf einer bewussten Ebene für die Ziele der demokratischen Parteien, der Gewerkschaften oder auch der Kirchen aussprachen, war der Wunsch nach einer »Prothesensicherheit« der Autorität groß (Fromm, 1936, S. 179). Ebenso war die Wut auf Schwäche und die Legitimation ihrer Aggressionen bei ihnen zu finden. Gerade einmal ein Sechstel der Befragten war offen für eine demokratische Gesellschaft und bereit, sie zu verteidigen – so stellte es Fromm nach Auswertung einer breit angelegten Fragebogenstudie fest. Die überwiegende Mehrheit war – egal ob Sozialdemokraten, Linkssozialisten, Kommunisten, Bürgerliche oder Nationalsozialisten – anfällig für die faschistische Propaganda der unterwürfigen Verehrung von Stärke und des Hasses auf Schwäche und scheinbare Abweichung (Fromm, 1937/38, S. 188).

Erich Fromm war als Sozialforscher an der Umsetzung der ersten Autoritarismus-Befragung beteiligt. Aber er war auch Psychoanalytiker. Wahrscheinlich fiel ihm angesichts der beschriebenen Dynamik deshalb die frappierende Ähnlichkeit zu einer Perversion auf, dem Sadomasochismus: »Daß die Unterwerfung unter eine Autorität lustvoll sein kann, macht es erst verständlich, daß es so verhältnismäßig leicht war, Menschen zur Unterordnung zu zwingen« (Fromm, 1936, S. 168). Fromm erkannte das »sadomasochistische Syndrom« aus autoritärer Unterwürfigkeit, autoritärer Aggression und Betonung der Konventionen als Spiegel einer Gesellschaft, in die ihre Mitglieder von Kindesbeinen an gewaltvoll hineinwuchsen und die ihre Herrschaft immer wieder auf Macht und Stärke begründete. Entschädigt wurden die Individuen durch die Identifikation mit derselben Macht, der sie sich eben noch unterworfen hatten. Waren auch Bedürfnisse verpönt, die sich nicht in das Schema einfügten, so konnten sie sich doch schadlos halten im Genuss der Unterwerfung von anderen.

Im Anschluss an Erich Fromm widmete sich die Arbeitsgruppe um Theodor W. Adorno und Else Frenkel-Brunswik im US-amerikanischen Exil der autoritären Persönlichkeit und erweiterte Fromms Bild des autoritären Charakters um zusätzliche Facetten. Neben den Sadomasochismus traten weitere Psychodynamiken. Eine dieser Erscheinungsformen des Autoritären war der Glaube an eine große Verschwörung und an dunkle Mächte, die im Hintergrund bedrohliche Dinge aushecken (Adorno et al., 1950). Zur Unterwerfung unter eine Autorität gehört auch die Anerkennung der durch eben diese Autorität repräsentierten Realität, selbst wenn sie auf Kosten des Eigenen geht. Nimmt die reale Hilflosigkeit so drückende Formen an, dass auch die Anerkennung einer Autorität keine Aussicht auf Macht und Kontrolle mehr versprechen kann, bleibt noch die Flucht aus der Realität. Anstelle einer Autorität wählen die Mitglieder die Gruppe zu ihrem Ideal. Die autoritäre Gruppe wird durch Verschwörungserzählungen und geteilten Aberglauben aneinander gebunden, ihr Bindeglied ist die Verleugnung der Realität (Chasseguet-Smirgel, 1975). Dabei kann die Verleugnung der Realität so weit gehen, dass selbst miteinander konkurrierende Verschwörungsnarrative gleichzeitig bei denselben Menschen Anklang finden – selbst wenn sich die Erzählungen widersprechen (Schließler et al., 2020). Alles, was außerhalb dieser Gruppenfantasie liegt, wird als Bedrohung der neuen Gruppenrealität empfunden und verfolgt.

Fiel dem Psychoanalytiker Fromm die Nähe des »klassischen autoritären Typus« zum Sadomasochismus auf, so weist auch das neue Syndrom eine erstaunliche Ähnlichkeit mit einer anderen Variation des Sexualverhaltens auf: dem Fetischismus. Dem Fetischisten ist ebenfalls grundsätzlich zugänglich, dass seine sexuelle Präferenz für Dinge mindestens ungewöhnlich ist, jedoch bleibt diese Anerkennung der Realität gleichzeitig ohne Konsequenz für seine Vorliebe. Die sich daraus ergebende Doppelbewegung aus Verleugnung und Anerkennung ist eine Möglichkeit, mit einer der Erfüllung des Wunsches entgegenstehenden Realität umzugehen. Verleugnung ist psychoanalytisch gesprochen ein Abwehrmechanismus. Er ermöglicht, an einem Wunsch gegen jede Realität festzuhalten und doch halbwegs alltagstauglich zu bleiben (Freud, 1927). Dabei betreffen Verleugnung und Fetischismus nicht allein Einzelschicksale, sie erfassen ganze Gruppen (Morgenthaler, 1974). Wie einem Verschwörungstheoretiker eigentlich die Absurdität seines Wahngebildes klar ist, er es aber trotzdem mit aller Dringlichkeit braucht, so verhält sich in gewisser Weise die ganze Gesellschaft. So besteht die Chance, über diese Psychodynamik des autoritären Fetischismus etwas über die Gesellschaft und ihr Zentrum zu erfahren.

Denn weder Sadomasochismus noch Fetischismus sind Phänomene der Vergangenheit. Wenn ein autoritärer »Führer« nicht zu sehen ist, wird die bestehende autoritäre Dynamik in der Gesellschaft meistens unterschätzt. Aber auch heute finden wir sie durchzogen von autoritären Aggressionen, auch heute richtet sich der Hass gegen jene, die schwach oder abweichend erscheinen. Sei es, weil sie die Fantasie wachrufen, »anders« zu sein, oder mit ihrem Verhalten gegen Konventionen verstoßen. Migranten, Juden, Sinti und Roma oder Homosexuelle ziehen Hass auf sich, so zeigt es unsere Studienreihe seit Jahren (Decker et al., 2022) und so müssen wir es auch in der aktuellen Leipziger Autoritarismus Studie wieder feststellen. Dabei sind diese Ressentiments in der vielbeschworenen »Mitte« der Gesellschaft nicht nur weit verbreitet, etwas in der Mitte der Gesellschaft, in ihrem Zentrum, bringt sie überhaupt erst hervor. Um einen Zugang in dieses Zentrum zu erhalten und den Ursprung zu ergründen, bedarf es der genauen Betrachtung der Individuen samt ihrer Einstellung, Ressentiments, Erwartungen und Gefühle.

Eine autoritäre Masse kann nicht nur durch einen »Führer«, sondern durch ein abstraktes Gruppenideal konstituiert sein. Schon in der Vergangenheit stellten wir fest, dass die Autorität, mit der die Menschen in Deutschland identifiziert sind, die Größe und Macht der »nationalen Wirtschaft« ist (Decker, 2019). Auch deshalb ist wahrscheinlich seit einigen Jahren der Wunsch nach einem autoritären Führer in der Regel niedriger, als es die Aggressionen sind. Der Fetischismus bietet einen Zugang zur autoritären Dynamik, deren gesellschaftliches Zentrum im Wesentlichen von der Ökonomie bestimmt ist. Die Art und Weise, wie die Lebensgrundlagen der Menschen hergestellt werden, ist ein zentrales Merkmal von Gesellschaften. Man kann sie in der Geschichte und in der Gegenwart deshalb an der Produktionsweise unterscheiden.

Eine auf Wachstum geeichte, warenproduzierende Gesellschaft besteht schon seit dem 19. Jahrhundert und seit ihrer Durchsetzung ist die Verleugnung die Voraussetzung dieser Art des Wirtschaftens (Decker, 2011). Wie die Waren produziert werden, was die Lebenskosten für diejenigen sind, die sie herstellen müssen, und wie der solcherart produzierte Reichtum verteilt wird, bleibt im Zwischenraum von Wissen-Können und Nicht-wissen-Wollen.

Entsprechend beschreibt der heutige Leiter des Instituts für Sozialforschung, Stephan Lessenich, die Verleugnung als zentrale Abwehr einer auf beschleunigtes Wachstum angelegten Ökonomie (Lessenich, 2017). Wenn Lessenich für sein Buch den programmatischen Titel »Neben uns die Sintflut« (ebd.) wählt, bringt er diesen Abwehrmechanismus unter der Hand auch mit einer Katastrophe biblischen Ausmaßes zusammen, man könnte sagen mit einer Apokalypse. Auch wenn er die Verbindung nicht zieht, Apokalypse und Verleugnung sind eng verbunden mit der autoritären Dynamik der Gegenwartsgesellschaft.

Krisen und Apokalypse

Seit mehr als einem Jahrzehnt bestimmen Krisen das Leben der Deutschen. Sie folgen dicht auf dicht, teilweise überlappen sie sich. Sie erfassen den Kapitalmarkt- und die Weltwirtschaft, es gibt eine Migrationskrise, eine durch den Klimawandel ausgelöste ökologische Krise, die COVID-19-Pandemie. Auch die Kriege gegen die Ukraine und im Nahen Osten sind Teil dieser krisenhaften Gegenwart. Kein Wunder, dass die Gesellschaft für deutsche Sprache das Wort »Krisenmodus« zum Wort des Jahres 2023 kürte (GfdS, 2023). Auch Begriffsschöpfungen wie Multikrise oder Polykrise sind Ausdrücke einer durch die Zeitgenossen wahrgenommenen Krisenkonjunktur. Und es stimmt sehr wohl: Unsere Gegenwart ist an Herausforderungen und destruktiven Potenzialen alles andere als arm. Wenn aber die beständige Krisenrhetorik nicht in einer Lösung mündet, taucht der Verdacht auf, dass die Rede über die Krisen eher der Verleugnung als der Anerkennung der Realität zuzurechnen ist.

Bei genauerem Hinsehen gibt der Krisen-Begriff bereits selbst Auskunft über den Zustand der Gesellschaft und seine Funktion. »Krisis« (κρίσις) wurde zunächst verwendet im Sinne einer Beurteilung oder Entscheidung, zwischen wahren und falschen Aussagen, zwischen der richtigen und der falschen Entscheidung. Deshalb teilt sich auch die »Kritik« mit der »Krise« diese griechische Wurzel. Über die Jahrhunderte verschob sich die Wortbedeutung, bis heute mit der Krise der Tiefpunkt in einer Entwicklung gemeint ist, der entscheidende Moment in einer zugespitzten Lage. Kurz: Es geht um Wendepunkte, deren Aufziehen erwartet wird.

Um ein Verständnis von der Krisengesellschaft zu erhalten, ist ein weiterer Aspekt von besonderer Bedeutung: Krisen sind weniger durch objektive Entwicklungen bestimmt als durch die subjektive Bedeutung, die ihr die Individuen zugestehen. Schon Anfang der 1970er Jahre wies der Frankfurter Sozialphilosoph Jürgen Habermas auf diese Eigentümlichkeit von Krisen hin: »Erst wenn die Gesellschaftsmitglieder Strukturwandlungen als bestandskritisch *erfahren* und ihre soziale Identität bedroht fühlen, können wir von Krise sprechen.« (Habermas, 1973, S. 12) Das soll heißen: Was als Wendepunkt erlebt wird, dass hängt nicht nur von außen hereinbrechenden Ereignissen ab, manchmal sogar von diesen zuletzt. Ohne die Bewertung einer Entwicklung als Entscheidungsmoment gibt es keine Krise. In manche Katastrophe schlidderte die Menschheit

13

sehenden Auges, ohne vorher schlaflose Nächte gehabt zu haben oder überhaupt beunruhigt gewesen zu sein. Andere wiederum wurden in ihrer Dimension maßlos überzeichnet. Wenn es darauf ankommt, wie bedroht man sich fühlt – folgen wir hier Habermas' Formulierung –, dann bestimmt der Blick des Betrachters die Größe der Gefahr. Und erst diese Wahrnehmung macht eine drohende Katastrophe zur Krise. Und so kommt die Ahnung auf, dass in der Krisenwahrnehmung genauso stark der Wunsch mitschwingt, es möge mit diesem Tiefpunkt das Ende eines Zustands erreicht sein, wie die Sorge, der Gang der Dinge könnte unberührt weitergehen.

Wenn es darüber hinaus nicht nur um *eine* Krise geht, die eine Gesellschaft bewegt, sondern die Menschen beständig von neuen Entwicklungen in den Bann gezogen werden, deren Wahrnehmung aber ohne Folgen bleibt, dann wird die Frage drängend, was die Gründe für eine derartige Krisenverhaftetheit sind. So macht dieses Muster der Krisenwahrnehmung die darunterliegende Logik der Verleugnung unabweisbar. Ihre psychische Logik verbindet sich eng mit der ökonomischen: Bis heute lösen die neoliberale Wirtschaftspolitik und ihre Folgen – fehlende Investitionen in Bildung, Schulen, Pflege und Gesundheit, Infrastruktur des öffentlichen Personenverkehrs – bei weitem weniger politischen Protest aus, als die Krisenrhetorik an Aufmerksamkeit erhält. Stattdessen ist die Gesellschaft geprägt von einer Polarisierungsbereitschaft entlang wechselnder Themen und von Ressentiments gegen jedwede Gruppe, die als Minorität oder abweichend erscheint.

Menschen handeln aus Gründen, akademischer würde man auch sagen: Sie sind durch unterschiedliche Wünsche in ihrer Handlung und Wahrnehmung motiviert. Die Motivation mag einem unbeteiligten Betrachter rational nachvollziehbar sein oder ihm völlig abwegig erscheinen, dennoch liegt Beziehungen, Handlungen oder Erleben von Menschen immer eine Motivation zugrunde. Sigmund Freud hat den Menschen konsequent als ein wünschendes und fantasierendes Tier gedacht (Lohmann, 2006): Hinter dessen Handlungen steht immer ein Wunsch, der ebenso der Vater des Gedankens wie der Tat ist, und doch ist dem Handelnden das Gros seiner Wünsche unbewusst. Das gilt auch, wenn es nicht die Motivation eines Menschen ist, sondern die von vielen: Gruppen, soziale Milieus, politische Verbände, Nationen. Und so ist eine Motivation auch der Grund für die Aufmerksamkeit auf den nächsten Entscheidungsmoment, sie bestimmt, an welcher Stelle er sich zeigt und auf welche Entwicklung nicht geschaut wird.

Die Bereitschaft, auf Reizthemen beständig mit hoher Erregung zu reagieren, gewissermaßen wie der Pawlowsche Hund auf den dargebotenen Klingelton, kann man mühelos als das Kennzeichen der ersten zwei Dekaden des gerade eben angebrochenen 21. Jahrhunderts bezeichnen. »Triggerpunkte« nannte das die Berliner Forschungsgruppe aus den Soziologen Steffen Mau, Thomas Lux und Linus Westheuser (2023) und fand damit ein treffsicher ausgewähltes Bild. Mau und seine Kollegen schlussfolgern zwar einerseits, dass die Gesellschaft bei weitem nicht so polarisiert sei, wie die öffentlichen Debatten vermuten lassen, bestätigen jedoch andererseits die beständige Polarisierungs*bereitschaft*. Und sie liefern noch eine andere interessante Beobachtung. Denn darüber hinaus weisen sie auf ein Phänomen hin, das mit jener Erregungsbereitschaft auf das Engste verbunden ist: die Bereitschaft zur Gruppenbildung und die Konjunktur widerstreitender kollektiver Identitäten (Niethammer, 2000). So können wir mit dem Befund der »Triggerpunkte« etwas über die Bedeutung eines Phänomens der Gegenwart erfahren: Die immer wiederkehrenden Entscheidungsmomente führen keinesfalls zu ihrer gemeinsamen Bewältigung durch die gesamte Gesellschaft. Vielmehr kommt es – auch jenseits des konkreten Inhalts – zu Positionierungen »dafür oder dagegen«. Das ist im Übrigen genau die Polarisierung, von der die Autoren eigentlich sagen, sie existiere nicht. Wenn aber die eigene Ansicht derart unaufgefordert und unversöhnlich artikuliert wird, dann ist dies die permanente Suche nach Entscheidungsmomenten. Es ist die Suche nach lauter kleinen Krisen des Alltags, die im Kleinen der zwischenmenschlichen Beziehungen wiederholen, was auch im Großen gewünscht wird. So kommt schlagartig der Verdacht auf, dass die Entscheidungsmomente genauso wie die Gruppenidentitäten befürchtet *und* ersehnt sind.

Wenn dieser Verdacht stimmt, dann wiederholt die Gesellschaft seit Dekaden ein psychisches und soziales Muster. Man könnte auch sagen: Es ist ein Wiederholungszwang am Werk. Und das Muster ist nicht die Schutzsuche vor dem Schrecklichen, die Wahrnehmung der Gefahr, um ihr entgehen zu können, sondern die Schutzsuche beim Schrecklichen (Türcke, 2002, S. 134). Verräterisch ist deshalb, dass alternativ zur Krise die Rede häufig von der Apokalypse ist: Krisenpolitik und die Politik der Apokalypse liegen nah beieinander (Bröckling, 2023). Das gilt nicht nur für die AfD als Profiteur einer »Migrationskrise«, die sie selbst mit herbeigeredet hat. Gerade weil der menschengemachte Klimawandel eine der größten Herausforderungen unserer Gegenwart ist, offenbart auch hier das Szenario eines »apokalyptische[n] Klimawandel-Endgames« (MDR, 2022) einen Eindruck davon, dass es nicht nur um ihre Bewältigung geht. Mehr noch als der Krisenbegriff gibt die Apokalypse in ihrer wörtlichen Übersetzung etwas von dem Wunsch preis, welcher der Wortwahl zugrunde liegt: Sie ist die »Offenbarung«, der Moment, in dem sich das Rettende zeigen soll, und sie geht einher mit der Entscheidung zwischen Erwählten oder Verworfenen.

Nervöse Zeiten

So neu ist diese nervöse Krisenbereitschaft nicht. Schon zu Beginn des 20. Jahrhundert verdichteten sich die Beobachtungen, dass die Nerven der Zeitgenossen bis zum Zerreißen gespannt waren. Deshalb hießen psychisch Kranke – jenseits ihrer jeweiligen Erkrankung und deren Ursache – oft schlicht Nervöse oder Neurotiker. Sie litten an stressbedingter »Neurasthenie«, so ein prominentes Erklärungsmodell in der damaligen Zeit für dieses Leiden (Kury, 2012). Das kam nicht von ungefähr, sondern war am Ende des »langen 19. Jahrhunderts« (Hobsbawm, 2017) dessen Niederschlag im Individuum. Zu Beginn stand die Französische Revolution, sie markiert das Überschreiten der Schwelle von der Neuzeit zur Moderne. Mit ihr begann eine Zeit »sich überstürzenden Ereignisse politischer Umwälzungen« (Gumbrecht, 1978, S. 103), die seitdem die Erfahrung prägten. Der »Imperativ des Wandels« (ebd., S. 126) wurde paradoxerweise auf Dauer gestellt. Einen Eindruck von der Wirkung dieser permanenten Umwälzung geben bereits Karl Marx und Friedrich Engels in ihrem Kommunistischen Manifest:

> »Die fortwährende Umwälzung der Produktion, die ununterbrochene Erschütterung aller gesellschaftlichen Zustände, die ewige Unsicherheit und Bewegung zeichnet die Bourgeoisepoche vor allen anderen aus. Alle festen eingerosteten Verhältnisse mit ihrem Gefolge von altehrwürdigen Vorstellungen und Anschauungen werden aufgelöst, alle neugebildeten veralten, ehe sie verknöchern können.« (Marx & Engels, 1848)

In der individuellen »Nervosität« zeigten sich die Folgen einer seit dem 19. Jahrhundert immer größere Fahrt aufnehmenden, dauerhaften Entgrenzung, einer sich »beständig selbst überholenden Moderne« (Bergeron et al., 1969, S. 297). Das war nicht einmal nur eine Metapher, sondern wurde mit dem technischen Fortschritt wie der Eisenbahn Alltagserfahrung. Heinrich Heine beschreibt als Zeitgenosse die Wirkung: »Durch die Eisenbahnen wird der Raum getötet, und es bleibt uns nur noch die Zeit übrig.« (Heine, 1963) Die Beschleunigung setzte sich im 20. Jahrhundert, dem Zeitalter der Extreme (Hobsbawm, 1995), fort und hält bis heute an (Rosa, 2005).

Waren die Beschleunigung und Entgrenzung für die Zeitgenossen von Heinrich Heine, Karl Marx und Sigmund Freud bereits eindrucksvoll und rüttelten an den Nerven, ist diese tiefste Wirkung auf die Menschen heute keinesfalls Vergangenheit. Die »moderne[n] Zeiten« (Decker & Kiess, 2013) halten bis heute an. Das massenweise Auftreten von Burnout, Aufmerksamkeitsstörungen und Depressionen kann man als Äquivalent zum Sammelbegriff der Neurose vom Anfang des 20. Jahrhunderts verstehen: Im Extrem der Erkrankung zeigt sich, wie groß die Belastung im Regelfall des Alltags ist und wie wenig die Menschen sich von der Überforderung abgrenzen können (Ehrenberg, 1998; Sennett, 1998; Rosa, 2011; Türcke, 2011).

Möglicherweise ist die nervenaufreibende Gewalt der Beschleunigung mit dem neuesten technischen Fortschritt der Digitalisierung und der bisher letzten ökonomischen Innovation des Neoliberalismus sogar noch intensiver geworden. Beide nahmen zum Ende der 1970er Jahre Fahrt auf und ihr Tempo nimmt weiter zu – nicht ohne Konsequenzen für das individuelle Nervenkostüm und das politische Geschehen. Die weit verbreiteten autoritären Einstellungen sind eine Folge dieser andauernden Entwicklung. Der Bielefelder Sozialpsychologe Wilhelm Heitmeyer stellt zwischen beidem einen engen Zusammenhang her:

> »Die alternativlose Durchsetzung eines Flexibilisierungszwanges, der beispielsweise eingelebte soziale Lebens- und sozialisatorische Entwicklungsrhythmen zerstört, gehört ebenso zum neuen Charakter eines autoritären Kapitalismus, wie gezielte Verletzungen menschlicher Integrität.« (Heitmeyer, 2001, S. 501)

Aber auch für diese autoritäre Dynamik gilt: Ein »Flexibilisierungszwang« könnte ohne die Bereitschaft, diese Flexibilität auch als eigenes zu begehren, nie eine solche Bannkraft entfalten. Ob die autoritäre Masse durch die gemeinsame Identifikation mit einem Führer, einer Ideologie oder einem abstrakten Objekt wie dem Kapitalismus konstituiert wird, ist an dieser Stelle zweitrangig. Das Merkmal des Autoritarismus bleibt, dass er von einem Wunsch getragen wird, so ambivalent dieser auch ist:

> »Was man z. B. ›Autorität‹ nennt, setzt in höherem Maße, als man anzuerken-
> nen pflegt, eine Freiheit des der Autorität Unterworfenen voraus, sie ist selbst,
> wo sie diesen zu ›erdrücken‹ scheint, nicht auf einen Zwang und ein bloßes
> Sich-Fügen-Müssen gestellt.« (Simmel, 1908, S. 102)

Ohne die Freiwilligkeit der Unterwerfung ist die dauerhafte Übernahme des Flexibilisierungsimperatives nicht zu haben. Und die freiwillige Unterwerfung erfolgt, weil mit ihr die Aussicht auf eine Wunscherfüllung verbunden ist.

Somit ist der »libertäre Typus« des Autoritären, den die Basler Forscherin Carolin Amlinger und ihr Kollege Oliver Nachtwey (2022) beschreiben, zwar nicht wirklich neu, beeindruckend ist allerdings, wie klar Amlinger und Nachtwey diese autoritäre Reaktion unabhängig von der politischen Selbstverortung ihrer Studienteilnehmer freilegen können. Und dass die reale Hilflosigkeit gegenüber der Übermacht der Gesellschaft gerade im Kontrast zu ihren Freiheitsversprechen die autoritäre Dynamik derzeit besonders befeuert, das ist hoch plausibel.

Denn auch heute gilt trotz aller gesellschaftlichen Liberalisierung von Lebensentwürfen die polemische Beobachtung, dass der Mensch »doppelt frei ist«: frei von der Möglichkeit, seine Lebensgrundlage selbst zu produzieren, und frei, seine Arbeitskraft zu verkaufen. Der Mensch ist zum Verkauf seiner Arbeitskraft gezwungen, anders können die wenigsten ihr Überleben in dieser Gesellschaft absichern. Das autoritäre Ordnungsschema des flexibilisierten Kapitalismus hat weiterhin zwei Seiten, seine binäre Ordnung lautet »drinnen oder draußen«. Man könnte auch sagen: erwählt oder verworfen. Der Mensch ist die einzige Ware, die dieses binäre Ordnungsschema am eigenen Leib erfährt, und es ist bei weitem rigider als so manches, gegen das gegenwärtig mit Verve gekämpft wird (Decker, 2023).

Hellsichtig hatte schon Anfang der 1980er Jahre der britische Soziologe Stuart Hall auf die Notwendigkeit einer politisch-ökonomischen Aktualisierung des Autoritarismus-Konzepts hingewiesen. Er studierte die

Reaktionen auf den »Thatcherismus« in Großbritannien und die »Reaganomics« in den USA. Die flächendeckende Privatisierung von öffentlichen Gütern, die Entgrenzung des Marktes durch weitestgehende Kommodifizierung und Freihandel, der Abbau des Wohlfahrtsstaats und die Zerschlagung der gewerkschaftlichen Organisationen wurden die Kennzeichen der erneuerten, bis heute bestehenden marktliberalen Ordnung. Hall stellte bereits in der Frühphase dieser neuen Ordnung fest, dass die Reaktion auf sie keinesfalls eine breite Solidarisierung ist, sondern ein »autoritärer Populismus« (Hall, 1982).

Die offenen Formen des »autoritären Populismus« sind heute in fast allen Ländern auf dem Vormarsch, ja, die gesamte Gesellschaft ist in Folge von einer autoritären Dynamik durchzogen, sie erfasst Menschen in allen sozialen Lagen und in allen politischen Lagern. Wenn heute die US-amerikanische Sozialphilosophin Wendy Brown (2018) Halls Befund aufgreift und erweitert, von einem Autoritarismus spricht, der »festive and even apocalyptic« (Brown, 2018, S. 89) sei, trifft sie ins Zentrum, genau genommen: in die Mitte der Gegenwartsgesellschaft. Der Autoritarismus hat eine Tendenz zu Entscheidungsmomenten. Die Krise ist nicht umsonst das Feld, welches extrem-rechte Parteien mit Erfolg bewirtschaften.

Vom Ressentiment zum Massenwahn: Antisemitismus als Alltagsreligion

Durch den Neoliberalismus konnte zwar im politisch-ökonomischen Systemkampf der Sieg über den Ostblock errungen werden, aber gleichzeitig schuf er durch seine unbegrenzte Entfaltung seine eigenen Gespenster (Decker, 2022). Die Wut, die sich unter anderem auf Migranten entlädt, ist eine autoritäre Aggression und sie kann durchaus als Bewältigungsstrategie verstanden werden. Würde man aber in diesem Hass auf »Andere« bloß die kalkulierte Manipulation neoliberaler Politik sehen – die Umlegung des Grolls über die Verhältnisse auf wehrlose Sündenböcke –, würde man die Freiwilligkeit übersehen, die in jedem Autoritätsverhältnis besteht. Deshalb ist es notwendig, zwischen einer Krisenreaktion *des* Neoliberalismus und einer Krisenbewältigung *im* Neoliberalismus zu unterscheiden.

Zur Ergründung dieses Unterschieds ist eine weitere Beobachtung von Karl Marx hilfreich. Einer seiner berühmten Sätze wird oft zitiert und fast genauso oft falsch. Marx verwies pointiert auf die Bedeutung der Religion, als er von ihr als dem »Opium des Volkes« sprach. Diese Beschreibung zeugt von einer großen Empathie, mit welcher der Religionskritiker auf die Religion als »Seufzer der bedrängten Kreatur« blickte (Marx, 1844, S. 378). Die Religion ist der Versuch des Menschen, in den bedrückenden Verhältnissen leben zu können, indem er diesen die Aussicht auf eine erlösende Zukunft an die Seite stellt. Am Ende der Zeit kommt das Reich des Herrn und findet endlich das irdische Jammertal sein Ende. Religion entsprang dem Wunsch, dass es so, wie es ist, nicht bleiben kann. Sicher, dieses Trostmittel wurde als Herrschaftsmittel eingesetzt, entzogen oder dosiert, aber gesucht und gefunden wird es aus einem tief empfundenen, menschlichen Wunsch nach einem Ende der unhaltbaren Zustände. In den Momenten, in denen aber die Vergeblichkeit des Wartens überdeutlich zutage trat, schlug die versöhnende Hoffnung in destruktive Ressentiments um – der christliche Antijudaismus ist jahrhundertelang das Ventil gewesen (Graus, 1987).

Die autoritäre Aggression heute zeigt an, dass auch die moderne Gesellschaft von der Hoffnung auf Versöhnung angetrieben ist. An ihre beständigen technischen Neuerungen »knüpfen sich jene utopischen Hoffnungen, die mit zunehmender Geschwindigkeit das vermeintliche Ziel der Geschichte, den ewigen Frieden, zu erreichen trachteten« (Bergeron et al., 1969, S. 303). So aufgeklärt und modern die Gesellschaft erscheint, so wenig kann sie auf die Erlösungshoffnung verzichten. Und auch in ihr schlägt die Hoffnung in Destruktivität um, wenn das Scheitern des Versprechens überdeutlich wird.

Der Soziologe Detlev Claussen (1993) hat auf die Wirkung jener Momente hingewiesen, in denen sichtbar wird, dass die Naturbeherrschung und Kontingenzbewältigung immer fragil bleiben: Die Ambivalenz äußert sich in aggressiven Ressentiments gegenüber jenen, die in der gesellschaftlichen Ideologie bis heute entweder eng verbunden werden mit der Natur – Frauen, Schwarze – oder selbst für Schwäche und die Ambivalenz von Identität stehen – Juden, Sinti und Roma. Wenn Claussen vom Antisemitismus als »Alltagsreligion« spricht, wird seine Funktion in modernen Gesellschaften deutlich. Er ermöglicht, was im Scheitern notwendig wird: Aus der Erfahrung der fortgesetzten Hilflosigkeit entsteht das Ressentiment, welches aus der Masse heraus befriedigt werden kann.

Ist auch das antisemitische Ressentiment eng verbunden mit gegenwärtigen gesellschaftlichen Entwicklungen, so hat der von ihm getragene Vernichtungswille noch eine andere Quelle. Der eliminatorische Antisemitismus der Shoah war nicht allein aus den damaligen Verhältnissen zu erklären. Schon in den 1940er Jahren war klar, dass die systematische und auf höchstem Niveau instrumenteller Vernunft betriebene Vernichtung der europäischen Juden nicht allein in den gesellschaftlichen Dynamiken begründet liegen konnte. Unter dem Eindruck der Shoah kam mit der instrumentellen Vernunft auch die Zivilisationsentwicklung des Menschen in den Blick (Horkheimer & Adorno, 1944).

Menschliche Gesellschaften, so eine zentrale Erkenntnis der Kritischen Theorie, kennzeichnet der Versuch, sich vom unvorhersehbaren Einbrechen der Naturgewalten zu emanzipieren. Dieser Versuch der Beherrschung richtet sich nicht nur gegen die äußere Natur (Wetter, Erdbeben, Dürre). In einer immer weiter gehenden Verinnerlichung der Kontrolle und Selbstbeherrschung wird auch der Mensch, der menschliche Körper und damit die menschliche Natur, der Kontrolle unterworfen. Bereits Nobert Elias sah es als Aufgabe einer »historischen Gesellschaftspsychologie«, diesen »Prozess der Zivilisation« nachzuzeichnen, der zu einer immer weitergehenden Beherrschung nicht nur der äußeren, sondern auch der inneren Natur (der eigenen Affekte, Wünsche und körperlichen Bedürfnisse) führt (Elias, 1939a, S. 385; Elias, 1939b).

Wie Adorno und Horkheimer war auch Elias klar, dass trotz aller Bemühungen nicht nur die Erfahrung der Unkontrollierbarkeit von Natur bestehen bleibt: Mit der Beherrschung der inneren Natur (des eigenen Körper) und der äußeren Natur hat die Gesellschaft die Naturgewalt nicht überwunden, sondern wiederholt.[1] Ihre Destruktionspotenziale wachsen mit den Potenzialen der menschlichen Möglichkeiten an. Gesellschaft ist so eine Art »zweite Natur« geworden, in ihrer vergesellschafteten Gewalt selbst so mächtig und oft genug gewaltvoll, wie jene erste, die überwunden werden sollte. Nicht nur im Verhältnis zu anderen Menschen, sondern

---

[1] Dass sich manchmal sogar im Versuch der Überwindung dieser Geschlechterordnung noch die »narzisstische Idee von der Verfügbarkeit der Welt, und auch der des Leibes und der Psyche findet«, macht die Stärke des Antriebs zur Herrschaft über die Natur deutlich (Landweer, 1994, S. 64). Der Wunsch, sich der Kontingenz der eigenen Natur zu entziehen, und der Versuch, dies mit instrumentellen Eingriffen zu erreichen, finden sich selbst bei jenen, die diese Herrschaft kritisieren.

auch im Verhältnis zur inneren und äußeren Natur äußert sich diese Ambivalenz als »Ressentiment der beherrschten Subjekte der Naturbeherrschung« (Horkheimer & Adorno, 1944, S. 238).

Die Leipziger Autoritarismus Studie 2024

In den folgenden Kapiteln legen wir die Ergebnisse der aktuellen Befragung zur autoritären Dynamik und rechtsextremen Einstellung in Deutschland vor. Sie zeigen einen Anstieg der rechtsextremen Einstellung in Deutschland und einen Legitimationsverlust der im Alltag erfahrenen Demokratie. Der Antisemitismus steigt in Westdeutschland – trotz seiner Sanktionierung infolge der Shoah – in seiner tradierten Form nach einem langjährigen Abwärtstrend nun wieder deutlich an. In seinen anderen Ausdrucksformen sehen wir eine vergleichbare Entwicklung in Ost- und Westdeutschland.

Zwar hat die Verbreitung der rechtsextremen Einstellung nicht in dem Maße zugenommen, wie die Wahlerfolge der extrem-rechten AfD hätten vermuten lassen. Dennoch existiert mit der AfD eine Partei, die den in der Gesellschaft vorhandenen destruktiv-aggressiven Wünschen ein Politikangebot macht: Ihre Bindekraft hat zugenommen und sie kann sich im Osten auf den Anteil derjenigen stützen, die seit Jahren Ressentiments teilen und nur auf die Legitimation warten, die Wut gegen Migranten, Juden, Homosexuelle oder »Schwache« und »Abweichende« zu richten. Was der AfD dadurch im Osten bereits gelang – neue Wählerschichten anzusprechen und an sich zu binden –, steht in Anbetracht des Anstiegs von Ausländerfeindlichkeit und Antisemitismus auch bei den anstehenden Wahlen im Westen zu befürchten. Dies umso mehr, als wir feststellen müssen, dass wir die Ressentiments zunehmend auch unter Jüngeren antreffen. Seit Beginn unserer Studienreihe war unter ihnen die Unzufriedenheit mit der Demokratie noch nie so weit verbreitet und die Suche nach autoritären Lösungen noch nie so deutlich.

Politische Partizipation und Parteibindung werden in allen westlichen Demokratien immer unbeständiger (Dalton et al., 2000; Mair, 2008; De Vries & Hobolt, 2020; Emanuele et al., 2020). Passend zu den Krisendiskursen sind Wahlerfolg und -misserfolg zunehmend von kurzfristigen Zeitfenstern abhängig, die dynamische Debatten – oft an neuralgischen

Triggerpunkten wie Migration, Klima, Beschäftigung und Wirtschafts-politik entlang – eröffnen. Die Parteien sind von der Krisenwahrneh-mung der Wähler so getrieben, wie sie selbst von ihr bestimmt sind, gera-de deshalb haben sie Schwierigkeiten, bei »ihren« Programmatiken kohä-rent zu bleiben. Entlang der Krisenwahrnehmungen orientieren sich die Menschen auch in ihrer Parteipräferenz (Kiess & Portos, 2023), gerade jüngere Menschen weisen eine geringere Parteiidentifikation bzw. höhere elektorale Volatilität (Dassonneville, 2013) auf. So ist erklärbar, warum überproportional viele Jüngere vor kurzem noch die Grünen wählten und gerade bei den Landtagswahlen in Sachsen, Thüringen und Branden-burg die AfD in derselben Altersgruppe so erfolgreich war. Das waren kaum dieselben Personen, so weit geht die Wechselbereitschaft nicht. Aber die Mobilisierungsfähigkeit von vorhandenen Einstellungen ist eben stark konjunkturabhängig.

Auch wenn der Blick sich meistens auf extrem-rechte Parteien und neonazistische Bewegungen richtet, die autoritäre Dynamik findet nicht nur dort ihren Ausdruck. Nachdem Wendy Brown in oben zitierten Auf-satz zum neuen »apokalyptischen« Autoritarismus diesen auf die Abwehr-kämpfe »weißer Männer« gegen den Verlust ihren Privilegien bezieht, stellt sie im Schlusssatz irritiert die Frage: »And might we also need to ex-amine the ways these logics and energies organize aspects of left respon-ses to contemporary predicaments?« (Brown, 2018, S. 75). Die Antwort darauf ist durchaus einfach zu geben. Die Krisenfokussierung und Pola-risierung sowie der Wunsch nach Grenze und Identität sind nicht auf rechte Bewegungen beschränkt.

Etwas von der Personalisierung der autoritären Reaktion schwingt selbst in Browns eigener Gegenwartsbeschreibung mit, wenn sie die Pro-blemlagen so klar bei »weißen Männern« ausmachen kann, wo es doch eigentlich um gesellschaftliche Entwicklungen geht. Identifizierendes Denken findet sich selbst dort, wo die Kritik der Identitätslogik in der Vergangenheit zur Kernaufgabe gehörte. Die Präsenz von autoritären Aggressionen, der Wunsch nach Stärke und die Personalisierung politi-scher Verhältnisse auch in progressiven Bewegungen machen die Ausei-nandersetzung mit ihnen notwendig. Eine solche Selbstreflexion kann nicht nur den autoritären Dynamiken entgegenwirken, sie kann auch Aus-kunft über die Wirkung der Gesellschaft auf die in ihr lebenden Indivi-duen liefern.

Auch heute findet die politische Regression ihren Ausdruck im Antisemitismus, der immer deutlicher in seiner Funktion einer Brückenideologie zwischen politischen und sozialen Milieus sichtbar wird (Volkov, 2000). Neben ihm war auch der Antifeminismus lange Jahrzehnte ein Erkennungsmerkmal antidemokratischer Milieus. Neben dem Einfluss der Krisenwahrnehmung auf die Ressentiments und den Ursachen für den Legitimationsverlust der Demokratie sind deshalb Antisemitismus und Antifeminismus zentrale Themen der diesjährigen Studie.

Die angesprochenen destruktiven Phänomene zeigen die Grenzen an, die für Lösungen der Gegenwartsherausforderungen bestehen. Auch deshalb ist ihre Dokumentation so wichtig wie die Kritik der gesellschaftlichen Ursachen. Mit Immanuel Kant gesprochen, leben wir nicht in einer aufgeklärten Gesellschaft (Kant, 1999, S. 26). Aber wir können dafür sorgen, dass wir die Bedingung für eine Aufklärung der Gesellschaft schaffen.

Literatur

Adorno, T. W., Frenkel-Brunswik, E., Levinson, D. J. & Sanford, R. N. (Hrsg.) (1950). *The Authoritarian Personality*. New York: Harper.

Bergeron, L., Furet, F. & Koselleck, R. (1969). *Das Zeitalter der europäischen Revolution 1780–1848*. Fischer: Reinbek.

Bröckling, U. (2023). Untergang als Argument: Politiken der Apokalypse. *Soziopolis. Gesellschaft beobachten*. URL: https://www.soziopolis.de/untergang-als-argument.pdf (09.10.2024).

Brown, W. (2018). Neoliberalism's Frankenstein: Authoritarian Freedom in Twenty-First Century »Democracies«. *Critical Times*, 1, 60–79.

Chasseguet-Smirgel, J. (1975). *Das Ichideal. Psychoanalytischer Essay über die »Krankheit der Idealität«*. Frankfurt a. M.: Suhrkamp (1987).

Dalton, R. J., Mcallister, I. & Wattenberg, M. (2000). The Consequences of Partisan Dealignment. In R. J. Dalton & M. P. Wattenberg (Hrsg.), *Parties without Partisans: Political Change in Advanced Industrial Democracies* (S. 37–63). Oxford: Oxford University Press.

Dassonneville, R. (2013). Questioning generational replacement. An age, period and cohort analysis of electoral volatility in the Netherlands, 1971–2010. *Electoral Studies, 32*, 37–47.

De Vries, C. E. & Hobolt, S. B. (2020). *Political Entrepreneurs: The Rise of Challenger Parties in Europe*. Princeton University Press.

Decker, O. (2011). *Der Warenkörper. Zur Sozialpsychologie der Medizin*. Springe: Zu Klampen.

Decker, O. (2019). Secondary authoritarianism – the economy and right-wing extremist attitudes in contemporary Germany. *Journal of Psychosocial Studies*, 12, 203–213.

Decker, O. (2022). Verdichtete Orte. Wiederkehr der Vergangenheit, Konflikte der Gegenwart. In J. Reichmayr & M. Reichmayr (Hrsg.), *Paul Parin Werkausgabe – Das Bluten aufgerissener Wunden. Psychoanalyse, faschistische Ideologie und Krieg in Europa. Schriften 1992–1997* (S. 9–25). Wien: Mandelbaum.

Decker, O. (2023). Autoritäre Dynamiken und binäre Ordnungen. *Zeitschrift für kritische Theorie, 29*, 230–254.

Decker, O. & Kiess, J. (2013). Moderne Zeiten. In O. Decker, J. Kiess & E. Brähler (Hrsg.), *Rechtsextremismus der Mitte. Eine sozialpsychologische Gegenwartsdiagnose* (S. 13–64). Gießen: Psychosozial.

Decker, O., Kiess, J., Heller, A. & Brähler, E. (2022). Die Leipziger Autoritarismus Studie 2022 – Methode, Ergebnisse, Langzeitverlauf. In O. Decker, J. Kiess, A. Heller & E. Brähler (Hrsg.), *Autoritäre Dynamiken in unsicheren Zeiten. Neue Herausforderungen – alte Reaktionen? Leipziger Autoritarimus Studie 2022* (S. 31–90). Gießen: Psychosozial.

Ehrenberg, A. (1998). *Das erschöpfte Selbst. Depression und Gesellschaft in der Gegenwart*. Frankfurt a. M.: Suhrkamp (2008).

Elias, N. (1939a). Über den Prozeß der Zivilisation. Soziogenetische und psychogenetische Untersuchungen. Erster Band: Wandlungen des Verhaltens in den weltlichen Oberschichten des Abendlandes. In *Gesammelte Schriften, Bd. 3.1*. Frankfurt a. M.: Suhrkamp (1997).

Elias, N. (1939b). Über den Prozeß der Zivilisation. Soziogenetische und psychogenetische Untersuchungen. Zweiter Band: Wandlungen der Gesellschaft. Einwurf zu einer Theorie der Zivilisation. In *Gesammelte Schriften, Bd. 3.2*. Frankfurt a. M.: Suhrkamp (1997).

Emanuele, V., Chiaramonte, A. & Soare, S. (2020). Does the Iron Curtain Still Exist? The Convergence in Electoral Volatility between Eastern and Western Europe. *Government and Opposition, 55*, 308–326.

Freud, S. (1927). Fetischismus. In A. Freud (Hrsg.), *Sigmund Freud – Gesammelte Werke Bd. XIV* (S. 309–322). Frankfurt a. M.: Fischer.

Fromm, E. (1936). Studien über Autorität und Familie. Sozialpsychologischer Teil. In *Gesamtausgabe, Bd. 1* (S. 139–187). Stuttgart: Deutsche Verlagsanstalt.

Fromm, E. (1937/38). Arbeiter und Angestellte am Vorabend des Dritten Reiches. Eine sozialpsychologische Untersuchung. In *Gesamtausgabe, Bd. 3* (S. 1–224). Stuttgart: Deutsche Verlags-Anstalt (1980).

GfdS – Gesellschaft für deutsche Sprache (2023). GfdS wählt »Krisenmodus« zum Wort des Jahres 2023. URL: https://gfds.de/wort-des-jahres-2023/ (19.9.2024).

Graus, F. (1987). *Pest – Geissler – Judenmorde*. Göttingen: Vandenhoeck & Ruprecht.

Gumbrecht, H. U. (1978). Modernität, Moderne. In O. Brunner, W. Conze & R. Koselleck (Hrsg.), *Geschichtliche Grundbegriffe. Historisches Lexikon zur politisch-sozialen Sprache in Deutschland. Band 4* (S. 93–131). Stuttgart: Klett-Cotta.

Habermas, J. (1973). *Legitimationsprobleme im Spätkapitalismus*. Frankfurt a. M.: Fischer (1979).

Hall, S. (1982). Popular-demokratischer oder autoritärer Populismus. In W. F. Haug & W. Efferding (Hrsg.), *Internationale Sozialismusdiskussion, Bd. 2, Neue soziale Bewegungen und Marxismus* (S. 104–124). Hamburg: Argument.

Heine, H. (1963). *Lutetia: Berichte über Politik, Kunst und Volksleben*. Leipzig: Reclam.

Heitmeyer, W. (2001). Autoritärer Kapitalismus, Demokratieentleerung und Rechtspopulismus. In D. Loch & W. Heitmeyer (Hrsg.), *Schattenseiten der Globalisierung. Rechtsradikalismus, Rechtspopulismus und separatistischer Regionalismus in westlichen Demokratien* (S. 497–534). Frankfurt a. M.: Suhrkamp.

Hobsbawm, E. J. (1995). *Das Zeitalter der Extreme. Weltgeschichte des 20. Jahrhunderts*. München: Deutscher Taschenbuch Verlag (2012).

Hobsbawm, E. J. (2017). *Das lange 19. Jahrhundert*. Darmstadt: Theiss.

Horkheimer, M. & Adorno, T. W. (1944). Die Dialektik der Aufklärung. In G. Schmid Noerr (Hrsg.), *Max Horkheimer – Gesammelte Schriften Bd. 5*. Frankfurt a. M.: Fischer.

Kant, I. (1999). *Was ist Aufklärung? Ausgewählte kleine Schriften*. Hamburg: Felix Meiner Verlag.

Kiess, J. & Portos, M. (2023): Eppur si Muove! Young People, Issue Salience and Volatility in Nine European Countries. *Government and Opposition*, Online First. https://doi.org/10.1017/gov. 2022.49

Kury, P. (2012). *Der überforderte Mensch: Eine Wissensgeschichte vom Stress zum Burnout*. Frankfurt a. M.: Campus.

Landweer, H. (1994). Jenseits des Geschlechts? Zum Phänomen der theoretischen und politischen Fehleinschätzung von Travestie und Transsexualität. In Institut für Sozialforschung (Hrsg.), *Geschlechterverhältnisse und Politik* (S. 139–167). Frankfurt a. M.: Suhrkamp.

Lessenich, S. (2017). *Neben uns die Sintflut. Die Externalisierungsgesellschaft und ihr Preis*. München: Hanser Berlin.

Lohmann, H. M. (2006). Revolutionär im Denken. *Deutschlandfunk*, 06.05.2006. URL: https://www.deutschlandfunk.de/revolutionaer-im-denken-100.html (09.10.2024).

Mair, P. (2008). Electoral Volatility and the Dutch Party System: A Comparative Perspective. *Acta Politica, 43*, 235–253.

Marx, K. (1844). Zur Kritik der Hegelschen Rechtsphilosophie. Einleitung. In *Karl-Marx/Friedrich-Engels-Werke, Bd. 1* (S. 378–391). Berlin: Dietz.

Marx, K. & Engels, F. (1848). Manifest der Kommunistischen Partei. In *Karl-Marx/Friedrich-Engels-Werke, Bd. 4*. Berlin: Dietz.

Mau, S., Lux, T. & Westheuser, L. (2023). *Triggerpunkte. Konsens und Konflikt in der Gegenwartsgesellschaft*. Berlin: Suhrkamp.

MDR – Mitteldeutscher Rundfunk (2022). Der Klimawandel könnte die gesamte Menschheit auslöschen. *MDR Wissen*, 22.08.2022. URL: https://www.mdr.de/wissen/klimawandel-apokalypse-droht-ende-der-menschheit-100.html (19.9.2024).

Morgenthaler, F. (1974). Die Stellung der Perversionen in Metapsychologie und Technik. *Psyche. Zeitschrift für Psychoanalyse und ihre Anwendungen, 28*, 1077–1088.

Niethammer, L. (2000). *Kollektive Identität. Heimliche Quellen einer unheimlichen Konjunktur*. Reinbek bei Hamburg: Rowohlt.

Rosa, H. (2005). *Beschleunigung. Die Veränderung der Zeitstrukturen in der Moderne*. Frankfurt a. M.: Suhrkamp.

Rosa, H. (2011). Beschleunigung und Depression. Überlegungen zum Zeitverhältnis der Moderne. *Psyche. Zeitschrift für Psychoanalyse und ihre Anwendungen, 65*, 1041–1060.

Schließler, C., Hellweg, N. & Decker, O. (2020). Aberglaube, Esoterik und Verschwörungsmentalität in Zeiten der Pandemie. In O. Decker & E. Brähler (Hrsg.), *Autoritäre Dynamiken. Alte Ressentiments – neue Radikalität. Leipziger Autoritarismus Studie 2020* (S. 283–310). Gießen: Psychosozial.

Sennett, R. (1998). *Der flexible Mensch. Die Kultur des neuen Kapitalismus*. Berlin: Berlin-Verlag.

Simmel, G. (1908). *Soziologie. Über die Formen der Vergesellschaftung*. Frankfurt a. M.: Suhrkamp.

Türcke, C. (2002). *Erregte Gesellschaft. Philosophie der Sensation*. München: Beck.

Türcke, C. (2011). Konzentrierte Zerstreuung. Zur mikroelektronischen Aufmerksamkeitsdefizit-Kultur. In C. Frank, L. M. Hermanns & E. Löchel (Hrsg.), *Jahrbuch der Psychoanalyse 62: Todestrieb und Wiederholungszwang heute* (S. 13–30). Stuttgart: Fromman-Holzboog.

Volkov, S. (2000). *Antisemitismus als kultureller Code. Zehn Essays*. München: Beck.

I. Autoritäre Dynamiken in der Mitte der Gesellschaft

2. Die Leipziger Autoritarismus Studie 2024: Methoden, Ergebnisse und Langzeitverlauf

Oliver Decker, Johannes Kiess, Ayline Heller & Elmar Brähler

Einleitung

Mit den *Leipziger Autoritarismus Studien* (LAS) untersuchen wir seit 2002 und damit bereits in der zwölften Erhebungswelle die Verbreitung der rechtsextremen Einstellung, wir analysieren verschiedene Einflussfaktoren, die aktuelle Dynamik des Autoritären Syndroms und fokussieren darüber hinaus auf weitere politische Einstellungen. Unsere Erhebung im Zweijahresrhythmus ist ein wichtiger Seismograf der politischen Einstellungen in Deutschland und seit Jahren fest etabliert. Die dabei entstandene Zeitreihe erlaubt uns einen auch weltweit einzigartigen Blick auf die Entwicklung der Zustimmung zu rechtsextremen Aussagen. In diesem Kapitel berichten wir die zentralen Ergebnisse der diesjährigen Befragung und vergleichen diese mit vorherigen Erhebungen, wobei wir weitgehend deskriptiv vorgehen. Vertiefende Analysen finden sich in den Kapiteln 3 bis 6.

Im Folgenden beschreiben wir zunächst die Stichprobe und die genutzte Erhebungsmethode, bevor wir die Zustimmung zum Fragebogen rechtsextreme Einstellung, entsprechende Zeitreihen und anschließend Zusammenhänge zu ausgewählten soziodemografischen Merkmalen darstellen und diskutieren. Im darauffolgenden Abschnitt blicken wir auf die Verbreitung weiterer Ressentiments, die sich gegen bestimmte Gruppen richten. Den Abschluss bildet der Bericht zur Wahrnehmung der Demokratie und Teilhabe und zur Verbreitung des autoritären Syndroms.

Tabelle 1: Soziodemografische Beschreibung der Stichprobe LAS 2024 (mit und ohne deutsche Staatsangehörigkeit, 16–92 Jahre)

		Gesamtgruppe ($N = 2.504$)	
Alter in Jahren	Mittelwert	49,7	
	Standardabweichung	18	
		absolut	**in %**
Altersgruppen	bis 24 Jahre	250	10,0
	25–34 Jahre	366	14,6
	35–44 Jahre	417	16,7
	45–54 Jahre	379	15,1
	55–64 Jahre	478	19,1
	65–74 Jahre	409	16,3
	ab 75 Jahre	205	8,2
Geschlecht	männlich	1.202	48,0
	weiblich	1.301	52,0
	divers	1	0,04
Partnerschaft	lebe in einer festen Partnerschaft	1.484	60,3
	lebe nicht in einer festen Partnerschaft	977	39,7
Schulabschluss	kein Schulabschluss	67	2,7
	Haupt-/Volksschulabschluss	637	25,6
	Mittlere Reife/Realschulabschluss	848	34,0
	POS/10. Klasse	189	7,6
	Fachschulabschluss (ohne Anerkennung als Fachhochschule)	109	4,4
	Abitur/o. abgeschl. Studium	339	13,6
	abgeschl. Hochschul-/Fachhochschulstudium	255	10,2
	Schüler(in) einer allg. Schule	48	1,9
	anderer Schulabschluss	1	0,04
Erwerbstätigkeit	Vollzeit mit ≥ 35 h/Woche	1.099	44,2
	Teilzeit mit 15–35 h/Woche	296	11,9
	stundenweise erwerbstätig	73	2,9

		absolut	in %
	Freiwilligendienst oder Mutter-schutz/Erziehungsurlaub	15	0,6
	z. Z. arbeitslos/0-Kurzarbeit	114	4,6
	in Rente/Vorruhestand	650	26,2
	nicht berufstätig/Hausfrau/Hausmann	63	2,5
	in Berufsausbildung (auch Fachschule f. gewerbliche Berufe)	47	1,9
	in Schulausbildung (auch Uni, Hochschule)	127	5,1
Beruf	noch nie berufstätig	165	6,7
	Arbeiter(in)	284	11,5
	Facharbeiter(in)	266	1C,7
	selbstständige Landwirte	9	0,4
	freie Berufe	37	1.5
	Selbstständige	123	5,0
	Angestellte	1.471	59,3
	Beamte	124	5,0
Haushaltsäquivalenz-einkommen/Monat	bis 1.250 €	356	14,2
	1.250 bis < 2.000 €	777	31,0
	2.000 bis < 3.000 €	800	32,0
	ab 3.000 €	528	21,1
	keine Angabe	43	1,7
Konfessionelle Bindung bzw. An-gehörige einer Reli-gionsgemeinschaft	nein	804	32,2
	ja	1.692	67,8
Befragte in	Ostdeutschland	501	20
	Westdeutschland	2.003	80
Bis zum 14. Lebens-jahr überwiegend aufgewachsen in	Westdeutschland	1.724	69,6
	Ostdeutschland	580	23,4
	einem anderen Land	173	7

Methode und Stichprobe

Wie in allen bisherigen Erhebungswellen beauftragten wir auch in diesem Jahr das unabhängige Umfrageinstitut USUMA. Dieses stellt zum einen die Zufälligkeit der Stichprobenziehung nach den geltenden Standards in der empirischen Sozialforschung sicher. Zum anderen ermöglicht uns die Konstanz der Kooperation mit USUMA, der Befragungsart und der grundsätzlichen Arbeitsschritte, die Befragungsergebnisse über die Jahre zu vergleichen. So erfolgt die Rekrutierung der Teilnehmenden face-to-face durch geschulte Interviewer, die auch ein kurzes soziodemografisches Interview durchführen. Der Hauptteil der Studie wird jedoch von den Befragten als Papierfragebogen ausgefüllt, sodass ein Höchstmaß an Anonymität gewahrt wird. Die Probanden werden vorab über die Ziele der Studie, den Auftraggeber Universität Leipzig sowie die Freiwilligkeit der Teilnahme und das Recht informiert, die Befragung jederzeit zu unterbrechen bzw. abzubrechen. Auch Informationen zum Datenschutz und der Vertraulichkeit der Daten werden gegeben. Ziel unserer Untersuchung ist es nicht, Auskunft über Einzelpersonen einzuholen, sondern über die Gesellschaft insgesamt sowie für einzelne Gruppen im Vergleich aussagekräftige Ergebnisse zu erhalten. Im Sinne der Transparenz und angesichts eines erhöhten Interesses an den methodischen Grundlagen wissenschaftlicher Untersuchungen in der Öffentlichkeit finden sich in Kapitel 7 dieses Buches detaillierte Angaben zu unserem Vorgehen (insbesondere zur Stichprobenziehung und Datenaufbereitung) sowie Antworten auf grundsätzlichere Fragen zu (umfragen-)methodischen Aspekten.

In Tabelle 1 finden sich die soziodemografischen Charakteristika unserer diesjährigen Stichprobe. In den ostdeutschen Bundesländern wurden im Bundesvergleich überproportional viele Menschen befragt, um den spezifischen Entwicklungen der politischen Kultur seit der Wende Rechnung zu tragen (neben unserer Studienreihe und stellvertretend für unzählige Publikationen zum Thema z. B. De Souza, 2022; Elff et al., 2022; Heide et al., 2023; Mau, 2024). Die Stichprobe von etwa 500 Befragten in Ostdeutschland ermöglicht uns differenzierte Aussagen über die ostdeutsche Wohnbevölkerung und erlaubt uns beispielsweise einen genauen Blick auf die Verbreitung von rechtsextremen Einstellungen in Abhängigkeit von Alter oder Geschlecht. Für eine Beschreibung einzelner Bundesländer reicht jedoch auch die leichte Überquotierung nicht aus (für Zahlen zu den ostdeutschen Bundesländern siehe Decker et al., 2023). Da auf Basis der Stichprobe auch für Westdeutschland nur für die bevölkerungsreichsten Bundesländer Aussagen möglich wären, verzichten wir hier ganz auf bundesländerbezogene Auswertungen.

Seit 2002 bildet der *Fragebogen zur rechtsextremen Einstellung in der Leipziger Form* (FR – LF) den Kern unserer Untersuchungen. Er hat sich als teststatistisch und inhaltlich verlässliches Instrument erwiesen (Decker et al., 2013; Heller et al., 2020) und beruht teilweise auf Items, die bereits in den 1980er Jahren eingesetzt wurden (Greiffenhagen, 1981). Aufgrund der Länge von 18 Aussagen, denen die Befragten auf einer Skala von 1 bis 5 zustimmen können, wird er zwar selten in anderen Befragungen eingesetzt, Teile des Fragebogens werden jedoch in Untersuchungen wie dem Thüringen-Monitor oder der Bürgerbefragung der Stadt Leipzig genutzt. Die zugrundeliegende Definition rechtsextremer Einstellung kann ebenfalls als allgemein akzeptiert gelten, auch wenn für das Phänomen Rechtsextremismus – also unter Einschluss extrem rechter Parteien und Gruppierungen, Diskurse und Ideologeme, Aktivitäten und Strategien – eine auch weiterhin komplexe Begriffsdebatte existiert (Kiess, 2011; Pirro, 2023). Wir definieren Rechtsextremismus für die Einstellungsforschung als

»Einstellungsmuster, dessen verbindendes Kennzeichen Ungleichwertigkeitsvorstellungen darstellen. Diese äußern sich im politischen Bereich in der Affinität zu diktatorischen Regierungsformen, chauvinistischen Einstellungen und einer Verharmlosung bzw. Rechtfertigung des Nationalsozialismus. Im sozialen Bereich sind sie gekennzeichnet durch antisemitische, fremdenfeindliche und sozialdarwinistische Einstellungen« (Decker & Brähler, 2006, S. 20).

Die Definition benennt zwei Bereiche, in denen sich eine rechtsextreme Einstellung äußert: zum einen in der Aggression und Abwertung bestimmter Bevölkerungsgruppen, zum anderen in der Präferenz von antidemokratischen politischen Strukturen. Inhaltlich und empirisch bewährt hat sich eine Zuordnung der sechs genannten Dimensionen in *Ethnozentrismus* einerseits und *Neo-NS-Ideologie* andererseits (Heyder & Decker, 2011), die wir in der Auswertung wieder aufgreifen werden. Während diese Dimensionen für den deutschen Rechtsextremismus charakteristisch sind, müssen im Einzelfall bei einer Person nicht zwangsläufig alle Dimensionen (gleich) stark ausgeprägt sein.

Auch in diesem Jahr haben wir den Fragebogen zur rechtsextremen Einstellung mit zusätzlichen Instrumenten ergänzt, um antidemokratische Einstellungen, Ressentiments und zugrundeliegende Faktoren zu erfassen. Dazu zählen Fragebögen zur Demokratiezufriedenheit, zu politischer und wirtschaftlicher Deprivation, zu Erfahrungen in der Arbeitswelt (*industrial citizenship*) (Kiess & Schmidt, 2020, 2024) sowie zum Blick auf die Zukunft. Im letztgenannten Fragebogen haben wir aktuelle, häufig als krisenhaft beschriebene Entwicklungen aufgelistet und die Befragten gebeten, deren Auswirkungen auf das eigene Leben einzuschätzen. Außerdem erheben wir das Autoritäre Syndrom in den drei sadomasochistischen Dimensionen autoritäre Aggression, autoritäre Unterwerfung und Konventionalismus (Beierlein et al., 2014) sowie den zwei Fetischismusdimensionen Aberglaube und Verschwörungsmentalität (Decker et al., 2020). Erstmalig haben wir in diesem Jahr jeweils drei Items zu Ambiguitätsintoleranz, Esoterik sowie einem instrumentellen Naturverhältnis in unsere Befragung aufgenommen. Diese drei Konzepte sind mit dem Autoritarismus verwandt, insofern sie eine Neigung erfassen, Widersprüche und Unklarheiten nicht aushalten zu können oder projektiv nach außen zu verlagern, um ein Kontrollempfinden aufrechtzuerhalten bzw. zurückzugewinnen. Diese sozialpsychologischen Reaktionen nehmen bei der Erklärung von antidemokratisch-destruktiven Ressentiments und Bewegungen eine bedeutsame Position ein und fließen in den folgenden Kapiteln auch in die Analyse mit ein.

Zusätzlich zu der im Rechtsextremismusfragebogen dokumentierten aggressiven Abwertungsbereitschaft berichten wir im Verlauf dieses Kapitels auch über die Verbreitung von weiteren Ressentiments. Wichtig ist die Erfassung des Hasses gegenüber jenen Gruppen, die als »fremd«, »anders« oder »abweichend« wahrgenommen werden, nicht allein zur Dokumentation. Vielmehr ist dieser Hass auch ein Gradmesser für den Zustand der Gesellschaft und er gibt Auskunft über die spezifischen Widersprüche und Konflikte, die in der Gesellschaft gegenwärtig bestehen. Deshalb nutzen wir ausgewählte Fragen, um Muslimfeindschaft und Antiziganismus (Heitmeyer, 2012), Antifeminismus (Höcker et al., 2020), Sexismus (Endrikat, 2003) sowie Transfeindlichkeit zu erfassen. Darüber hinaus erheben wir mit einem Fragebogen die Gewaltbereitschaft und Gewaltakzeptanz der Befragten (Ulbrich-Herrmann, 1995).

Einen Schwerpunkt bildet in diesem Jahr der Antisemitismus, für den wir eine Reihe neuer Fragebögen einsetzen (siehe auch Kap. 4). Auch erfassen wir die Dimensionen Antikapitalismus (Stöss, 2008) und Antiamerikanismus (Knappertsbusch, 2016), die wir auf Grundlage bestehender Fragebögen konzipiert haben (Decker & Brähler, 2010).

Für alle Fragebögen stellen wir die Zustimmungswerte dar. Wenn sie bereits in früheren Erhebungen eingesetzt wurden, berichten wir die Ergebnisse im Zeitverlauf. Und schließlich verwenden wir Kreuztabellen, um bivariate Zusammenhänge abzubilden. Genauere Analysen, wie zum Beispiel multivariate Regressionsanalysen, führen wir in den themenvertiefenden Kapiteln durch. Der Fokus dieses Kapitels liegt auf der Darstellung zentraler Befunde und ihrer Diskussion.

Die Verbreitung rechtsextremer Einstellung

Tabelle 2 bietet eine Übersicht über die einzelnen Aussagen des *Fragebogens zur rechtsextremen Einstellung in der Leipziger Form* und die prozentualen Zustimmungswerte im Erhebungsjahr 2024. Wir fassen in der weiteren Ergebnisdarstellung die manifeste Zustimmung (vgl. Tab. 2: Wert 4 und 5, letzte und vorletzte Spalte) zusammen und berichten außerdem die Mittelkategorie (Wert 3) als latente Zustimmung. In Letzterer liegt unserer Ansicht nach ein Potenzial, das durch extrem-rechte Akteure in spezifischen gesellschaftlichen Konstellationen mobilisiert werden kann. Dabei kann unsere Interpretation sogar als vorsichtig gelten, da auf einer Likert-Skalierung bereits eine geringe Ausprägung der Einstellung vorliegt, wenn nicht »völlig abgelehnt« (Wert 1), sondern nur »überwiegend abgelehnt« (Wert 2) wird (siehe dazu auch Kap. 7).

Tabelle 2: Der Fragebogen zur rechtsextremen Einstellung – Zustimmung auf Item-Ebene (in %, N = 2.504)

Skalenwert	1	2	3	4	5
Inhaltliche Zuordnung	Ablehnung		latente Zustimmung		manifeste Zustimmung
Rechtsextremismus	lehne völlig ab	lehne überwiegend ab	stimmt teils zu, teils nicht zu	stimme überwiegend zu	stimme voll und ganz zu
1. Im nationalen Interesse ist unter bestimmten Umständen eine Diktatur die bessere Staatsform.	59,8	21,1	14,9	3,6	0,7
2. Ohne Judenvernichtung würde man Hitler heute als großen Staatsmann ansehen.	59,4	19,4	14,6	5,6	1,0
3. Was Deutschland jetzt braucht, ist eine einzige starke Partei, die die Volksgemeinschaft insgesamt verkörpert.	40,0	21,1	21,4	13,1	4,5
4. Wir sollten einen Führer haben, der Deutschland zum Wohle aller mit starker Hand regiert.	54,0	22,3	15,2	6,6	1,9
5. Wie in der Natur sollte sich in der Gesellschaft immer der Stärkere durchsetzen.	52,6	22,7	15,3	6,9	2,5
6. Die Ausländer kommen nur hierher, um unseren Sozialstaat auszunutzen.	18,2	15,8	32,8	18,0	15,3
7. Auch heute noch ist der Einfluss der Juden zu groß.	44,3	23,4	23,2	7,2	2,0
8. Wir sollten endlich wieder Mut zu einem starken Nationalgefühl haben.	22,1	16,5	29,1	21	11,3
9. Eigentlich sind die Deutschen anderen Völkern von Natur aus überlegen.	55,4	19,0	17,0	6,1	2,5
10. Wenn Arbeitsplätze knapp werden, sollte man die Ausländer wieder in ihre Heimat zurückschicken.	27,7	20,8	26,7	13,8	11,0
11. Die Verbrechen des Nationalsozialismus sind in der Geschichtsschreibung weit übertrieben worden.	62,1	19,6	13,4	4,1	0,9
12. Was unser Land braucht, ist ein hartes und energisches Durchsetzen deutscher Interessen gegenüber dem Ausland.	29,9	21,6	25,1	16,1	7,3
13. Die Juden arbeiten mehr als andere Menschen mit üblen Tricks, um das zu erreichen, was sie wollen.	53,5	23,3	16,4	4,8	2,1

Rechtsextremismus	lehne völlig ab	lehne über-wiegend ab	stimmt teils zu, teils nicht zu	stimme über-wiegend zu	stimme voll und ganz zu
14. Das oberste Ziel der deutschen Politik sollte es sein, Deutschland die Macht und Geltung zu verschaf-fen, die ihm zusteht.	35,4	21,3	22,7	14,9	5,7
15. Es gibt wertvolles und unwertes Leben.	66,1	14,5	10,5	6,4	2,5
16. Die Bundesrepublik ist durch die vielen Ausländer in einem gefährlichen Maß überfremdet.	20,3	17,7	28,3	20,5	13,3
17. Die Juden haben einfach etwas Besonderes und Eigentümliches an sich und passen nicht so recht zu uns.	52,9	22,2	18,2	4,6	2,2
18. Der Nationalsozialismus hatte auch seine guten Seiten.	63,4	17,0	15,0	4,0	0,7

Dimensionen der Neo-NS-Ideologie

Wir beginnen die Darstellung und Diskussion der Befunde mit den vier Dimensionen der Neo-NS-Ideologie, also den Elementen des rechtsextremen Weltbilds, die sich im engeren Sinne der neo-nationalsozialistischen Strömung innerhalb des Rechtsextremismus zuordnen lassen[1]. In Grafik 1 ist die manifeste und die latente Zustimmung zu den drei Items der Dimension *Befürwortung einer rechtsautoritären Diktatur* abgebildet. In den Aussagen enthalten sind die drei auffälligen Schlagwörter Diktatur, Führer und Volksgemeinschaft, die eine historisch und im allgemeinen Sprachgebrauch eindeutige inhaltliche Zuordnung erlauben.[2] 4,3 % der Befragten stimmen der Aussage, dass »unter bestimmten Umständen eine Diktatur

---

[1] Weitere Strömungen sind zum Beispiel die sogenannte Neue Rechte, die Reichsbürger-szene und Souveränisten, christlich-fundamentalistische Gruppen, völkisch-esoterische Kreise (z. B. die Anastasia-Bewegung) oder (neo-)faschistische Gruppierungen. Die Über-gänge zwischen den Szenen und Strömungen sind fließend, insbesondere da sich der moderne Rechtsextremismus zunehmend bewegungsaffin und hybrid organisiert, um über Milieugrenzen hinweg mobilisierungsfähig zu werden (Kiess & Nattke, 2024).

[2] Die drei Items korrelieren auch statistisch sehr hoch miteinander, wer einer Aussage zu-stimmt, tendiert auch dazu, den anderen beiden zuzustimmen. Für diese Subdimension liegt Cronbachs Alpha bei .79.

Grafik 1: Manifeste und latente Zustimmung zu den Aussagen der Dimension »Befürwortung einer rechtsautoritären Diktatur« (Neo-NS-Ideologie; in %)

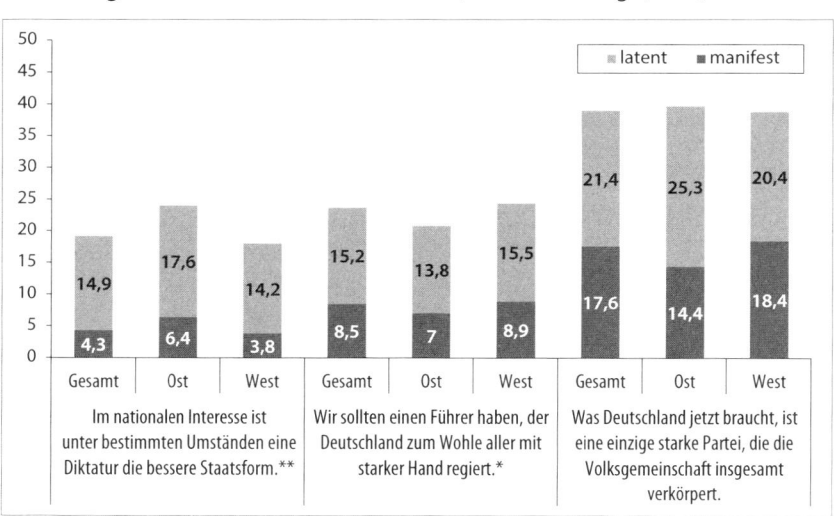

Pearsons Chi-Quadrat Unterschiede im Ost-West-Vergleich: **p < .01; *p < .05

die bessere Staatsform« sei, explizit zu, weitere 15 % können dieser Aussage teilweise etwas abgewinnen. In Ostdeutschland ist die Zustimmung etwas höher. Einen »Führer« wünschen sich immerhin 8,5 % der Befragten manifest, 15,2 % teilweise. Hier liegt der Wert in Westdeutschland höher als im Osten. Schließlich glauben 17,6 % der in Deutschland wohnenden Menschen, dass Deutschland »eine einzige starke Partei« brauche, »die die Volksgemeinschaft insgesamt verkörpert«. Weitere gut 20 % können dieser antipluralistischen Aussage teilweise zustimmen. Die Vorstellung eines homogenen Volkes ohne Interessenskonflikte bzw. einer Gemeinschaft, in der Konflikt oder Widerspruch mit dem erklärten Volkswillen zum Ausschluss führt, wird damit in knapp 40 % der Bevölkerung zumindest nicht explizit abgelehnt.

In der Dimension *Antisemitismus* finden wir im Westen bei allen drei Items höhere manifeste Zustimmungswerte, wobei dies im Osten durch höhere latente Zustimmungswerte wieder ausgeglichen wird (Grafik 2). Wir erfassen hier nur den tradierten Antisemitismus und gehen davon aus, dass das Antwortverhalten von starker Kommunikationslatenz (Bergmann & Erb, 1986; Beyer & Krumpal, 2010) geprägt ist. Deshalb weisen

Grafik 2: Manifeste und latente Zustimmung zu den Aussagen der Dimension »Antisemitismus« (Neo-NS-Ideologie; in %)

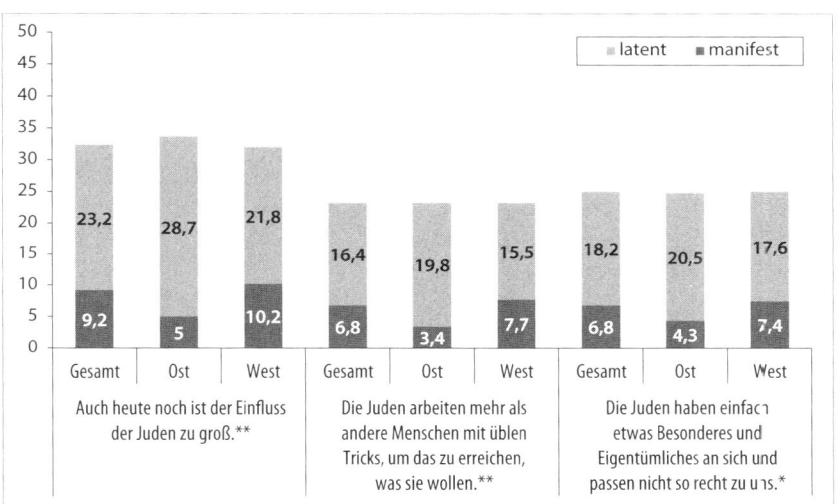

Pearsons Chi-Quadrat Unterschiede im Ost-West-Vergleich: **p < .01; *p < .05

wir hier auch noch mal auf die hohe latente Zustimmung hin, die wir als eine Form der Umwegkommunikation interpretieren. Aufgrund der deutschen Geschichte lässt sich das Ressentiment gegen Juden nicht so leicht äußern, selbst in einer anonymen Umfrage. Vorhanden ist es dennoch – was sich auch an der Zustimmung zu weniger expliziten Formen des Antisemitismus zeigt (siehe weiter unten die neu erhobenen weiteren Erscheinungsformen des Antisemitismus). 9,2 % der Befragten sind der Ansicht, dass Juden »auch heute noch« zu großen Einfluss hätten, weitere 23,2 % halten dieses Gerücht zumindest für teilweise richtig. Der Aussage »Die Juden arbeiten mehr als andere Menschen mit üblen Tricks, um das zu erreichen, was sie wollen« stimmen 6,8 % explizit und 17 % teilweise zu. 6,8 % meinen, dass Juden »einfach etwas Besonderes und Eigentümliches an sich« hätten und deshalb »nicht so recht zu uns« passen würden, weitere 18,2 % stimmen dem teilweise zu. Gerade beim Antisemitismus, dem »Gerücht über die Juden« (Adorno, 1954, S. 200; Kirchhoff, 2021), ist die latente Zustimmung Grund zur Besorgnis, bringt diese doch die Meinung zum Ausdruck, dass an den Aussagen »irgendwie etwas dran« sei (siehe vertiefend Kap. 4).

Grafik 3: Manifeste und latente Zustimmung zu den Aussagen der Dimension »Sozialdarwinismus« (Neo-NS-Ideologie; in %)

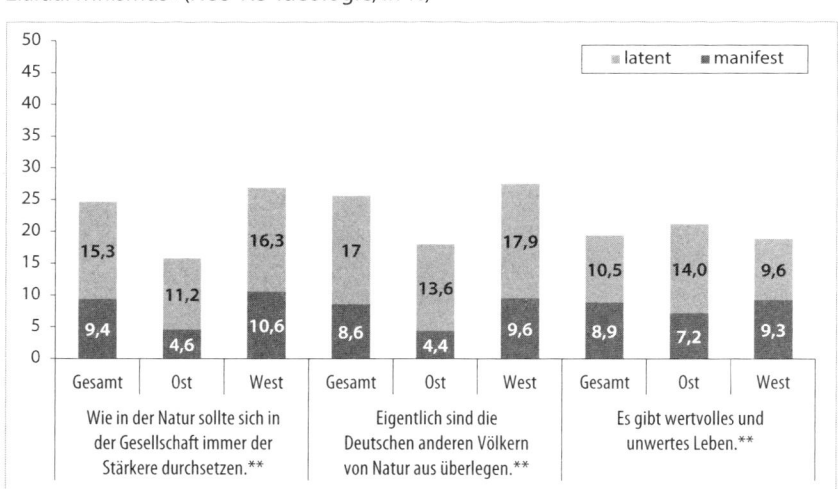

Pearsons Chi-Quadrat Unterschiede im Ost-West-Vergleich: **p < .01

Im Fragebogenteil zur Dimension *Sozialdarwinismus* kommt die Ungleichwertigkeitsideologie des Rechtsextremismus wortwörtlich zum Ausdruck (Grafik 3): 9,4 % der Befragten stimmen der Aussage »Wie in der Natur sollte sich in der Gesellschaft immer der Stärkere durchsetzen« zu, weitere 15 % können dem teilweise etwas abgewinnen. Knapp 8 % halten die Deutschen anderen Völkern überlegen, 17 % denken dies teilweise. 9 % meinen, dass es »wertvolles und unwertes Leben« gibt, 10,5 % halten die Aussage für teilweise richtig, teilweise nicht. Im Osten liegt die (manifeste) Zustimmung durchgehend niedriger, bei zwei Aussagen auch im Hinblick auf die latente Zustimmung.

Die Zustimmung zu den Aussagen der Dimension *Verharmlosung des Nationalsozialismus* ist in Grafik 4 abzulesen. Wie auch beim Sozialdarwinismus finden wir in Westdeutschland etwas höhere Werte. 6,6 % der Befragten stimmen der Aussage zu, dass man »Hitler heute als großen Staatsmann ansehen« würde, wenn es die Judenvernichtung nicht gegeben hätte; weitere 14,6 % sehen das teilweise so. Auch sind 5 % der Befragten manifest und weitere 13,4 % latent der Ansicht, dass die Verbrechen des Nationalsozialismus »weit übertrieben« werden. Bei dieser Frage liegen die Zustim-

Grafik 4: Manifeste und latente Zustimmung zu den Aussagen der Dimension »Verharmlosung des Nationalsozialismus« (Neo-NS-Ideologie; in %)

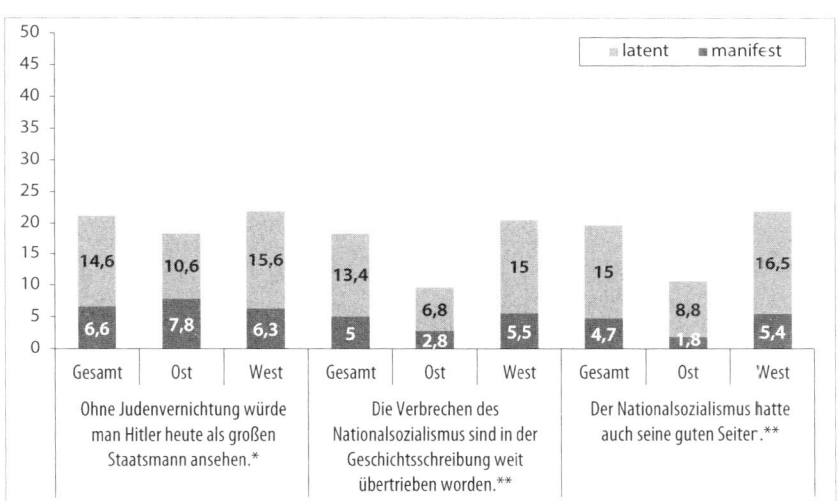

Pearsons Chi-Quadrat Unterschiede im Ost-West-Vergleich: **p < .01; *p < .05

mungswerte im Westen jeweils ungefähr doppelt so hoch wie im Osten. Eine ähnliche regionale Verteilung zeigt sich bei der Zustimmung zu der Aussage »Der Nationalsozialismus hatte auch seine guten Seiten«, der bundesweit 4,7 % der Befragten manifest und weitere 15 % immerhin latent zustimmen.

Dimensionen des Ethnozentrismus

Dem Ethnozentrismus ordnen wir die Dimensionen *Chauvinismus* und *Ausländerfeindlichkeit* zu. Im ersten Fall geht es um die überwertige Identifikation mit einer Eigengruppe (»Wir Deutsche«), im zweiten Fall um die Abwertung einer Fremdgruppe (»Die Ausländer«). In Deutschland ist das Feindbilder »Ausländer« weit über extrem rechte Diskurse hinaus verankert, auch da sich weder die alte Bundesrepublik noch die DDR als Einwanderungsländer begriffen und sich die entsprechende Selbsteinschätzung erst in den letzten Jahren änderte. Ungeachtet dieses Wandels trennen Staat und Gesellschaft noch heute stark zwischen »Ausländern« und »Deutschen«. Parolen wie »Ausländer raus« zeugen davon. Daher bleibt es wichtig, die An-

Grafik 5: Manifeste und latente Zustimmung zu den Aussagen der Dimension »Chauvinismus« (Ethnozentrismus; in %)

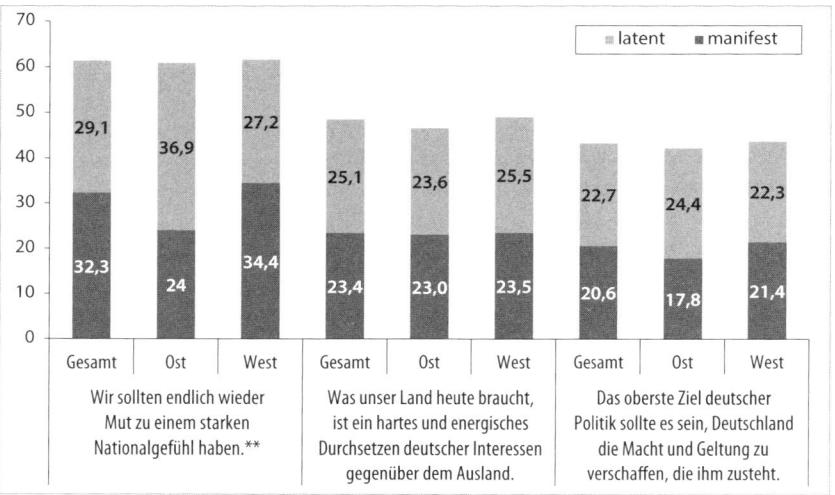

Pearsons Chi-Quadrat Unterschiede im Ost-West-Vergleich: **p < .01

Grafik 6: Manifeste und latente Zustimmung zu den Aussagen der Dimension »Ausländerfeindlichkeit« (Ethnozentrismus; in %)

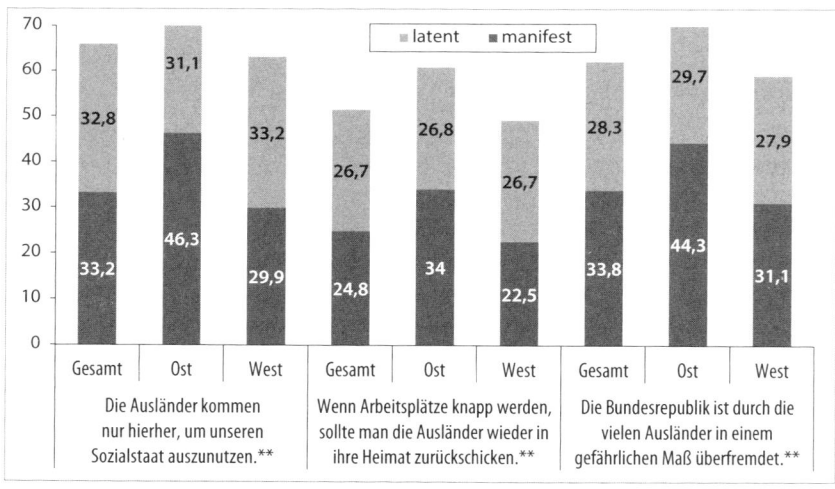

Pearsons Chi-Quadrat Unterschiede im Ost-West-Vergleich: **p < .01

schluss- und Zustimmungsfähigkeit solcher Parolen in der Bevölkerung zu erfassen.

»Endlich wieder Mut zu einem starken Nationalgefühl« wünschen sich 32,3 % der Befragten überwiegend oder voll und ganz und weitere 29,1 % teilweise (Grafik 5), wobei die Zustimmung im Osten latenter, im Westen manifester ausfällt. Nur eine Minderheit von knapp 40 % in Ost wie West lehnt diese Aussage überwiegend oder voll und ganz ab. Ein »hartes und energisches Durchsetzen deutscher Interessen« findet bei knapp der Hälfte aller Befragten zumindest teilweise, bei knapp einem Viertel manifeste Zustimmung. Schließlich stimmen der Aussage »Das oberste Ziel deutscher Politik sollte es sein, Deutschland die Macht und Geltung zu verschaffen, die ihm zusteht« 20,6 % der Befragten manifest zu, 22,7 % teilweise. Auch hier verschwinden die geringen Ost-West-Unterschiede in der manifesten Zustimmung, berücksichtigt man die Latenz.

Auch die *Ausländerfeindlichkeit* erfährt seit Bestehen unserer Studienreihe sehr hohe Zustimmungswerte. In dieser Dimension sind die Werte für Ostdeutschland durchgehend höher (Grafik 6) – was im starken Kontrast zur geringeren Anzahl der nicht-deutschen Einwohner sowie Einwohner mit Migrationsgeschichte steht. Der Aussage »Die Ausländer kommen nur hierher, um unseren Sozialstaat auszunutzen« stimmen 33,2 % der Befragten manifest zu, in Ostdeutschland ist es mit 46,3 % fast jeder Zweite. Insgesamt lehnt aber nur ein Drittel der Befragten – in Ost und West – die Aussage überwiegend oder voll und ganz ab. Wenn Arbeitsplätze knapp werden, wollen 24,8 % der Befragten »die Ausländer wieder in ihre Heimat zurückschicken«, weitere 26,7 % stimmen dem teilweise zu. In Ostdeutschland lehnen knapp 40 % und in Westdeutschland jeder zweite die Aussage »überwiegend« oder »voll und ganz« ab. Schließlich sehen 33,8 % der Befragten die Bundesrepublik »durch die vielen Ausländer in einem gefährlichen Maß überfremdet«, weitere 28,3 % sehen das zumindest teilweise so. In Ost und West lehnt diese Aussage nur eine Minderheit ab, wobei es im Osten gerade einmal 26 % sind.

Die Entwicklung der rechtsextremen Einstellung in Deutschland von 2002 bis 2024

In diesem Abschnitt stellen wir die Zustimmung zur rechtsextremen Einstellung und zu den einzelnen Dimensionen im Zeitverlauf 2002 bis 2024 und für Ost und West getrennt dar. Dazu fassen wir die Zustimmung jeweils über die drei Items hinweg zusammen: Je Dimension reicht die Punktzahl von 3 (lehnt alle Aussagen voll und ganz ab) bis 15 (stimmt allen Aussagen voll und ganz zu). Wir berichten in den folgenden Grafiken den Prozentwert der Befragten, die in der jeweiligen Dimension den Wert 12 erreichen oder darüber liegen. Diese Befragten stimmen also im Mittel allen drei Aussagen »überwiegend« zu. Dieser Cut-Off-Wert kann vor dem Hintergrund der hohen latenten Zustimmung als sehr hartes Kriterium gelten, da im Mittel eine manifeste Zustimmung nötig ist, um über den Cut-Off zu gelangen. Wir berichten im Folgenden insofern den Prozentsatz derjenigen, die ein geschlossen ausländerfeindliches, tradiert antisemitisches usw. Weltbild aufweisen und in der letzten Grafik den Prozentsatz der Menschen mit einem geschlossen rechtsextremen Weltbild, die also allen 18 Items im Mittel zustimmen. Wie aus den vorherigen Ausführungen deutlich wurde, liegt die Zustimmungsfähigkeit rechtsextremer Positionen aber deutlich über den im Folgenden aufgeführten Werten, die auf den harten Kriterien des Cut-Offs basieren.

Aufgrund der starken Unterschiede in manifester Zustimmung zwischen den einzelnen Dimensionen variieren aus Darstellungsgründen die gewählten Skalenausschnitte der Prozentangaben auf der y-Achse. Werden signifikante Unterschiede angegeben, beziehen sich diese auf den Vergleich von Ost- zu Westdeutschland in der aktuellen Erhebung 2024.

Neo-NS-Ideologie im Langzeitverlauf

Wir beginnen wieder mit den vier Dimensionen der Neo-NS-Ideologie. Die manifeste Zustimmung zur Dimension *Befürwortung einer rechtsautoritären Diktatur* ist in Westdeutschland in der Tendenz rückläufig (Grafik 7). Sie lag in Ostdeutschland bis einschließlich 2020 teils deutlich über dem westdeutschen Niveau, sackte in der Pandemie jedoch – bei hoher latenter Zustimmung – von 8,8 % auf 1,5 % ab. In Ost wie West verzeichnen

Grafik 7: Anteil der manifesten Zustimmung zur Dimension »Befürwortung einer rechtsautoritären Diktatur« 2002–2024 (Neo-NS-Ideologie; in %)

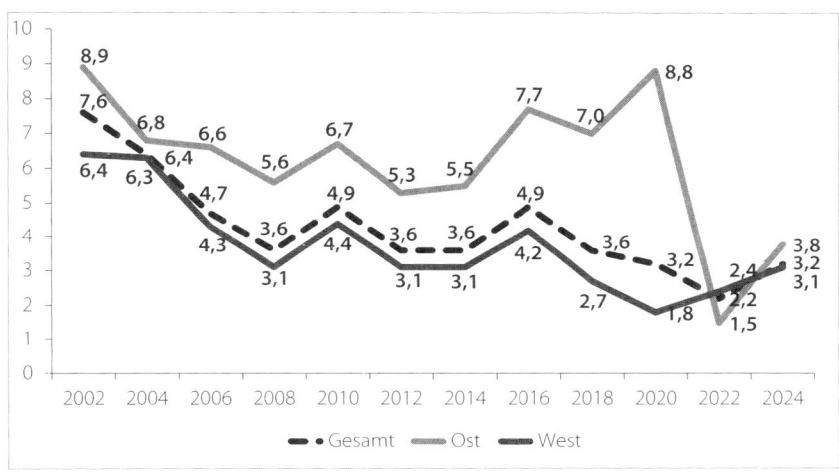

Grafik 8: Anteil der manifesten Zustimmung zur Dimension »Antisemitismus« 2002–2024 (Neo-NS-Ideologie; in %)

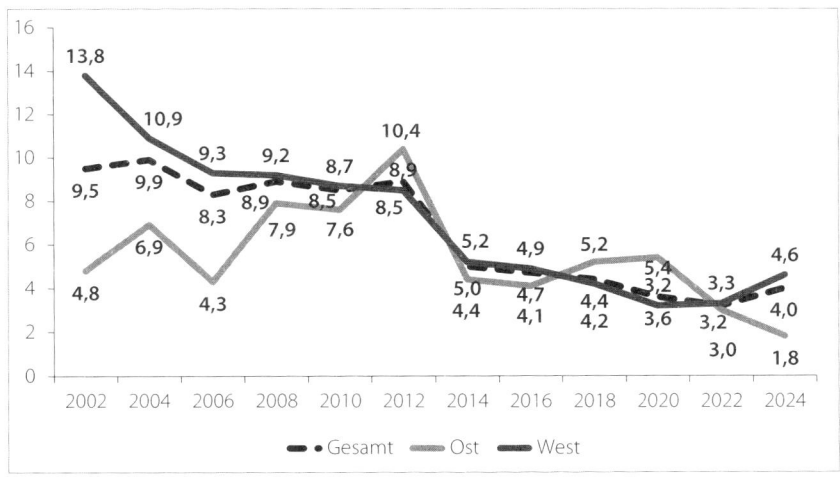

Pearsons Chi-Quadrat Unterschiede im Ost-West-Vergleich: **p < .01

45

wir 2024 wieder einen leichten Anstieg, der Osten liegt zudem wieder knapp, aber statistisch nicht signifikant über dem Westen.

Grafik 8 zeigt die manifeste Zustimmung zur Dimension *Antisemitismus* im Zeitverlauf. Zu Beginn der Studienreihe 2002 lag diese in Westdeutschland deutlich über dem Ostniveau und ging im weiteren Verlauf bislang zurück. Dieser Trend endet im Jahr 2024. Der tradierte Antisemitismus findet bei 4,6 % der Westdeutschen Zustimmung und liegt wieder über dem Niveau der Jahre 2018, 2020 und 2022 (Grafik 8). In Ostdeutschland beobachten wir häufigere Schwankungen: Lag der Bevölkerungsanteil an manifest antisemitisch Eingestellten dort zunächst deutlich unter dem in Westdeutschland, stieg er bis zum Jahr 2012 auf 10,4 % und damit über das Westniveau. 2024 erreicht er mit 1,8 % einen neuen Tiefstand und liegt signifikant niedriger als im Westen.

Die Dimension des *Sozialdarwinismus* findet bei einem seit Beginn der Erhebung stark fluktuierenden Anteil an Ostdeutschen Zuspruch, während in Westdeutschland der Anteil an manifest sozialdarwinistisch Eingestellten bis 2020 tendenziell abnahm (Grafik 9). Allerdings stiegen in beiden Regionen die manifesten Zustimmungswerte zuletzt wieder leicht, aber signifikant an. Zusammen mit der oben beschriebenen latenten Zustimmung, die wir bereits in der letzten Erhebung insbesondere in Ostdeutschland beobachtet haben, bleibt festzuhalten, dass diese Subdimension rechtsextremer Einstellung also trotz der zuletzt niedrigen manifesten Zustimmung mobilisierbar ist.

Ein ähnliches Bild zeigt sich bei der *Verharmlosung des Nationalsozialismus* (Grafik 10): In Westdeutschland nimmt der entsprechende Anteil der Befragten tendenziell ab, in Ostdeutschland beobachten wir eine wiederholte Zu- und Abnahme. Von 2022 auf 2024 nahm der Prozentsatz derjenigen, die den Nationalsozialismus verharmlosen, insgesamt wieder ganz leicht zu.

Langzeitverlauf in den Dimensionen des Ethnozentrismus

Grafik 11 stellt den Anteil der manifest chauvinistisch Eingestellten im Zeitverlauf 2002 bis 2024 dar. Auch hier sehen wir – diesmal auch im Westen – eine unstetige Entwicklung. In den ersten drei Untersuchungen der Studienreihe lag der Anteil in Westdeutschland eindeutig über dem Ostniveau. Dann setzte im Westen eine Folge von Zu- und Abnahmen

Grafik 9: Anteil der manifesten Zustimmung zur Dimension »Sozialdarwinismus« 2002–2024 (Neo-NS-Ideologie; in %)

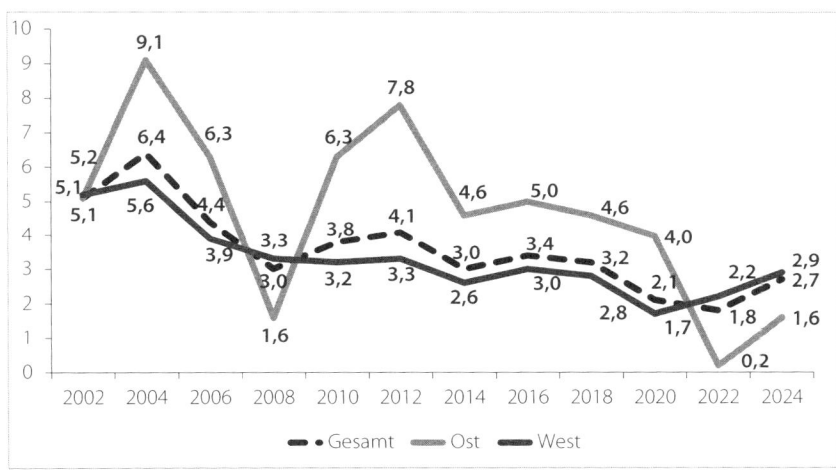

Grafik 10: Anteil der manifesten Zustimmung zur Dimension »Verharmlosung des Nationalsozialismus« 2002–2024 (Neo-NS-Ideologie; in %)

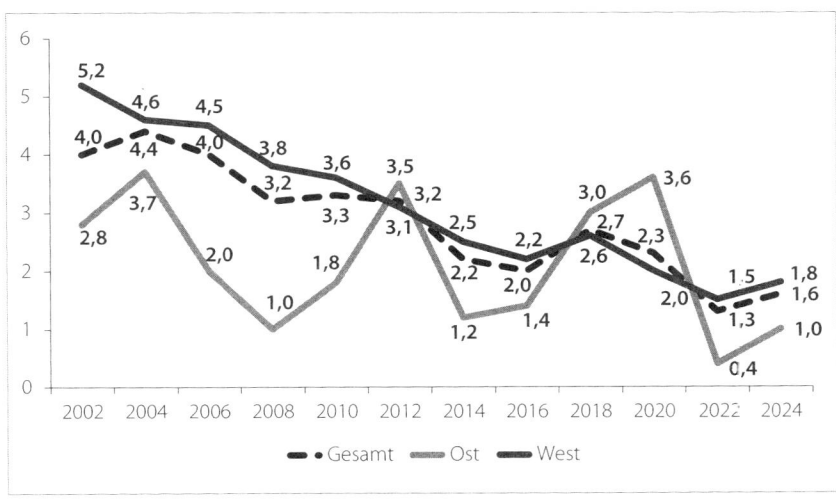

Grafik 11: Anteil der manifesten Zustimmung zur Dimension »Chauvinismus« 2002–2024 (Ethnozentrismus, in %)

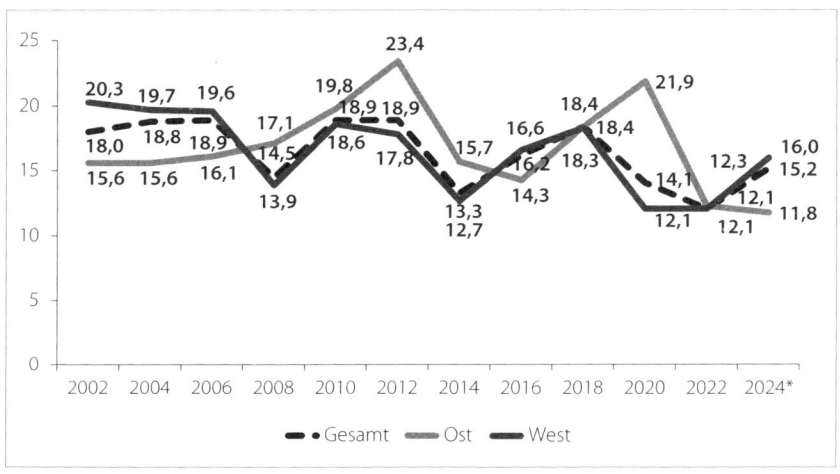

Pearsons Chi-Quadrat Unterschiede im Ost-West-Vergleich: *p < .05

Grafik 12: Anteil der manifesten Zustimmung zur Dimension »Ausländerfeindlichkeit« 2002–2024 (Ethnozentrismus; in %)

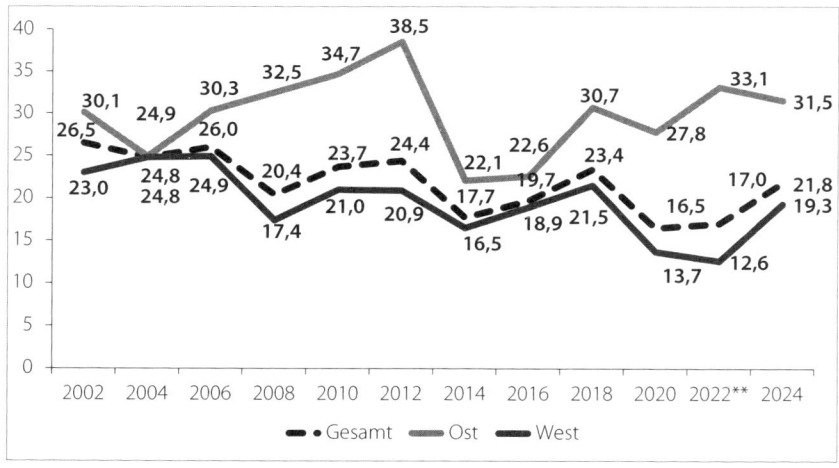

Pearsons Chi-Quadrat Unterschiede im Ost-West-Vergleich: **p < .01

um jeweils etwa 5 Prozentpunkte ein. Im Osten stieg der Anteil zunächst kontinuierlich an, um dann wieder stark abzufallen. Die Ausschläge fallen im Osten deutlicher aus. Konkrete Anlässe lassen sich für diese Entwicklungen nur vermuten, z. B. die Finanz- und Wirtschaftskrise für den Anstieg im Osten 2010/2012. Mit Blick auf die hohe latente Zustimmung (siehe oben) ist auch hier von einer großen Mobilisierbarkeit und deshalb auch Volatilität des Einstellungspotenzials auszugehen.

Grundsätzlich findet *Ausländerfeindlichkeit* zu fast allen Erhebungszeitpunkten in Ostdeutschland eine höhere manifeste Zustimmung als im Westen (Grafik 12). Auch hier zeigt sich aber im Zeitverlauf eine Dynamik: Während wir über die Jahre im Westen eine leicht abnehmende Tendenz beobachten konnten (wobei die Zustimmung ähnlich wie beim Antisemitismus zuletzt aber wieder anstieg), ist die Entwicklung im Osten unstetig. Hier folgte auf einen starken Anstieg in den Jahren 2008 bis 2012 ein Rückgang um 16 % im Jahr 2014. Zuletzt bewegt sich der Anteil der manifest ausländerfeindlich Eingestellten im Osten bei über 30 %.

Geschlossen rechtsextremes Weltbild im Langzeitverlauf

Zuletzt blicken wir auf den Anteil der Befragten mit einem geschlossen rechtsextremen Weltbild. Dazu fassen wir die Zustimmung zu allen 18 Items des Fragebogens zusammen und berichten den Prozentsatz der manifest Rechtsextremen. Der Minimalwert beträgt 18 (alle Aussagen werden voll und ganz abgelehnt), der Maximalwert 90 (allen Aussagen wird voll und ganz zugestimmt). Wir haben den Cut-Off-Wert bei 63 festgelegt: Über alle 18 Aussagen hinweg liegt die Zustimmung der Befragten damit im Schnitt bei einem Wert von 3,5 und somit genau zwischen »stimme teils zu, stimme teils nicht zu« und »stimme überwiegend zu«. Damit ist der Cut-Off zwar weniger streng als bei der Bestimmung der Grenzwerte für die einzelnen Dimensionen, dennoch handelt es sich um eine vergleichsweise harte Grenze. Denn wenn die Zustimmung zu einzelnen Aussagen oder auch in einer Dimension geringer ausfällt, muss sie bei anderen Items entsprechend höher liegen. Diese Varianz zuzulassen, trägt nicht zuletzt dem Umstand Rechnung, dass es die *eine* rechtsextreme Ideologie nicht gibt. Vielmehr handelt es sich dabei – wie bereits in der Weimarer Republik (Sontheimer, 1978) – um ein Spektrum (Kiess & Nattke, 2024).

Grafik 13: Anteil an Befragten mit geschlossen rechtsextremem Weltbild 2002–2024 (in %)

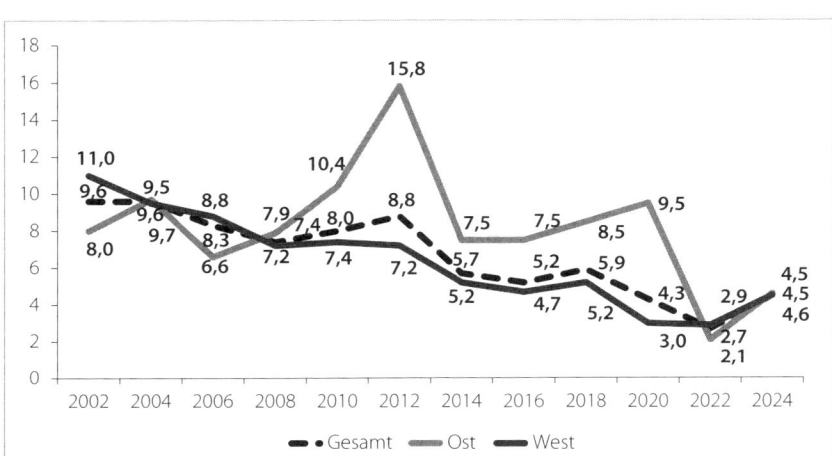

Grafik 13 ist im Zeitverlauf sowie für Ost- und Westdeutschland der Bevölkerungsanteil derjenigen zu entnehmen, die im beschriebenen Sinne manifest rechtsextrem eingestellt sind. Für Westdeutschland beobachten wir einen tendenziellen Rückgang, wobei der Anteil 2024 über alle Dimensionen hinweg wieder angestiegen ist. In Ostdeutschland liegt der Anteil mit 4,6 % in diesem Jahr nur marginal darüber. Allerdings unterliegen die Werte für Ostdeutschland seit Beginn der Erhebung einer höheren Fluktuation, wobei zunächst wieder die Jahre 2010 und 2012 hervorstechen. Der Tiefpunkt 2022 könnte mit der COVID-19-Pandemie einhergehen, allerdings können wir an dieser Stelle keine empirisch abgesicherte Interpretation anbieten. Möglich wäre, dass es im Zuge der Pandemie, aber auch als genereller Ausdruck der Entwicklung der extremen Rechten zu einer weiteren ideologischen Ausdifferenzierung im Spektrum und entsprechend auch bei den Einstellungsmilieus kommt. Darauf deutet zumindest die hohe Zustimmung zu einzelnen Fragen und insbesondere auch die hohe latente Zustimmung hin.

Rechtsextreme Einstellungsdimensionen und Soziodemografie

Der Begriff Rechtsextremismus impliziert politische und gesellschaftliche Widersprüche, die wir an anderer Stelle bereits ausführlicher diskutierten (Kiess & Decker, 2010; Kiess, 2011; Decker, 2018). Dennoch ist er als Sammelbegriff besser als andere Begriffe in der Lage, antidemokratische Phänomene eines bestimmten Spektrums zu bezeichnen, ähnlich wie der Begriff extreme Rechte (Kiess & Nattke, 2024, S. 14ff.) oder *far right* im Englischen (Pirro, 2023). Dieses Spektrum bezieht sich im Kern auf eine Ideologie der Ungleichheit (Decker & Brähler, 2006, S. 20; Salzborn, 2015, S. 67). Entsprechend finden wir als Bezugspunkte immer wieder einen völkisch-nationalistischen Diskurs, verschiedene Ausformungen der Ungleichwertigkeitsideologie und Antipluralismus (Kiess & Nattke, 2024, S. 15).

Ein zentrales Anliegen der Leipziger Autoritarismus Studien – darauf verwies auch der frühere Name Leipziger Mitte-Studien – ist es aufzuzeigen, dass die Demokratie nicht (nur) von »extremistischen Rändern« aus bedroht wird. Vielmehr sind Ressentiments und autoritäre Dispositionen in der ganzen Breite der Gesellschaft zu finden und entspringen zudem aus deren »Mitte«. In diesem Abschnitt gehen wir der Verbreitung der rechtsextremen Einstellung in verschiedenen soziodemografischen Gruppen nach. Dabei zeigt sich, dass keine Gruppe vollkommen frei von Ressentiments ist. Wir berichten an dieser Stelle zunächst nur bivariate Zusammenhänge, in Kapitel 3 vertiefen wir die Analyse der Einflussfaktoren.

Die Unterschiede zwischen Ost und West haben wir in den Grafiken 1 bis 13 bereits betrachtet, Tabelle 3 fasst diese Beobachtungen auf der Ebene der Dimensionen noch einmal zusammen. Bei drei der sechs Dimensionen (Diktaturbefürwortung, Sozialdarwinismus und NS-Verharmlosung) bewegen sich die Zustimmungswert in beiden Landesteilen auf einem ähnlichen Niveau und es finden sich keine signifikanten Unterschiede. Mit Blick auf die Dimension Antisemitismus zeigt sich, dass der Anteil an manifesten antisemitisch Eingestellten in Westdeutschland signifikant höher ist als im Osten. Umgekehrt ist die Zustimmung zum Chauvinismus und noch deutlicher zur Ausländerfeindlichkeit im Osten signifikant höher.

Zahlreiche Studien belegen immer wieder den Zusammenhang zwischen rechtsextremen Einstellungen und dem Bildungshintergrund (vgl. Rippl & Seipl, 2002; Decker et al., 2022). In Tabelle 4 sind die Unterschiede der Zustimmung zu den einzelnen Dimensionen zwischen Befragten mit und ohne Abitur dargestellt. Nur bei der Dimension *Verharmlosung des Nationalsozialismus* finden sich keine signifikanten Unterschiede. In allen anderen Dimensionen ist der Anteil der Befragten, die rechtsextrem eingestellt sind, in der Gruppe ohne Abitur mehr als doppelt so hoch wie in der Gruppe mit Abitur.

Tabelle 3: Manifest-rechtsextreme Einstellung je Dimension in Ost- und Westdeutschland (in %)

	Gesamt ($N = 2.504$)	Ost ($N = 501$)	West ($N = 2.003$)
Neo-NS-Ideologie			
Befürwortung einer rechtsautoritären Diktatur	3,2	3,8	3,1
Antisemitismus**	4,0	1,8	4,8
Sozialdarwinismus	2,7	1,6	2,9
Verharmlosung des Nationalsozialismus	1,6	1,0	1,8
Ethnozentrismus			
Chauvinismus*	15,2	11,8	16,0
Ausländerfeindlichkeit**	21,8	31,5	19,3

Pearsons Chi-Quadrat Unterschiede im Ost-West-Vergleich: **p < .01; *p < .05

Tabelle 4: Manifest-rechtsextreme Einstellung je Dimension und Bildungsgrad (in %)

	mit Abitur ($N = 594$)	ohne Abitur ($N = 1.898$)
Neo-NS-Ideologie		
Befürwortung einer rechtsautoritären Diktatur*	1,9	3,7
Antisemitismus**	2	4,6
Sozialdarwinismus**	0,8	3,2
Verharmlosung des Nationalsozialismus	1	1,8
Ethnozentrismus		
Chauvinismus**	7,8	17,5
Ausländerfeindlichkeit**	9,8	25,6

Pearsons Chi-Quadrat: **p < .01; *p < .05

Auch zwischen Männern und Frauen finden wir signifikante Unterschiede in fünf der sechs Dimensionen, wobei die Zustimmungswerte der Männer stets über denen der Frauen liegen (Tab. 5). So ist beispielsweise jeder vierte Mann manifest ausländerfeindlich eingestellt, bei den Frauen ist es jede Fünfte. Eine rechtsautoritäre Diktatur befürworten manifest 4,2 % der Männer und 2,3 % der Frauen. Auch beim Sozialdarwinismus ist der Anteil bei Männern höher, jedoch ist hier der Unterschied nicht signifikant und könnte auch zufällig zustande gekommen sein. Generell ist Rechtsextremismus zwar kein reines »Männerproblem«, doch die erhöhten Einstellungen korrespondieren mit einer höheren Mobilisierungsfähigkeit zu rechtsextremen Demonstrationen und für extrem rechte Parteien (Kiess et al., 2015; vgl. z. B. Pickel, 2019; Celik et al., 2020; Arzheimer, 2024).

Tabelle 5: Manifest-rechtsextreme Einstellung je Dimension bei Männern und Frauen (in %)

	Männer (N = 1.202)	Frauen (N = 1.301)
Neo-NS-Ideologie		
Befürwortung einer rechtsautoritären Diktatur**	4,2	2,3
Antisemitismus*	4,9	3,2
Sozialdarwinismus	3,1	2,2
Verharmlosung des Nationalsozialismus**	2,5	0,8
Ethnozentrismus		
Chauvinismus**	18,4	12,2
Ausländerfeindlichkeit**	24,4	19,4

Pearsons Chi-Quadrat: **$p < .01$; *$p < .05$

Aufsehen erregen in jüngster Zeit Berichte darüber, dass die extreme Rechte (wieder) zunehmend bei jungen Menschen erfolgreich ist. Was die NPD in den 1990er Jahren mit Schulhof-CDs versuchte, führen AfD und andere heute auf Social-Media-Plattformen wie TikTok weiter. Über viele Jahre hinweg waren rechtsextreme Einstellungen eher bei Älteren vorzufinden. 2024 ist das Verhältnis zwischen den drei von uns gebildeten Altersgruppen bezüglich der Neo-NS-Ideologie relativ ausgeglichen (Tab. 6).

Tabelle 6: Manifest-rechtsextreme Einstellung je Dimension in Abhängigkeit vom Alter (in %) nach Ost/West

		16–30 Jahre Ost N = 89 West N = 377	31–60 Jahre Ost N = 213 West N = 1023	ab 61 Jahre Ost N = 199 West N = 595
Neo-NS-Ideologie				
Befürwortung einer rechtsautoritären Diktatur	Ost	5,6	5,2	1,5
	West	3,2	2,6	3,7
Antisemitismus	Ost	–	2,4	2
	West	6,6*	3,7	4,7
Sozialdarwinismus	Ost	1,1	2,4	1
	West	2,9	2,7	3,2
Verharmlosung des Nationalsozialismus	Ost	–	0,5	2
	West	1,9	1,8	1,7
Ethnozentrismus				
Chauvinismus	Ost	15,7*	11,7	10,1**
	West	11,9*	15,7	19,2**
Ausländerfeindlichkeit	Ost	23,6*	36,6**	29,7
	West	14,1*	17,3**	26,1

Pearsons Chi-Quadrat Unterschiede im Ost-West-Vergleich: **p < .01; *p < .05

Allerdings zeigen Jugendliche und junge Erwachsene im Westen die höchsten Zustimmungswerte zu diesem Ressentiment. Beim Ethnozentrismus hingegen fallen schon ohne Signifikanztest deutliche Unterschiede ins Auge: Im Osten sind die Jüngeren am chauvinistischsten, wohingegen im Westen die Befragten umso chauvinistischer sind, je älter sie sind. Bei der Ausländerfeindlichkeit wiederholt sich das Bild für den Westen, während im Osten der Anteil der manifest Ausländerfeindlichen unter 31- bis 60-Jährigen mit 36,6 % am höchsten ist. Unter den jungen Ostdeutschen ist der Anteil am geringsten, wenngleich immer noch deutlich höher als in der westdeutschen Vergleichsgruppe. Zusammengefasst sind bezüglich der Neo-NS-Ideologie nur geringe Unterschiede auszumachen, beim Ethnozentrismus tritt der Rechtsextremismus gruppenspezifisch zutage.

Hinsichtlich des Erwerbsstatus zeigen sich bekannte Muster (Tab. 7): Unter Arbeitslosen ist der Prozentsatz der rechtsextrem Eingestellten über alle Dimensionen hinweg höher als in den Vergleichsgruppen. Auffällig sind zudem die hohen Werte bei Chauvinismus und Ausländerfeindlichkeit unter den im Ruhestand befindlichen Befragten. Eine genauere Auswertung nach Berufsklassen legen wir in Kapitel 3 vor.

Tabelle 7: Manifest-rechtsextreme Einstellung je Dimension nach Erwerbsgruppen (in %)

	Schul-/ Berufs- ausbildung (*N* = 189)	Erwerbs- tätige (*N* = 1.468)	Arbeits- lose (*N* = 114)	Nicht- berufstätig (Hausfrau, -mann) (*N* = 63)	Ruhe- stand (*N* = 650)
Neo-NS-Ideologie					
Befürwortung einer rechtsautoritären Diktatur**	3,7	2,7	9,7	3,2	3,2
Antisemitismus*	1,6	3,7	9,7	3,2	4,5
Sozialdarwinismus*	1,6	2,5	7	1,6	2,6
Verharmlosung des Nationalsozialismus	–	1,4	6,2	–	1,9
Ethnozentrismus					
Chauvinismus**	11,6	14,2	27,2	9,5	16,5
Ausländerfeindlichkeit**	10,6	19,7	36,8	14,3	27,8

Pearsons Chi-Quadrat: **p < .01; *p < .05

Der AfD gelingt es seit Jahren, einen großen Teil der rechtsextrem Eingestellten, die vor der Gründung der Partei demokratisch oder gar nicht wählten, zu mobilisieren. Auch 2024 ist der Anteil der manifest rechtsextrem Eingestellten unter ihren Anhängern am höchsten. Da diese Menschen mit der Programmatik der AfD also eindeutig übereinstimmen, ist zweifelhaft, ob sie durch Angebote in Politikfeldern, die wie das Thema Migration durch die extreme Rechte bearbeitet werden, zurückgewonnen werden können. Potenziell erfolgreicher kann dagegen die Verschiebung der Aufmerksamkeit auf Themen sein, bei denen die AfD ihren Wählern wenig bieten kann. Festzuhalten ist aber, dass es auch in der Wählerschaft der demokratischen Parteien (geringe) Anteile rechtsextrem Eingestellter gibt.

Tabelle 8: Anteil der Menschen mit manifest-rechtsextremer Einstellung je Dimension unter den Parteiwählerinnen und -wählern (in %)

	CDU/CSU (N = 490)	SPD (N = 279)	FDP (N = 73)	Grüne (N = 216)	Die Linke (N = 75)	AfD (N = 201)	BSW (N = 90)	Nichtwähler (N = 282)	Parteiwahl unsicher (N = 136)	Wahlteilnahme unklar (N = 245)
Neo-NS Ideologie										
Befürwortung einer rechtsautoritären Diktatur	2,7	0,7	1,4	–	4,0	16,9	1,1	2,1	1,5	1,6
Antisemitismus	2,1	4,7	2,7	0,5	–	15	1,1	2,9	0,7	3,7
Sozialdarwinismus	2,9	1,4	–	0,5	1,3	10,5	–	3,6	0,7	2,0
Verharmlosung des Nationalsozialismus	0,2	0,4	–	–	–	9,5	–	2,5	0,7	1,2
Ethnozentrismus										
Chauvinismus	14,8	11,5	17,8	5,6	6,7	37,5	7,9	14,9	13,2	13,1
Ausländerfeindlichkeit	21,5	18,3	21,9	2,8	12,0	60,5	25,8	24,1	9,6	21,6

Keine Chi-Quadrat-Tests möglich, daher keine Signifikanztestung

In Tabelle 9 ist dargestellt, wen die (wenigen) manifest rechtsextrem Eingestellten zu den Erhebungszeitpunkten 2020, 2022 und 2024 angaben, zu wählen. Zunächst ist auffällig, dass sich 2022 und 2024 deutlich mehr von ihnen überhaupt für eine Wahlteilnahme aussprachen. Entsprechend sank der Anteil der rechtsextremen Nichtwähler sowie der Unsicheren und der potenzielle Stimmenanteil für die AfD stieg von 2020 zu 2022 deutlich an. Dies spricht für die These, dass die AfD ein bereits zuvor bestehendes extrem rechtes Wählerpotenzial inzwischen erfolgreich mobilisiert.

Tabelle 10 ist zu entnehmen, dass die Mitgliedschaft in Gewerkschaften nicht signifikant mit rechtsextremen Einstellungen zusammenhängt. Einerseits mag dies an der heterogenen Gewerkschaftslandschaft liegen, denn hier gehen christliche Nischengewerkschaften, IG Metall, Polizeigewerkschaft oder die Lehrer-dominierte GEW in einer Sammelkatego-

Tabelle 9: Was wählen Menschen mit geschlossen-rechtsextremem Weltbild (in %)?

	Gesamt (N = 68)				bei Wahlteilnahme (N = 48)									
	Wahlteilnahme	keine Wahlteilnahme	Wahlteilnahme unsicher	nicht wahlberechtigt	CDU/CSU	SPD	FDP	Grüne	Die Linke	AfD	BSW	Freie Wähler	Andere Partei/keine Angabe	weiß noch nicht, welche Partei
2020	55,7	20,8	15,1	–	24,6	11,8	1,9	–	3,8	32,1	–	–	11,3	15,1
2022	72,1	16,2	8,8	2,9	16,3	10,2	2	2	6,1	57,1	–	–	–	4,1
2024	71,7	12,4	6,2	3,5	14,8	8,6	1,2	–	2,5	56,8	1,2	7,4	4,9	2,5

Keine Chi-Quadrat-Tests möglich, daher keine Signifikanztestung; 2024 machten 6,2 % keine Angabe zur Wahlteilnahme

Tabelle 10: Manifest-rechtsextreme Einstellung je Dimension und Gewerkschaftsmitgliedschaft (in %)

	Mitgliedschaft (N = 256)	keine Mitgliedschaft (N = 2.236)
Neo-NS-Ideologie		
Befürwortung einer rechtsautoritären Diktatur	2,3	3,3
Antisemitismus	3,9	4
Sozialdarwinismus	2,3	2,7
Verharmlosung des Nationalsozialismus	2	1,6
Ethnozentrismus		
Chauvinismus	15,6	15,1
Ausländerfeindlichkeit	21,9	21,7

rie auf. Andererseits belegt es die Erfahrung vieler Gewerkschaftsfunktionäre und -forschender, dass die Mitgliedschaft politisch durchaus sehr heterogen ist (Becker et al., 2018; Frymer & Grumbach, 2021).

Wie Tabelle 11 zu entnehmen ist, verzeichnen wir zunächst lineare Zusammenhänge zwischen dem Äquivalenzeinkommen (dem nach Anzahl der Personen im Haushalt geteilten Einkommen) und rechtsextremen Einstellungen: Je geringer das Haushaltsnettoeinkommen, desto höher der Anteil der rechtsextrem Eingestellten unter den Befragten. Der Effekt ist in den Dimensionen Antisemitismus und Sozialdarwinismus nicht signifikant. Auch an dieser Stelle verweisen wir auf Kapitel 3, denn in der multivariaten Analyse unter Berücksichtigung anderer Einflussfaktoren ist das Einkommen nicht mehr relevant für die Erklärung rechtsextremer Einstellung.

Tabelle 11: Manifest-rechtsextreme Einstellung je Dimension und Äquivalenzeinkommen (in %)

	bis 1.250 Euro (N = 356)	> 1.250 bis 2.000 Euro (N = 777)	> 2.000 bis 3.000 Euro (N = 800)	mehr als 3.000 Euro (N = 528)
Neo-NS-Ideologie				
Befürwortung einer rechtsautoritären Diktatur **	8,2	2,6	2,8	1,7
Antisemitismus	6,2	4,2	3,4	3,4
Sozialdarwinismus	4,2	2,8	2,5	1,3
Verharmlosung des Nationalsozialismus **	4,8	1,3	1	1
Ethnozentrismus				
Chauvinismus **	19,2	16,8	14,3	11,6
Ausländerfeindlichkeit **	30,7	26,3	20,1	12,8

Pearsons Chi-Quadrat: **p < .01

Antimoderne Ressentiments: Der autoritäre Hass auf »Andere«

Trotz des leichten Anstiegs in diesem Erhebungsjahr beobachten wir seit einiger Zeit tendenziell einen Rückgang der manifesten Zustimmung im Bereich der Neo-NS-Ideologie. Auch wenn das generell für eine stärkere soziale Sanktionierung dieser Ansichten innerhalb der Gesellschaft spricht, haben wir bereits in der letzten Erhebung darauf hingewiesen, dass dies keinen Grund zur Entwarnung darstellt. Gerade im Blick auf die Zustimmungswerte in den beiden Dimensionen des Ethnozentrismus wird die innergesellschaftliche Gefahrenlage deutlich. Die Ausländerfeindlichkeit befindet sich bundesweit seit Jahren auf hohem Niveau und ist im Westen seit zwei Jahren wieder gestiegen. Da gleichzeitig die Aufwertung des Eigenen, also der Chauvinismus, gleichermaßen anhaltende Zustimmung findet, rücken die Gruppendynamiken ins Zentrum der antidemokratischen Dynamik unserer Gesellschaft. In unseren Erhebungen verfolgen wir diese Orientierung an kollektiver Identität und die Bereitschaft zum Ressentiment gegenüber »Anderen« seit Jahren und legen dementsprechend auch in den anschließenden Analysen den Fokus auf sie. Dass diesen Ressentiments autoritäre Bedürfnisse zugrunde liegen und sie autoritären Aggressionen entsprechen, führt uns im weiteren Verlauf des Kapitels noch zu der Frage nach deren Verbreitung.

Zunächst bleiben wir aber bei den konkreten Ressentiments und damit bei dem Bedürfnis, eine als fremd oder gefährlich wahrgenommene Fremdgruppe abzuwerten und in der Folge bekämpfen zu wollen – notfalls unter Einsatz von Gewalt. Dafür betrachten wir, welche Gruppierungen derzeit vornehmlich zum Objekt autoritärer Aggressionen werden, welche Formen des Ressentiments also derzeit am ehesten zustimmungsfähig sind. Die Stärke einzelner Ressentiments soll dabei nicht darüber hinwegtäuschen, dass die Objekte des Hasses relativ flexibel gewählt werden können. Um dieser Vielgestaltigkeit Rechnung zu tragen, dokumentieren wir auch die vielfältige Abwertungsbereitschaft, die sich jeden Tag gegen unterschiedlichste Gruppen richtet.

In dieser Erhebung legen wir dabei einen Schwerpunkt auf das Thema Antisemitismus (siehe auch Kap. 4): Wir betrachten spezifische Ressentiments gegen Jüdinnen und Juden, die aufgrund der sozialen Sanktionierung direkter Äußerungsformen indirekt, also über Umwege kommuniziert werden. Diese »Umwegkommunikation« (Bergmann & Erb, 1986) bricht sich beispielsweise in Form einer Dämonisierung des Staates Israel Bahn (israelbezogener Antisemitismus) oder äußert sich in der Forderung, die nationalsozialistische Vergangenheit ruhen zu lassen und nicht mehr zu thematisieren (Schuldabwehrantisemitismus). Dies geht häufig mit einer impliziten Relativierung der Verbrechen des Nationalsozialismus einher. Darüber hinaus beobachteten wir in Folge des Angriffs der Terrorgruppe Hamas auf Israel Formen des Antisemitismus, die sich mit diesen beiden Dimensionen noch nicht adäquat beschreiben ließen. In einer Vorstudie entwickelten wir daher zwei neue Skalen, die erstmalig postkolonialen Antisemitismus sowie antisemitischen Antizionismus als Äußerungsformen des antisemitischen Ressentiments erfassen (Decker et al., 2024).

Ausdruck findet das erwähnte Ressentiment auch im links wie rechts beheimateten Antiamerikanismus (Kiess et al., 2020), indem die USA bzw. die US-Amerikaner stellvertretend für die Probleme moderner Gesellschaft verantwortlich gemacht werden (Stern, 1961), sowie aufgrund einer verkürzten Kapitalismuskritik in bestimmten Formen des Antikapitalismus (Stöss, 2008). Zusätzlich erfassen wir bereits seit einigen Jahren regelmäßig Muslimfeindschaft und Antiziganismus, zwei weitere Einstellungsmuster, denen eine Projektion negativer gesellschaftlicher Entwicklungen sowie negativer Affekte auf eine Fremdgruppe zugrunde liegt. Nicht zuletzt können Antifeminismus, also die Ablehnung jeglicher weiblicher Emanzipationsbestrebungen, und Sexismus als Ausdruck autoritärer Aggression verstanden werden, wobei sich diese hier nicht gegen eine Minderheit richtet, sondern Frauen im Allgemeinen als Projektionsfläche herhalten müssen. In diesem Jahr haben wir in diesem Bereich darüber hinaus Transfeindlichkeit als Form antimodernen Ressentiments mitberücksichtigt.

Antisemitismus

Israelbezogenen Antisemitismus haben wir bereits in den Jahren 2012 und dann regelmäßig seit 2018 anhand von drei Items erhoben (Grafik 14). 2024 beobachten wir insgesamt einen Anstieg der Zustimmung in Ost- und Westdeutschland über alle Items hinweg. Während 2022 noch 12,8 % angaben, dass ihnen aufgrund der Politik Israels »die Juden immer unsympathischer« würden, stimmen 2024 15,6 % der Befragten dieser Gleichsetzung von Juden mit den politischen Handlungen des Staates Israel zu. Insgesamt mehr als ein Fünftel der Befragten findet außerdem, dass »Israels Politik in Palästina […] genauso schlimm wie die Politik der Nazis im Zweiten Weltkrieg ist« – eine Aussage, die nicht nur die Handlungen des Staates Israels delegitimiert und dämonisiert, sondern gleichzeitig eine Relativierung der Verbrechen des Nationalsozialismus darstellt. Immerhin mehr als jeder Zehnte findet, dass Israels Verbrechen im Vergleich zu den »Schattenseiten« anderer Nationen deutlich schwerwiegender sind.

Die Zustimmung zu den Items des *Schuldabwehrantisemitismus* verweilt auf ähnlich hohem Niveau, wobei die Zustimmung in Ostdeutschland durchweg höher ausfällt als in Westdeutschland (Grafik 15). Auch 2024 finden über 60 % der Befragten, dass man sich »lieber gegenwärtigen Problemen widmen [sollte], als Ereignissen, die mehr als 70 Jahre vergan-

Grafik 14: Manifeste Zustimmung zum israelbezogenen Antisemitismus 2012 und 2018–2024 (in %)

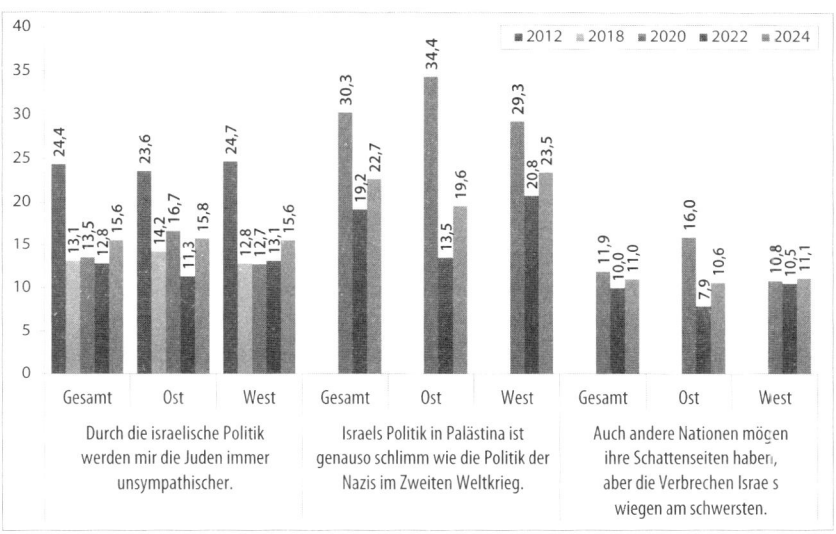

Grafik 15: Manifeste Zustimmung zum Schuldabwehrantisemitismus 2012 und 2018–2024 (in %)

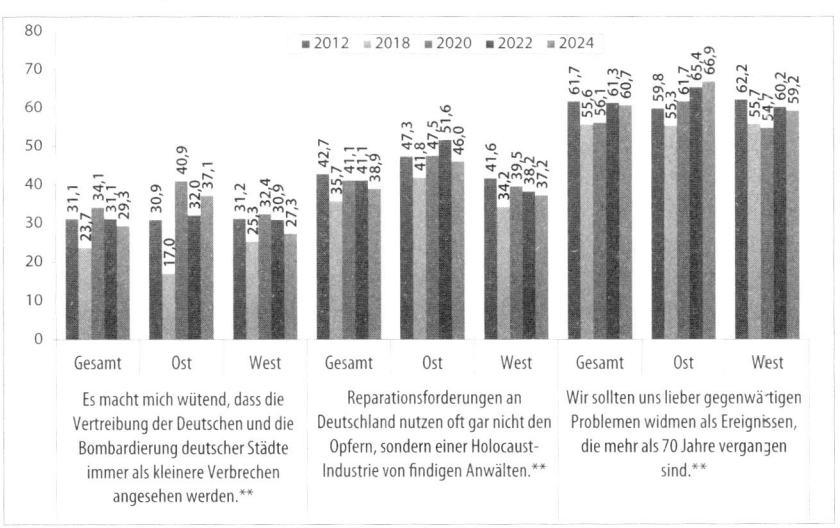

Pearsons Chi-Quadrat Unterschiede im Ost-West-Vergleich 2024: **p < .01

gen sind«, und fordern damit implizit, einen »Schlussstrich« unter die nationalsozialistische Vergangenheit zu setzen. Außerdem sehen über ein Drittel der Befragten »eine Holocaust-Industrie von findigen Anwälten« am Werk, wenn es um Reparationsforderungen an Deutschland geht. 29,3 % der Befragten geben an, dass es sie wütend mache, »dass die Vertreibung der Deutschen und die Bombardierung deutscher Städte immer als kleinere Verbrechen angesehen werden« – eine Aussage, in der die Relativierung der Shoah angelegt ist.

Für den *postkolonialen Antisemitismus* haben wir vor dem Hintergrund der gerade auch im linken Spektrum verbreiteten Sympathien für das eliminatorisch motivierte Massaker der Hamas am 7. Oktober 2023 einen neuen Fragebogen entwickelt (Grafik 16). In der ersten Aussage ist eine Variation der sonst von rechts bekannten Schlussstrichforderung enthalten, die auch im Schuldabwehrantisemitismus zentral ist: Über 15 % der Befragten, in Ostdeutschland sogar über 19 %, stimmen der Aussage mindestens überwiegend zu, dass der »deutsche Schuldkomplex« den »Freiheitskampf der Palästinenser« behindere, ein weiteres Drittel stimmt dieser Aussage teilweise zu. Nicht zuletzt wegen des Begriffs »Freiheitskampf« lässt diese Aussage mit den beiden folgenden in ein antiimperialistisch-antikoloniales Weltbild einordnen. Die Gründung des Staates Israel stellt für 13 % der Befragten ein Resultat des schlechten Gewissens der Europäer dar, weiterhin stimmen dem im Osten über 40 % teilweise zu. Mit dieser Aussage wird nicht nur die Legitimität des Staates Israels angezweifelt, sondern auch die besondere Situation der Staatsgründung geleugnet, schließlich war der Staat Israel ein Zufluchtsort für Juden nach der Shoah. 14 % der Befragten halten den Nahostkonflikt für einen »Konflikt zwischen weißem Kolonialismus und unterdrückten Minderheiten«, ein weiteres Drittel stimmt dieser Aussage teilweise zu.

Eine weitere Form der Umwegkommunikation des antisemitischen Ressentiments bildet der *antisemitische Antizionismus* (Grafik 17). Eine einseitige Schuldzuweisung und damit Dämonisierung des Staates Israel ist in der Aussage »Ohne Israel würde Frieden in Nahost herrschen« verbalisiert, der bundesweit 17,9 % zustimmen, in Ostdeutschland ist es sogar jeder Vierte. Ein weiteres Drittel der Bevölkerung stimmt der Aussage teilweise zu. Die Formulierung »ohne Israel« beinhaltet eine eliminatorische Komponente, die in der zweiten Aussage ebenfalls beinhaltet ist. Auch bei diesem Item ist die höhere manifeste Zustimmung in Ostdeutsch-

Grafik 16: Manifeste und latente Zustimmung zum postkolonialem Antisemitismus 2024 (in %)

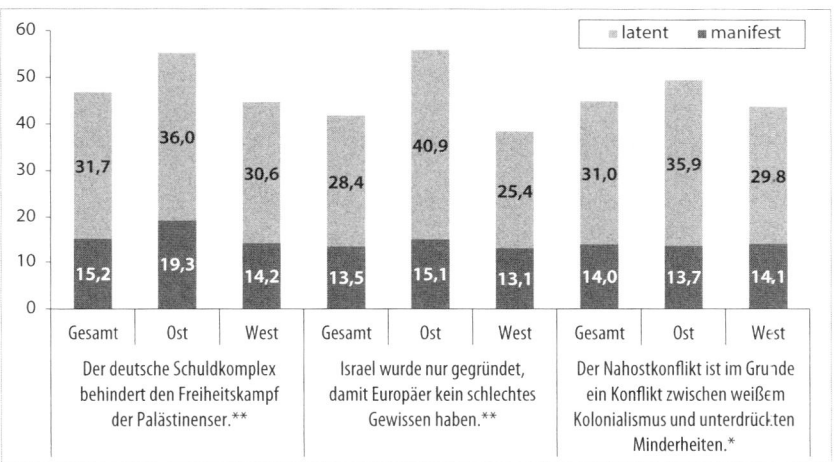

Pearsons Chi-Quadrat Unterschiede im Ost-West-Vergleich: **p < .01; *p < .05
Alle drei Items laden auf einen Faktor; Item 1 = .85; Item 2 = .84; Item 3 = .87; Cronbachs Alpha = .81

Grafik 17: Manifeste und latente Zustimmung zum antisemitischen Antizionismus 2024 (in %)

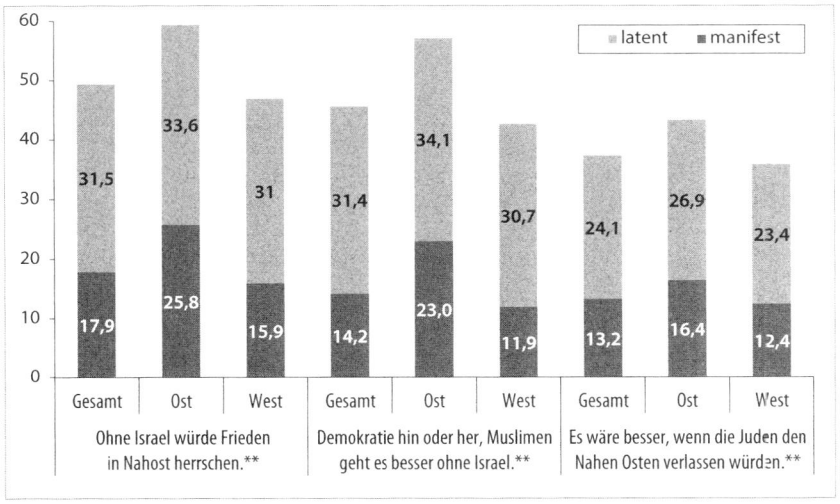

Pearsons Chi-Quadrat Unterschiede im Ost-West-Vergleich: **p < .01
Alle drei Items laden auf einen Faktor: Item 1 = .91; Item 2 = .91; Item 3 = .91; Cronbachs Alpha = .842

Grafik 18: Manifeste und latente Einstellung zu verschiedenen antisemitischen Aussagen 2024 (in %)

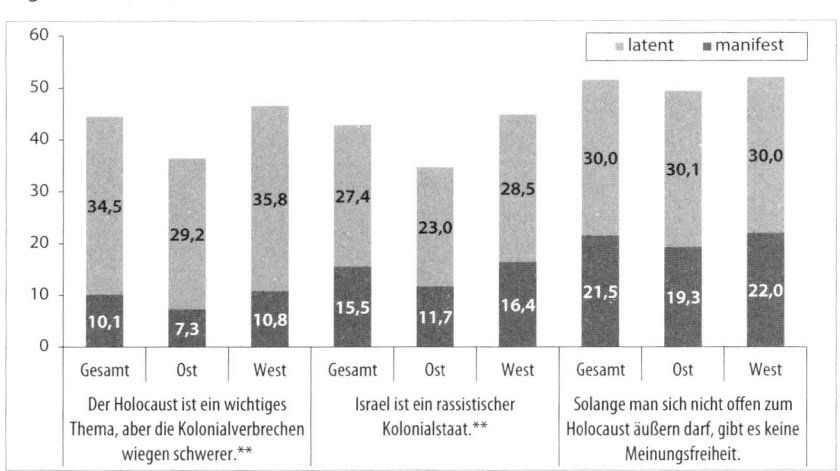

Pearsons Chi-Quadrat Unterschiede im Ost-West-Vergleich: **p < .01

land auffällig: Signifikant mehr Ost- als Westdeutsche sind der Ansicht, dass es Muslimen »ohne Israel« besser gehen würde. Dass es besser sei, wenn nicht nur der Staat Israel, sondern auch »die Juden den Nahen Osten verlassen würden«, denken 13,2 % der Befragten, ein weiteres Viertel stimmt der Aussage teilweise zu.

In Grafik 18 sind die Zustimmungswerte zu weiteren Aussagen abgebildet, die Antisemitismus messen. Augenfällig ist auch hier die sehr hohe latente Zustimmung. Doch auch manifest denken 10 % der Befragten, dass der Holocaust letztlich weniger wichtig als die Kolonialverbrechen sei, 15,5 %, dass Israel ein »rassistischer Kolonialstaat« sei, und 21,5 %, dass es keine echte Meinungsfreiheit gebe, wenn »man sich nicht offen zum Holocaust äußern darf«.

Weitere antimoderne Ressentiments

Wie oben bereits angesprochen drückt sich im *Antiamerikanismus* ein Ressentiment gegen die moderne Gesellschaft aus: Für bestimmte, unerwünschte gesellschaftliche Entwicklungen werden die USA bzw. die US-Amerikaner verantwortlich gemacht. Sie werden zu Repräsentanten einer

Grafik 19: Manifeste und latente Zustimmung zum Antiamerikanismus 2024 (in %)

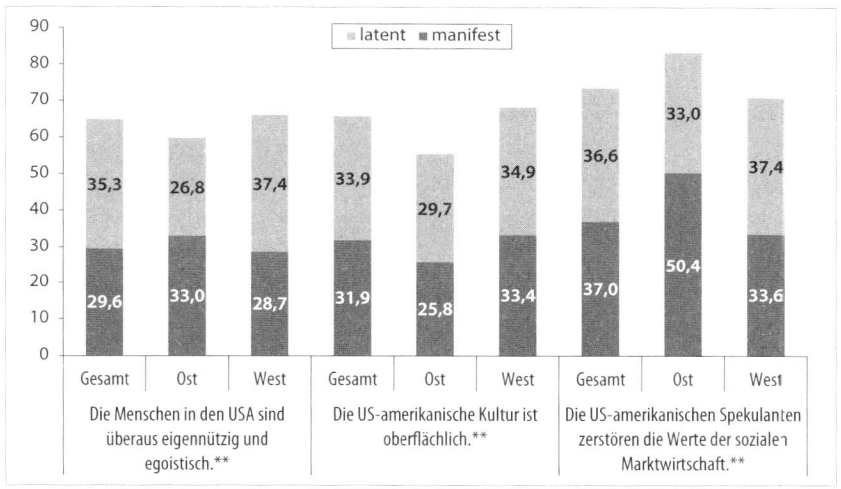

Pearsons Chi-Quadrat Unterschiede im Ost-West-Vergleich: **p < .01

fortschreitenden Individualisierung, die ambivalent bleibt, weil sie sich mit individualisierten Anforderungen verbindet: Die gewonnenen Freiheiten sind verbunden mit einer Auflösung der Sicherheiten traditioneller Gesellschaften. Letztere werden in der Rückprojektion somit zur vermeintlich besseren Welt und die USA zu deren Antipoden. Ein knappes Drittel der Befragten hält die Menschen in den USA für »überaus eigennützig und egoistisch«, ein weiteres Drittel stimmt dem teilweise zu. Ebenfalls ein Drittel hält die US-amerikanische Kultur für »oberflächlich« – eine Ansicht, die von einem weiteren Drittel zumindest teilweise geteilt wird. Interessanterweise ist hier die Zustimmung im Osten niedriger. Dass »US-amerikanische Spekulanten […] die Werte der sozialen Marktwirtschaft« zerstören, denken mehr als ein Drittel der Befragten und in Ostdeutschland sogar jeder Zweite. Sie verkennen damit nicht allein, dass auch an deutschen Börsen und von deutschen Banken spekuliert wird, sondern auch, dass dies zur grundlegenden Funktionsweise des Kapitalismus sowie der sozialen Marktwirtschaft gehört.

Eine *antikapitalistische* Einstellung ist deutlich weiter manifest verbreitet als die bisher berichteten Ressentiments. Dagegen fällt die latente Zustimmung wesentlich geringer aus, was darauf schließen lässt, dass die

Items weniger in der Kommunikationslatenz stecken, also Zustimmung offener geäußert werden kann. Knapp die Hälfte der Befragten ist der Ansicht, dass »wirkliche Demokratie« erst möglich sei, »wenn es keinen Kapitalismus mehr gibt«, über 60 % denken, dass von der Globalisierung »nur die mächtigen Wirtschaftsinteressen« profitieren, und zwei Drittel sehen die Schuld für wachsende Ungleichheit bei den Finanzmärkten. In diesen Aussagen werden die gesellschaftlichen Verhältnisse stark vereinfacht und schematisch dargestellt. Sowohl die eigene Involviertheit als auch jene breiterer Gesellschaftsschichten werden negiert, Schuld sind einige Wenige. Dass auch hier die negativen Entwicklungen und Affekte nach außen verlagert werden, erlaubt dem Individuum Beruhigung ob der vermeintlichen Klarheit der Verhältnisse und der eigenen Position.

Eine solche Projektion, die sich in den zuvor genannten Bereichen ausdrückt und die für die autoritäre Aggression insgesamt kennzeichnend ist, findet sich auch in anderen Formen der Abwertung von Minderheiten, wofür *Muslimfeindschaft* und *Antiziganismus* weitere Beispiele sind. Beide Formen erheben wir seit 2014 regelmäßig alle zwei Jahre. In dieser Erhebung können wir in Westdeutschland durchweg einen deutlichen Anstieg der Zustimmungsraten verzeichnen (Tab. 12). Während 2022 etwas mehr

Grafik 20: Manifeste und latente Zustimmung zum Antikapitalismus 2024 (in %)

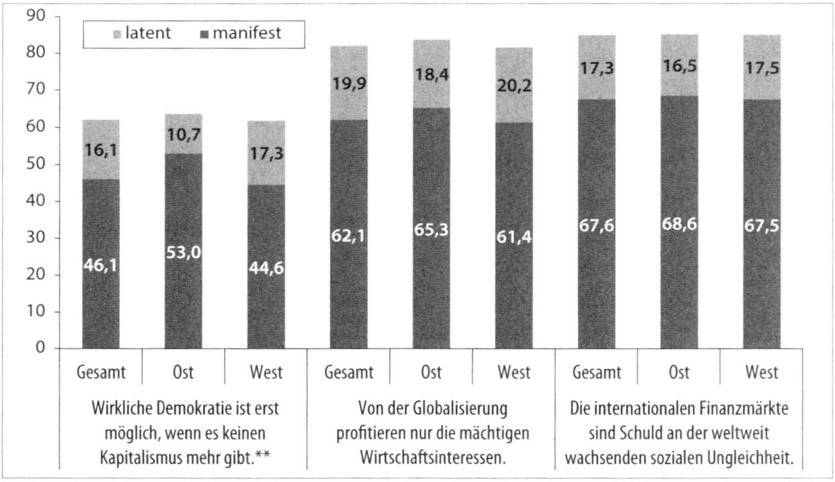

Pearsons Chi-Quadrat Unterschiede im Ost-West-Vergleich: **p < .01

66

als ein Drittel der Westdeutschen angab, sich »durch die vielen Muslime […] manchmal wie ein Fremder im eigenen Land« zu fühlen, sind es 2024 Ost wie West fast die Hälfte. Auch dass »Muslimen […] die Zuwanderung nach Deutschland untersagt werden« sollte, findet 2024 fast ein Drittel der Westdeutschen, während es 2022 weniger als ein Viertel war. Hier sind die Zustimmungsraten im Osten zwar etwas rückläufig, jedoch mit 43,2 % auch 2024 noch signifikant höher als im Westen. Ressentiments gegen Menschen muslimischen Glaubens sind jedenfalls auch 2024 in ganz Deutschland weit verbreitet.

Ähnlich hoch fällt die Zustimmung zum Antiziganismus aus. Zwar ist hier die Rate in Ostdeutschland im Vergleich zu 2022 rückläufig, jedoch gibt immer noch jeweils mehr als die Hälfte der Ostdeutschen an, ein Problem mit der Anwesenheit von Sinti und Roma zu haben sowie zu glauben, dass »Sinti und Roma […] zur Kriminalität« neigten. Die Ansicht, dass »Sinti und Roma […] aus den Innenstädten entfernt werden« sollten, teilen in Ost- und Westdeutschland etwa 40 % der Befragten.

Antifeminismus, also die Ablehnung weiblicher Emanzipationsbestrebungen, erfassen wir seit 2020 anhand von vier Items. In Ostdeutschland

Tabelle 12: Muslimfeindschaft und Antiziganismus 2014–2024 (Zustimmung in %)

		2014	2016	2018	2020	2022	2024
Muslimfeindschaft							
Muslimen sollte die Zuwanderung nach Deutschland untersagt werden.**	Ost	40,2	53,5	50,4	40,2	46,6	43,2
	West	34,6	37,3	41,7	24,2	23,6	32,8
Durch die vielen Muslime hier fühle ich mich manchmal wie ein Fremder im eigenen Land.	Ost	33,5	50,0	54,4	55,1	42,7	48,7
	West	44,4	49,2	55,1	44,8	36,6	48,2
Antiziganismus							
Ich hätte Probleme damit, wenn sich Sinti und Roma in meiner Gegend aufhalten.**	Ost	58,0	61,5	60,2	44,5	54,9	52,0
	West	53,7	56,0	54,4	41,2	35,4	43,6
Sinti und Roma sollten aus den Innenstädten entfernt werden.	Ost	47,8	47,8	56,1	41,3	44,2	40,0
	West	46,2	49,3	47,0	33,8	29,7	40,1
Sinti und Roma neigen zur Kriminalität.**	Ost	54,2	56,8	69,0	54,1	61,6	58,7
	West	55,8	58,4	57,8	52,5	39,3	46,7

Pearsons Chi-Quadrat Unterschiede im Ost-West-Vergleich 2024: **p < .01

fällt die Zustimmung auch in diesem Jahr höher aus als in Westdeutschland. Dabei zeigt sich, dass Antifeminismus in Westdeutschland im Vergleich zu 2022 an Zuspruch verliert, während die Zustimmung in Ostdeutschland auf ähnlich hohem Niveau verweilt oder sogar zunimmt: 2022 glaubten 20,8 % der Ostdeutschen, dass Frauen »sich in der Politik häufig lächerlich« machen würden, 2024 wird diese Meinung von mehr als einem Drittel vertreten (34,9 %). Auch bei der Aussage, dass »Frauen, die mit ihren Forderungen zu weit gehen«, sich nicht zu wundern hätten, »wenn sie wieder in ihre Schranken gewiesen werden«, stieg die Zustimmung in Ostdeutschland von gut einem Viertel der Befragten auf 35,6 % und damit auf einen Wert, der noch über dem von 2020 liegt (33,5 %).

Betrachten wir den *Sexismus*, den wir seit 2006 in unregelmäßigen Abständen erheben, so ergeben sich ähnlich hohe Zustimmungsraten wie 2022. Mit Blick auf Ost-West-Unterschiede zeigt sich jedoch ein überraschendes Bild. In der Vergangenheit waren die Zustimmungswerte in Ostdeutschland stets niedriger als in Westdeutschland – eine Beobachtung, die häufig auf die Rolle der Frau und die Förderung weiblicher Erwerbstätigkeit in der DDR zurückgeführt wird (Heller et al., 2024). 2024 finden wir in einzelnen Aussagen erstmals höhere Zustimmung im Osten: Signifikant mehr Ostdeutsche (31,4 %) als Westdeutsche (25,7 %) finden, dass sich Frauen »wieder mehr auf ihre Rolle als Ehefrau und Mutter« konzentrieren sollten. Außerdem gab ein Drittel der Ostdeutschen an, »Frauen, die sich gegen eine Familie und Kinder entscheiden«, als egoistisch zu empfinden. Im Westen sind es immerhin 18,9 %. Die beiden Aussagen, die eher auf die Berufstätigkeit von Frauen abzielen als auf die Gründung und Versorgung einer Familie, werden hingegen in Westdeutschland eher vertreten. So stimmen in Westdeutschland 17,2 % der Befragten der Aussage zu, dass es einer Frau wichtiger sein sollte, »ihrem Mann bei der Karriere zu helfen, als selbst Karriere zu machen«, während in Ostdeutschland lediglich 12,8 % diese Position vertreten. Diese Ergebnisse deuten darauf hin, dass in Ostdeutschland die Stellung der Familie und die Rolle von Mutterschaft im Wandel begriffen sind, während die Berufstätigkeit von Frauen nach wie vor befürwortet wird.

In den letzten Jahren wurden vermehrt auch Personen mit einer von der Norm abweichenden sexuellen Orientierung und/oder Geschlechtsidentität zur Zielscheibe autoritärer Aggression sowie Opfer von tatsächlichen Gewalthandlungen (Bundeskriminalamt, 2024). Anhand von drei

Grafik 21: Zustimmungswerte zu den Items der Skala Antifeminismus nach Ost und West im Zeitvergleich (in %)

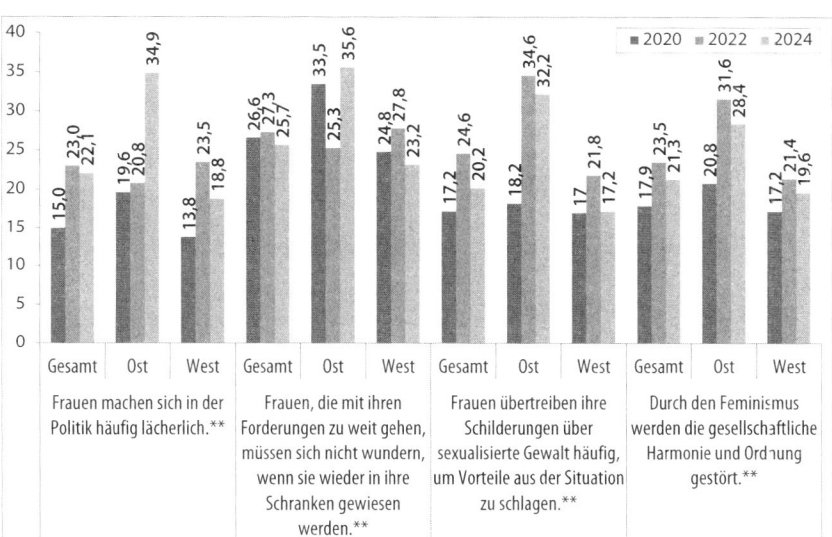

Pearsons Chi-Quadrat Unterschiede im Ost-West-Vergleich 2024: **p < .01

Items haben wir daher 2024 erstmalig Ressentiments gegenüber Transpersonen erhoben.[3] Wie beim Antifeminismus ist auch bei der *Transfeindlichkeit* eine höhere Zustimmung in Ostdeutschland zu verzeichnen: Über die Hälfte der in Ostdeutschland ansässigen Befragten findet, »Transsexuelle sollen aufhören, so einen Wirbel um ihre Sexualität zu machen«, hält die Toleranz gegenüber diesen Personen für »übertrieben« und ist der Meinung, »Transsexuelle stellen zu viele Forderungen«. Aber auch in Westdeutschland ist die Zustimmung zur Transfeindlichkeit hoch, kann doch auch dort die Mehrheit der Befragten diese Aussagen zumindest nicht explizit ablehnen.

---

3 Die Items sind einer Studie von Küpper et al. (2017) zu Einstellungen gegenüber lesbischen, schwulen und bisexuellen Menschen in Deutschland entlehnt, wobei der ursprüngliche Begriff »Homosexuelle« entsprechend jeweils durch »Transsexuelle« ersetzt wurde. Durch die Nutzung dieses negativ konnotierten, jedoch weit verbreiteten Begriffs sollte eine Anschlussfähigkeit insbesondere an abwertende Einstellungsaspekte ermöglicht werden.

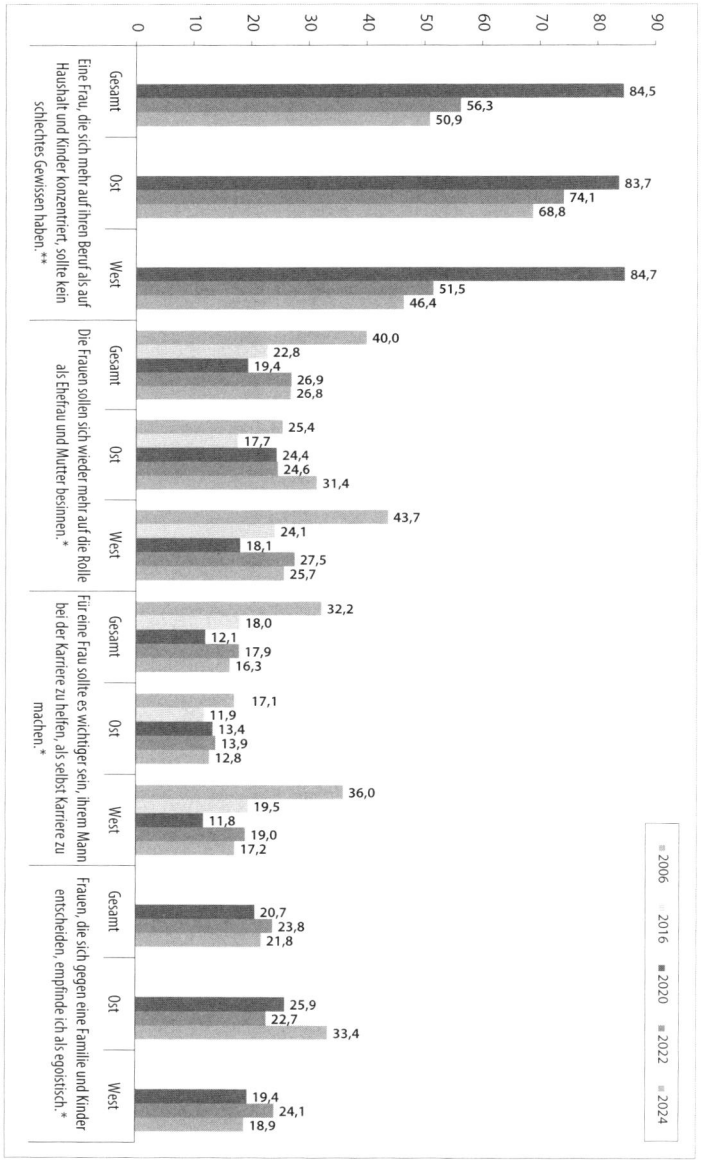

Grafik 22: Zustimmungswerte zur Skala Sexismus im Zeitvergleich (in %)

Pearsons Chi-Quadrat Unterschiede im Ost-West-Vergleich 2024: **p < .01; *p < .05

Grafik 23: Manifeste und latente Transfeindlichkeit 2024 (in %)

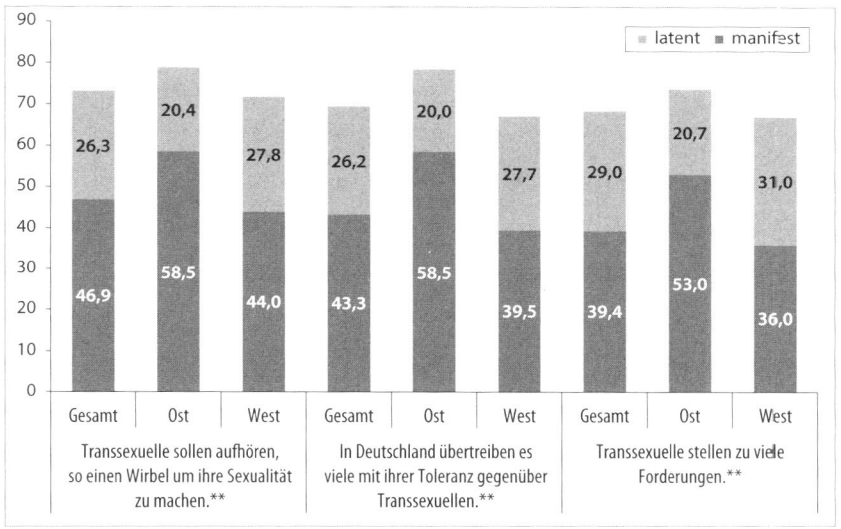

Pearsons Chi-Quadrat Unterschiede im Ost-West-Vergleich: **p < .01
Alle Items laden auf einen Faktor: Item 1 = .95; Item 2 = .95; Item 3 = .95; Cronbachs Alpha = .94

Entwicklung mit unentschiedenem Ausgang: Demokratiezufriedenheit und die Teilhabe an der gesellschaftlichen Entwicklung

Wie weit die bis hierhin beschriebenen Ressentiments und ihre Mischformen Verbreitung finden, entscheidet über die Stabilität einer liberalen Demokratie. Diese zeichnet sich nicht nur dadurch aus, dass die Bevölkerung als Souverän auf unterschiedlichen Wegen an den Entscheidungen zu Angelegenheiten aller beteiligt wird. Sie existiert überdies nur dann, wenn dieser Allgemeinheit Schutzrechte für die Besonderen an die Seite gestellt werden. Anders ausgedrückt: Es kommt darauf an, dass dem Willen der Mehrheit und der Macht des Staates rechtliche Garantien für den Schutz des einzelnen Menschen an die Seite gestellt werden und jedes einzelne Mitglied in den Stand gesetzt ist, seine Rechte gegen das gesellschaftliche Ganze auch wahrzunehmen. Deshalb ist nicht nur bedeutsam, dass es eine Zustimmung zur Demokratie als Herrschaftsform gibt, sondern auch, welche Vorstellungen sich damit verbinden und welche autori-

Grafik 24: Zustimmung zur »Demokratie als Idee« 2006–2024 (in %)

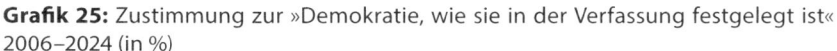

Pearsons Chi-Quadrat Unterschiede im Ost-West-Vergleich 2024: **p < .01

Grafik 25: Zustimmung zur »Demokratie, wie sie in der Verfassung festgelegt ist« 2006–2024 (in %)

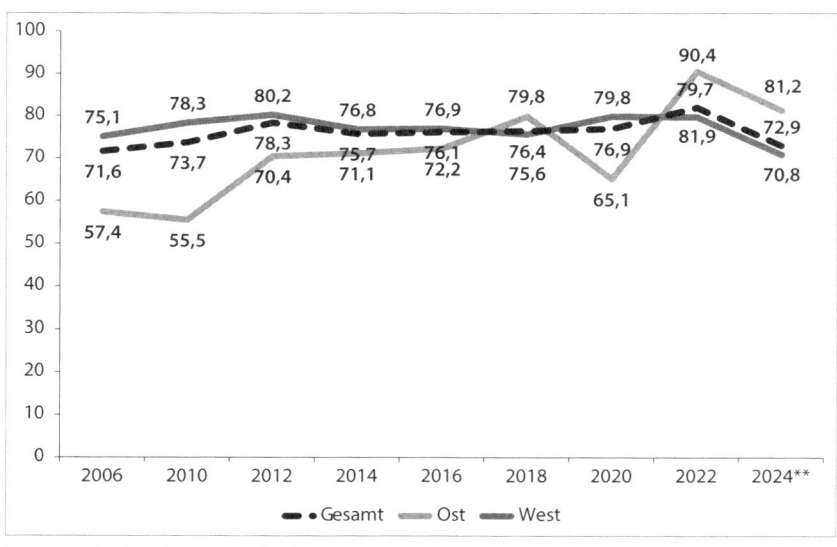

Pearsons Chi-Quadrat Unterschiede im Ost-West-Vergleich 2024: **p < .01

tären Bedürfnisse das Bekenntnis unterlaufen. Hier beginnen wir zunächst mit der Zustimmung zur Demokratie, die vertiefende Analyse zu den Demokratieerwartungen erfolgt in Kapitel 6.

Seit 2006 erheben wir Daten zur Demokratiebefürwortung, wobei wir drei Arten unterscheiden: Zustimmung zur Demokratie als Idee, Zufriedenheit mit der Demokratie, wie sie in der Verfassung festgeschrieben ist, sowie Zufriedenheit mit dem Funktionieren der Demokratie im Alltag der Bundesrepublik. Betrachten wir zunächst die Zustimmung zur *Demokratie als Idee* (Grafik 24), so wird ein Einbruch der Werte in Westdeutschland augenfällig. Während die Zustimmung in Ost- und Westdeutschland in den letzten zwei Erhebungen auf hohem Niveau verblieb, verzeichnen wir für Westdeutschland mit 89,4 % ein historisches Tief. In Ostdeutschland bleibt die Zustimmung zur Idee der Demokratie mit 94,6 % ungebrochen hoch.

Anders sieht es mit der Zustimmung zur *verfassungsmäßigen Demokratie* aus (Grafik 25). Hier zeigt sich in Ost- und Westdeutschland ein ähnlich deutlicher Rückgang der Zustimmung. Nachdem die Zustimmungswerte in Ostdeutschland nach 2006 nahezu kontinuierlich anstiegen, verzeichnen wir seit 2018 starke Schwankungen. Wie bereits 2022 zeigt sich aber auch in diesem Jahr in Ostdeutschland eine höhere Zustimmung zur verfassungsmäßigen Demokratie als im Westen. Dort finden wir zunächst diskretere Verläufe, aber mit 70,8 % auch einen Tiefpunkt bei der Zufriedenheit mit der grundgesetzlich garantierten Demokratie.

Bei der Zufriedenheit mit der *Alltagsdemokratie* ist im Vergleich zu den letzten Jahren ein noch deutlicherer Rückgang zu verzeichnen. Wenngleich die Werte in diesem Bereich schon immer niedriger waren als bei den beiden bereits vorgestellten Aspekten, ist der Einbruch bei der Zufriedenheit mit der Alltagserfahrung der Demokratie dennoch besonders drastisch und besorgniserregend. Gerade angesichts des massiven Rückgangs seit 2022 ist die These naheliegend, dass diese Unzufriedenheit auch mit den in dieser Zeit offen zutage liegenden Konflikten innerhalb der Regierungskoalition zusammenhängt. Da diese Konflikte allerdings auch Ausdruck einer allgemeinen Fragmentierung der Gesellschaft und der daraus resultierenden Auseinandersetzungen sind, reicht die erwähnte These zur Erklärung nicht aus (vgl. Kap. 6).

Mit dem Begriffspaar *politische Deprivation* wird in der Wissenschaft die Wahrnehmung bezeichnet, keinen Einfluss auf die Politik ausüben zu kön-

Grafik 26: Zustimmung zur »Demokratie, wie sie in der Bundesrepublik Deutschland funktioniert« 2006–2024 (in %)

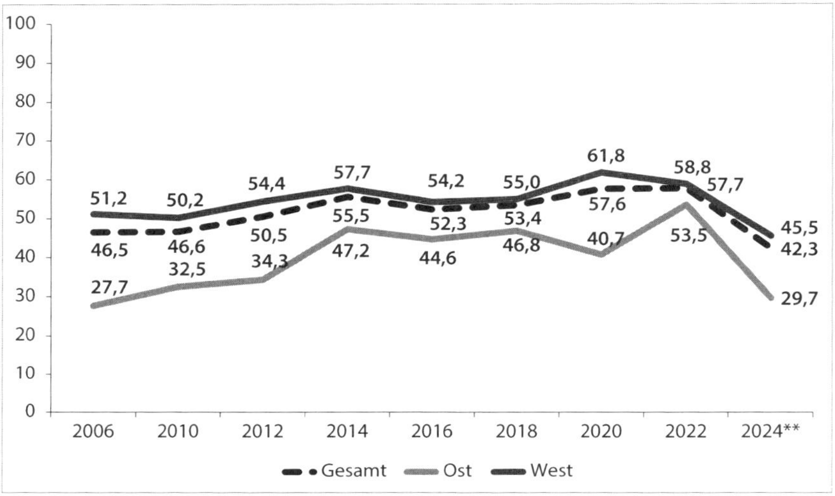

Pearsons Chi-Quadrat Unterschiede im Ost-West-Vergleich 2024: **p < .01

Tabelle 13: Politische Deprivation, Zustimmung zur Aussage »Leute wie ich haben sowieso keinen Einfluss darauf, was die Regierung tut« (in %)

	2006** (N = 5.028)	2010 (N = 2.503)	2012** (N = 2.505)	2016** (N = 2.507)	2018** (N = 2.506)	2020** (N = 2.483)	2022** (N = 2.504)	2024** (N = 2.504)
Gesamt	79,1	79,6	76,8	73,1	70,4	72,9	74,5	71,7
Ost	87,6	83,0	83,2	78,0	78,2	83,6	81,3	77,8
West	77,1	78,7	76,6	71,8	68,4	70,2	72,7	70,2

Pearsons Chi-Quadrat Unterschiede im Ost-West-Vergleich: **p < .01

nen und politisches Engagement für nutzlos zu erachten. Wir erfassen auch diese Deprivation seit 2006 und nutzen hierfür zwei Aussagen. Im Ergebnis müssen wir feststellen, dass die Menschen sich seit Beginn der Erhebung als politisch einflusslos erleben, wobei diese Wahrnehmung im Osten zumeist noch häufiger anzutreffen ist als im Westen. Im Vergleich zur letzten Erhebung 2022 ist die Zustimmung zur Aussage »Leute wie ich haben sowieso keinen Einfluss darauf, was die Regierung tut« jedoch

Tabelle 14: Politische Deprivation, Zustimmung zur Aussage »Ich halte es für sinn-los, mich politisch zu engagieren« (in %)

	2006** (N = 5.023)	2010 (N = 2.498)	2012 (N = 2.503)	2016** (N = 2.498)	2018** (N = 2.494)	2020** (N = 2.473)	2022** (N = 2.497)	2024** (N = 2.504)
Gesamt	69,1	71	59,5	60,4	58,7	59,1	66,0	63,7
Ost	77,1	73,5	64,9	65,8	69,1	65,9	74,3	71,8
West	67,1	70,3	58,2	59,1	56,1	57,4	63,8	61,7

Pearsons Chi-Quadrat Unterschiede im Ost-West-Vergleich: $**p < .01$

leicht rückläufig (Tab. 13). Während 2022 knapp drei Viertel der Befragten diese Position vertraten, sind es 2024 noch 71,7 %.

Auch die Zustimmung zur Aussage »Ich halte es für sinnlos, mich politisch zu engagieren« ist im Vergleich zu 2022 leicht rückläufig (Tab. 14). Trotzdem halten auch 2024 deutlich mehr als die Hälfte der Befragten (63,7 %) politisches Engagement für nicht erfolgversprechend.

Ein wichtiger Erfahrungsbereich für Menschen ist die Arbeitswelt. Wer erwerbstätig ist, kann auch hier die Erfahrung von demokratischer Teilhabe oder dem Ausbleiben der Anerkennung als Bürger machen (Decker et al., 2018). 2020 setzten wir erstmals einen Fragebogen ein, der die Wahrnehmung von Mitbestimmung, Solidarität und Anerkennung am Arbeitsplatz erfassen sollte (Kiess & Schmidt, 2020). Vor dem Hintergrund wichtiger Transformationsprozesse der Wirtschaft – Dekarbonisierung, Digitalisierung –, aber auch der grundsätzlich hierarchischen und zwischen Unternehmensführung und Beschäftigten ungleichen Machtverteilung ist das Erleben von Kontrolle und Einfluss am Arbeitsplatz ein wichtiger Prädiktor für politische Einstellungen (Kiess & Schmidt, 2024). In diesem Jahr müssen wir feststellen, dass sich dieses Erleben insbesondere in Ostdeutschland im Vergleich zu 2020 eindeutig negativ entwickelt hat. Nahmen 2020 nur 10 % der Befragten im Osten wahr, dass sie »bei Entscheidungen im Arbeitsalltag übergangen« werden, sind es 2024 30 %. Konnten 2020 noch 45 % der Ostdeutschen »offen über Betriebsräte und Gewerkschaften sprechen«, berichten das 2024 nur noch 27 %. Nur noch 28,8 % denken, sie könnten im Betrieb »etwas zum Positiven verändern«, 2020 waren es noch 55 %. Auch im Westen sind die Werte etwas schlechter geworden, aber bei Weitem nicht so deutlich. Es ist damit zu rechnen,

Grafik 27: Industrial Citizenship im Zeitvergleich 2020 und 2024 (in %)

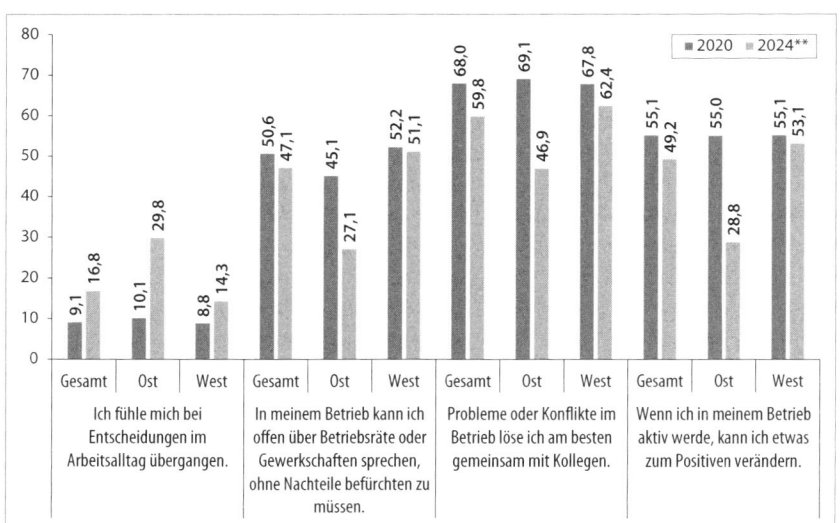

Pearsons Chi-Quadrat Unterschiede im Ost-West-Vergleich 2024: **p < .01

dass diese negativer werdenden Erfahrungen in der Form eines »spillovers« auf die politische Ebene übertragen werden.

Die Sphären von Politik und Arbeitswelt haben einen großen Einfluss auf das Leben der Menschen und prägen deren Erfahrungen. Entsprechend sind politische und betriebliche Teilhabe auch zentrale Bestandteile eines allgemeinen menschlichen Kontrollbedürfnisses. Dieses Grundbedürfnis und die Suche nach Wiedererlangung des Kontollerlebens sind in der Forschung als relevante Treiber von politischen Dynamiken erkannt worden, nicht zuletzt beeinflussen sie Ressentiments sowie Gruppenidentifikation und -konflikte (Agroskin & Jonas, 2010; Fritsche et al., 2013; Fritsche et al., 2017). Für die folgende Analyse ist es deshalb nicht nur relevant, wie die Bundesbürger ihre Einflussmöglichkeiten auf politische Entscheidung einschätzen, sondern auch, wie groß wiederum ihr Bedürfnis nach Kontrolle und Einfluss ist. Die letzten Jahre und Jahrzehnte sind von einer Vielzahl von Entwicklungen und Herausforderungen geprägt gewesen, die zunehmend als Krisen wahrgenommen wirden. Um ein Stimmungsbild zur Bewertung dieser multiplen Problemlagen zu erhalten, baten wir unsere Befragten in diesem Jahr erstmals um eine Einschätzung darüber, wie sehr sich ihr Blick auf die Zukunft aufgrund ausgewählter Entwicklungen verändert hat (»Wie stark haben die folgenden Entwicklungen in den letzten Jahren Ihren Blick auf die Zukunft verändert?«). Die Befragten wurden gebeten, ihre Antwort auf einer fünfstufigen Skala von »gar nicht verändert« bis »extrem verändert« auszuwählen. Die Ergebnisse sind in Grafik 28 aufgeführt.

Für eine erste Gesamtbetrachtung haben wir einen Cut-Off-Wert (> 30) über alle Antworten hinweg gebildet. Dieser Wert bedeutet, dass durchschnittlich jede der aufgeführten Entwicklungen den eigenen Blick auf die Zukunft nachhaltig verändert hat. Sichtbar wird, dass mehr als die Hälfte der Deutschen sehr sensibel auf die gegenwärtigen Entwicklungen reagiert. Allerdings gilt das vor allem für Westdeutschland, denn hier sind es 56,5 % der Befragten, die durchschnittlich über alle Bereiche angeben, dass sich ihr Blick »sehr« oder »extrem verändert« hat. Im Osten sind es dagegen nur 36,9 % und damit signifikant weniger. Es ist zu registrieren, dass Ostdeutsche sich durch die von uns genannten Herausforderungen der letzten Dekaden weniger in ihrer Weltsicht beeinträchtigt sehen als die Westdeutschen. Auch die spezifischen Entwicklungen, die zu einer veränderten Wahrnehmung der Zukunft geführt haben, unterscheiden sich zwischen beiden Landesteilen teils deutlich. Offen bleibt, ob darüber hinaus andere, von uns nicht genannte Entwicklungen den Blick auf die Zukunft maßgeblich beeinflussen.

Die von uns abgefragten Entwicklungen wirken sich unterschiedlich stark auf die Wahrnehmung der Befragten aus. Sowohl der russische Angriffskrieg gegen die Ukraine als auch die Migration haben in Ost- wie in Westdeutschland bei über der Hälfte der Befragten zu einer Veränderung der Zukunftsaussichten geführt. Der Einfluss der Migration wird dabei in Ostdeutschland von einem etwas größeren Anteil als Veränderungsgrund angeführt. Interessanterweise unterscheidet sich die Bewertung der COVID-19 Pandemie deutlich zwischen Ost- und Westdeutschland: Während im Westen auch hier über die Hälfte der Befragten (55,4 %) angibt, dass sich ihre Zukunftsaussicht in der Folge veränderte, ist es in Ostdeutschland weniger als ein Drittel. Weniger große Unterschiede finden sich in der Wahrnehmung wirtschaftlicher Krisen, die in Ost wie West von etwas weniger als der Hälfte der Befragten als Veränderungsgrund der Zukunftsaussichten angeführt wird. Auch bei der Einschätzung der politischen Polarisierung der Gesellschaft sind sich Ost und West einig:

Grafik 28: Blick auf die Zukunft wurde durch die genannte Entwicklung sehr oder extrem verändert (in %)

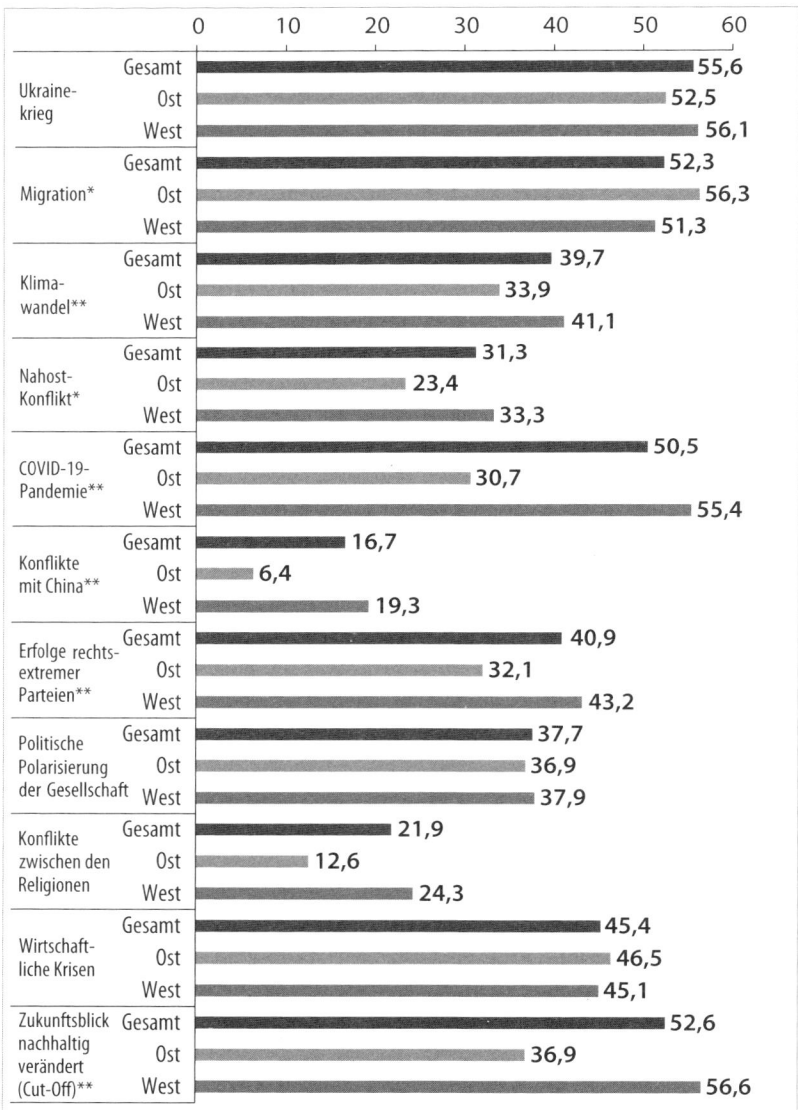

Pearsons Chi-Quadrat Unterschiede im Ost-West-Vergleich: **p < .01; *p < .05

Etwas mehr als ein Drittel der Befragten sieht seine Zukunftsaussichten dadurch verändert. Die Erfolge rechtsextremer Parteien und auch der Klimawandel führen in Ostdeutschland bei ungefähr einem Drittel der Befragten zu veränderten Zukunftsaussichten. In Westdeutschland liegt hier der Anteil jeweils höher. Der Nahost-Konflikt führt in Westdeutschland wiederum etwas häufiger zu einer Veränderung der Zukunftsaussichten als in Ostdeutschland. Die Konflikte mit China haben zwar in Ost- wie Westdeutschland am wenigstens Einfluss auf den Blick auf die Zukunft genommen, trotzdem zeigen sich erneut klare regionale Unterschiede: Während sich im Westen beinahe ein Fünftel der Befragten (19,3 %) durch die Konflikte beeinflusst sieht, sind es im Ost nur 6,4 %. Wir verstehen den veränderten Zukunftsblick als Hinweis auf eine verstärkte Krisenwahrnehmung und ein erhöhtes Bedrohungserleben und vermuten, dass der damit assoziierte Kontrollverlust einen Einfluss auf die politische Einstellung und die Bewertung der Demokratie hat.

Eine Möglichkeit, auf die Bedrohungswahrnehmung zu reagieren, ist eine aggressive Verteidigung von Eigen- bzw. Gruppeninteressen. Die Akzeptanz von Gewalt in der Bevölkerung ist deshalb ein weiterer Hinweis auf eine Krisenwahrnehmung. Wir unterscheiden einerseits die Bereitschaft, selbst Gewalt anzuwenden, um seine Ziele durchzusetzen, sowie andererseits den Wunsch, andere mögen diese Gewalt anwenden (Tab. 15). Zunächst sehen wir, dass es keine signifikanten Ost-West-Unterschiede gibt. Nichtsdestotrotz können wir feststellen, dass die Gewaltbereitschaft im Osten unterhalb des regionalen langjährigen Mittels liegt

Tabelle 15: Gewaltbereitschaft und Gewaltakzeptanz 2006–2024 (in %)

		2006	2016	2018	2020	2022	2024
Ich bin in bestimmten Situationen durchaus bereit, auch körperliche Gewalt anzuwenden, um meine Interessen durchzusetzen.	Ost	12,3	20,1	15,1	8,8	24	13,3
	West	14,8	19	13,6	10,2	13,5	16,6
Selber würde ich nie Gewalt anwenden. Aber es ist schon gut, dass es Leute gibt, die mal ihre Fäuste sprechen lassen, wenn's anders nicht mehr weitergeht.	Ost	21,6	31,2	19	19,1	14	20,4
	West	21,1	21,6	22,2	16,2	20,2	16,8

(M = 15,6 %; ohne Abb.), während es in Westdeutschland auch bezogen auf den eigenen Vergleichswert eine höhere Gewaltneigung gibt (M = 14,6 %; ohne Abb.). Allerdings wünschen sich Befragte im Osten häufiger jemanden, der diese Aufgabe übernimmt (ebenfalls kein signifikanter Unterschied) und dieser Wunsch findet auch mehr Anhänger als 2022.

Die latente Aufstandsbereitschaft gegen die Demokratie: Autoritäre Wünsche, die Ressourcen der offenen Gesellschaft und die Fluchten aus der Freiheit

Wenn im Westen jeder zweite und im Osten jeder dritte Bundesbürger große gesellschaftliche Herausforderungen wahrnimmt, aber gleichzeitig der Eindruck vorherrscht, dass weder die Fähigkeit der institutionalisierten Demokratie noch die eigenen Partizipationsmöglichkeiten zu deren Bewältigung ausreichen, stellt sich die Frage nach den politischen und psychischen Auswegen aus dieser Bedrohungswahrnehmung. Trotz der Wahlergebnisse bei den Landtags- und Kommunalwahlen in Deutschland 2024 treten auf den ersten Blick auf unsere Erhebungsdaten gegenwärtig rechtsextreme Einstellungen nicht vornehmlich als Krisenreaktionen auf. Während die extrem-rechten Einstellungen zwar gewisse Schwankungen zeigen und die Zustimmungswerte zu Antisemitismus und Ausländerfeindlichkeit im Westen sogar angestiegen sind, bleiben doch die starken Ausschläge nach oben (noch) aus. Die neonazistischen Parteien und extrem-rechten Bewegungen mobilisieren mit der »Einstiegsdroge« Ausländerfeindlichkeit ihre Anhängerschaft, aber bislang sind jene Anteile der Bevölkerung, die dieses Ressentiment nicht teilen, nicht für sie erreichbar. Die genannten Herausforderungen führen also nicht automatisch zu einer stärkeren Orientierung an einer geschlossenen Ideologie der Ungleichwertigkeit, obwohl deren Versatzstücke in der Bevölkerung immer noch sehr präsent sind.

Das führt zur Frage nach der psychosozialen Verfasstheit der Befragten: Welche Ansprechbarkeit für antidemokratische Lösungen jenseits der extremen Rechten besteht in der Bevölkerung? Wie wirkt die gegenwärtige Entwicklung auf die psychosoziale Konstitution der Bevölkerung? Um zu bestimmen, wie weit die psychosozialen Bedingungen einer Orientierung an kollektiver Identität in der Gesellschaft jenseits extrem-rechter und neonazistisch-völkischer Mobilisierung verbreitet sind, haben wir von Anfang an das Autoritarismus-Konzept herangezogen. Es ist Ende der 1920er Jahre am Frankfurter Institut für Sozialforschung in der Arbeitsgruppe um Max Horkheimer entwickelt worden (Horkheimer et al., 1936). Mit dem Autoritarismus-Konzept in der Tradition der Kritischen Theorie steht für unsere Studienreihe ein Zugang nicht nur zur politischen Einstellung zur Verfügung, sondern auch zur Verfasstheit der Menschen, zu ihren Bedürfnissen nach Kontrollrestitution, ihrer Abwehr von Unsicherheit und ihrem Wunsch nach klaren Lösungen. Bereits 2022 konnten wir entlang dieser Differenzierung zeigen, dass die Flucht ins Autoritäre ein Versuch war, dem erlebten Kontrollverlust durch die COVID-19-Pandemie zu begegnen (Decker et al., 2022).

Seitdem sind bei den autoritären Reaktionen der Konventionalismus um rund 5 % und die autoritäre Unterwürfigkeit um rund 4 % zurückgegangen (Grafik 29). Dabei fällt der Rückgang bei der autoritären Unterwürfigkeit im Osten besonders stark aus, sowohl im Vergleich zu 2022 als auch zu den vorhergehenden Untersuchungen. Ost-West-Unterschiede sind in diesen beiden Dimensionen allerdings nur signifikant, wenn wir

Grafik 29: Sadomasochismus im Zeitverlauf 2016–2024 (in %)

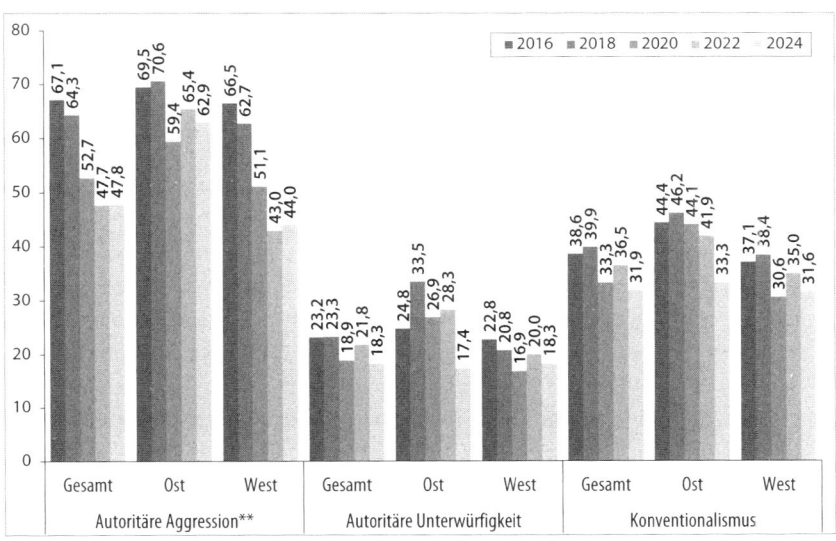

Pearsons Chi-Quadrat Unterschiede im Ost-West-Vergleich: **p < .01

Grafik 30: Fetischismus im Zeitverlauf (in %)

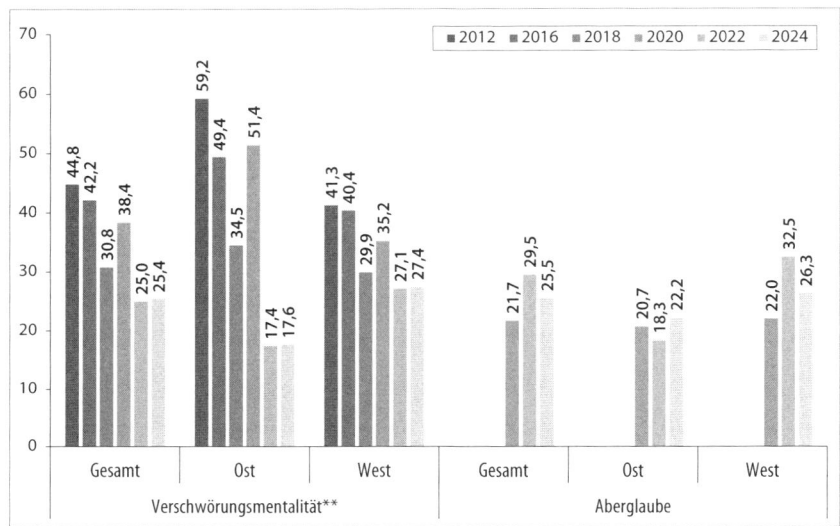

Pearsons Chi-Quadrat Unterschiede im Ost-West-Vergleich 2024: **p < .01

die latente Zustimmung berücksichtigen (o. Abb.). So ist autoritäre Unterwürfigkeit im Westen bei einem weiteren Drittel der Bevölkerung (31,8 %), im Osten bei einem weiteren Viertel (23,6 %) latent vorhanden (»Menschen sollten Entscheidungen Führungspersönlichkeiten überlassen«; p < .01). Bei der Forderung »bewährte Verhaltensweisen nicht infrage zu stellen« zeigt im Westen zwar ebenfalls ein weiteres Drittel einen latenten Konventionalismus (35,4 %), im Osten sind es hier aber noch einmal 44,3 %, womit in den fünf ostdeutschen Bundesländern gerade mal ein knappes Viertel der Befragten nicht die Konventionen als verbindlich wünscht (Ost-West-Unterschiede; p < .01). Die autoritären Aggressionen befinden sich auf einem ähnlichen Niveau wie 2022, sind aber in ihrer manifesten Ausprägung in Ostdeutschland weiterhin signifikant stärker vertreten als im Westen. Das sadomasochistische Syndrom zeigt insgesamt weiterhin eine hohe Verbreitung, wenn auch die manifeste Ausprägung derzeit nicht so deutlich ist wie noch in den Jahren 2016 und 2018.

Die Dimensionen des autoritären Syndroms, die auf eine kollektive Realitätsverleugnung setzen, um mit den gesellschaftlichen und politischen Herausforderungen umzugehen und den Wunsch nach Prothesensicher-

Grafik 31: Ambiguitätsintoleranz in 2024 (in %)

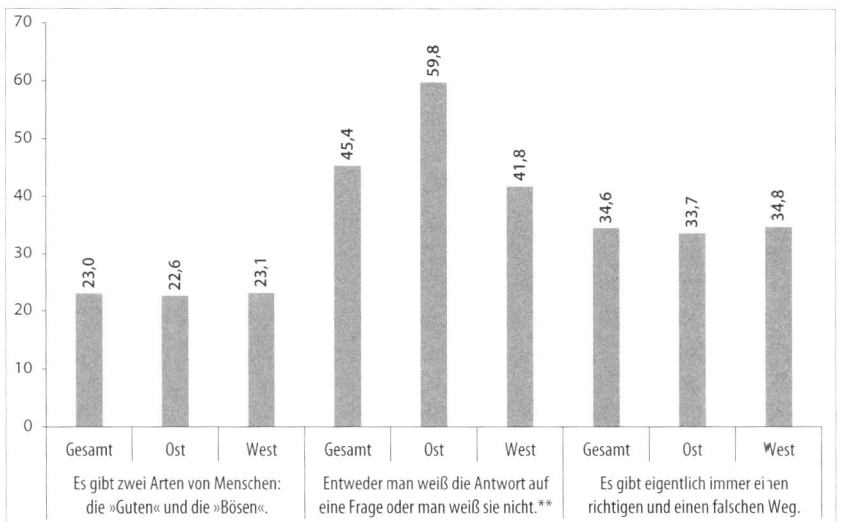

Pearsons Chi-Quadrat Unterschiede im Ost-West-Vergleich: **p < .01
Alle drei Items laden auf einen Faktor: Item 1 = .77; Item 2 = .87; Item 3 = .88; Cronbachs Alpha = .79

heit zu befriedigen, sind im Vergleich zu 2022 nahezu unverändert. Weiterhin orientieren sich die Westdeutschen aber signifikant häufiger an einer Verschwörungsmentalität (Grafik 30).

Um in der folgenden Analyse weitere Einflussfaktoren untersuchen zu können, haben wir in diesem Jahr erstmalig Daten zur Ambiguitätsintoleranz erhoben, also zur Unfähigkeit, Mehrdeutigkeiten, Unsicherheiten und Widersprüche aushalten zu können. Ambiguitätstoleranz wurde bereits von Else Frenkel-Brunswik in den frühen Autoritarismusstudien der Berkeley Gruppe um Adorno et al. (1950) als ein dem Autoritarismus nahestehendes Konzept eingeführt und später von ihr ausgearbeitet (Frenkel-Brunswik, 1949; Benetka, 2020). Psychodynamisch verstanden liegt dem Konzept ein Prozess der Spaltung zugrunde (Klein, 1957, S. 304ff.). Mangelnde Ambiguitätstoleranz äußert sich folglich als Denken in stereotypen Kategorien wie »gut« und »böse« oder auch »richtig« und »falsch«. Obwohl die drei eingesetzten Items[4] dasselbe Konstrukt messen, zeigen

4 Bei den Aussagen handelt es sich um Übersetzungen einer Auswahl von Items eines englischsprachigen Fragebogens zu Einstellungen zu Ambiguität von Lauriola et al. (2016),

sich Unterschiede in der Zustimmung je nach Bereich (Grafik 31): Während weniger als ein Viertel der Befragten zustimmt, dass sich Menschen in zwei Kategorien – »gut« und »böse« – einteilen lassen, ist sich mehr als ein Drittel sicher, dass es »eigentlich immer einen richtigen und einen falschen Weg« gibt, Dinge zu tun. Am höchsten sind die Zustimmungswerte zur Aussage, dass immer klar sei, ob jemand die Antwort auf eine Frage weiß oder nicht. Während bei den ersten beiden Aussagen keine statistisch relevanten Unterschiede zwischen Ost- und Westdeutschland zu beobachten sind, findet die letztgenannte Aussage im Osten besonders hohen Zuspruch: Fast 60 % der Befragten in Ostdeutschland stimmen zu, während es im Westen nur 41,8 % und damit weniger als die Hälfte sind.

In Kapitel 1 sind wir auf die Bedeutung des »Ressentiments der beherrschten Subjekte der Naturbeherrschung« eingegangen (Horkheimer & Adorno, 1944, S. 238). Nicht nur im Hass auf »Andere«, auch in der Forderung nach einer Unterwerfung der »Natur« äußert sich die autoritäre Aggression. Sie kann sich in instrumentellen Naturverhältnissen äußern, in denen projektiv nicht nur die Tier- und Pflanzenwelt, sondern auch menschliche Körper als Objekt der Manipulation und Zurichtung wahrgenommen werden. Gesellschaftliche Bilder und Praktiken, mit denen in Vergangenheit und Gegenwart etwa die Körper von Frauen, Juden oder nicht-weißen Menschen diszipliniert und zugerichtet werden, sind diesem Verständnis nach Ausdruck eines autoritären Impulses (Theweleit, 1977). Die Verbreitung eines solchen instrumentellen Naturverhältnisses ist ein Hinweis auf die Ressentimentbereitschaft in der Gesellschaft. Da sich oft auch hinter der esoterischen Vorstellung einer harmonischen Ganzheitlichkeit eine Vermeidung von Ambiguität sowie der Wunsch nach Kontrolle verbergen, haben wir in diesem Jahr je einen Fragebogen zur instrumentellen Naturbeherrschung und zur Esoterik in unsere Untersuchung aufgenommen. Sie bilden für uns die Pole im Umgang mit der beschrieben Kontingenzerfahrung. In den Analysen zum Antisemitismus (Kap. 4) und Antifeminismus (Kap. 5) werden sie eine Rolle spielen, aber als psychosoziale Bedingung der antidemokratischen Einstellung wird ihre Verbreitung auch im Folgenden vorgestellt.

---

konkret aus der Dimension, die die kognitive Komponente (moralischer Absolutismus/ Spaltung) erfasst.

Grafik 32: Esoterik in 2024 (in %)

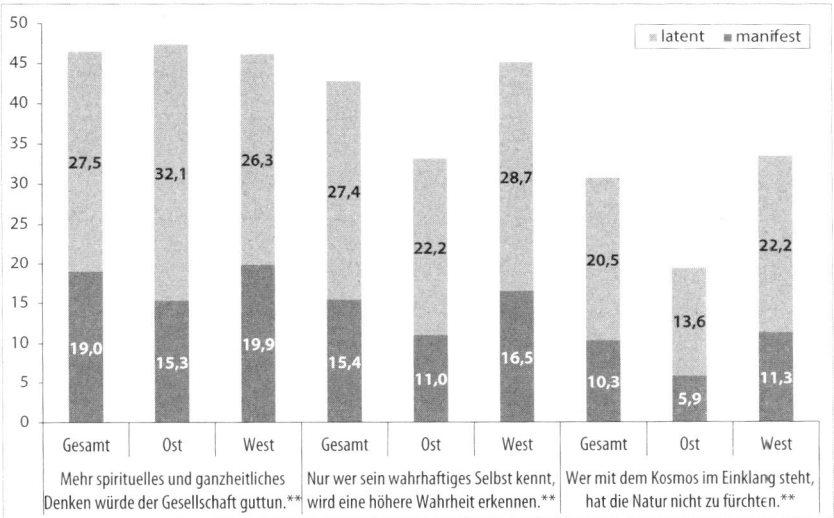

Pearsons Chi-Quadrat Unterschiede im Ost-West-Vergleich: **p < .01
Alle drei Items laden auf einen Faktor: Item 1 = .89; Item 2 = .93; Item 3 = .88; Cronbachs Alpha = .88

Wie im Aberglauben kommt es auch in der Esoterik zu einer Abkehr von Vernunft und Moderne, die sich in einer Remystifizierung der Natur und einer fantasierten Verschmelzung mit derselben äußert. Nicht selten sehen sich Anhängerinnen und Anhänger einer esoterischen Weltsicht als »Eingeweihte«, die über eine »höhere Wahrheit« verfügen. 2024 haben wir drei Items zur Erfassung esoterischer Einstellungen eingesetzt (Grafik 32).[5] Vergleicht man die manifeste Zustimmung, so finden sich über alle Items hinweg geringere Zustimmungswerte in Ostdeutschland als in Westdeutschland, wobei die Latenz bundesweit hoch ausfällt. Während in Westdeutschland fast ein Fünftel der Befragten findet, dass »mehr spirituelles und ganzheitliches Denken […] der Gesellschaft guttun« würde, sind es in Ostdeutschland lediglich 15,3 %. Knapp ein Drittel der Ostdeutschen und mehr als ein Viertel der Westdeutschen können der Aussage jedoch teilweise etwas abgewinnen. 42,8 % der Befragten sind ferner

---

5 Das erste Item entstammt den Untersuchungen zu Coronaprotesten der Forschungswerkstatt Corona-Proteste (2023), zwei weitere wurden für diese Studie entwickelt und in einer Vorstudie innerhalb eines größeren Itempools erprobt.

Grafik 33: Instrumentelles Naturverhältnis in 2024 (in %)

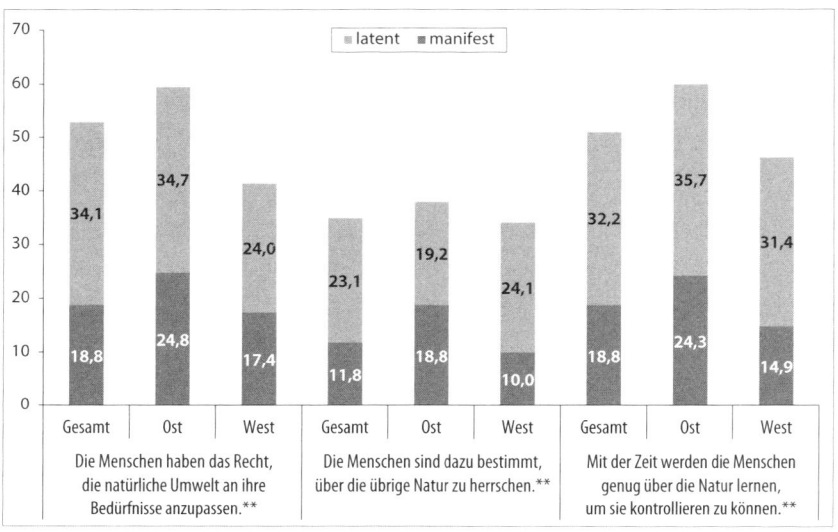

Pearsons Chi-Quadrat Unterschiede im Ost-West-Vergleich: **p < .01
Alle drei Items laden auf einen Faktor; Item 1 = .89; Item 2 = .91; Item 3 = .86; Cronbachs Alpha = .86

der Ansicht, dass »nur wer sein wahrhaftiges Selbst kennt«, eine »höhere Wahrheit erkennen« wird, oder lehnt diese Aussage zumindest nicht explizit ab. Schließlich glaubt mehr als ein Zehntel der Westdeutschen, jedoch sind es nur 5,9 % der Ostdeutschen, dass die Natur für diejenigen ungefährlich sei, die »mit dem Kosmos im Einklang« stünden. Weitere 22,2 % der Westdeutschen lehnen diese Vorstellung zumindest nicht ab.

Ein scheinbar gegenteiliges Verhältnis zur Natur findet im instrumentellen Naturverhältnis seinen Ausdruck: Während in der Esoterik eine harmonische Vereinigung mit der (inneren und äußeren) Natur angestrebt wird, ist das instrumentelle Naturverhältnis von Gewalt sowie einem Herrschafts- und Kontrollwunsch geprägt.[6] 18,8 % der Befragten glauben, dass es nur eine Frage der Zeit sei, ehe »die Menschen genug über die

---

6 Die drei gegenteilig gepolten Items zum instrumentellen Naturverhältnis wurden aus einem Fragebogen zu umweltfreundlichen Einstellungen entnommen, konkret aus der Dimension Antianthropozentrismus, die »eine skeptische Einstellung bezüglich des Anthropozentrismus und der Ausnahmestellung des Menschen« erfasst (Dunlap, 2008; Schleyer-Lindenmann et al., 2018, S. 160).

Natur lernen, um sie kontrollieren zu können« (Grafik 33). Zusätzlich kann mehr als ein Drittel dieser Aussage teilweise etwas abgewinnen. Außerdem sehen es immerhin 11,8 % als menschliche Bestimmung an, »über die übrige Natur zu herrschen«, weitere 23,1 % lehnen die Aussage zumindest nicht explizit ab. Zuletzt stimmen 18,8 % der Befragten manifest zu, dass es das Recht der Menschen sei, »die natürliche Umwelt an ihre Bedürfnisse anzupassen«. Auch hier lehnt ein weiteres Drittel die Aussage zumindest nicht explizit ab.

Zusammenfassung und Diskussion

Die Entwicklung der rechtsextremen Einstellung hatte über die Jahre eine gewisse Konstanz: Neo-NS-Ideologien gingen im Westen lange Zeit eher zurück, im Osten unterlagen sie Schwankungen. Allerdings verblieben die Dimensionen des Ethnozentrismus – also Chauvinismus und Ausländerfeindlichkeit – im selben Zeitraum dauerhaft auf hohem Niveau. An der Zustimmung in den ostdeutschen Bundesländern konnten öffentliche Auseinandersetzungen und die Intervention der Zivilgesellschaft bisher nicht viel ändern. Auch in dem kleinen Zeitfenster während der ökonomischen »Schönwetterperiode« 2014 und vor der erneuten Zuwanderung nach Europa 2016 sank die Zustimmung in der Dimension Ausländerfeindlichkeit im Osten nicht unter 22%.

Auch im Jahr 2024 sind zentrale Elemente der extrem-rechten Ideologie in der Bevölkerung weit verbreitet. Wir müssen sogar eine deutliche Verschlechterung in allen Dimensionen der rechtsextremen Einstellung feststellen. Mit der Ausländerfeindlichkeit und dem Antisemitismus betrifft dies in Westdeutschland vor allem jene Elemente des rechtsextremen Weltbilds, die sich als Ressentiments gegen Menschen richten. Diese Entwicklung wird auch bei den anderen Abwertungsformen deutlich: Die Gefahr für die Demokratie geht von den Ressentiments aus, für die eine Gruppenidentität die Scheidelinie ist. Die Zugehörigkeit zur eigenen Gruppe bzw. die projektive Aufladung von »Anderen« – seien dies Juden, Migranten, Muslime, Sinti und Roma oder Frauen und queere Menschen – legitimiert die Aggressionen. Allerdings ist diese Stimmung, die der organisierten extremen Rechten und neonazistischen Bewegungen Zustimmung und Unterstützung verschafft, nicht nur eine Bedrohung für die

Demokratie als politischem System. Mit der fehlenden Anerkennung des Gegenübers bedrohen diese Aggressionen auch die Grundlage der Demokratie. Das ihnen zugrundeliegende Bedürfnis ist jedoch nicht auf die extreme Rechte beschränkt, sondern bekommt von ihr nur einen möglichen politischen Ausdruck: Im Extrem der neonazistischen Bewegung zeigt sich der gesellschaftliche Normalfall eines Bedürfnisses nach Gruppenorientierung und kollektiver Zugehörigkeit. Kollektive Identitäten haben eine unheimliche Renaissance. Dabei ist die mit ihnen einhergehende Unterscheidung von Fremd und Eigen der Vorbote der Bereitschaft zur Abwertung. Im Folgenden fassen wir die Ergebnisse zusammen, die aus unserer Sicht in diesem Jahr besonders hervorzuheben sind.

1. Deutlicher Anstieg der rechtsextremen Einstellung in Westdeutschland: Die Atmosphäre verändert sich

Elemente neo-nazistischer Ideologie treten seltener als geschlossenes Weltbild auf, aber die Veränderungen insbesondere im Westen zeigen eine atmosphärische Verschiebung an. So wünscht sich im Westen jeder Fünfte eine »starke Partei«, im Osten ist es jeder Sechste. Berücksichtigt man die latente Zustimmung, dann sehnen sich bundesweit 40 % der Menschen nach einer »Verkörperung der Volkgemeinschaft«. Da die Wünsche nach einem »Führer« und einer »nationalen Diktatur« nicht in gleicher Stärke geteilt werden, sind es nur rund 4 %, die allen drei Aussagen ausdrücklich zustimmen. Dennoch ist dies der höchste Wert seit 2016.

Im Westen wird die Vorstellung, dass »wie in der Natur [...] sich in der Gesellschaft immer der Stärkere durchsetzen« sollte, von jedem Zehnten geteilt, im Osten wird diese Ansicht nur von jedem Zwanzigsten vertreten. Rund 3 % der Bundesbürger sind geschlossen sozialdarwinistisch eingestellt. Das erscheint auf den ersten Blick nicht viel, doch ein ähnlicher Wert wurde zuletzt im Jahr 2018 erreicht.

Dass man »Hitler heute als großen Staatsmann« ansehen würde, wenn es die Judenvernichtung nicht gegeben hätte, stimmen zwar im Westen mit 6,3 % etwas weniger Menschen zu als im Osten (7,8 %), aber die latente Zustimmung (West: 15,6 %; Ost: 10,6 %) führt insgesamt zu deutlich höherer Zustimmung im Westen. Während gerade mal 1 % der Ostdeutschen allen drei Aussagen der NS-Verharmlosung manifest zustimmt, sind es im Westen rund 2 %.

2. Ausländerfeindlichkeit und Chauvinismus: Der Ethnozentrismus bestimmt die Themen

Während die gesellschaftliche Verbreitung der Neo-NS-Ideologie allein als Spitze des Eisbergs zu verstehen ist, wird die Problemlage deutlicher, wenn wir die Ausländerfeindlichkeit und den Chauvinismus betrachten. In beiden Dimensionen des Ethnozentrismus zeigt sich eine sehr hohe Zustimmung bundesweit.

In Westdeutschland wünscht sich jeder Dritte ausdrücklich den »Mut zu einem starken Nationalgefühl«, im Osten ist es jeder Vierte. Diese Unterschiede gleichen sich jedoch aus, wenn die latente Zustimmung einbezogen wird, die im Osten deutlich höher ist (rund 37 %) als im Westen (27 %). In der Summe teilen nur 40 % der Deutschen diesen Wunsch nicht. 16 % der Westdeutschen und 10 % der Ostdeutschen haben ein manifestes chauvinistisches Weltbild, stimmen also allen Aussagen dieses Inhalts zu.

Die Ausländerfeindlichkeit ist ebenso ein bundesweit geteiltes Ressentiment. Manifest sieht ein Drittel die Bundesrepublik durch »die vielen Ausländer überfremdet«, noch einmal rund ein Drittel kann der Aussage teilweise zustimmen. Im Westen teilen 2024 20 % eine geschlossene Ausländerfeindlichkeit, was gegenüber 13 % im Jahr 2022 einen deutlichen Anstieg bedeutet. Der leichte Rückgang von 33 % (2022) auf 32 % (2024) im Osten ist dagegen nicht relevant. Deutlich wird: Wie bereits im Osten droht nun auch im Westen die Ausländerfeindlichkeit zu einer hegemonialen Weltsicht zu werden. Der Anteil der geschlossen Rechtsextremen, die allen 18 Aussagen unseres Rechtsextremismusfragebogens zustimmen können, ist bundesweit auf rund 5 % gestiegen (2022: 3 %).

3. Ausländerfeindlichkeit: In der öffentlichen Debatte scheinbar mehrheitsfähig, aber nur von der Mehrheit der AfD-Wähler geteilt

In der gegenwärtigen Debatte versuchen CDU/CSU und SPD sowie die FDP, auf die Wahlergebnisse der extrem-rechten AfD in Thüringen und Sachsen mit einem Paradigmenwechsel in der Bundespolitik zu reagieren. Die Migrationspolitik soll restriktiver werden, wobei zur Begründung zentrale Motive rechtsextremer Rhetorik, wie Sozialstaatsmissbrauch und Überfremdung, übernommen werden. Dabei findet sich nur unter den

AfD-Wählern mit 61 % Zustimmung zu allen drei Aussagen in dieser Dimension eine Mehrheit mit ausländerfeindlichem Weltbild. Die Zustimmung in der Dimension Ausländerfeindlichkeit liegt unter Wählern von CDU/CSU, SPD, FDP sowie BSW bei gerade mal um die 20 %. Grünen-Wähler können in der Breite diesen Aussagen nichts abgewinnen (rund 3 %) und unter den Wählern der Linkspartei sind es 12 %. Interessant ist auch der Anteil derjenigen, die nicht wissen, welche Partei sie wählen wollen. Diese Unentschiedenen haben durchgängig ähnlich niedrige Werte wie die Wähler der Grünen und der Linkspartei. Es zeichnet sich hier ab, dass die liberalen Teile in der Wählerschaft von CDU/CSU, SPD und FDP ihren bisherigen Parteien den Rücken kehren könnten. Die AfD hat unter den Unentschiedenen keine Reserven mehr. Vielmehr zeigen sich gegenwärtig eher Menschen, die ausländerfeindlichen Ressentiments ablehnend gegenüberstehen, von den demokratischen Parteien enttäuscht. Dies verstärkt den Eindruck einer Orientierungslosigkeit bei gleichzeitig intensiver Krisenwahrnehmung und wird die Volatilität bei der Parteiwahl weiter erhöhen sowie zu wechselnden Mehrheiten und Parteikoalitionen in den Parlamenten führen.

4. Der Antisemitismus ist angestiegen und erhält Funktion als Brückenideologie

Auf den ersten Blick sind die Zustimmungswerte zum Antisemitismus nicht gleichermaßen hoch. Allerdings sind bundesweit 9 % der Auffassung, der »Einfluss der Juden« sei zu hoch. Während es im Osten 5 % sind, findet diese Aussage jeder zehnte Westdeutsche ausdrücklich zustimmungsfähig. Zurückgewiesen wird sie zudem in Ost und West nur von zwei Dritteln der Befragten. Allen drei Aussagen zum tradierten Antisemitismus kann im Westen jeder Zwanzigste zustimmen, was dort der höchste manifeste Wert seit 2014 ist.

In Ost und West zeigt sich darüber hinaus ein massiver Anstieg des Antisemitismus bei weiteren Erscheinungsformen: Fast jeder vierte Befragte stimmt der Aussage zu, die israelische Politik sei »genauso schlimm wie die Politik der Nazis«, 40 % sehen hinter Reparationsforderungen an Deutschland die Aktivitäten einer »Holocaust-Industrie von findigen Anwälten«. Diese Zustimmung zu beiden Aussagen fällt mit 37,5 % bzw. 46% im Osten höher aus. Ostdeutsche befürworten auch deutlich häufiger postkolonialen Antisemitismus, gerade einmal die Hälfte von ihnen lehnt die Aussage ab, dass der Nahostkonflikt ein Konflikt zwischen weißem Siedlerkolonialismus und unterdrückten Minderheiten sei, oder widerspricht der Forderung, die Juden sollten Israel verlassen. Die Unterschiede zu Westdeutschland sind signifikant, aber auch im Westen finden wir sowohl zu antizionistischem als auch zu postkolonialem Antisemitismus hohe Zustimmungswerte, etwa wenn jeder sechste der Ansicht zustimmt, »ohne Israel würde Frieden in Nahost herrschen«. Wie deutlich die Ablehnung von Juden ist, offenbart die Ansicht, dass es nur dann Meinungsfreiheit gebe, wenn man »offen über den Holocaust« reden könne. Jeder zweite Bundesdeutsche in Ost und West kann dem zustimmen. Männer und junge Erwachsene im Westen sind überproportional häufiger antisemitisch eingestellt.

5. *Ressentiments gegenüber Minderheiten bzw. »Anderen« in der Bevölkerung sehr hoch: Antifeminismus im Osten angestiegen, Muslimfeindschaft und Antiziganismus im Westen; Antiamerikanismus 2024 genauso konsensfähig wie Antiziganismus, Muslimfeindschaft, Antifeminismus und Transfeindlichkeit*

Aus der rechtsextremen Ideologie werden vor allem die ethnozentrischen Dimensionen von vielen Menschen in Deutschland geteilt. Es deutet sich an, dass kollektive Identitäten politisch entscheidend werden und die Demokratie bedrohen. Neben dem Antisemitismus als Ressentiment »sui generis« (eigener Art; vgl. Kap. 1 und 4) besteht in der Bevölkerung eine hohe Bereitschaft, entlang von Gruppenzugehörigkeiten autoritäre Wünsche zu befriedigen. Der Antiamerikanismus ist im Grunde mehrheitsfähig, denn werten wir die latente Zustimmung mit, liegt dessen Akzeptanz bei über 50 %. Vollständig teilen die Ressentiments gegen die USA bzw. die US-Amerikaner jeweils um ein Drittel der Befragten, wobei diese Abwertungsbereitschaft besonders im Osten anzutreffen ist.

Antiziganismus und Muslimfeindschaft sind im Westen seit 2022 angestiegen. Im Jahr unserer letzten Erhebung zeigten sich Westdeutsche nur zu einem Viertel bis einem Drittel bereit, Muslime abzuwerten. Heute sind es knapp die Hälfte, während sich das Bild im Osten kaum verändert hat. Ähnliches gilt auch für den Antiziganismus. In Ostdeutschland zeigt rund die Hälfte der Befragten ausdrücklich Ressentiments gegen

Sinti und Roma, indem sie ihnen beispielsweise zuschreibt, zur »Kriminalität zu neigen«, und auch im Westen ist der Wert von 39 % auf rund 47 % angestiegen.

Der Antifeminismus ist ebenfalls im Osten hoch und liegt teilweise über den Werten von 2022. Dass Frauen sich in der Politik »lächerlich« machen würden, bei zu weitgehenden Forderungen in die Schranken zu weisen seien oder sexuelle Gewalt für ihren Vorteil übertreiben würden, ist ausdrücklich bei einem Drittel in Ostdeutschland zustimmungsfähig. Im Gegensatz zu 2022 ist der Anteil von einem Viertel auf ein Drittel gestiegen. Bei der Transfeindlichkeit ist das Bild verwandt, nur die Zustimmung sehr viel höher. Im Osten finden rund 60 %, dass »die Toleranz gegenüber Transsexuellen übertrieben« sei, im Westen sind es mit rund 40 % deutlich weniger und dennoch ist es auch hier ein hohes Ergebnis. Selbst mit Beachtung der höheren Latenz von rund 28 % im Westen gegenüber 20 % im Osten bleibt das Gesamtbild eines im Osten weiter verbreiteten Ressentiments gegen Transsexualität deutlich.

6. Rückgang der Zufriedenheit mit der Verfassung und starke Unzufriedenheit mit der Alltagsdemokratie führen zu Fluchten ins Autoritäre

Auch wenn die »Idee der Demokratie« noch von 90 % der Bundesbürger gestützt wird: Es ist der niedrigste Wert seit 2006. Während die Zustimmung mit rund 95 % in Ostdeutschland immer noch hoch ist, sackt die Zustimmung zur Demokratie in Westdeutschland von 94 % auf 90 % ab. Dieser Rückgang wird konkreter, wenn wir die Zufriedenheit mit der Verfassung betrachten, die mit einem Wert von knapp 78 % so niedrig liegt wie nie. Diesmal ist nicht allein die Stimmung im Westen ursächlich, vielmehr ist der Rückgang im Osten mit fast 10 % sogar noch deutlicher. Das ganze Ausmaß wird deutlich, wenn die Alltagsdemokratie bewertet wird. Auch hier ist der gesamtdeutsche Zufriedenheitswert so niedrig wie nie, wobei die Ostdeutschen so unzufrieden sind wie zuletzt 2006, während im Westen der Wert auf rund 46 % abfällt.

Der beschriebene Rückgang in der Demokratiebefürwortung kann nicht allein in der politischen Deprivation begründet liegen, denn es zeigt sich, dass diese in Ost- und Westdeutschland sogar leicht zurückgegangen ist. Dennoch ist es nicht irrelevant, dass sich weiterhin ein Drittel bis drei Viertel der Befragten politisch wirkungslos fühlen. Die Wahrnehmung von Handlungsfähigkeit wird umso wichtiger, je eher Menschen gesellschaftliche Entwicklung als Bedrohung oder Herausforderungen erleben. Angesichts der veränderten Zukunftserwartungen und erwarteten Herausforderungen führen die bereits länger bestehenden fehlenden Gestaltungsmöglichkeiten wahrscheinlich schneller zu einem Akzeptanzverlust des politischen Systems (vgl. Kap. 6). Hierzu passt auch, dass bei im Grunde gleichbleibend (schlechten) demokratischen Teilnahmerechten in ostdeutschen Firmen die Empfindung der Wirkungslosigkeit bei ostdeutschen Beschäftigten massiv angestiegen ist. Der Verdacht liegt nahe, dass diese skizzierte Entwicklung ein Echo auf die Krisenwahrnehmung ist. Die meisten Bundesdeutschen berichten, dass sich ihr Blick auf die Zukunft in Anbetracht der gesellschaftlichen Herausforderungen der letzten Jahre »sehr« bzw. »extrem« verändert hat. Welche Entwicklungen dabei mehr oder weniger im Vordergrund stehen, ist dabei in Ost- und Westdeutschland bis zu einem gewissen Grad unterschiedlich. Während in beiden Landesteilen die Folgen des Kriegs in der Ukraine eine große Rolle spielen, sehen die Westdeutschen ihren Blick auf die Zukunft stärker durch die Pandemie, die Ostdeutschen stärker durch Migration beeinflusst. Gerade im Westen zeigt sich die Mehrheit von den Herausforderungen beeinträchtigt (57 %), während es im Osten nur 37 % sind.

Hier fügt sich ein, dass im Westen geringfügig häufiger als 2022 Gewalt als Mittel der Problemlösung gesucht wird, im Osten dagegen bei der Akzeptanz der Gewalt ein Anstieg zu verzeichnen ist. Die autoritären Aggressionen verharren auf hohem Niveau: Wir treffen sie wie schon 2022 bundesweit bei jedem Zweiten an (47,8%), aber im Osten sind sie mit 63 % noch deutlich weiter verbreitet.

Während der Wunsch nach Autoritäten vergleichsweise wenig Echo findet, werden die Konventionen der eigenen Gruppe wiederum stark betont. Man gewinnt den Eindruck, dass die Gruppenidentität weiterhin weniger über eine Führungsperson als über gemeinsame Weltsichten und einen äußeren Gegner (»Andere«) gewonnen wird. Die Welt wird in klare Ordnung gebracht, Indifferenz und Uneindeutigkeit werden vor dem Hintergrund der gesellschaftlichen Entwicklung nicht akzeptiert. Die Ambiguitätsintoleranz ist bundesweit ähnlich hoch wie der Sadomasochismus, jedoch trifft man den Wunsch nach klaren Verhältnissen und autoritäre Aggressionen gegenwärtig eher im Osten an.

Eine besonders akzentuierte Spielart dieser schwarz-weißen Weltsicht ist die Verschwörungsmentalität, die zwar nicht mehr so hoch wie 2020, aber im Westen weiterhin häufiger anzutreffen ist. Auch der Aberglaube ist im Westen trotz eines leichten Anstiegs im Osten weiter verbreitet. Während also im Osten mit Ambiguitätsintoleranz und autoritärer Aggression eher ein vom Sadomasochismus geprägtes autoritäres Syndrom zu beobachten ist, finden wir im Westen eher die fetischistische Flucht. Das esoterische Weltbild als möglicher Ausgang aus der bedrückten Realität in eine fantasierte »Einheit mit der Natur« ist im Westen häufiger anzutreffen, wohingegen Ostdeutsche häufiger ein instrumentelles Naturverhältnis haben. Beide Formen bedrohen aber die demokratischen Optionen für eine Bearbeitung der sozialen, ökologischen und ökonomischen Herausforderungen. Da sie gleichermaßen kollektive Identität absichern, braucht es zudem »Andere«, um mit ihnen die fortbestehende Unsicherheit und Aggressionen zu bearbeiten.

7. Die Politik läuft Gefahr, die Flucht ins Autoritäre nicht nur zu legitimieren, sondern auch selbst zu beschreiten

Die Herausforderungen der Gegenwart werden von vielen Menschen als einschneidend erlebt. Zu den massiven Veränderungen aufgrund von Krieg und Klimawandel gesellen sich die marode Infrastruktur von Schulen und öffentlichem Personenverkehr sowie eine schwächelnde Gesundheitsversorgung und ein bröckelndes Sozialsystem. Die Antwort der extremen Rechten liegt in der autoritären Restitution, sie braucht hierfür »Andere« als Sündenböcke. Die vorschnelle Reaktion der bundesdeutschen Politik ist aber nicht nur ein Versuch, das Thema der Rechten zu einem Thema der Mitte zu machen. Darin zeigt sich auch der Versuch, die autoritäre Flucht selbst anzutreten. Vor dem Hintergrund der Verantwortung für die Herausforderung verspricht die Übernahme der extrem-rechten Themen eine Krisenbearbeitung, die eine Bestandsaufnahme der Politik über die letzten Jahrzehnte unnötig macht. Damit gleichen sich die demokratischen Parteien an die Krisenbewältigung der autoritären Agitatoren an und bestätigen nolens volens eine Diagnose, die der Sozialwissenschaftler Stuart Hall Anfang der 1980er Jahre angesichts der Reaktionen auf die neoliberale Wirtschaftspolitik der Regierung Thatcher in Großbritannien fand: Autoritärer Populismus ist eine Krisenbearbeitung des

Neoliberalismus (Hall, 1982). Mit demokratischen Aushandlungsprozessen hat er nichts zu tun.

8. Stärkung der Demokratie – Stärkung der Parlamente und der Bürger

In den nächsten Kapiteln werden vertiefende Analysen vorgestellt. Bereits jetzt lässt sich feststellen, dass die Bundesrepublik vor einer ungewissen Entwicklung steht. Die Krisenwahrnehmung ist ausgeprägt und zum Charakter der Krise gehört die Erwartung eines grundlegenden Entscheidungsmoments. Das ist auch die von uns ermittelte Stimmung in der Bundesrepublik. Obwohl die Demokratie von vielen Bundesbürgern skeptisch betrachtet wird, ist derzeit nicht ausgemacht, dass autoritäre oder extrem-rechte Lösungen in der Breite der Bevölkerung Anklang finden. Es zeigt sich aber eine Neigung zum Eskapismus – ein Abschied von der Realität, wie er im Aberglauben, der Verschwörungsmentalität und der Esoterik zum Ausdruck kommt. Darüber hinaus findet er seine Wege im instrumentellen Naturverhältnis und in den Ressentiments gegen »Andere«. Diese Entwicklung lässt sich weniger denn je auf West- oder Ostdeutschland beschränken und auch international zeigen sich ähnliche Fluchtlinien bei wechselnden Motiven des Ressentiments.

Unter den Bürgern beider deutschen Landesteile finden sich gleichzeitig eine hohe Akzeptanz für das demokratische System sowie eine latente Aufstandsbereitschaft gegen diese Herrschaftsform. Dabei wird die Aufstandsbereitschaft immer häufiger wahlentscheidend. Dies führt nicht nur zu einem Anstieg der Wahlerfolge extrem-rechter und neonazistischer Parteien, sondern außerdem zu einer hohen Wechselbereitschaft. Daraus folgt, dass sich die Bundesbürger auch an dieser Stelle auf unsichere Verhältnisse einstellen müssen.

Inwieweit dies zur weiteren Suche nach autoritärer Sicherheit und Ambiguitätsreduktion führt – und damit zu einem erstarken antidemokratischer Kräfte –, hängt nicht zuletzt von der politischen Performanz und der Resilienz der Bürger ab. Beides kann nur abgesichert werden, wenn sowohl die Parlamente als auch die Bundesbürger in den Stand gesetzt werden, in Aushandlungsprozesse zu treten. Die Limitierung der psychischen und sozialen Verhandlungsräume durch behauptete fiskalische und politische »Alternativlosigkeit« führt auf jeder Ebene zur Schwächung der Demokratie.

Die Politik einer Stärkung der parlamentarischen Vermittlungsorte und der Bürger wird die grundlegenden Widersprüche der Gesellschaft und die aus diesen erwachsenen Probleme nicht lösen. Aber sie kann ihre Folgen lindern helfen.

Literatur

Adorno, T. W. (1954). Minima Moralia (1–4). Frankfurt a. M.: Suhrkamp.

Agroskin, D. & Jonas, E. (2010). Out of Control: How and why does perceived lack of control lead to ethnocentrism? *Review of Psychology, 17*, 79–90.

Arzheimer, K. (2024). Im Osten nichts Neues? Die elektorale Unterstützung von AfD und Linkspartei in den alten und neuen Bundesländern bei der Bundestagswahl 2021. In H. Schoen & B. Weßels (Hrsg.), *Wahlen und Wähler* (S. 139–178). Wiesbaden: Springer VS. https://doi.org/10.1007/978-3-658-42694-1_6

Becker, K., Dörre, K. & Reif-Spirek, P. (2018): *Arbeiterbewegung von rechts? Ungleichheit – Verteilungskämpfe – populistische Revolte.* Frankfurt a. M.: Campus.

Beierlein, C., Asbrock, F., Kauff, M. & Schmidt, P. (2014). Die Kurzskala Autoritarismus (KSA-3). Ein ökonomisches Messinstrument zur Erfassung dreier Subdimensionen autoritärer Einstellungen (GESIS-Working Papers 35). GESIS.

Benetka, G. (2020). Zur Psychologie der Unbestimmtheit. Ambivalenz und Ambiguität. In B. Ple, P. Wilhelmer & G. Benetka (Hrsg.), *Facetten der Ungewissheit. Erträge aus interdisziplinären Betrachtungen* (S. 83–95). Hamburg: Verlag Dr. Kovac.

Bergmann, W. & Erb, R. (1986). Kommunikationslatenz, Moral und öffentliche Meinung. Theoretische Überlegungen zum Antisemitismus in der Bundesrepublik Deutschland. *KZfSS – Kölner Zeitschrift Für Soziologie und Sozialpsychologie, 38*(2), 223–246.

Beyer, H. & Krumpal, I. (2010). »Aber es gibt keine Antisemiten mehr«. Eine experimentelle Studie zur Kommunikationslatenz antisemitischer Einstellungen. *KZfSS – Kölner Zeitschrift Für Soziologie und Sozialpsychologie, 62*(4), 681–705.

Bundeskriminalamt (2024). Bundesweite Fallzahlen 2023. Politisch motivierte Kriminalität. https://www.bka.de/SharedDocs/Downloads/DE/UnsereAufgaben/Deliktsbereiche/PMK/2023PMKFallzahlen.pdf?__blob=publicationFile&v=3 (17.09.2024).

Celik, K., Decker, O. & Dilling, M. (2020). Rechtsextremismus für die breite Gesellschaft? Der Wandel der AfD-Wählerschaft von 2014 bis 2020. In O. Decker & E. Brähler (Hrsg.), *Autoritäre Dynamiken: Alte Ressentiments – Neue Radikalität. Leipziger Autoritarismus Studie 2020* (S. 149–175). Gießen: Psychosozial.

De Souza, A. (2022). Politisches Wissen in Ost und West – Verteilungen, Determinanten und politische Kultur. In M. Elff, K. Ackermann & H. Giebler (Hrsg.), *Wahlen und politische Einstellungen in Ost- und Westdeutschland* (S. 141–168). Wiesbaden: Springer VS. https://doi.org/10.1007/978-3-658-35171-7_5

Decker, O. (2018). Flucht ins Autoritäre. In O. Decker & E. Brähler (Hrsg.), *Flucht ins Autoritäre. Rechtsextreme Dynamiken in der Mitte der Gesellschaft* (S. 15–64). Gießen: Psychosozial.

Decker, O. & Brähler, E. (2006). *Vom Rand zur Mitte. Rechtsextreme Einstellungen in Deutschland 2006.* Berlin: Friedrich-Ebert-Stiftung.

Decker, O. & Brähler, E. (2010). Antiamerikanismus, Globalisierung, Antikapitalismus, Islamfeindschaft und rechtsextreme Einstellung. In O. Decker, M. Weißmann, J. Kiess & E. Brähler (Hrsg.), *Die Mitte in der Krise. Rechtsextreme Einstellung in Deutschland* (S. 122–134). Springe: Zu Klampen (2012).

Decker, O., Hinz, A., Geißler, N. & Brähler, E. (2013). Fragebogen zur rechtsextremen Einstellung – Leipziger Form (FR-LF). In O. Decker, J. Kiess, & E. Brähler (Hrsg.), *Rechtsextremismus der Mitte. Eine sozialpsychologische Gegenwartsdiagnose* (S. 197–212). Gießen: Psychosozial.

Decker, O., Kalkstein, F., Dilling, M., Celik, K., Hellweg, N., Heller, A. & Brähler, E. (2024). Besteht eine Chance für eine neue Partei? AfD-Anhänger und die Aussicht für eine Alternative links der Mitte. *Forschungsjournal Soziale Bewegungen*, im Druck.

Decker, O., Kalkstein, F., Schuler, J., Celik, K., Brähler, E., Clemens, V. & Fegert, J. (2022). Polarisierung und autoritäre Dynamiken während der Pandemie. In O. Decker, A. Heller, J. Kiess & E. Brähler (Hrsg.), *Autoritäre Dynamiken in unsicheren Zeiten. Neue Herausforderungen – alte Reaktionen? Leipziger Autoritarismus Studie 2022* (S. 91–126). Gießen: Psychosozial.

Decker, O., Kiess, J. & Brähler, E. (2023). Autoritäre Dynamiken und die Unzufriedenheit mit der Demokratie. Die rechtsextreme Einstellung in den ostdeutschen Bundesländern (EFBI Policy Paper 2023-2). Leipzig: Else-Frenkel-Brunswik-Institut.

Decker, O., Schuler, J., Yendell, A., Schließler, C. & Brähler, E. (2020). Das autoritäre Syndrom: Dimension und Verbreitung der Demokratie-Feindlichkeit. In O. Decker & E. Brähler (Hrsg.), *Autoritäre Dynamiken: Alte Ressentiments – Neue Radikalität. Leipziger Autoritarismus Studie 2020* (S. 179–210). Gießen: Psychosozial.

Decker, O., Yendell, A. & Brähler, E. (2018). Anerkennung und autoritäre Staatlichkeit. In O. Decker & E. Brähler (Hrsg.), *Flucht ins Autoritäre. Rechtsextreme Dynamiken in der Mitte der Gesellschaft* (S. 119–140). Gießen: Psychosozial.

Dunlap, R. E. (2008). The New Environmental Paradigm Scale: From Marginality to Worldwide Use. *The Journal of Environmental Education, 40*, 3–18.

Elff, M., Ackermann, K. & Giebler, H. (Hrsg.) (2022). *Wahlen und politische Einstellungen in Ost- und Westdeutschland: Persistenz, Konvergenz oder Divergenz?* Wiesbaden: Springer VS.

Endrikat, K. (2003). Ganz normaler Sexismus. Reizende Einschnürung in ein Rollenkorsett. In W. Heitmeyer (Hrsg.), *Deutsche Zustände – Folge 2*, (S. 120–144). Frankfurt a. M.: Suhrkamp.

Forschungswerkstatt Corona-Proteste (2023). Corona-Protest-Report II: Eine Folgeuntersuchung. https://nbn-resolving.org/urn:nbn:de:0168-ssoar-86944-4.

Frenkel-Brunswik, E. (1949). Intolerance of ambiguity as an emotional and perceptual personality variable. *Journal of Personality, 18*, 108–143.

Fritsche, I., Deppe, J. & Decker, O. (2013). Außer Kontrolle? Ethnozentrische Reaktionen und gruppenbasierte Kontrolle. In O. Decker, J. Kiess & E. Brähler (Hrsg.), *Rechtsextreme Einstellung in der Mitte. Eine sozialpsychologische Gegenwartsdiagnose* (S. 161–173). Gießen: Psychosozial.

Fritsche, I., Moya, M., Bukowski, M., Jugert, P., Lemus, S. D., Decker, O., Valor-Segura, I. & Navarro-Carrillo, G. (2017). The Great Recession and Group-Based Control: Converting Personal Helplessness into Social Class In-Group Trust and Collective Action. *Journal of Social Issues, 73*, 117–137.

Frymer, P. & Grumbach, J. M. (2021). Labor Unions and White Racial Politics. *American Journal of Political Science, 65*(1), 225–240.

Greiffenhagen, M. (1981). *5 Millionen Deutsche: »Wir sollten wieder einen Führer haben …« Die SINUS-Studie über rechtsextremistische Einstellungen bei den Deutschen*. Reinbek bei Hamburg: Rowohlt.

Hall, S. (1982). Popular-demokratischer oder autoritärer Populismus. In W. F. Haug & W. Efferding (Hrsg.), *Internationale Sozialismusdiskussion, Bd. 2, Neue soziale Bewergungen und Marxismus* (S. 104–124). Hamburg: Argument.

Heide, J., Lux, T. & Mau, S. (2023). Ost-West-Unterschiede in den Köpfen: Alterität, Konflikt, Anerkennung und Förderung. *Jahrbuch Deutsche Einheit, 2023*(4), 67–83. https://doi.org/10.31235/osf.io/483fb

Heller, A., Altweck, L., Hahm, S. & Michalski, N. (2024). The (fe-)male breadwinner? Beliefs about gender roles in East GermanyAn age-period-cohort analysis. In A. Heller & P. Schmidt (Hrsg.), *Thirty Years After the Berlin Wall German Unification and Transformation Research* (S. 205–227). New York: Routledge.

Heller, A., Decker, O. & Brähler, E. (2020). Rechtsextremismus – ein einheitliches Konstrukt? Ein Beitrag zur Frage der Operationalisierung anhand des Fragebogens Rechtsextremismus – Leipziger Form (FR-LF). In A. Heller, O. Decker & E. Brähler (Hrsg.), *Prekärer Zusammenhalt. Die Bedrohung des demokratischen Miteinanders in Deutschland*. Gießen: Psychosozial.

Heyder, A. & Decker, O. (2011). Rechtsextremismus – Überzeugung, Einstellung, Ideologie oder Syndrom? Eine theoriegeleitete empirische Überprüfung mit repräsentativen Daten. In A. Langenohl & J. Schraten (Hrsg.), *(Un-)Gleichzeitigkeiten. Die demokratische Frage im 21. Jahrhundert* (S. 189–222). Marburg: Metropolis.

Höcker, C., Pickel, G. & Decker, O. (2020). Antifeminismus – das Geschlecht im Autoritarismus? Die Messung von Antifeminismus und Sexismus in Deutschland auf der Einstellungsebene. In O. Decker & E. Brähler (Hrsg.), *Autoritäre Dynamiken. Alte Ressentiments – neue Radikalität. Leipziger Autoritarismus Studie 2020* (S. 249–282). Gießen: Psychosozial.

Horkheimer, M. & Adorno, T. W. (1944). Die Dialektik der Aufklärung. In G. Schmid Noerr (Hrsg.), *Max Horkheimer – Gesammelte Schriften, Bd. 5*. Frankfurt a. M.: Fischer.

Horkheimer, M., Fromm, E. & Marcuse, H. (1936). *Studien über Autorität und Familie*. Springe: Zu Klampen (Reprint, 1987).

Kiess, J. (2011). Rechtsextrem – extremistisch – demokratisch? In Forum für kritische Rechtsextremismusforschung (Hrsg.), *Ordnung. Macht. Extremismus. Effekte und Alternativen des Extremismus-Modells* (S. 240–260). Wiesbaden: VS Verlag. http://link.springer.com/chapter/10.1007/978-3-531-93281-1_11

Kiess, J., Brähler, E. & Decker, O. (2015). Die Wählerinnen und Wähler von AfD und NPD – Gemeinsamkeiten und Unterschiede. In O. Decker, J. Kiess & E. Brähler (Hrsg.), *Rechtsextremismus der Mitte und sekundärer Autoritarismus* (S. 83–104). Gießen: Psychosozial.

Kiess, J. & Decker, O. (2010). Der Rechtsextremismusbegriff – Einführung und Problemanzeige. In O. Decker, J. Kiess, M. Weissmann & E. Brähler (Hrsg.), *Die Mitte in der Krise* (S. 10–20). Springe: Zu Klampen (2012).

Kiess, J. & Nattke, M. (2024). *Widerstand über alles. Wie die Freien Sachsen die extreme Rechte mobilisieren*. Leipzig: edition überland.

Kiess, J., & Schmidt, A. (2020). Beteiligung, Solidarität und Anerkennung in der Arbeitswelt. Industrial citizenship zur Stärkung der Demokratie. In O. Decker & E. Brähler (Hrsg.), *Autoritäre Dynamiken. Alte Ressentiments – Neue Radikalität. Leipziger Autoritarismus Studie 2020* (S. 119–147). Gießen: Psychosozial.

Kiess, J. & Schmidt, A. (2024). The political spillover of workplace democratization. How democratic efficacy at the workplace contributes to countering right-wing extremist attitudes in Germany. *Economic and Industrial Democracy*, 0143831X241261241. https://doi.org/10.1177/0143831X241261241

Kirchhoff, C. (2021). »Das Gerücht über die Juden« – zur (Psycho-)Analyse von Antisemitismus und Verschwörungsideologie. In Institut für Demokratie und Zivilgesellschaft (Hrsg.), *Wissen schafft Demokratie. Vol. 8: Antisemitismus*. Berlin: Amadeu Antonio Stiftung. https://doi.org/10.19222/202101/09

Klein, M. (1957). Neid und Dankbarkeit. Eine Untersuchung unbewußter Quellen. In R. Cycon (Hrsg.), *Melanie Klein – Gesammelte Schriften, Bd. 3: 1946–1963* (S. 283–386). Stuttgart: frommann-holzboog.

Knappertsbusch, F. (2016). *Antiamerikanismus in Deutschland*. Bielefeld: transcript.

Küpper, B., Klocke, U. & Hoffmann, L.-C. (2017). Einstellungen gegenüber lesbischen, schwulen und bisexuellen Menschen in Deutschland. Ergebnisse einer bevölkerungsrepräsentativen Umfrage. Baden-Baden: Nomos.

Lauriola, M., Foschi, R., Mosca, O. & Weller, J. (2016). Attitude Toward Ambiguity. Empirically Robust Factors in Self-Report Personality Scales. *Assessment, 23*, 353–373.

Mau, S. (2024). *Ungleich vereint. Warum der Osten anders bleibt*. Berlin: Suhrkamp.

Pickel, S. (2019). Die Wahl der AfD. Frustration, Deprivation, Angst oder Wertekonflikt? In K.-R. Korte & J. Schoofs (Hrsg.), *Die Bundestagswahl 2017* (S. 145–175). Wiesbaden: Springer VS. https://doi.org/10.1007/978-3-658-25050-8_7

Pirro, A. L. P. (2023). Far right: The significance of an umbrella concept. *Nations and Nationalism, 29*(1), 101–112. https://doi.org/10.1111/nana.12860

Rippl, S. & Seipel, C. (2002). Ökonomische Lage, Bildungsniveau und Fremdenfeindlichkeit. Die Bedeutung von Autoritarismus und Anomie: ein theorie-integrierendes Modell. In B. Klaus, F. Daniel & H. John (Hrsg.), *Jugendgewalt und Rechtsextremismus. Soziologische und psychologische Analysen in internationaler Perspektive* (S. 79–92). Weinheim: Juventa.

Salzborn, S. (2015). *Rechtsextremismus: Erscheinungsformen und Erklärungsansätze*. Baden-Baden: Nomos.

Schleyer-Lindenmann, A., Ittner, H., Dauvier, B. & Piolat, M. (2018). Die NEP-Skala – hinter den (deutschen) Kulissen des Umweltbewusstseins. *Diagnostica, 64*, 156–167.

Sontheimer, K. (1978). *Antidemokratisches Denken in der Weimarer Republik. Die politischen Ideen des deutschen Nationalismus zwischen 1918 und 1933*. München: Deutscher Taschenbuch-Verlag.

Stern, F. (1961). *Kulturpessimismus als Politische Gefahr. Eine Analyse nationaler Ideologie in Deutschland*. Stuttgart: Klett-Cotta (2018).

Stöss, R. (2008). Rechtsextremismus und Kapitalismuskritik. Arbeitshefte aus dem Otto-Stahmer-Zentrum der Freien Universität Berlin, Nr. 9. https://www.polsoz.fu-berlin.de/polwiss/forschung/systeme/empsoz/team/ehemalige/Publikationen/schriften/Arbeitshefte/ahosz9.pdf (17.09.2024).

Theweleit, K. (1977). *Männerphantasien Band 1: Frauen, Fluten, Körper, Geschichte*. München: Deutscher Taschenbuch Verlag (1995).

Ulbrich-Herrmann, M. (1995). Zur Verbreitung von gewaltbefürwortenden Einstellungen und Gewaltverhalten. In W. Heitmeyer (Hrsg.), *Gewalt. Schattenseiten der Individualisierung bei Jugendlichen aus unterschiedlichen Milieus* (S. 127–141). Weinheim: Juventa.

3. Soziale Ungleichheit, Deprivation, sozialräumlicher Kontext und rechtsextreme Einstellung

Johannes Kiess, Marius Dilling, Ayline Heller & Elmar Brähler

Einleitung

Wie die gesellschaftlichen Verhältnisse individuelle Einstellungen prägen, gehört zu den klassischen Themen der empirischen Sozialforschung (Jahoda et al., 1933; Lazarsfeld et al., 1944) und war auch in der frühen Autoritarismusforschung zentral. Da sich die Leute in einer zunehmend komplexer werdenden Welt in immer mehr sozialen Zusammenhängen bewegen, ist es aber gar nicht so leicht, diese Einflüsse zu bestimmen.[1] In der Forschung der letzten Jahrzehnte wurden immer wieder verschiedene sozioökonomische Einflussfaktoren und damit Erklärungsansätze für die Verbreitung rechtsextremer Einstellung untersucht (Fuchs, 2003; Rippl & Baier, 2005; Decker et al., 2010; Rippl & Seipel, 2018; Yoxon et al., 2019). Dazu zählen beispielsweise steigende Ungleichheit, der Wandel der Arbeitswelt und Arbeitslosigkeit, sozialräumliche Kontextfaktoren, das Gefühl, »abgehängt« zu sein (oder abgehängt zu werden), objektive und subjektive (gefühlte) sowie gruppenbezogene und individuelle Deprivation – der Fachbegriff für einen Mangel oder den Entzug von etwas Erwünschtem und das damit einhergehende Ohnmachtserleben. Während in der Forschung zwar ein Zusammenhang zwischen (erlebter) Ungleichheit und Rechtsextremismus weitgehend angenommen wird, bleibt die Sa-

---

[1] Georg Simmel prägte hierfür das Bild von sozialen Kreisen (bestehend aus z. B. dem gut bezahlten Fabrikjob, dem katholischen Kirchenchor, dem Sportverein, der Gewerkschaft, dem Trachtenverein, der Rolle als Vater usw.), die in ausdifferenzierten Gesellschaften an Zahl zunehmen und sich schon deshalb immer stärker überschneiden (Simmel, 1890).

che doch komplizierter und ein genauerer Blick ist auch für die Leipziger Autoritarismus Studien lohnenswert. Wir untersuchen deshalb, inwiefern objektive individuelle Deprivation, erlebte Deprivation und sozialräumliche Deprivation mit rechtsextremen Einstellungen zusammenhängen.

Den konkreten Anlass für dieses Kapitel bietet die soziale und wirtschaftliche Entwicklung der letzten Jahre: Angetrieben durch vielfältige Krisen – zuletzt vor allem durch die COVID-19-Pandemie samt der mit ihr verbundenen Verwerfungen auf dem Arbeitsmarkt und in den globalen Lieferketten sowie durch den russischen Angriffskrieg gegen die Ukraine und die in dessen Folge gestiegene Inflation (Charalampakis et al., 2022; Brülle & Spannagel, 2023; Dauderstädt, 2023) – ist die soziale Ungleichheit in Deutschland und weltweit spürbar angestiegen. Von diesen Entwicklungen sind aber nicht alle in gleichem Maße betroffen: Die Inflation trifft Menschen mit niedrigen Einkommen stärker, während verteuerte Lebensmittel und Energiekosten bei Menschen mit hohem Einkommen weniger ins Kontor schlagen. Außerdem gibt es regionale Unterschiede: So konnte die Stadt Mainz durch die Erfolge des ansässigen Impfstoffherstellers Biontech im Zuge der Pandemie einen sprunghaften Anstieg der Wirtschaftskraft verzeichnen, während andere Kreise Einbußen hinnehmen mussten. Derlei Veränderungen sind aber keinesfalls nur anhand von objektiven Statistiken nachweisbar. Auch das Problembewusstsein der Menschen hat sich in den letzten Jahren erhöht – teilweise auch unabhängig vom Einkommen und sozialer Lage.[2]

Soziale Ungleichheit als Stressfaktor für die Demokratie

Für die Pandemie zeigen Jan Brülle und Dorothee Spannagel auf, dass die Armutsquote in Deutschland zwischen 2010 und 2022 von 14,5 % auf 16,7 % anstieg (Brülle & Spannagel, 2023, S. 8). Geringe Einkommen waren in dieser Zeit stärker unter Druck, weil Einkommensausfälle hier seltener durch Kurzarbeitergeld und Aufstockungen durch den Arbeit-

---

2 Die Forschung zu Bedrohungserleben zeigt, dass die subjektive Bewertung aus einem Zusammenspiel aus individuellen Dispositionen und objektiven Faktoren resultiert (Russo et al., 2020). Ob eine bestimmte gesellschaftliche Situation von den Menschen als Krise bewertet wird, ist jedenfalls eine empirische Frage (Kiess, 2019; Kiess et al., 2023).

geber aufgefangen wurden. Auch Selbstständige und Menschen in atypischer Beschäftigung (etwa geringer Stundenumfang) waren stärker betroffen. (Einkommensbedingte) Unterschiede zeigten sich auch hinsichtlich von Krankheitsrisiken, der Vereinbarkeit von Erwerbsarbeit und Home-Schooling sowie in Bezug auf Ohnmachtsgefühle (ebd., S. 17f.). Hier waren Frauen in ihrem allgemeinen Wohlbefinden nochmals stärker betroffen (Zoch et al., 2022) und auch die Belastungen durch Schul- und Kitaschließungen wurden hauptsächlich von Frauen getragen (Zoch et al., 2021). Die vor allem durch den russischen Angriffskrieg auf die Ukraine angeheizte Inflation führte ab dem Jahr 2022 zu einem merklichen Anstieg der Energie- und Lebensmittelpreise, was einkommensschwächere Haushalte bis heute überproportional belastet: Die Inflation ist für Geringverdienende real höher als für Gutverdienende (Charalampakis et al., 2022; Dullien & Tober, 2023; Eichhorst & Rinne, 2023).

Allerdings verstärken die jüngsten Krisen eher bereits bestehende Trends. So zeigte der französische Wirtschaftswissenschaftler Thomas Piketty bereits vor Jahren auf, dass die Verteilung des gesellschaftlichen Wohlstands seit den 1970er Jahren in der Tendenz ungleicher geworden ist (Atkinson & Piketty, 2007, 2010; Piketty, 2015b, 2015a; Alvaredo et al., 2017; Chancel et al., 2022; für Deutschland auch: Albers et al., 2020). Die politische Ökonomie sieht die Ursachen vor allem in Deregulierungs- und Liberalisierungsprogrammen (Chancel et al., 2022, S. 5). Wenn der in Summe weiter zunehmende Wohlstand immer weniger staatlich umverteilt wird – in Deutschland wird zum Beispiel seit 1997 keine Vermögenssteuer mehr erhoben –, wachsen Piketty (2015a) zufolge die Vermögen und Einkommen der oberen Gesellschaftsschicht stärker. Ein Grund dafür ist, dass Bezieher hoher Einkommen oft besser in der Lage sind, Gehaltssteigerungen durchzusetzen, wobei aber die relative Höhe dieser Einkommen nicht einer entsprechend hohen Produktivität im Vergleich zu Niedriglohnjobs entspricht. Zudem wachsen Kapitaleinkommen im kapitalistischen Wirtschaftssystem tendenziell stärker als die Gesamtwirtschaft. Menschen, die zumindest einen Teil ihres Einkommens auf dem Kapitalmarkt erzielen, können so auch schneller (weiteres) Vermögen aufbauen. Hinzu kommt, dass Vermögen vererbt und aufgrund unzureichender Besteuerung in der wohlhabenden Oberschicht akkumuliert wird (Baresel et al., 2021).

Der Nobelpreisträger Joseph Stiglitz, selbst Verfechter einer liberalen

Marktwirtschaft, wies im Nachgang der Finanz- und Wirtschaftskrise 2007/2008 darauf hin, dass die zunehmende Ungleichheit auch direkte« politische Konsequenzen hat (Stiglitz, 2013). Einerseits nehmen große Unternehmen zu ihren Gunsten Einfluss auf Wettbewerbsregeln, was die effiziente Ressourcenallokation im Wirtschaftssystem verhindern und zu Monopolbildung führen kann. Andererseits dominieren sie auch die politische Sphäre so sehr, dass andere Interessen chancenlos bleiben und somit das politische System insgesamt an Legitimität einbüßt. Grundsätzlich wird die Frage der Handlungsfähigkeit des Staates in Zeiten von Globalisierung und Krise in der Politikwissenschaft und öffentlichen Debatte seit Jahrzenten immer wieder diskutiert. Tatsächlich sank in der Pandemie der Vermögensanteil öffentlicher Institutionen, da sich Staaten im privaten Sektor Geld liehen (Chancel et al., 2022, S. 9). Während also die Volkswirtschaften wachsen und der Wohlstand insgesamt ansteigt, profitieren davon immer weniger Menschen – nicht zuletzt, weil die Regierungen (sozialpolitischen) Handlungsspielraum einbüßen.

Festzuhalten ist, dass die soziale Ungleichheit ansteigt und dass dies politisch, ökonomisch und sozial folgenreich ist. Aber hat das auch Auswirkungen auf die (politischen) Einstellungen der Menschen? Zunächst sagt die tatsächliche Ungleichheit in einem Land nicht unbedingt etwas über die wahrgenommene Ungleichheit und (unter anderem deshalb) auch nichts über Umverteilungspräferenzen in der Bevölkerung aus (Trump, 2023). Auch die objektive *individuelle* Lage ist in der »demobilisierten Klassengesellschaft« (Dörre, 2021) kaum mit politischen Einstellungen verbunden: »Der *Kampf der Klassen*« – so Steffen Mau, Thomas Lux und Linus Westheuser – werde »von einer *Konkurrenz der Statusgruppen* und einem *Wettbewerb der Individuen* überlagert« (Mau et al., 2023, S. 73, Hervorhebung im Original). In der Leipziger Autoritarismus Studie 2022 beobachteten wir, dass eine stärkere Wahrnehmung von Oben-Unten-Konflikten zwar mit einer höheren Wahrnehmung von Ungerechtigkeit einherging, allerdings nicht mit (weniger) marktliberalen Positionen (Kiess et al., 2022a, S. 281). Insbesondere die »Meritokratieerzählung erlaubt es, Erfolg und Anstrengung weitgehend gleichzusetzen und soziale Ungleichheiten als gerechtfertigt zu beschreiben« (Mau et al., 2023, S. 85). Wer viel hat, so die Annahme gerade auch unter Produktionsarbeiterinnen und -arbeitern sowie Geringgebildeten in der selbst erklärten »Leistungsgesellschaft« (Offe, 1977), wird auch etwas dafür getan haben (Mau et al., 2023, S. 87).

Ungleiche Voraussetzungen und Hindernisse auf dem Weg dahin – zum Beispiel aufgrund des Bildungshintergrunds der Eltern (Kiess, 2021a) oder von Vermögen, Migrationserfahrung oder Diskriminierung – geraten in den Hintergrund (klassisch dazu: Bourdieu, 1987).

Und dennoch zeigen sich auch immer wieder Zusammenhänge zwischen der Ausprägung politischer Einstellungen einerseits und objektiv vorhandenen Ungleichheiten (z. B. in Form von Bildung, Einkommen und anderen soziostrukturellen Merkmalen) sowie subjektiven Gefühlen (man bekäme nicht seinen gerechten Anteil, sei abgehängt etc.) andererseits. Auch sozialräumliche Faktoren können diese mitbedingen (Heller et al., 2022; Dilling et al., 2024a). (Objektive) Ungleichheit hat wiederum demokratietheoretische und -praktische Implikationen. Erstens ist das Gleichheitsversprechen der Demokratie verletzt, wenn Beteiligungschancen strukturell vom sozialen Status der Bürgerinnen und Bürger abhängen. Ob sich Menschen politisch engagieren, hängt vom Bildungsstatus (Kiess, 2021a) und den weiteren sozialen und finanziellen Voraussetzungen ab (Schäfer, 2014). Ungleichheit führt damit zweitens zu einer ungleichen Repräsentation, die Politik richtet sich systematisch an den Interessen der Wohlhabenderen und Höhergebildeten aus (Elsässer, 2018; Elsässer et al., 2017), vor allem, weil diese sich besser Gehör verschaffen können (Traber et al., 2022). Aus diesem Zusammenhang ergibt sich eine weitere Verschärfung sozialer Ungleichheit und eine verstärkte Abkopplung bereits politikferner Milieus. Schließlich, und darauf werden wir gleich detaillierter eingehen, hängen sozialstrukturelle Nachteile systematisch mit niedrigerem politischem Vertrauen, antidemokratischer bis hin zu rechtsextremer Einstellung und der Wahl antidemokratischer Parteien zusammen.

Individuelle und sozialräumliche Faktoren: Ein Literaturüberblick

In der Forschungsliteratur werden eine Vielzahl möglicher Einflussfaktoren und damit verbundene Hypothesen zum Zusammenhang von sozialer Ungleichheit und politischen Einstellungen diskutiert. Zu unterscheiden sind objektive individuelle Faktoren (Einkommen, Bildung, Geschlecht, Alter usw.), subjektive Faktoren (z. B. wahrgenommene Deprivation, Selbstverortung, weitere Einstellungen wie Gerechtigkeitsnormen) sowie sozial-räumliche Faktoren (Wirtschaftsleistung, Ungleichheit der Einkommens-verteilung, Arbeitslosigkeit, Bevölkerungswachstum usw. im Land, im Kreis oder in der Gemeinde).

Individuelles (Haushalts-)Einkommen beeinflusst die alltäglichen Erfahrungen und Möglichkeiten der Menschen, da Geld Gestaltungsräume öffnen kann. Allerdings ist der Zusammenhang zu politischen Einstellungen komplex: Beispielsweise zeigt sich häufig ein einfacher Zusammenhang zwischen Einkommen und politischer Einstellung (siehe Kap. 2), berücksichtigt man allerdings andere Faktoren, wie z. B. Formen subjektiver Deprivationserfahrungen, dann wird dieser Einfluss meist »auspartialisiert« oder »bereinigt«. Das bedeutet, dass nicht das Einkommen selbst Einfluss auf bestimmte politische Einstellungen hat, sondern Faktoren, mit denen wiederum das Einkommen zusammenhängt. So zeigt sich in den Leipziger Autoritarismus Studien immer wieder, dass das Einkommen keinen signifikanten Einfluss auf autoritäre Grunddispositionen (Heller et al., 2022, S. 175; Dilling et al., 2024a, S. 191), die Demokratieakzeptanz (Kiess & Schmidt, 2020, S. 139; Pickel et al., 2020, S. 109) oder rechtsextreme Einstellungen (Decker et al., 2010, S. 118) hat, wenn andere Faktoren mitberücksichtigt werden.

Bildung hingegen zeigt sich sowohl in allen unseren Auswertungen als auch in der weiteren Literatur als relevanter Faktor: Bildungsungleichheiten führen zu einem Verlust politischen Vertrauens sowie des sozialen Zusammenhalts (Green et al., 2007) und verschärfen politische Ungleichheit (Kiess, 2021a). In der Literatur wird auch von einer (sich verschärfenden) politischen Polarisierung entlang der Unterscheidung höherer und niedrigerer Bildung gesprochen (Bovens & Wille, 2017; Kuhn et al., 2016), in den USA zugespitzt als »diploma divide« (Levitz, 2022).

Allerdings finden sich autoritäre Einstellungen und die Unterstützung für autoritär-populistische Politikangebote durchaus auch unter akademisch Gebildeten, die dies mit marktradikalen Positionen verbinden (Robertson & Nestore, 2022). Neben der »objektiven« Bildung werden hier das Verhältnis zur Moderne (Decker & Kiess, 2013; Götz, 1997) und der Berufsstatus relevant sowie, damit verbunden, die individuelle Wahrnehmung, wie sehr man sich der ständig wandelnden modernen Welt ausgeliefert sieht (Kiess et al., 2017). Umgekehrt zeigen sich das Erlernen von Demokratie und damit bestimmte Bildungsinhalte, die unabhängig vom formalen Bildungsstatus sind, als relevant für politische Einstellungen (Kiess, 2022). Geschlecht und Alter werden häufig zwar nur als Kontrollvariablen eingesetzt, allerdings zeigen sich bei autoritären Einstellungen durchaus sozialisationsbedingte Unterschiede zulasten von Älteren und Männern (Heller et al., 2022; Dilling et al., 2024a), während sie für rechtsextreme Einstellung weniger wichtig sind (siehe Kap. 2).

Ein wichtiger Befund (nicht nur) der Leipziger Autoritarismus Studien ist die im Vergleich zum *objektiven* Einkommen deutlich wichtigere *subjektive* Einschätzung der politischen und wirtschaftlichen Lage sowie der politischen Gestaltungsmöglichkeiten. Für die politische Deprivation, also das Gefühl, keinen Einfluss auf die Politik zu haben und von dieser übergangen zu werden, ist zu vermuten, dass dies auch mit einer Entfremdung von der Demokratie einhergeht und sich so eine stärker ausgeprägte rechtsextreme Einstellung erklären lässt (Decker et al., 2023). Bezüglich der wirtschaftlichen Lage zeigen unsere Untersuchungen, aber auch die Studien anderer immer wieder, dass nicht die schlecht eingeschätzte eigene, sondern die wirtschaftliche Lage Deutschlands bzw. des Kollektivs entscheidend ist. Der Ressentiment-These von Koen Abts und Julius Maximilian Rogenhofer (2024) zufolge führen eine als bedroht empfundene Gruppenposition (verstanden als Ergebnis einer ungerechten Gesellschaft) sowie das Gefühl, dieser Situation machtlos ausgeliefert zu sein, zu Groll und damit zur Empfänglichkeit für rechtspopulistische Haltungen. Oliver Decker beschrieb die Identifikation mit der kollektiven wirtschaftlichen Lage, die für die eigene Ungleichheits- und Ohnmachtserfahrungen entschädigt, als narzisstische Plombe, deren Kitt brüchig wird, wenn die Wirtschaft als schwach wahrgenommen wird (Decker et al., 2013, 2015).

In den Grafiken 1 und 2 haben wir den Zeitverlauf solcher subjektiven Deprivationserfahrungen dargestellt. Wir erfassen seit 2006 (mit Ausnahme des Jahres 2008) sowohl die Wahrnehmung der eigenen wirtschaftlichen Lage als auch die Wahrnehmung der wirtschaftlichen Lage Deutschlands. Deutlich wird zunächst, dass vor und kurz nach der Weltwirtschaftskrise (2006 und 2010) etwa 18 % der Befragten ihre eigene wirtschaftliche Lage als »schlecht« oder »sehr schlecht« einschätzten. Während die Verbreitung dieser Einschätzung in den Folgejahren zunächst leicht zurückging, nimmt sie 2024 wieder deutlich zu und übertrifft mit 21,6 % sogar das Niveau von 2006 und 2010.

Grafik 1: Zeitverlauf der Einschätzung der eigenen wirtschaftlichen Lage heute als »schlecht« oder »sehr schlecht«

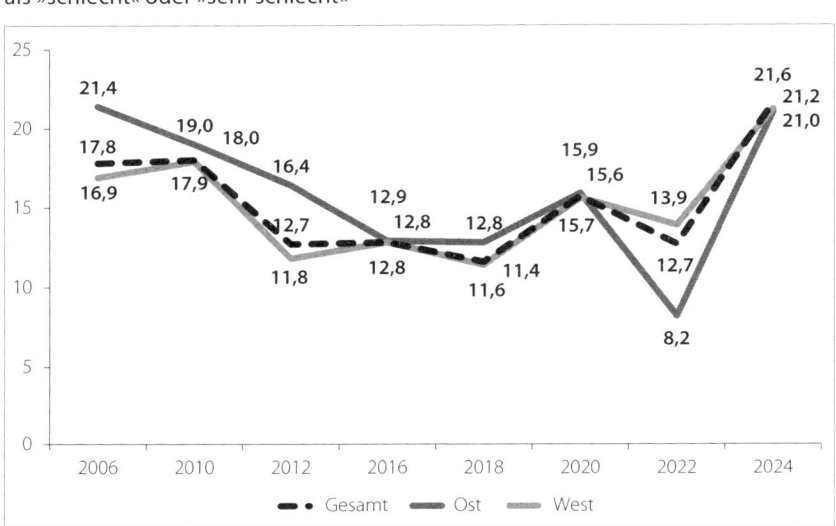

Nicht abgebildet sind die Antwortmöglichkeiten »sehr gut«, »gut«, »teils gut/teils schlecht« sowie »weiß nicht«, wobei letztgenannte Antwort nur in wenigen Jahren von mehr als 1 % der Befragten gewählt wurde (2024 = 0,9 %).

In Grafik 2 stellen wir die subjektive Einschätzung der wirtschaftlichen Lage Deutschlands durch die Befragten im Zeitverlauf dar. Zunächst ist zu beobachten, dass die negative Einschätzung der Wirtschaftslage Deutschlands und die Einschätzung der eigenen Wirtschaftslage deutlich auseinanderfallen – die Lage Deutschlands wird deutlich schlechter eingeschätzt und die Veränderungen dieser Einschätzung sind auch gravierender. 2010 – als sich die Weltwirtschaftskrise bereits in eine »Staatsschuldenkrise« weiterentwickelte (Kiess, 2019) – schätzten knapp 40 % der Menschen die Wirtschaftslage in Deutschland als »schlecht« oder »sehr schlecht« ein. Mit den sehr guten wirtschaftlichen Wachstumzahlen der Folgejahre verbesserte sich ab 2012 auch die Wahrnehmung der Befragten und die negative Beurteilung der Lage sank bis 2018 auf 8,4 % (im Osten sogar noch niedriger). Mit Beginn der COVID-19-Pandemie 2020 stieg die negative Einschätzung jedoch wieder auf 29,2 %, fiel in Ostdeutschland im Jahr 2022 auf 12 % und liegt im Jahr 2024 mit bundesweit 39,8 % wieder auf einem Niveau ähnlich dem während der Weltwirtschaftskrise.

Grafik 2: Zeitverlauf der Einschätzung der allgemeinen wirtschaftlichen Lage heute als »schlecht« oder »sehr schlecht«

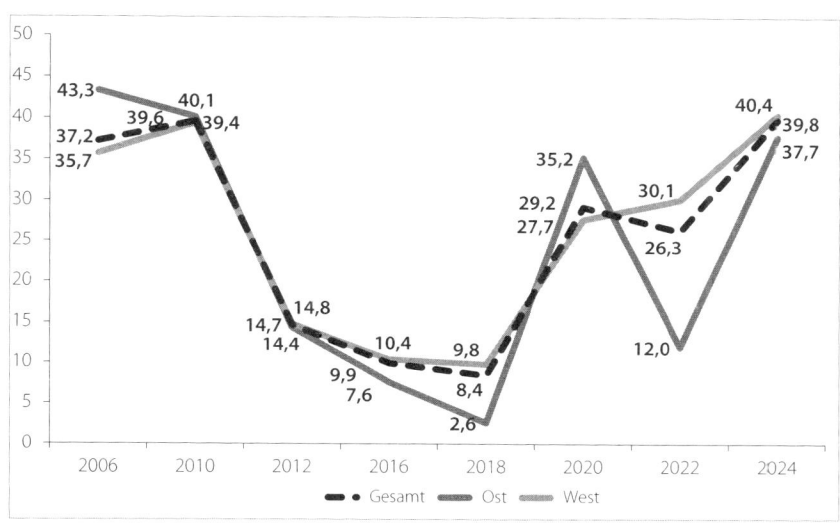

Nicht abgebildet sind die Antwortmöglichkeiten »sehr gut«, »gut«, »teils gut/teils schlecht« sowie »weiß nicht«, wobei letztgenannte Antwort nur in wenigen Jahren von mehr als 1 % gewählt wurde (2024 = 1 %).

Wie wir weiter oben berichten, hängt die subjektive Einschätzung der Wirtschaftslage nicht unmittelbar mit der objektiven Situation zusammen. Jedoch sind beide auf komplexe Weise miteinander verknüpft. Wir konnten kürzlich zeigen, dass kollektive Deprivation besonders in Gebieten mit hohem durchschnittlichen Haushaltseinkommen mit autoritären Einstellungen (wie etwa dem aggressiven »Tritt nach unten« oder auch die Bereitschaft, sich »starken Führungspersonen« zu unterwerfen) zusammenhängt – ein Befund, den wir als Abstiegsangst interpretierten (Heller et al., 2022; Dilling et al., 2024a). Dazu passt, dass die wirtschaftliche Deprivation die Wirkung einer zusätzlich vorhandenen autoritären Disposition auf rechtsextreme Einstellungen noch verstärkt (Yoxon et al., 2019; Kiess et al., 2022b).

Kontextvariablen werden in der Einstellungsforschung nicht oft berücksichtigt, in der Wahlforschung hingegen kommen sie inzwischen sehr häufig zum Einsatz. Besonders das Abschneiden extrem rechter Parteien hängt auf Regionalebene mit Faktoren wie Alterung, Abwanderung und wirtschaftlicher Benachteiligung zusammen, da in solchen Regionen auch eine geringere Zufriedenheit mit der Demokratie vorzufinden ist (Franz et al., 2018; Meisner, 2019; Brachert et al., 2020; Best & Salheiser, 2022). Einkommensungleichheit in einem Land führt vor allem bei Menschen mit höherem subjektiven sozialen Status und geringeren Einkommen zu einer höheren Wahrscheinlichkeit, extrem rechte Parteien zu wählen (Engler & Weisstanner, 2021). Unzufriedenheit und damit Empfänglichkeit für antidemokratische Politikangebote wird von einem niedrigen Bildungsdurchschnitt, schlechten Arbeitsmarktdaten und einer hohen (historischen) Abhängigkeit vom produzierenden Gewerbe getrieben (Dijkstra et al., 2020, S. 751). Auch eine hohe Arbeitslosenquote und geringere Anteile an Menschen ohne deutsche Staatsbürgerschaft sowie an Menschen mit höherer Bildung in einem Kreis erhöhen die Wahlchancen der AfD (Giebler & Regel, 2017).

Andere Untersuchungen betonen die Relevanz (fehlender) grundlegender Infrastruktur – z. B. die Schließung von Schulen und Krankenhäusern – für die Wahl extrem rechter Parteien (Diermeier, 2020; Nyholt, 2023). Zeigen lässt sich über lange Zeiträume und viele Länder hinweg, dass Sparpolitik die politischen Kosten wirtschaftlicher Abschwünge erhöht, da in den betroffenen Regionen das Vertrauen in die Politik und demokratische Parteien sinkt und höhere Wahlergebnisse für extrem rechte Parteien wahrscheinlicher werden (Gabriel et al., 2022; Hübscher et al., 2023; Cremaschi et al., 2024). Eine weitere Studie argumentiert, »dass die demografische Entwicklung in den weniger verdichteten Räumen auch ein Gefühl der Perspektivlosigkeit mit sich bringt, wodurch Vertrauen in etablierte Parteien zu erodieren droht« (Franz et al., 2018, S. 136). Von zunehmender Benachteiligung berichten eher Menschen in kleineren Gemeinden. Salomo (2019) konnte zeigen, dass durch einen Männerüberhang in einer Region das Gefühl induziert wird, bei der Partnerwahl demografisch abgehängt zu sein. Dieses Gefühl äußere sich in der Folge in ethnozentrischen Einstellungen, Unzufriedenheit mit der Demokratie (ebd.) und wirkt sich auf autoritäre Einstellungen aus (Heller et al., 2022; Dilling et al., 2024a). Von solch demografischer Homogenität sind vor allem ländliche ostdeutsche Regionen betroffen. Zu den Strukturfaktoren treten häufig lokale politische und (raum-)kulturelle Milieus und Traditionen. Verschiedene Arbeiten haben gezeigt, dass die AfD dort besonders erfolgreich ist, wo früher schon die NPD (Richter & Bösch, 2017; Dilling et al., 2024b) oder noch früher die NSDAP erfolgreich waren (Cremaschi et al., 2024).

Zusammengefasst: Faktoren, die mit der Wahrnehmung von Gesellschaft und der eigenen Position in dieser eng verbunden sind, können sowohl auf individueller als auch auf Kreisebene die Disposition zu rechtsextremen Einstellungen beeinflussen. Dazu zählen insbesondere die subjektive Wahrnehmung der wirtschaftlichen Lage und die über Bildung vermittelte Verortung in der Gesellschaft, aber auch die sozialräumliche Erfahrungswelt. Mithilfe von Mehrebenenmodellen wollen wir im Folgenden prüfen, inwiefern (1) individuelle *objektive* Deprivation wie geringes Einkommen, geringe Bildung und Berufsstatus, (2) *subjektiv* wahrgenommene kollektive und individuelle Deprivation und die wahrgenommene politische Wirksamkeit sowie (3) *sozialräumliche* Deprivation und Ungleichheit mit rechtsextremen Einstellungen zusammenhängen.

Methodisches Vorgehen und Ergebnisse

Stichprobe und Vorgehen

Die Relevanz von individuellen Faktoren und Kontextfaktoren überprüften wir mithilfe (hierarchischer) Mehrebenenmodelle und berücksichtigten so die Tatsache, dass sich Gruppen von Personen systematisch aufgrund regionaler Differenzen unterscheiden können. Wir analysierten die Ebene der Kreise und kreisfreien Städte, da diese noch ausreichend durch unsere Befragten abgedeckt ist.[3] Indikatoren auf der Kreisebene wurden

---

[3] Von den insgesamt 400 deutschen Kreisen und kreisfreien Städten wurden 193 von unseren Befragten abgedeckt, nachdem wir die Kreise mit weniger als fünf Befragten ausgeschlossen hatten. Darüber hinaus schlossen wir Berlin aus technischen Gründen aus, da keine getrennte Zuordnung der Variablen der Kontextebene zu Ost- und Westdeutschland möglich ist. Die kreisfreie Stadt Berlin würde eine doppelte Zuordnung erhalten, was die Ergebnisse der Mehrebenenanalyse hinsichtlich der Ost-West-Variable auf der Individualebene verzerren würde. Damit reduziert sich die Zahl belegter Kreise auf 192. Darüber hinaus haben wir einen listenweisen Fallausschluss bei fehlenden Informationen der von uns betrachteten Individualvariablen durchgeführt. Da die fehlenden Werte für jeden einzelnen Indikator nicht mehr als 5 % betragen, gehen wir davon aus, dass dieses Vorgehen unsere Ergebnisse nicht verzerrt hat (Schafer & Graham, 2002). Diese Schritte reduzierte die vorliegende Stichprobe auf N = 2.142 Personen.

über die *amtlichen Gemeindeschlüssel* mit der Stichprobe der Leipziger Autoritarismus Studie verknüpft. Unsere Variablenauswahl war einerseits theoriegeleitet, andererseits kombinierten wir sie auch mit einem datengeleiteten Ansatz, sodass wir Variablen ausschlossen, die eine zu starke Varianzinflation verursachten, d. h. zu stark mit anderen Variablen korrelierten, um eine verlässliche Schätzung sicherzustellen.[4]

Mittels des Intra-Klassen-Koeffizienten (ICC) überprüften wir zunächst, ob sich Personen, die im selben Kreis bzw. in derselben kreisfreien Stadt leben, hinsichtlich der Verteilung rechtsextremer Einstellungen ähnlicher sind als Personen, die nicht im selben Kreis bzw. in derselben kreisfreien Stadt leben. In diesem »Nullmodell« ohne weitere Variablen liegt der ICC für die Gesamtskala rechtsextreme Einstellung bei .33 und variiert in den Subdimensionen zwischen .26 (Befürwortung einer rechtsautoritären Diktatur) und .42 (Antisemitismus). Das verweist einerseits auf eine deutliche regionale Varianz rechtsextremer Einstellung. Andererseits ist die Verwendung von Mehrebenenmodellen sogar angezeigt (Muthén, 1994; Lai & Kwok, 2015; Hox et al., 2017), denn es lassen sich für die Gesamtskala 33 % der Unterschiede zwischen den Befragten hinsichtlich ihrer Offenheit gegenüber extrem rechter Ideologie auf die Kreiszugehörigkeit zurückführen.

Im nächsten Schritt fügten wir die Variablen auf der individuellen Ebene hinzu (Modell 2), im dritten Schritt dann die Variablen auf der Kreisebene (Modell 3). Anschließend verglichen wir die Modelle mithilfe eines Likelihood-Ratio-Chi-Quadrat-Tests (χ^2). Dieser gibt Auskunft darüber, ob die zunehmend komplexer werdenden Modelle die vorliegenden Daten auch immer besser beschreiben können.[5] Mit der Steigerung der Komplexität von Modell 2 auf Modell 3 ergab sich allerdings – bis auf die Ausnahme der Subdimension Ausländerfeindlichkeit – keine Verbesserung

---

4 Als Indikator für die Vermögensverteilung wollten wir ursprünglich auch den Prozentsatz der Wohnungen, die vom Eigentümer bewohnt werden, sowie die Fünf-Jahres-Entwicklung der absoluten wirtschaftlichen Ungleichheit berücksichtigen. Aufgrund zu hoher Multikollinearität mit den anderen Prädiktoren hätte dies zu einer starken Verzerrung der Ergebnisse führen können (Aiken et al., 1991). In unserer finalen Analyse lag der höchste Varianzinflationsfaktor (VIF) unter 10 und damit im akzeptablen Bereich.

5 Zur Bewertung der Modellanpassung zogen wir außerdem zwei weitere Werte heran: die erklärte Varianz durch die Prädiktoren im Modell (marginales R^2) sowie durch Prädiktoren und Kreiszugehörigkeit (konditionales R^2) (Hox et al., 2017).

mehr. In einem Zwischenschritt, in dem wir lediglich den Effekt jeder einzelnen der Kontextvariablen testeten, ergaben sich zwar sehr wohl Zusammenhänge, diese verschwanden jedoch unter Berücksichtigung anderer Variablen auf der Individual- oder Kontextebene. Wir gehen auf dieses überraschende Ergebnis, die verwendeten Indikatoren und mögliche künftige Forschungsperspektiven weiter unten genauer ein.

Individualebene

Zunächst betrachten wir aber unser Modell 2 (siehe Tab. 1) für die Gesamtskala rechtsextreme Einstellung sowie die Subdimensionen. Hier interessieren uns vor allem zwei Gruppen von Variablen, nämlich einerseits objektive Faktoren der Ungleichheit und andererseits subjektive Wahrnehmungen. Außerdem nehmen wir die Autoritarismus-Kurzskala von Beierlein et al. (2014) bestehend aus den drei Subdimensionen des Sadomasochismus (vgl. Decker et al., 2020) als Summenwert als Kontrollvariable[6] auf. Wie auch in früheren Untersuchungen zeigt sich ein eindeutiger Zusammenhang zwischen Autoritarismus und rechtsextremer Einstellung (erste Zeile in Tab. 1). Der Koeffizient ist über alle Subdimensionen hinweg signifikant.

Zu den objektiven Variablen, die auch Ungleichheit erfassen (können), gehören zunächst soziodemografische Faktoren wie Alter (metrisch[7]), Geschlecht (binär, Referenz[8]: männlich), Wohnort Ost/West (binär, Referenz: West) und Staatsangehörigkeit (binär, Referenz: deutsch). Während in der bivariaten Analyse ein positiver Zusammenhang zwischen Alter

---

6 Zahlreiche Studien belegen den Zusammenhang dieser drei Autoritarismusdimensionen mit politischen Einstellungen. Wir sind daher nicht weniger am Zusammenhang selbst interessiert, sondern interessieren uns vielmehr dafür, ob die Ungleichheitsvariablen auch unter Einbeziehung dieses wichtigen Faktors relevant bleiben. Der verwendete Index beruht auf neun Items, je drei für die Subdimensionen der autoritären Aggression, der autoritären Unterwerfung sowie des Konventionalismus.

7 Alle metrischen Variablen auf Individual- und Kontextebene sind am jeweiligen Gesamtmittelwert zentriert (grand mean centering).

8 Bei nicht-metrischen Variablen, die mehrere Stufen oder Ausprägungen haben, ist es nötig, eine der Kategorien als Referenz zu setzen, um die jeweils anderen Kategorien mit dieser Referenzkategorie vergleichen und so Effektstärken angeben zu können. Dabei wird die Referenzkategorie selbst nicht geschätzt, die verbleibenden Kategorien können dann als Abweichungen von der Referenz interpretiert werden.

Tabelle 1: Einfluss der Individualvariablen im Multilevelmodell (unter Berücksichtigung der Kreiszugehörigkeit)

	Gesamtscore	Rechtsautoritäre Diktatur	Chauvinismus	Ausländer- feindlichkeit	Antisemitismus	Sozialdarwinismus	NS-Verharmlosung
Autoritarismus	1.01***	0.17***	0.22***	0.20***	0.13***	0.16***	0.12***
Alter	-0.04**	-0.01***	-0.00	0.01	-0.00	-0.01***	-0.01***
Geschlecht [Ref: männl.]	-1.98***	-0.33***	-0.39***	-0.41***	-0.35***	-0.19*	-0.32***
Wohnort [Ref.: West]	-0.51	0.10	-0.54	1.04***	-0.04	-0.55*	-0.52*
Staatsang. [Ref: Deutsch]	-3.20**	0.00	-0.88***	-2.35***	0.25	-0.18	-0.01
Einkommen	0.00	0.00	0.00	0.00	0.00	0.00	0.00
Arbeitslos (derzeit)	3.96***	0.44	0.92***	0.80**	0.76**	0.51*	0.52*
Vergangene Arbeitslosigkeit [Ref: keine]							
Einmal arbeitslos	1.14*	0.29*	0.10	0.03	0.24*	0.20	0.26*
Mehrfach arbeitslos	1.67**	0.47***	0.22	0.07	0.37**	0.30*	0.25*
Bildung [Ref: niedrig]							
Mittlere Bildung	-1.18*	-0.22	-0.09	-0.09	-0.31*	-0.27*	-0.18
Hohe Bildung	-2.19**	-0.21	-0.32	-0.48**	-0.54**	-0.27	-0.35*
Noch Schule	-2.23	-0.31	-0.49	-0.82	-0.51	0.34	-0.42
Berufsklasse [Ref.: Arbeiter]							
Noch nie berufstätig	-2.20	-0.39	-0.13	-0.84**	-0.01	-0.40	-0.45
Selbstständige	-2.09	-0.60*	-0.22	0.06	-0.53*	-0.28	-0.51*
Selbstst. > 5 Angest.	1.00	-0.44	0.83*	0.54	0.06	0.01	0.02
Angestellte	-1.32	-0.43*	-0.01	0.01	-0.22	-0.22	-0.46**
Leitende Angestellte	-1.66	-0.40*	-0.10	-0.12	-0.36	-0.31	-0.37*
Beamte	-0.53	-0.58	0.11	0.48	-0.16	0.04	-0.44
Höhere Beamte	-1.63	-0.51	-0.13	0.05	-0.35	-0.29	-0.39
Facharbeitende	-1.48	-0.47*	-0.09	-0.02	-0.35	-0.25	-0.30

	Gesamtscore	Rechtsautoritäre Diktatur	Chauvinismus	Ausländer-feindlichkeit	Antisemitismus	Sozialdarwinismus	NS-Verharmlosung
Deprivation							
Individ. subj. Depr.	0.76**	0.17**	-0.05	0.18*	0.04	0.17**	0.26***
Kollekt. subj. Depr.	2.26***	0.30***	0.57***	0.65***	0.35***	0.24***	0.15**
Politische Deprivation	0.59***	0.10**	0.10**	0.26***	0.03	0.07*	0.03
ICC	0.333	0.274	0.357	0.286	0.428	0.377	0.343
Intercept	39.12***	5.87***	7.94***	8.76***	5.77***	5.42***	5.37***
Marginal/conditional R^2	0.437 / 0.622	0.310 / 0.500	0.357 / 0.586	0.418 / 0.585	0.202 / 0.543	0.265 / 0.542	0.225 / 0.491

***$p < 0.001$; **$p < 0.01$; *$p < 0.05$

und rechtsextremen Einstellungen sichtbar wurde (siehe Kap. 2), kehrt sich dieser Zusammenhang in der multivariaten Analyse – also unter Kontrolle anderer Individualvariablen – um. Dies gilt insbesondere unter Einbezug der Variable des Autoritarismus, der unter älteren Menschen ausgeprägter ist. Bereinigt um den Effekt des Autoritarismus zeigt unsere Analyse, dass ein jüngeres Alter rechtsextreme Einstellungen begünstigt: Während Ältere also vor allem autoritärer und deshalb rechtsextremer eingestellt sind, sind Jüngere rechtsextrem eingestellt, ohne dass dies (allein) auf den Autoritarismus zurückzuführen wäre – es handelt sich also bei Jüngeren um einen Alterseffekt. Frauen sind über alle Dimensionen und bei der Gesamtskala weniger rechtsextrem eingestellt, nur beim Sozialdarwinismus ist der Effekt schwächer ausgeprägt. Wenn wir davon ausgehen, dass Frauen in gegenwärtigen Krisen oft stärker belastet werden (worauf die Literatur schließen lässt), führt das bei ihnen dennoch nicht zu höherer Zustimmung zu rechtsextremen Aussagen. Im Gegenteil: Dies deckt sich weitgehend mit den bivariaten Ergebnissen, die wir in Kapitel 2 berichten. Unter Ostdeutschen ist unter Kontrolle der anderen Individualvariablen und der Kreiszugehörigkeit lediglich die Ausländerfeindlichkeit höher. Sozialdarwinismus und NS-Verharmlosung sind hingegen im Westen etwas stärker ausgeprägt. Eine nicht-deutsche Staatsangehörigkeit der Befragten führt in der Gesamtskala zu niedrigeren Werten, das ist allerdings vorrangig auf die Dimensionen des Ethnozentrismus (Ausländerfeindlichkeit, Chauvinismus) zurückzuführen, welcher sich (auch) gegen nicht-deutsche Staatsangehörige richtet. Kein Zusammenhang zeigt sich hingegen bei der Zustimmung zu einer rechtsautoritären Diktatur, zum Sozialdarwinismus, zum Antisemitismus und zur Verharmlosung des Nationalsozialismus.

Ungleichheit wird vor allem mit Einkommen sowie – damit eng verbunden – Bildung, Erwerbsstatus und Berufsklasse (Oesch, 2006) in Verbindung gebracht. Das Haushaltsäquivalenzeinkommen (metrisch[9]) selbst hat allerdings in unserem Modell keinen Einfluss auf rechtsextreme Einstellungen. Befragte, die derzeit arbeitslos sind (binär, Referenz: nicht arbeitslos), sind eher rechtsextrem eingestellt (Gesamtskala), allerdings trifft dies nicht auf die Subdimension »Befürwortung einer rechtsautoritären Diktatur« zu und auch für den Sozialdarwinismus und die NS-Verharmlosung ist der Effekt der derzeitigen Arbeitslosigkeit nur schwach und lediglich auf einem Niveau von 5 % signifikant. Ähnlich wirkt sich zurückliegende (mehrfache) Arbeitslosigkeit aus (drei Kategorien: noch nie, einmal oder mehrfach arbeitslos, Referenz: noch nie): Der Effekt ist für die Gesamtskala eindeutig, in den Subdimensionen ist der Effekt teilweise nicht signifikant, wenngleich immer in die vermutete Richtung zeigend (vergangene Arbeitslosigkeit geht mit höherer Zustimmung einher). Der Bildungsabschluss der Befragten (vier Kategorien: niedrige, mittlere, hohe Bildung oder noch in der Schule, Referenz: niedrige Bildung) spielt – selbst unter Berücksichtigung der anderen Faktoren – eine nicht zu vernachlässigende Rolle: Bereits eine mittlere und noch deutlicher eine hohe Bildung verringern den Wert, den die Befragten auf der Gesamtskala rechtsextremer Einstellungen im Durchschnitt erreichen, signifikant. Ein Blick in die Subdimensionen rechtsextremer Einstellungen zeigt allerdings durchaus eine deutliche Spezifik. Mittlere Bildung verringert vor

---

9 Da eine Angabe des gesamten Haushaltseinkommens für viele Befragte schwierig ist und/oder zu sozial erwünschten Antwortverzerrungen führt (siehe Kap. 7), werden die Befragten gebeten, ihr Haushaltseinkommen einer von 13 Einkommenskategorien zuzuordnen. Zur Schätzung des Haushaltsäquivalenzeinkommens wird dann der Mittelwert der angegebenen Einkommensgruppe durch die Wurzel der Anzahl der Personen im Haushalt geteilt, um eine Gewichtung nach Haushaltsgröße vorzunehmen.

allem signifikant Antisemitismus und Sozialdarwinismus – es zeigt sich jedoch kein Effekt in den restlichen Dimensionen rechtsextremer Einstellungen. Hohe im Vergleich zu niedriger Bildung verringert vor allem die Ausländerfeindlichkeit, den Antisemitismus und die Bereitschaft zur NS-Verharmlosung. Hier zeigt sich jedoch kein signifikanter Effekt für die Befürwortung einer rechtsautoritären Diktatur, den Chauvinismus und den Sozialdarwinismus. Auf einige Dimensionen wirkt sich der Bildungsgrad gar nicht aus.

Um die berufliche Position und damit eine wichtige Quelle von Ungleichheit in der Gestaltung des eigenen Alltags zu berücksichtigen, haben wir insgesamt neun Kategorien gebildet und als Referenzkategorie die ungelernten und angelernten Arbeiterinnen und Arbeiter gewählt (siehe Tab. 1). Für diese Gruppe wird immer wieder angenommen, dass sie als Modernisierungsverlierer (Kiess et al., 2017; Spier, 2010) und als Tätige in stark hierarchisch geprägten Verhältnissen eher zu rechtsextremen Einstellungen und entsprechendem Wahlverhalten neigen (Oesch & Rennwald, 2018; Abou-Chadi et al., 2021; Wagner, 2024). In unseren Modellen zeigen sich nur vereinzelte Effekte: Noch nie berufstätig Gewesene sind signifikant seltener ausländerfeindlich als die Referenzkategorie, (leitende) Angestellte und Selbstständige ohne oder mit wenigen Beschäftigten verharmlosen seltener den Nationalsozialismus. Diese Gruppen sowie Facharbeiterinnen und Facharbeiter befürworten auch etwas weniger eine rechtsautoritäre Diktatur als die un- bzw. angelernten Arbeiterinnen und Arbeiter. Der Effekt, dass Befragte, die (bisher) noch nie berufstätig waren, niedrigere Werte der Ausländerfeindlichkeit aufweisen, lässt sich womöglich wie folgt plausibilisieren: Eventuell ist die Abwertung Anderer für diese Gruppe weniger wichtig als für Arbeiterinnen und Arbeiter, auch weil Nicht-Berufstätige sich weniger in Konkurrenz mit Anderen sehen.

Drei Variablen unseres Modells messen subjektive Deprivationserfahrungen, wobei die Einschätzung der eigenen wirtschaftlichen Lage (individuelle Deprivation) bereits deutlichere Effekte zeigt als die objektiven Faktoren: Je besser die eigene Lage auf einer Skala von 1 bis 5 eingeschätzt wird, desto niedriger fallen rechtsextreme Einstellungen aus. Nochmals deutlicher sind die Zusammenhänge mit der Einschätzung der wirtschaftlichen Lage Deutschlands (kollektive Deprivation): Hier finden wir sogar für alle Dimensionen der rechtsextremen Einstellung deutliche Zusammenhänge. Der Effekt auf die Gesamtskala rechtsextremer Einstellungen ist einer der stärksten erklärenden Effekte in unseren Modellen. Je schlechter die wirtschaftliche Lage in Deutschland eingeschätzt wird, desto stärker zeigt sich eine Tendenz zum Rechtsextremismus. Dieser Befund verweist auf die Funktion der Wirtschaft als sekundäre Autorität zur Stabilisierung einer eigenen Ich-Schwäche (Decker et al., 2013; Decker, 2015). Zudem deckt sich unser Ergebnis mit der Krisenrhetorik extrem rechter Akteure wie der AfD oder den Freien Sachsen (Kiess & Nattke, 2024), die kontinuierlich Untergangsszenarien verbreiten – schon immer Kennzeichen faschistischer Bewegungen (Weiss, 2017; Fielitz & Marcks, 2020). Schließlich haben wir die politische Deprivation mit zwei Fragen (siehe Kap. 2) erfasst und als Index in unser Modell aufgenommen: Auch das Gefühl, politisch einflusslos und abgehängt zu sein, geht mit einer höheren Disposition zu rechtsextremen Einstellungen einher. Ausnahmen bilden die Dimensionen NS-Verharmlosung und Antisemitismus. Für Letzteren ist der Befund hervorzuheben, dass die individuelle Einschätzung der Wirtschaftslage und auch die politische Selbstwirksamkeitserwartung keinen Zusammenhang zeigen, dafür aber die Einschätzung der Wirtschaftslage Deutschlands (siehe dazu auch Kap. 4).

Kontextebene

Zuletzt überprüften wir den Einfluss einer Reihe von Kontextvariablen (Tab. 2), von denen wir aufgrund der oben skizzierten, theoretischen Überlegungen annahmen, dass sie mit Zustimmungstendenzen zum Rechtsextremismus zusammenhängen. Ferner deutete der ICC darauf hin, dass auf der Kreisebene ein hoher Anteil der Varianz liegt – die bis hierhin diskutierten individuellen Variablen also nur einen Teil erklären können. Dabei zeigten sich in einem Zwischenschritt einige signifikante Effekte, wenn wir lediglich einzelne Kontextvariablen prüften, ohne weitere Indikatoren auf der Individual- oder Kontextebene zu berücksichtigen.

Offensichtlich sind also durchaus Zusammenhänge zwischen Kontextebene und rechtsextremer Einstellung vorhanden, diese sind jedoch komplex: Berücksichtigt man die soeben beschriebenen Individualvariablen und weitere Variablen des sozialräumlichen Kontext, verschwinden nahezu alle Effekte, die wir in diesen unterkomplexen Modellen finden. Das heißt, dass unter gleichzeitiger Berücksichtigung der Individual- und Kontextebene keine der ausgewählten Kontextvariablen einen signifikanten Effekt hat und die Modelle mit Kontextvariablen die Varianz rechtsextremer Einstellungen nicht besser erklären als die Modelle, die ausschließlich Individualvariablen nutzen. Dies gilt sowohl für die Gesamtskala rechtsextremer Einstellungen als auch für alle Subdimensionen mit Ausnahme der Ausländerfeindlichkeit. Da auch die Abwesenheit dieser Effekte einen substanziellen Beitrag zum Verständnis des Rechtsextremismus und für den politischen Umgang mit ihm leistet, stellen wir die Variablen kurz vor.

Die meisten der in Tabelle 2 berichteten Indikatoren bezogen wir aus der Datenbank des Bundesinstituts für Bau-, Stadt- und Raumforschung (BBSR; INKAR), einer öffentlich zugänglichen Datensammlung zur Raum- und Stadtentwicklung in Deutschland. Die Auswahl erfolgte, wie weiter oben beschrieben, sowohl theorie- als auch datengeleitet, wobei wir insbesondere an Aspekten der objektiven regionalen Deprivation sowie an Faktoren der sozialen Ungleichheit interessiert waren. Die folgenden Kontextfaktoren zogen wir in der aktuellsten Version der jeweiligen Variable ein: (1) das durchschnittliche Haushaltseinkommen in Euro je Einwohner, (2) den Anteil der Arbeitslosen an den zivilen Erwerbspersonen in Prozent, (3) den Anteil der Schulabgänger mit Hochschulreife in Prozent, (4) das durchschnittliche Bruttoinlandsprodukt pro Kopf, (5) dessen Fünf-Jahres-Entwicklung seit 2016,[10] (6) einen Index, der die einwohnergewichtete Luftliniendistanz zu verschiedenen Orten des täglichen Bedarfs (Apotheke, Bushaltestelle, Supermarkt und Grundschule) zusammenfasst, und (7) das Verhältnis von Frauen und Männern im Alter zwischen 20 und 40 Jahren (Salomo, 2019). Darüber hinaus berücksichtigten wir (8) das Wanderungssaldo, d.h. die Zahl der Zuzüge abzüglich der Abwanderung je 1.000 Einwohnerinnen und Einwohner, (9) die absolute wirtschaftliche Ungleichheit innerhalb der Kreise, indem wir den Anteil der Haushalte mit niedrigem Einkommen (< 1.500 €) vom Anteil der Haushalte mit hohem Einkommen (> 3.600 €) abgezogen und quadriert[11] haben, sowie (10) den Anteil der Schutzsuchenden an der Be-

---

10 Zur Bildung dieses Indikators zogen wir für jeden Kreis das durchschnittliche Bruttoinlandsprodukt pro Kopf 2016 vom Wert aus 2021 ab.

11 Ein positiver Wert vor der Quadrierung bedeutet, dass es in einem Kreis mehr hohe als niedrige Einkommen gibt. Bei einem negativen Wert sind es entsprechend mehr niedrige als hohe Einkommen. Wir quadrieren diese Werte, damit wir ein absolutes Maß der wirt-

völkerung.[12] Schließlich nutzten wir neben diesen vom BBSR zur Verfügung gestellten Daten mit (11) dem Anteil an leerstehenden Wohnungen einen Indikator aus dem Zensus 2022.

Tabelle 2: Lage- und Streuungsmaße der verwendeten Kontextfaktoren

Kontextfaktoren auf Kreisebene	Quelle (Jahr)	N	M	SD	Min	Max
Durchschnittliches Haushaltseinkommen in € je Einwohner	BBSR (2021)	400	2.013,03	194,38	1.490,75	3.124,67
Anteil der Arbeitslosen an den zivilen Erwerbspersonen in %	BBSR (2021)	400	5,23	2,18	1,87	14,80
Anteil der Schulabgänger mit Hochschulreife an den Schulabgängern in %	BBSR (2022)	400	31,20	8,93	0,00[a]	59,83
Bruttoinlandsprodukt in 1.000 € je Einwohner	BBSR (2021)	400	40,30	16,72	17,56	158,68
Fünf-Jahres-Entwicklung des Bruttoinlandsprodukts in 1.000 € je Einwohner (2021 minus 2016)	BBSR (2021/ 2016)	400	4,77	3,52	-18,97	49,98
Index der einwohnergewichteten Luftliniendistanz zu Apotheke, Bushaltestelle, Supermarkt und Grundschule	BBSR (2020/ 2021[b])	400	1.130,24	558,88	337,38	4,197,12
Anteil der Frauen an den Einwohnern von 20 bis unter 40 Jahren in %	BBSR (2021)	400	47,97	1,25	42,86	52,47
Gesamtwanderungssaldo je 1.000 Einwohner (Zuzug minus Fortzug)	BBSR (2021)	400	17,67	4,74	4,68	40,40

schaftlichen Ungleichheit vorliegen haben. In den Modellen haben wir die Richtung dieser Ungleichheit über eine binäre, sog. Dummy-Variable kontrolliert.

12 Da wir rechtsextreme Einstellungen über Kontextfaktoren erklären wollen, überprüfen wir die sogenannte Kontakthypothese (Allport, 1954; Pettigrew & Tropp, 2006) anhand der tatsächlichen Zahl an Schutzsuchenden in der Lebensumgebung. Die Kontakthypothese geht davon aus, dass Vorurteile durch den Kontakt mit als fremd wahrgenommenen Personen reduziert werden können. Die Anzahl der Schutzsuchenden würde dann als Gelegenheitsstruktur zur Interaktion mit ebendiesen fungieren.

Kontextfaktoren auf Kreisebene	Quelle (Jahr)	N	M	SD	Min	Max
Absolute wirtschaftliche Ungleichheit (Anteil hohe Einkommen minus Anteil niedrige Einkommen zum Quadrat)	BBSR (2021)	399	117,17	177,33	0,00	1.958,06
Anteil Schutzsuchender an Bevölkerung in %	BBSR (2021)	393	3,48	1,68	1,31	23,59
Anteil an leerstehenden Wohnungen im Kreis[c]	Zensus (2022)	400	5,07	2,16	2,00	15,00
Wahlbeteiligung in % (BTW 2021)	BBSR (2021)	400	76,26	4,16	63,40	85,50
AfD-Zweitstimmenanteil in % (BTW 2021)	BBSR (2021)	400	11,37	5,93	2,87	32,53

[a] Der Wert »0« ist u. a. mit dem Landkreis Bamberg zu erklären: Er unterhält kein eigenes Gymnasium, sondern ist zusammen mit der Stadt Bamberg verantwortlich für die im zentralen Ort Bamberg liegenden Gymnasien (https://www.landkreis-bamberg.de/Leben/Bildung/Schulen/Gymnasien/).

[b] Die einwohnergewichtete Luftliniendistanz zur nächsten Haltestelle ist aus dem Jahr 2020, die restlichen Indikatoren des Index stammen aus dem Jahr 2021.

[c] Nicht berücksichtigt sind Ferien- und Freizeitwohnungen sowie gewerblich genutzte Wohnungen. Die Berechnung erfolgt für Wohnungen in Wohngebäuden (ohne Wohnheime). Diplomatenwohnungen und Wohnungen ausländischer Streitkräfte werden nicht separat erfasst und somit auch nicht aus der Berechnung der Leerstandsquote ausgeschlossen.

Wie Tabelle 2 zu entnehmen ist, existieren zwischen den Kreisen in Deutschland sehr starke Unterschiede: Das Durchschnittseinkommen variiert zwischen 1.490,75 € und 3.124,67 €, die Zahl der Arbeitslosen zwischen 1,87 und dem nahezu Zehnfachen von 14,80 pro 1.000 Erwerbspersonen usw. Noch einmal: Trotz dieser Unterschiede hat keiner der untersuchten Faktoren auf der Kreisebene einen Einfluss auf die Zustimmung zur rechtsextremen Einstellung der in diesen Kreisen Befragten, wenn die Individual- sowie weitere Kontextvariablen berücksichtigt werden. Die einzige Ausnahme bildet die Subdimensionen der Ausländerfeindlichkeit. Hier zeigt sich theoriekonform ein die Ausländerfeindlichkeit begünstigender Einfluss wirtschaftlicher Ungleichheit: Mit weiter steigender wirtschaftlicher Ungleichheit in Kreisen, in denen es anteilig mehr niedrige (< 1.500 €) als hohe (> 3.600 €) Einkommen gibt, nimmt auch die Ausländerfeindlichkeit unter den Befragten zu (siehe Grafik 3). Dieser Effekt steigender wirtschaftlicher Ungleichheit zeigt sich hingegen nicht, wenn es anteilig mehr hohe als niedrige Einkommen in einem Kreis gibt.

Grafik 3: Wirtschaftliche Ungleichheit und Ausländerfeindlichkeit

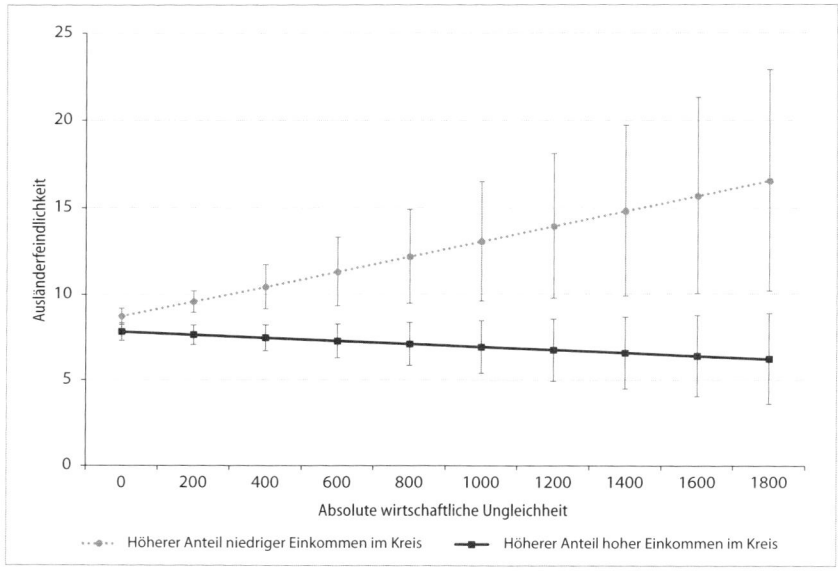

Absolute wirtschaftliche Ungleichheit entspricht der quadrierten Differenz zwischen dem Anteil der Haushalte mit hohem (> 3.600 €) und niedrigem (< 1.500 €) Einkommen.

Weiterführende, explorative Untersuchungen

Um die dennoch bestehende Varianz rechtsextremer Einstellungen weiter zu ergründen, haben wir explorativ noch die Wahlbeteiligung und den Zweitstimmenanteil der AfD bei der Bundestagswahl 2021 hinzugezogen. Auch diese Indikatoren der politischen Kultur konnten die Varianz nicht weiter erklären, lediglich das AfD-Ergebnis hängt ebenfalls erwartungsgemäß mit höherer Ausländerfeindlichkeit zusammen. Hier ist allerdings die kausale Richtung des Effekts fraglich. So ist es einerseits möglich, dass die AfD von der ohnehin höheren Ausländerfeindlichkeit in einem Kreis profitiert und daher höhere Wahlgewinne erzielt. Andererseits könnte es sein, dass durch die hohen Wahlergebnisse der AfD eine Stimmung gegen als nicht-deutsch konstruierte Menschen entsteht und die

Ausländerfeindlichkeit in der Folge ansteigt oder das bereits bestehende Ressentiment gegen vermeintlich Fremde vermehrt geäußert wird.

Fazit: Wahrgenommene Deprivation ausschlaggebend

Die soziale und wirtschaftliche Ungleichheit haben in den vergangenen Jahren und Jahrzehnten spürbar zugenommen. In der Fachliteratur wie in der öffentlichen Debatte werden objektive Deprivationsfaktoren (Arbeitslosigkeit, niedrige Einkommen usw.) immer wieder mit dem Anstieg rechtsextremer Einstellungen und auch der Wahl extrem rechter Parteien wie der AfD in Verbindung gebracht. Allerdings sind die tatsächlichen Befunde zumindest widersprüchlich – auch der genaue Wirkmechanismus ist damit unklar. In unseren Analysen zur rechtsextremen Einstellung stellen wir ebenfalls fest, dass es auf der individuellen Ebene weniger die objektiven Faktoren sind, die die Verbreitung rechtsextremer Einstellung erklären können. Arbeitslosigkeit sowie – für einzelne Subdimensionen – Bildung und Erwerbsklasse helfen zwar, die Verbreitung rechtsextremer Einstellungen aufzuklären, andere Faktoren – wie etwa das individuelle Haushaltseinkommen – wirken sich jedoch nicht spürbar aus. Viel stärker ist hingegen der Einfluss subjektiver Deprivationserfahrungen und dabei insbesondere das Gefühl, dass es Deutschland insgesamt wirtschaftlich schlecht gehen würde – bereits Adorno stellte fest, »daß Überzeugungen und Ideologien dann, wenn sie eigentlich durch die objektive Situation nicht mehr recht substantiell sind, ihr Dämonisches, ihr wahrhaft Zerstörerisches annehmen« (Adorno, 2019, S. 13). Das verweist direkt auf die Mobilisierungsstrategien extrem rechter Parteien und Organisationen, die beständig vom Untergang sprechen. Populisten und Faschisten »framen« (Kiess, 2019) und »performen« Krisen (Moffitt, 2014) geradezu, da sie die Krise brauchen, um sich als Retter (der Nation, des Abendlandes, des Volkes usw.) zu inszenieren (Weiss, 2017; Fielitz & Marcks, 2020; Kiess & Nattke, 2024).

Unsere Daten sprechen für einen substanziellen Anteil an (räumlicher) Streuung rechtsextremer Einstellungen auf der Ebene der Kreise und kreisfreien Städte und in simplifizierenden Modellen, die lediglich einzelne Kontextfaktoren berücksichtigen, finden wir auch signifikante Einzeleffekte. Faktoren auf der Kreisebene spielen für rechtsextreme Einstellungen also durchaus eine Rolle, jedoch ist ihre Wirkungsweise komplex, denn fast alle Effekte verschwinden, sobald andere relevante Faktoren auf der Individual- oder Kontextebene im Modell berücksichtigt werden. Wir müssen also davon ausgehen, dass hier dynamischere Wirkmechanismen, wie bspw. Interaktions- oder Mediationseffekte, greifen, die auch in unseren komplexeren Modellen nicht aufgedeckt werden können. Eine Ausnahme bildet lediglich die Subdimension der Ausländerfeindlichkeit, die durch eine höhere wirtschaftliche Ungleichheit auf Kreisebene begünstigt wird. Explorative Überlegungen zum Einfluss bestimmter (rechter) Raumkulturen konnten wir zunächst nicht bestätigen – auch hier zeigt sich lediglich ein Zusammenhang zwischen Ausländerfeindlichkeit und dem AfD-Zweitstimmenergebnis während den Bundestagswahlen 2021. Eventuell könnten längerfristig wirkende Elemente der politischen Kultur für politische Einstellungen relevant sein: In anderen Untersuchungen haben sich länger zurückliegende, hohe Ergebnisse der NPD (Richter & Bösch, 2017; Dilling et al., 2024b) oder noch früher der NSDAP (Cantoni et al., 2019) als gute Prädiktoren für heutige Wahlergebnisse der AfD erwiesen. In der vorliegenden Untersuchung müssen wir diese Frage offenlassen.

Unsere Ergebnisse heben den Einfluss individueller Deprivationserfahrungen und insbesondere des (sadomasochistischen) Autoritarismus hervor. Das bedeutet aber gerade nicht, dass Rechtsextremismus zu einem vorrangig individuellen Phänomen verklärt werden könnte: Gerade für den (sadomasochistischen) Autoritarismus, dessen großen Einfluss wir auch hier wieder beobachten können, konnten wir in der Vergangenheit zeigen, dass räumliche Faktoren eine Art Gelegenheitsfenster für vorhandenes autoritäres Potenzial bieten (Heller et al., 2020; Dilling et al., 2024a). Der Einfluss der Lebensumgebung auf rechtsextreme Einstellungen – sei es sozialräumliche Deprivation und Ungleichheit – ist womöglich grundsätzlich eher indirekter Natur. So konnten auch Russo et al. (2020) zeigen, dass sich der Einfluss objektiver Bedrohungssituationen auf die individuelle Zustimmung zu autoritären Systemen indirekt vermittelte – über die subjektive Bedrohungswahrnehmung. Auch dynamischere Interaktionen zwischen den verschiedenen Kontexteffekten sowie zwischen Kontext- und Individualvariablen sind möglich. Dafür spricht, dass wir in einfachen Modellen mit einzelnen Kontextvariablen Effekte ausmachen können, diese jedoch in komplexeren Modellen durch die Effekte anderer Variablen überlagert werden.

Ferner ist durchaus denkbar, dass wir nicht alle relevanten Indikatoren sozialer Ungleichheit und regionaler Deprivation in unser Modell aufnehmen konnten. Diese könnten als eigenständige Faktoren oder aber in Interaktion mit den bereits berücksichtigten Variablen eine Rolle spielen. Insbesondere konnten wir keine Variable zum Wohlstand, in Form von Wohneigentum oder Vermögen, aufnehmen und auch zivilgesellschaftliche Strukturen, wie beispielsweise die Anzahl von Vereinen und Sportverbänden, blieben unberücksichtigt. Auch Fragen der demokratischen Öffentlichkeit – gibt es (noch) eine regionale Zeitung, welche Parteien dominieren – konnten wir nicht berücksichtigen. Diese Faktoren könnten als Indikatoren der Partizipationsmöglichkeiten verschiedene Dimensionen des Deprivationserleben mindern und (politische) Selbstwirksamkeitserfahrung erhöhen.

Eine weitere Einschränkung stellt womöglich die Analyseebene der Kreise und kreisfreien Städte dar – schließlich handelt es sich hierbei um relativ große und heterogene Sozialräume. Stadtteilanalysen legen nahe (Geilen & Mullis, 2021), dass insbesondere auch der Unterschied zwischen Zentrum und Peripherie sowie kleinräumige, lokale Strukturen bzw. das Fehlen derselben von der extremen Rechten für die Mobilisierung genutzt werden können. Für die Ausländer- bzw. Fremdenfeindlichkeit variieren die Ergebnisse je nach Analyseebene (also bspw. Nachbarschafts-, Kreis- oder Länderebene; Pottie-Sherman & Wilkes, 2017). Für die Folgeforschung empfehlen wir daher Analysen auf der Gemeinde- oder auch auf Stadtteil- bzw. Postleitzahlbereichsebene. Dazu bräuchte es aber entsprechende Befragungen etwa für einzelne Großstädte oder Regionen.

Insgesamt ist es bemerkenswert, dass insbesondere die Subdimension der Ausländerfeindlichkeit stärker direkt mit regionalen Indikatoren in Verbindung steht. Hervorzuheben ist hier nicht nur die soziale Ungleichheit, die in Kreisen, die anteilig mehr niedrige als hohe Einkommen aufweisen, mit höherer Ausländerfeindlichkeit einhergeht. Ferner steht sie auch als einzige Subdimension mit den AfD-Wahlerfolgen in Verbindung. Ausländerfeindlichkeit ist die am weitesten verbreitete Facette des Rechtsextremismus. In der Vergangenheit haben wir sie – zusammen mit dem Chauvinismus – als »Einstiegsdroge« in den Rechtsextremismus bezeichnet. Es ist also durchaus naheliegend, dass gerade Regionen, die stärker von sozialer Ungleichheit betroffen sind, auch anfälliger für extrem rechte Mobilisierung sind: Gerade ausländerfeindliche Narrative, wie sie nicht nur die AfD verbreitet, suggerieren häufig, dass Schutzbedürftige sowie Migrantinnen und Migranten sozialstaatliche Leistungen auf Kosten der einheimischen ärmeren Bevölkerung beziehen. Als Feindbild können sie damit für die Ungleichheit und wahrgenommene Deprivation verantwortlich gemacht werden. An dieser Stelle ist unsere Analyse auch zurückzubinden an die Forschung zu Wahlergebnissen und Kontextvariablen. Denn für die Wahlergebnisse extrem rechter Parteien wie der AfD sind Kontextfaktoren der einschlägigen Forschung nach relevant, für die Verbreitung rechtsextremer Einstellung ist der Zusammenhang jedoch offenbar komplexer. Eventuell können extrem rechte Parteien also rechte Einstellungen unter »günstigen« sozialräumlichen Bedingungen besser mobilisieren, obwohl die Einstellungen selbst nicht direkt mit diesen Bedingungen zusammenhängen.

Literatur

Abou-Chadi, T., Mitteregger, R. & Mudde, C. (2021). *Verlassen von der Arbeiterklasse Die elektorale Krise der Sozialdemokratie und der Aufstieg der radikalen Rechten.* Berlin: Friedrich-Ebert-Stiftung.

Abts, K. & Rogenhofer, J. M. (2024). Three-Pronged Resentment: How Status Insecurity, Relative Deprivation, and Powerlessness Mediate Between Social Positions and Populist Attitudes. *American Behavioral Scientist.* https://doi.org/10.1177/00027642241240362

Adorno, T. W. (2019). *Aspekte des neuen Rechtsradikalismus. Ein Vortrag.* Berlin: Suhrkamp

Albers, T. N. H., Bartels, C. & Schularick, M. (2020). *The Distribution of Wealth in Germany, 1895–2018* (ECONtribute Policy Brief 1). ECONtribute.

Allport, G. W. (1954). The Nature of Prejudice. Boston: Addison-Wesley.

Alvaredo, F., Chancel, L., Piketty, T., Saez, E. & Zucman, G. (2017). *World Inequality Report.* World Inequality Lab. http://wir2018.wid.world/files/download/wir2018-full-report-english.pdf (13.09.2024).

Atkinson, A. B. & Piketty, T. (2007). *Top incomes over the twentieth century: A contrast between continental european and english-speaking countries.* Oxford: Oxford University Press.

Atkinson, A. B. & Piketty, T. (Hrsg.) (2010). *Top incomes: A global perspective.* Oxford: Oxford University Press.

Baresel, K., Eulitz, H., Fachinger, U., Grabka, M. M., Halbmeier, C., Künemund, H., Lozano Alcántara, A. & Vogel, C. (2021). Hälfte aller Erbschaften und Schenkungen geht an die reichsten zehn Prozent aller Begünstigten. *DIW Wochenbericht.* https://doi.org/10.18723/DIW_WB:2021-5-1

Best, H. & Salheiser, A. (2022). Regionale und individuelle Einflussfaktoren auf den Rechtspopulismus: Eine Analyse auf der Basis des »Thüringen-Monitors«. In H. U. Brinkmann & K.-H. Reuband (Hrsg.), *Rechtspopulismus in Deutschland* (S. 335–367). Wiesbaden: Springer VS. https://doi.org/10.1007/978-3-658-33787-2_13

Bourdieu, P. (1987). *Die feinen Unterschiede: Kritik der gesellschaftlichen Urteilskraft.* Frankfurt a. M.: Suhrkamp.

Bovens, M. & Wille, A. (2017). *Education as a Cleavage*. Oxford: Oxford University Press. https://doi.org/10.1093/oso/9780198790631.003.0004

Brachert, M., Holtmann, E. & Jaeck, T. (2020). *Einflüsse des Lebensumfelds auf politische Einstellungen und Wahlverhalten. Eine vergleichende Analyse der Landtagswahlen 2019 in drei ostdeutschen Bundesländern.* Berlin: Friedrich-Ebert-Stiftung, Forum Berlin.

Brülle, J. & Spannagel, D. (2023). *Einkommensungleichheit als Gefahr für die Demokratie* (WSI Report 90). Düsseldorf: WSI.

Cantoni, D., Hagemeister, F. & Westcott, M. (2019). *Persistence and Activation of Right-Wing Political Ideology* (Discussion Paper Rationality & Competition 143). Collaborative Research Center Transregio 190. https://rationality-and-competition.de/wp-content/uploads/discussion_paper/143.pdf (13.09.2024).

Chancel, L., Piketty, T., Saez, E. & Zucman, G. (2022). *Bericht zu weltweiten Ungleichheit 2022.* World Inequality Lab.

Charalampakis, E., Fagandini, B., Henkel, L. & Osbat, C. (2022). *The impact of the recent rise in inflation on low-income households* (ECB Economic Bulletin 7). ECB.

Cremaschi, S., Rettl, P., Cappelluti, M. & De Vries, C. E. (2024). *Geographies of Discontent: Public Service Deprivation and the Rise of the Far Right in Italy* (Working Paper 24-024). Harvard: Harvard Business School.

Dauderstädt, M. (2023). *Ungleichheit in Europa. Die Folgen von Pandemie und Krieg.* Berlin: Friedrich-Ebert-Stiftung.

Decker, O. (2015). Narzisstische Plombe und sekundärer Autoritarismus. In O. Decker, J. Kiess & E. Brähler (Hrsg.), *Rechtsextremismus der Mitte und sekundärer Autoritarismus* (S. 21–34). Gießen: Psychosozial.

Decker, O. & Kiess, J. (2013). Moderne Zeiten. In O. Decker, J. Kiess & E. Brähler (Hrsg.), *Rechtsextremismus der Mitte. Eine sozialpsychologische Gegenwartsdiagnose* (S. 13–64). Gießen: Psychosozial.

Decker, O., Kiess, J. & Brähler, E. (Hrsg.). (2015). *Rechtsextremismus der Mitte und sekundärer Autoritarismus.* Gießen: Psychosozial.

Decker, O., Kiess, J. & Brähler, E. (2023). *Autoritäre Dynamiken und die Unzufriedenheit mit der Demokratie. Die rechtsextreme Einstellung in den ostdeutschen Bundesländern* (EFBI Policy Paper 2023-2). Leipzig: Else-Frenkel-Brunswik-Institut.

Decker, O., Rothe, K., Weissmann, M., Kiess, J. & Brähler, E. (2013). Economic Prosperity as »Narcissistic Filling«: A Missing Link Between Political Attitudes and Right-wing Authoritarianism. *International Journal of Conflict and Violence, 7*(1), 135–149.

Decker, O., Weissmann, M., Kiess, J. & Brähler, E. (2010). *Die Mitte in der Krise: Rechtsextreme Einstellungen in Deutschland 2010.* Berlin: Friedrich-Ebert-Stiftung, Forum Berlin.

Diermeier, M. (2020). Ist mehr besser? Politische Implikationen der disparaten Daseinsvorsorge in Deutschland. *Zeitschrift für Politikwissenschaft, 30*(4), 539–568.

Dijkstra, L., Poelman, H. & Rodríguez-Pose, A. (2020). The geography of EU discontent. *Regional Studies, 54*(6), 737–753. https://doi.org/10.1080/00343404.2019.1654603

Dilling, M., Heller, A., Kiess, J. & Brähler, E. (2024a). Putting authoritarianism in context: A multilevel analysis of regional effects on individual expressions of right-wing authoritarianism, conspiracy mentality and superstition. In A. Heller & P. Schmidt (Hrsg.), *Thirty Years After the Berlin Wall: German Unification and Transformation Research* (S. 179–202). New York/London: Routledge.

Dilling, M., Kiess, J., Feuerer, A. & Riese, D. (2024b). *Die Europawahl 2024 in Sachsen im Kontext der Sozial-, Wirtschafts- und Infrastruktur auf Gemeindeebene* (EFBI Policy Paper 2024-3). Leipzig: Else-Frenkel-Brunswik-Institut.

Dörre, K. (2021). *Die demobilisierte Klassengesellschaft Begriffe, Theorie, Analysen, Politik*. Frankfurt a. M.: Campus.

Dullien, S. & Tober, S. (2023). *IMK Inflationsmonitor. Inflationsunterschiede zwischen Haushalten im April 2023 deutlich geringer, Haushaltsenergie verteuert sich weiterhin am stärksten* (IMK Policy Brief 150). Düsseldorf: IMK.

Eichhorst, W. & Rinne, U. (2023). *Verteilungswirkungen der aktuellen Preisniveausteigerungen* (IZA Research Report 140). Insitute for the Study of Labor (IZA).

Elsässer, L. (2018). *Wessen Stimme zählt? Soziale und politische Ungleichheit in Deutschland*. Frankfurt a.M.: Campus.

Elsässer, L., Hense, S. & Schäfer, A. (2017). »Dem Deutschen Volke«? Die ungleiche Responsivität des Bundestags. *Zeitschrift für Politikwissenschaft, 27*(2), 161–180. https://doi.org/10.1007/s41358-017-0097-9

Engler, S. & Weisstanner, D. (2021). The threat of social decline: Income inequality and radical right support. *Journal of European Public Policy, 28*(2), 153–173. https://doi.org/10.1080/13501763.2020.1733636

Fielitz, M. & Marcks, H. (2020). *Digitaler Faschismus: Die sozialen Medien als Motor des Rechtsextremismus*. Berlin: Dudenverlag.

Franz, C., Fratzscher, M. & Kritikos, A. S. (2018). AfD in dünn besiedelten Räumen mit Überalterungsproblemen stärker. *DIW Wochenbericht, 2018*(8), 135–145.

Fuchs, M. (2003). Rechtsextremismus von Jugendlichen: Zur Erklärungskraft verschiedener theoretischer Konzepte. *KZfSS – Kölner Zeitschrift für Soziologie und Sozialpsychologie, 55*(4), 654–678. https://doi.org/10.1007/s11577-003-0116-3

Gabriel, R. D., Klein, M. & Pessoa, A. S. (2022). The Political Costs of Austerity. *SSRN Electronic Journal*. https://doi.org/10.2139/ssrn.4160971

Geilen, J. L. & Mullis, D. (2021). Polarisierte Städte: Die AfD im urbanen Kontext. Eine Analyse von Wahl- und Sozialdaten in sechzehn deutschen Städten. *Geographica Helvetica, 76*(2), 129–141. https://doi.org/10.5194/gh-76-129-2021

Giebler, H. & Regel, S. (2017). *Wer wählt rechtspopulistisch? Geografische und individuelle Erklärungsfaktoren bei sieben Landtagswahlen*. Berlin: Friedrich-Ebert-Stiftung.

Götz, N. (1997). Modernisierungsverlierer oder Gegner der reflexiven Moderne? Rechtsextreme Einstellungen in Berlin. *Zeitschrift Für Soziologie, 26*(6), 393–413. https://doi.org/10.1515/zfsoz-1997-0601

Green, A., Preston, J. & Janmaat, J. G. (2007). *Education, equality and social cohesion: A comparative analysis*. Basingstoke: Palgrave Macmillan.

Heller, A., Dilling, M., Kiess, J. & Brähler, E. (2022). Autoritarismus im sozioökonomischen Kontext. Eine Mehrebenenanalyse zur regionalen Verteilung autoritärer Einstellungen in Deutschland. In O. Decker, A. Heller, J. Kiess & E. Brähler (Hrsg.), *Autoritäre Dynamiken in unsicheren Zeiten: Neue Herausforderungen – Alte Reaktionen? / Leipziger Autoritarismus Studie 2022* (S. 161–184). Gießen: Psychosozial.

Hübscher, E., Sattler, T. & Wagner, M. (2023). Does Austerity Cause Polarization? *British Journal of Political Science, 53*(4), 1170–1188. https://doi.org/10.1017/S0007123422000734

Jahoda, M., Lazarsfeld, P. F. & Zeisel, H. (1933). *Die Arbeitslosen von Marienthal. Ein soziografischer Versuch*. Leipzig: Hirzel.

Kiess, J. (2019). *Die soziale Konstruktion der Krise: Wandel der deutschen Sozialpartnerschaft aus der Framing-Perspektive*. Weinheim: Beltz Juventa.

Kiess, J. (2021a). Class Against Democracy? Family Background, Education, and (Youth) Political Participation in Germany. In M. Giugni & M. Grasso (Hrsg.), *Youth and politics in times of increasing inequalities* (S. 29–56). Basingstoke: Palgrave Macmillan.

Kiess, J. (2022). Learning by doing: The impact of experiencing democracy in education on political trust and participation. *Politics*, *42*(1), 75–94. https://doi.org/10.1177/02633957 21990287

Kiess, J., Brähler, E., Schmutzer, G. & Decker, O. (2017). Euroscepticism and Right-wing Extremist Attitudes in Germany: A Result of the »Dialectic Nature of Progress«? *German Politics*, *26*(2), 235–254. https://doi.org/10.1080/09644008.2016.1226810

Kiess, J. & Nattke, M. (2024). *Widerstand über alles: Wie die Freien Sachsen die extreme Rechte mobilisieren*. Leipzig: edition überland.

Kiess, J., Preunkert, J., Seeliger, M. & Steg, J. (2023). *Krisen und Soziologie*. Weinheim: Beltz Juventa.

Kiess, J. & Schmidt, A. (2020). Beteiligung, Solidarität und Anerkennung in der Arbeitswelt: Industrial citizenship zur Stärkung der Demokratie. In O. Decker & E. Brähler (Hrsg.), *Autoritäre Dynamiken: Alte Ressentiments – Neue Radikalität: Leipziger Autoritarismus Studie 2020* (S. 119–147). Gießen: Psychosozial.

Kiess, J., Schmidt, A. & Bose, S. (2022a). Konfliktwahrnehmungsmuster der abhängig Beschäftigten in Deutschland. In O. Decker, A. Heller, J. Kiess & E. Brähler (Hrsg.), *Autoritäre Dynamiken in unsicheren Zeiten. Neue Herausforderungen – Alte Reaktionen? Leipziger Autoritarismus Studie 2022* (S. 271–301). Gießen: Psychosozial.

Kiess, J., Schuler, J., Decker, O. & Brähler, E. (2022b). Comeback des Autoritarismus-Konzepts: Autoritäres Syndrom und autoritäre Dynamik zur Erklärung rechtsextremer Einstellung. In *Wissen schafft Demokratie. Schwerpunkt: Ursachen von Ungleichwertigkeitsideologien und Rechtsextremismus* (Vol. 10, S. 14–25). Jena: Amadeu Antonio Stiftung. https://doi.org/10.19222/202210/02

Kuhn, T., Elsas, E. van, Hakhverdian, A. & Brug, W. van der. (2016). An ever wider gap in an ever closer union: Rising inequalities and euroscepticism in 12 West European democracies, 1975–2009. *Socio-Economic Review*, *14*(1), 27–45. https://doi.org/10.1093/ser/mwu034

Lazarsfeld, P. F., Berelson, B. & Gaudet-Erskine, H. (1944). *The people's choice: How the voter makes up his mind in a presidential campaign*. New York: Duell, Sloan and Pearce.

Levitz, E. (2022). How the Diploma Divide Is Remaking American Politics. Education is at the heart of this country's many divisions. *New York Magazine*, 19.10.2022. https://nymag.com/intelligencer/2022/10/education-polarization-diploma-divide-democratic-party-working-class.html (13.09.2024).

Mau, S., Lux, T. & Westheuser, L. (2023). *Triggerpunkte: Konsens und Konflikt in der Gegenwartsgesellschaft*. Frankfurt a. M.: Suhrkamp.

Meisner, M. (2019). Abwanderung führt zu Protestwahl: Wer zurückbleibt, wählt oftmals die AfD. *Der Tagesspiegel*, 30.08.2019. https://www.tagesspiegel.de/politik/werzuruckbleibt-wahltoftmals dieafd5559400.html (13.09.2024).

Moffitt, B. (2014). How to Perform Crisis: A Model for Understanding the Key Role of Crisis in Contemporary Populism. *Government and Opposition*, *FirstView*, 1–29. https://doi.org/10.1017/gov.2014.13

Nyholt, N. (2024). Left behind: Voters' reactions to local school and hospital closures. *European Journal of Political Research*, *63*(3), 884–905.

Oesch, D. (2006). Coming to Grips with a Changing Class Structure: An Analysis of Employment Stratification in Britain, Germany, Sweden and Switzerland. *International Sociology*, *21*(2), 263–288. https://doi.org/10.1177/0268580906061379

Oesch, D. & Rennwald, L. (2018). Electoral competition in Europe's new tripolar political space: Class voting for the left, centre-right and radical right. *European Journal of Political Research*, *57*(4), 783–807.

Offe, C. (1977). Leistungsprinzip und industrielle Arbeit. In G. Hartfiel (Hrsg.), *Das Leistungsprinzip* (S. 102–118). Opladen: Leske und Budrich. https://doi.org/10.1007/978-3-322-8526 2-5_7

Pettigrew, T. F. & Tropp, L. R. (2006). A meta-analytic test of intergroup contact theory. *Journal of Personality and Social Psychology*, 90(5), 751–783. https://doi.org/10.1037/0022-3514.90. 5.751

Pickel, G., Pickel, S. & Yendell, A. (2020). Zersetzungspotenziale einer demokratischen politischen Kultur. In O. Decker & E. Brähler (Hrsg.), *Autoritäre Dynamiken. Alte Ressentiments – Neue Radikalität. Leipziger Autoritarismus Studie 2020* (S. 89–118). Gießen: Psychosozial.

Piketty, T. (2015a). About Capital in the Twenty-First Century. *American Economic Review*, 105(5), 48–53. https://doi.org/10.1257/aer.p20151060

Piketty, T. (2015b). *Das Kapital im 21. Jahrhundert*. München: C. H. Beck.

Pottie-Sherman, Y. & Wilkes, R. (2017). Does Size Really Matter? On the Relationship between Immigrant Group Size and Anti-Immigrant Prejudice. *International Migration Review*, 51(1), 218–250. https://doi.org/10.1111/imre.12191

Richter, C. & Bösch, L. (2017). *Demokratieferne Räume? Wahlkreisanalyse zur Bundestagswahl 2017.* Institut für Demokratie und Zivilgesellschaft. https://www.amadeu-antonio-stiftung. de/w/files/pdfs/studie_afd_wahlkreisanalyse_btw17.pdf (13.09.2024).

Rippl, S. & Baier, D. (2005). Das Deprivationskonzept in der Rechtsextremismusforschung. *KZfSS – Kölner Zeitschrift für Soziologie und Sozialpsychologie*, 57(4), 644–666. https://doi. org/10.1007/s11577-005-0219-0

Rippl, S. & Seipel, C. (2018). Modernisierungsverlierer, Cultural Backlash, Postdemokratie: Was erklärt rechtspopulistische Orientierungen? *KZfSS – Kölner Zeitschrift für Soziologie und Sozialpsychologie*, 70(2), 237–254. https://doi.org/10.1007/s11577-018-0522-1

Robertson, S. L. & Nestore, M. (2022). Education cleavages, or market society and the rise of authoritarian populism? *Globalisation, Societies and Education*, 20(2), 110–123. https://doi. org/10.1080/14767724.2021.1955662

Russo, S., Roccato, M. & Merlone, U. (2020). Actual Threat, Perceived Threat, and Authoritarianism: An Experimental Study. *The Spanish Journal of Psychology*, 23, e3. doi:10.1017/SJP.2020.7

Salomo, K. (2019). The residential context as source of deprivation: Impacts on the local political culture. Evidence from the East German state Thuringia. *Political Geography*, 69, 103–117. https://doi.org/10.1016/j.polgeo.2018.07.001

Schäfer, A. (2014). *Der Verlust politischer Gleichheit. Warum sinkende Wahlbeteiligung der Demokratie schadet*. Frankfurt a. M.: Campus.

Simmel, G. (1890). *Über soziale Differenzierung. Soziologische und psychologische Untersuchungen*. Berlin: Duncker & Humblot.

Spier, T. (2010). *Modernisierungsverlierer? Die Wählerschaft rechtspopulistischer Parteien in Westeuropa*. Wiesbaden: VS Verlag.

Stiglitz, J. E. (2013). *The price of inequality*. New York: W. W. Norton & Company.

Traber, D., Hänni, M., Giger, N. & Breunig, C. (2022). Social status, political priorities and unequal representation. *European Journal of Political Research*, 61(2), 351–373. https://doi.org/10. 1111/1475-6765.12456

Trump, K. (2023). Income inequality is unrelated to perceived inequality and support for redistribution. *Social Science Quarterly*, 104(2), 180–188. https://doi.org/10.1111/ssqu.13269

Wagner, A. (2024). *Eine Frage der Klasse? Analyse des Parteienwettbewerbs nach Berufsklassen und politischen Präferenzen* (FES Diskurs Juni 2024). Berlin: Friedrich-Ebert-Stiftung.

Weiss, V. (2017). *Die autoritäre Revolte: Die Neue Rechte und der Untergang des Abendlandes*. Stuttgart: Klett-Cotta.

Yoxon, B., Hauwaert, S. M. V. & Kiess, J. (2019). Picking on immigrants: A cross-national analysis of individual-level relative deprivation and authoritarianism as predictors of anti-foreign prejudice. *Acta Politica, 54*(3), 479–520. https://doi.org/10.1057/s41269-017-0067-8

Zoch, G., Bächmann, A. & Vicari, B. (2022). Reduced well-being during the COVID-19 pandemic – The role of working conditions. *Gender, Work & Organization, 29*(6), 1969–1990. https://doi.org/10.1111/gwao.12777

Zoch, G., Bächmann, A.-C. & Vicari, B. (2021). Who cares when care closes? Care-arrangements and parental working conditions during the COVID-19 pandemic in Germany. *European Societies, 23*(sup1), 576–588. https://doi.org/10.1080/14616696.2020.1832700

4. Antisemitismus als individuelles Ressentiment und gesellschaftliches Sediment – empirische Befunde

Oliver Decker, Johannes Kiess & Elmar Brähler

Seit Beginn unserer Studienreihe im Jahr 2002 untersuchen wir die Verbreitung antisemitischer Ressentiments in Deutschland. Hierbei berücksichtigen wir seit 2012 neben dem tradierten Antisemitismus auch den Schuldabwehr- und den israelbezogenen Antisemitismus (Kiess et al., 2020). Unter dem Eindruck des terroristischen Angriffs auf Israel am 7. Oktober 2023 haben wir uns entschieden, unsere Erhebung in diesem Jahr um zwei weitere Dimensionen – den postkolonialen Antisemitismus und den antisemitischen Antizionismus – zu erweitern. Mit diesen zusätzlichen Dimensionen fokussieren wir uns auf Äußerungsformen des Antisemitismus, die insbesondere in linken Bewegungen verbreitet sind (Decker et al., 2024). Hintergrund unserer Entscheidung ist die oft ausdrückliche, manchmal auch implizite Parteinahme in der internationalen, aber ebenso in der bundesdeutschen Linken für die klerikal-faschistische Hamas bereits unmittelbar nach deren pogromartigen Massaker am 7. Oktober (Decker & Reimer-Gordinskaya, 2024).

Fremdes, Eigenes und Nicht-Identisches

Die sozialwissenschaftliche Beschäftigung mit dem Antisemitismus war von Anfang an nicht bloße Forschung zu einem Ressentiment unter vielen (Horkheimer & Adorno, 1944; Adorno, 1947). Über das individuelle Ressentiment sollte vielmehr ein wesentlicher Zugang zur Gesellschaft selbst ermöglicht werden. Ressentiments und damit auch der Antisemitismus sind, so unsere Annahme, Ausdruck der in der Gesellschaft herrschenden Widersprüche und auf die Individuen wirkenden Kräfte (Decker, 2018). Dabei geht es uns nicht um Fragen der Individualpsychologie (Adorno, 1947, S. 25), denn spätestens wenn, wie im Antisemitismus, nicht nur einzelne Menschen ihre Realitätswahrnehmung verzerren, sondern die Projektion zum Massenphänomen wird, ist der gesellschaftliche Anteil nicht mehr zu übersehen. Entsprechend stehen nicht individuelle Verhaltensweisen, sondern gesellschaftliche Verhältnisse im Fokus unserer Forschung.

Empirisch untersuchen lässt sich die Gesellschaft wiederum über ihre Mitglieder und deren Ressentiments. Richten sich diese gegen Migranten, weil sie »das Glück ohne Arbeit« zu haben scheinen, oder gegen Sinti und Roma, weil sie »kriminell« seien und die gesellschaftlichen Regeln nicht einhalten würden (siehe Kap. 2), dann äußert sich im Ressentiment vornehmlich Eigenes. Die Psychoanalyse spricht in diesem Fall von abgewehrten Wünschen, die weder mit dem eigenen Selbstbild in Deckung gebracht werden können noch mit den gesellschaftlichen Normen. Aber das, was abgewehrt wurde, ist nicht einfach verschwunden, es kehrt in den Ressentiments als Projektion wieder: In den Fantasien über Fremde, von ihrer sexuellen Freiheit und ihrem unbeschwerten Leben, von kostenlosen Einbauküchen, staatlich bezahlten Übernachtungen in Luxushotels oder maßlosem Drogenkonsum (Decker et al., 2008), kann den eigenen Wünschen Raum gegeben werden.

Was dem Einzelnen als »eigen« und was als »fremd« erscheint, ist keine bewusste, oftmals nicht einmal eine individuelle Entscheidung. Welche Wünsche abgewehrt und dann projiziert werden müssen, darüber entscheiden gesellschaftliche Konventionen. Mit ihnen setzt sich nicht nur in der Gegenwart das Interesse des Allgemeinen, der Gesellschaft, auf Kosten des Besonderen, der in ihr lebenden Menschen, durch. Seit jeher hat die Gesellschaft die Möglichkeit, jenes »stahlharte Gehäuse der Hörigkeit« zu errichten, wie Max Weber es nannte (Weber, 1904/1905, S. 203). Auch wenn dieser Mechanismus auf einem Ausschluss derjenigen basiert, die die Konventionen scheinbar nicht erfüllen, droht selbigen in Folge die Inklusion: Wer aus der Gemeinschaft psychisch ausschlossen wird, kann von der Gesellschaft erst recht vollumfänglich erfasst werden. Wer z. B. als Arbeitsloser aus der Arbeitswelt ausgeschlossen ist, der ist dem Zugriff der staatlichen Instanzen zur Kontrolle viel deutlicher und unmittelbarer unterworfen. Diese Drohung schwebt über allen (Luhmann, 1994; Decker et al., 2013). Nicht dazuzugehören, ist daher nicht erst in dem Moment, in dem die Gewalt zur Anwendung kommt, eine reale Gefahr.

Wie sehr die Menschen Gruppenbildung brauchen und wie dringend der Wunsch nach Identifikation ist, offenbart die reale Hilflosigkeit der Einzelnen im gesellschaftlichen Betrieb (vgl. Adorno, 1963, S. 385). Ihre Ressentiments eröffnen so der sozialwissenschaftlichen Forschung das Verständnis über den in der Gesellschaft bestehenden Anpassungsdruck und die gesellschaftlichen Widersprüche. Wenn eine Gesellschaft, so wie es bei unserer seit mehr als zwei Dekaden der Fall ist, geprägt ist von einer Konjunktur »kollektiver Identitäten« (Niethammer, 2000), einer »Feier von Identität und Grenze« (Piketty, 2020, S. 1186) und der autoritären Rekonstruktion von Zugehörigkeit (Sennett, 1998), dann mündet diese zum Teil freiwillig vollzogene Unterwerfung unter die Gemeinschaft im Ressentiment auf »Andere«. Es ist jener Groll, der sich nicht im Hass auf die Umstände entlädt, die einen zur Identifikation und Unterwerfung führten, sondern auf Menschen, die nicht dazu gehören. Sie werden aus der Gemeinschaft heraus so schwach gemacht, wie man sich selbst erleben musste.

Der Antisemitismus hat als »Ressentiment der beherrschten Subjekte der Naturbeherrschung« (Horkheimer & Adorno, 1944, S. 238) seit der Moderne eine besondere Funktion in dieser Psychodynamik der Gesellschaft. Sein Auftreten zeigt mehr an als die Projektion von Eigenem auf »Fremde«. Wenn Theodor W. Adorno vom Antisemitismus als »Gerücht über die Juden« spricht (Adorno, 1954, S. 200), dann ist zwar auch eine projektive Aufladung gemeint, aber Juden sind nicht allein Träger von verpönten Wünschen, die abgewehrt werden. Vielmehr tritt im antisemitischen Ressentiment auch die Ambivalenz von Identität überhaupt zutage. Während es im Ressentiment gegenüber Migranten, Sinti und Roma oder Muslimen darum geht, die eigene Gruppenidentität zu sichern und sich für die Versagungen an den Schwächeren schadlos zu halten, dreht es sich beim antisemitischen Ressentiment um die Erfahrung von Widersprüchlichkeit, von Uneindeutigkeit und damit der Fragilität der mühsam aufrechterhaltenen Identität. Ambivalenzen, Uneindeutigkeiten, die Kontingenz von Körper und Sexualität und verpönte Wünsche sind nicht nur eine Herausforderung für die Gesellschaft, sondern für viele Menschen Gründe für ein fundamental psychisches Bedrohungserleben. Die Schutzsuche in der Gruppenidentifikation ist nicht nur wegen der von außen kommenden sozialen Bedrohung so dringend. Der eigene Körper und die Widersprüchlichkeit der eigenen Wünsche machen das Individuum empfänglich für die sozialen Angebote zur Abwehr des Hilflosigkeitserlebens.

Was aber an eigenen Wünschen abgewehrt wurde, bleibt unbewusst hoch bedeutsam und wird dadurch für das Individuum und die Gesellschaft um so bedrohlicher (Becker-Schmidt, 2004; vgl. Kap. 1; Stender, 2013). Diese fundamentale Angst wiederum findet seinen Ausdruck im »Juden« als »Figur des ›Dritten‹« (Holz, 2000), als absolut Anderem. Aus der Projektion der Heimatlosigkeit, Machtlosigkeit und gleichzeitigen Übermacht rühren sowohl die Fantasie her, Juden seien gleichzeitig eine machtvolle und schwache Gruppe, als auch ihre Wahrnehmung nicht nur als fremd, sondern als grundsätzlich anders. Der Antisemitismus ist die Projektion auf »the Jew«, durch die dieser zum »invisible antagonist in every problem and in all fields« wird (Massing, 1939, S. 77). Nicht zuletzt entspringt die Fantasie über »den Juden« dem Wunsch nach Personifizierung der abstrakt gewordenen Herrschaft der Ökonomie, die ein wesentliches Merkmal unserer Gegenwart ist (vgl. Haury, 1992a, S. 128).

Wo eine Projektionsfläche gebraucht wird, geht es nicht um Erfahrung, es geht um das Bedürfnis desjenigen, der dem Wahnbild anhängt (Adorno, 1947, S. 57, 60). Die Erfahrungslosigkeit ist sogar das hervorstechendste Merkmal des antisemitischen Ressentiments. Mit Juden und ihrem Verhalten hat es nichts zu tun, mit der Not, die eigene Identität durch Gemeinschaft zu sichern, dafür um so mehr. Eine mögliche Abwehr der Not, das eigene Ich zusammenzuhalten, wird in der Antisemitismusforschung als Ambiguitätsintoleranz bezeichnet (Frenkel-Brunswik, 1949).[1] Sie kommt in modernen Gesellschaften zustande durch einen gesellschaftlichen Druck zum widerspruchsfreien, mit sich selbst und

---

[1] Frenkel-Brunswik entwickelte das Konzept der Ambiguitätstoleranz, in dem sie die Wahrnehmungspsychologie des Psychologen Erich Rudolph Jaensch gewissermaßen vom Kopf auf die Füße stellte (Benetka, 2020). Jaensch behauptete die Existenz von zwei Wahrnehmungstypen: Während der eine über »eine stabile und geordnete Auffassung der Welt« verfüge, stehe diesem ein »labile[r] Wahrnehmungstypus« gegenüber. Diesen »Gegentypus« sah Jaensch »vor allem – wenn auch nicht ausschließlich – in den Juden« verkörpert (ebd., S. 90f.). Frenkel-Brunswik erkannte in Jaenschs Psychologie den Ausdruck seiner Unfähigkeit, mit der Kontingenzerfahrung anders umzugehen, als sie antisemitisch zu grundieren.

den gesellschaftlichen Normen identischen Individuum. Was als Eigenes und Authentisches erscheint, ist durch Identifizierungswunsch und -druck in der Kindheit erworben worden. So bleibt dieses »Eigene« ambivalent: Was als eigener Wunsch erscheint, ist bereits gesellschaftlich bearbeitetes Bedürfnis.

Allerdings führt die Angst, ohne die Anpassung dem gesellschaftlichen Zugriff ausgeliefert zu sein, ausgerechnet zur Schutzsuche durch Unterordnung unter die sozialen Anforderungen. Der antisemitische Furor ist ein Versuch, die Ambivalenz aufzulösen: Mit der Anpassung an die Gruppe gelingt gleichzeitig die Stärkung der eigenen Identität, wie sie als Gruppenmitglied aufgegeben wird.

Antisemitismus und die »Linke«

Deshalb sind die Konjunkturen des Judenhasses immer auch Indikatoren für das Verhältnis von Individuum und Gesellschaft. Je offener der Antisemitismus sich äußert, desto größer ist nicht nur die Bedrohung von Juden, sondern von Demokratie und Zivilisation überhaupt. Und wie autoritäre Reaktionen nicht nur in der extremen Rechten zu finden sind, sondern die gesamte Gesellschaft durchziehen (Decker et al., 2022a), so steht auch der Antisemitismus als »dunkle Ressource« allen Gesellschaftsmitgliedern zur Verfügung.

Durch seine soziale Ächtung schien der Antisemitismus seit den 1980er Jahren im bundesdeutschen Alltag an Präsenz und an Bedeutung verloren zu haben. Die Zustimmung zu tradierten antisemitischen Aussagen in repräsentativen Erhebungen waren jahrelang rückläufig (Bergmann & Erb, 1991; Bergmann, 2017; Decker et al., 2022b). Gleichzeitig wog der Verdacht schwer, dass sich der Antisemitismus schlicht in einer »Kommunikationslatenz« befand, also keinesfalls abnahm, sondern zwischen öffentlicher Rede und privaten Ausfällen klar geschieden wurde. Wenn antisemitische Vorstellungen öffentlich geäußert wurden, dann über die »Umwegkommunikation« (Bergmann & Erb, 1986): Im Schuldabwehrantisemitismus (Schönbach, 1961), im israelbezogenen Antisemitismus oder im Antiamerikanismus (Diner, 2003; Knappertsbusch & Kelle, 2010) fanden sich Gelegenheiten, das Bedürfnis trotz sozialer Sanktionierung des »klassischen« Antisemitismus zu befriedigen (vgl. Kiess et al., 2020).

Seit einigen Jahren scheint der antisemitische Grundsound wieder lauter zu werden. In Community-Befragungen berichten Juden, dass Begegnungen mit Antisemitismus zu ihrem Alltag gehören und dieser wieder zunimmt (Zick et al., 2017; Pickel et al., 2022; Bernstein, 2023; Kahn-Harris et al., 2023; Schließler et al., 2024). Auch verzeichnen die polizeilichen und zivilgesellschaftlichen Dokumentationen einen kontinuierlichen Anstieg antisemitisch motivierter Vorfälle bis hin zu Terrorakten wie dem Angriff auf die Synagoge in Halle 2019 oder dem versuchten Anschlag auf das israelische Generalkonsulat in München am 5. September 2024. In nicht einmal einer Dekade hat sich die Zahl der in der polizeilichen Kriminalitätsstatistik erfassten antisemitischen Straftaten nahezu verdoppelt. Lagen diese vor 2017 stets bei durchschnittlich etwa 1.500 pro Jahr, stiegen sie bis 2022 auf fast 2.700 an (Bundesministerium des Inneren & Bundeskriminalamt, 2023).

Seit dem Angriff der klerikal-faschistischen Terrororganisation Hamas am 7. Oktober 2023 verschärfte sich die Situation noch einmal: So verifizierte der Bundesverband der Recherche- und Dokumentationsstellen Antisemitismus (RIAS) allein für die erste Woche nach dem Massaker 202 antisemitische Vorfälle in Deutschland (RIAS, 2023a, S. 5). Zum Vergleich: Im Vorjahr wurden im gleichen Zeitraum 59 Fälle dokumentiert (ebd.). Eine RIAS-Folgeveröffentlichung für den Zeitraum vom 7. Oktober bis 9. November 2023 kommt zu noch drastischeren Ergebnissen: Die regionalen Meldestellen verzeichneten allein innerhalb dieses einen Monats 994 verifizierte antisemitische Vorfälle in Deutschland, darunter »3 Fälle extremer Gewalt, 29 Angriffe, 72 gezielte Sachbeschädigungen, 32 Bedrohungen, 4 Massenzuschriften und 854 Fälle verletzenden Verhaltens (davon sind 177 Fälle antisemitische Versammlungen)« (RIAS, 2023b, S. 3).

Wenn es auch gute Gründe gab, in repräsentativen Erhebungen von einem großen Dunkelfeld beim tradierten Antisemitismus auszugehen (Liebig, 2023), so schien in den letzten Jahren doch zumindest ein Befund relativ sicher zu sein: Antisemitismus wurde vor allem von Menschen geteilt, die generell einer Ideologie der Ungleichwertigkeit anhingen. Angesichts des Angriffs der Hamas im Oktober 2023 und der Reaktionen, die dieser weltweit auslöste, ist dieser Befund in seiner Eindeutigkeit nicht mehr haltbar, wurde doch die erwähnte, drastische Zunahme an antisemitischen Vorfällen durch eine parallele Entwicklung begleitet: Unmittelbar nach dem Angriff auf Israel kam es trotz der offenkundig antisemitischen, antifeministischen und sexistischen Gewaltexzesse spontan zu einer Solidarisierung mit der Terrororganisation Hamas. Allerdings ging diese nicht von der extremen Rechten aus, sondern von Bewegungen, die allen Grund gehabt hätten, sich eher mit den Opfern zu solidarisieren als mit den Tätern. Bewegungen, die sich nicht nur offen mit der Terrororganisation solidarisierten, sondern auch offenen Antisemitismus als Bindeglied nutzten (die in New York ausgegebene Parole »Queer for Palestine« brachte die überraschende Situation nolens volens auf den Punkt). Was im ersten Moment als Bruch erschien, muss im Rückblick eher als ein erneutes Aufbrechen bereits existierender antisemitischer Ressentiments in linken Bewegungen gewertet werden. Denn er war dort schon seit dem 19. Jahrhundert präsent (Diner, 1984; Hanloser, 2020).

Der moderne Antisemitismus entstand nicht zufällig in der zweiten Hälfte des 19. Jahrhunderts, als verschiedene Klassen durch die Durchsetzung der kapitalistischen Wirtschaftsform vorher sichere Privilegien und Werte verloren (Kiess et al., 2020; Kiess, 2021). Spezifisch modern ist der Antisemitismus deshalb, weil er im Gegensatz zum traditionellen (christlichen) Antijudaismus auf einer (pseudo-)wissenschaftlichen Begründung beharrt (stellvertretend für weitere Autoren Longerich, 2021). Die Juden wurden mit der Moderne gleichgesetzt und für den Niedergang der bäuerlichen Wirtschaft, des traditionellen Handwerks sowie die Marktabhängigkeit der kleinen Händler bzw. des (entstehenden) Kleinbürgertums insgesamt verantwortlich gemacht. Für die restaurativen politischen Milieus im Wilhelminischen Kaiserreich wurde der Antisemitismus zu einem »politischen Code«: Als Erkennungsmerkmal über verschiedene soziale Schichten und politische Milieus hinweg machte er jene gesellschaftlichen Kräfte erkennbar, die sich gegen Emanzipationsbewegungen richten (Volkov, 2000).

Diese breite Präsenz des Antisemitismus mit Beginn der bürgerlichen Gesellschaft wird heute als Reaktion auf die Moderne und damit als moderner Antisemitismus verstanden (Holz, 2001). Obwohl er in einem Widerspruch mit universalistischen Zielen stand, war Antisemitismus auch in der Arbeiterbewegung und in kommunistischen und sozialistischen Bewegungen verbreitet. Der Antisemitismus trat in dieser Zeit nicht nur in seiner Funktion als Ressentiment, sondern als Welterklärungsideologie hervor. Dass aber auch innerhalb der Arbeiterbewegung antisemitische

Motive bemerkbar wurden, lag an »strukturellen Merkmalen«, die bis heute vorhanden und für die Ausprägung des Ressentiments auch in der Linken mit verantwortlich sind: Gemeint ist jener Antikapitalismus, der im »Juden« personifiziert und bekämpft werden kann (Postone, 1986; Haury, 2019). Diese Personifizierung und die Konstruktion von identitären Kollektiven sind bis heute existierende Motive. Klaus Holz (2001) weist in der Konstruktion von nationalen Kollektiven jene Logiken aus, die sich auch in linken oder sozialistischen Bewegungen zu einer Gegenüberstellung des eigenen mit einem absoluten anderen führen. Dieses Gedankenkonstrukt findet sich über das doppelt bestimmte »Volk« – als Klassenposition und als Bild ethnischer Homogenität – bis in antiimperialistische Bewegungen hinein wieder (ebd., S. 480).

Was Holz insbesondere im Nationalismus findet, ist als Wir-Gruppen-Phantasma auch in anderen Formen innerhalb der Linken präsent. Während im postnationalsozialistischen Deutschland in Ost und West zunächst eine große Akzeptanz des israelischen Staats existierte, schlug die Stimmung bald um. Nach dem Sechstagekrieg kam es zu einem massiven Verlust der Solidarität innerhalb der Linken. Die westdeutsche Linke positionierte sich nicht nur propalästinensisch, sondern bezog auch eine dezidiert antiisraelische, antizionistische Position (Haury, 1992). Zugunsten der »antikolonialen Eindeutigkeiten« (Kloke, 1994, S. 288) trat also bereits in dieser Zeit auch innerhalb der deutschen Linken das Bewusstsein um die Besonderheit und Widersprüche des Konflikts zurück. Immer deutlicher erkennbar wurde dagegen die »Seelenverwandtschaft« (ebd., S. 323) von Antizionismus und Antisemitismus, die sich seit den 1960er Jahren durch Gewaltakte bis hin zu Brand- und Terroranschlägen der radikalen Linken offenbarte (ebd., passim).

Auch die verkürzte Kapitalismuskritik ist in globalisierungskritischen Bewegungen wie Attac bis in die jüngste Gegenwart zu finden (Knothe, 2009). In der Paarung von Antikapitalismus mit Antiamerikanismus (Knappertsbusch & Kelle, 2010) zeigte sich darüber hinaus eine weitere in der Linken vorhandene Möglichkeit zur Umwegkommunikation des Antisemitismus (Claussen, 1992; Diner, 2003; Beyer & Liebe, 2010). Zudem offenbarte der israelbezogene Antisemitismus der Linken auch eine neue Spielart des Sekundärantisemitismus (Schönbach, 1961), einem spezifisch deutschen Phänomen, das eine Schuldabwehr durch Opfer-Täter-Umkehr ermöglicht.

Wie bei der Forschung zum vorhandenen Antisemitismus in der Gesamtgesellschaft werden auch bei der Untersuchung von dessen Verbreitung in progressiven Gruppen nicht nur individuelle Ressentiments betrachtet. Der »handfeste[] Skandal einer ›Linken‹, die derlei Denkformen nicht nur toleriert, sondern in vielen Grundzügen teilt« (Haury, 1992, S. 126), führt zur Frage nach den Ursachen für das andauernde und heute verstärkte Auftreten des Antisemitismus. Für die Bundesrepublik lässt sich zwar festhalten, dass sich im Antizionismus und im israelbezogenen Antisemitismus relativ offen ein Schuldabwehrantisemitismus zeigt. Aber die Frage ist damit noch nicht ausreichend beantwortet, lassen sich diese Ressentiments doch nicht nur in der deutschen Linken finden. Seit dem Golfkrieg wurden israelbezogene Ressentiments und Verschwörungserzählungen international immer dominanter (Brumlik, 1991) – so auch im Gefolge der Anschläge auf das World Trade Center in New York am 11. September 2001 (Arnold, 2016; Salzborn, 2019). Auch zeigte sich die US-amerikanische und französische Linke genauso vom israelbezogenen Antisemitismus getragen (Forster, 1979; Eckmann, 2005) wie jene in Österreich (Reiter, 2001) und der Schweiz (Späti, 2005). Dass derlei antisemitische Ressentiments in vielen Ländern verbreitet sind (Brosch et al., 2007; Hanloser, 2020), führt nur noch deutlicher vor Augen, wie dringlich die Suche nach den Ursachen ist.

Zwar wird in jüngeren Veröffentlichungen noch mit Zurückhaltung von einem »postkolonialen Antisemitismus« gesprochen (Weyand, 2024), aber es zeichnet sich eine Linie der Delegitimierung Israels ab, die von einem antisemitischen Antizionismus über den israelbezogenen Antisemitismus (Heyder et al., 2005; Frindte & Wammetsberger, 2008) hin zum postkolonialen Antisemitismus führt (Kempf, 2015; Schwarz-Friesel, 2020; Holz & Haury, 2021; Haury, 2024). Mehr noch: In postkolonialen Bewegungen gegen einen fiktiven »Siedlerstaat« Israel treten heute neue Motive des Antisemitismus in den Vordergrund (Edthofer, 2017).

Doch die *Postcolonial Studies* bilden nicht die einzige Traditionslinie im Zuge des Poststrukturalismus, in der sich Anschlussstellen für die Legitimation von antisemitischen Ressentiments finden lassen. Auch Klimabewegungen und queere oder feministische Bündnisse sind in den letzten Jahren offener für antisemitische Motive geworden (Stögner, 2019; Potter & Lauer, 2023). Während für Vertreterinnen der zweiten Frauenbewegungen in der Bundesrepublik wie etwa Gudrun-Axeli Knapp die Ausei-

nandersetzung mit der eigenen generationalen Verstrickung in den Nationalsozialismus noch integraler Bestandteil feministischer Theoriebildung
war (Knapp, 2012, S. 150ff.), ist Antisemitismus innerhalb emanzipativer
Theorien und Bewegungen heute ein blinder Fleck. Dabei wäre eine Beschäftigung mit ihm auch für sie nicht nur eine Auseinandersetzung mit
den eigenen Ressentiments, sondern integraler Bestandteil der Kritik einer
Gesellschaft, die diese hervorbringt.

Empirische Untersuchung: Die Messung des Antisemitismus und der politischen Verortung

Einen ersten Zugang zur Auseinandersetzung mit dem antisemitischen
Ressentiment in progressiven oder linken Gruppen bietet der Blick auf
dessen dortige Verbreitung. Ob hierfür eine Erfassung derselben Motive
in Betracht kommt, die sich in rechtsautoritären Milieus beobachten lassen, muss aus guten Gründen infrage gestellt werden. Der Antisemitismus hat – entsprechend der jeweils zeitgenössisch relevanten Identitätsverständnisse (Longerich, 2021, S. 12) – unterschiedliche Motive, Narrative
und »Argumente« entwickelt und damit ein »Arsenal an ›Wissen‹ über die
Juden und ihre Schädlichkeit« angesammelt (ebd., S. 13). Die Wandlungsfähigkeit des Antisemitismus drückt sich in unterschiedlichen Motiven
oder auch Dimensionen aus, die in unseren Studien Schritt für Schritt Berücksichtigung finden. Gleichzeitig lässt sich nicht nur historisch-genetisch
und sozialpsychologisch – also über die Funktion des Antisemitismus –,
sondern auch empirisch-statistisch die Kontinuität und der Zusammenhang dieser Dimensionen zeigen.

Im Folgenden berichten wir die Verbreitung unterschiedlicher antisemitischer Motive im Frühsommer 2024 in Deutschland. Dabei orientieren wir uns zunächst an der politischen Selbstverortung der Befragten.
Für die folgenden Berechnungen haben wir die zugrundeliegende zehnstufige Skala (»links außen« = 1; »rechts außen« = 10) in eine fünfstufige Skala verkürzt, um die Darstellungen übersichtlich zu halten. Die Verteilung ist Tabelle 1 zu entnehmen. Wie schon in der Vergangenheit ist
auffällig, dass sich die meisten Befragten in der politischen »Mitte« verorten, die von zwei etwa gleich großen Gruppen links und rechts von ihr
flankiert wird. An den Rändern finden wir im Vergleich zu »rechts außen«

Tabelle 1: Verteilung der politischen Selbstverortung in Deutschland (in %)

Links außen (N = 137; Stufen 1/2)	Links (N = 550; Stufen 3/4)	Mitte (N = 1095; Stufen 5/6)	Rechts (N = 567; Stufen 7/8)	Rechts außen (N = 117; Stufen 9/10)
5,6	22,3	44,4	23,0	4,7

Tabelle 2: Selbstverortung und Parteipräferenz (Sonntagsfrage; in %)

	CDU/CSU (N = 485)	SPD (N = 279)	Grüne (N = 214)	Linke (N = 75)	BSW (N = 89)	FDP (N = 73)	AfD (N = 199)	Parteiwahl unsicher (N = 135)
Links außen	2,9	4,3	7,9	34,7	15,7	1,4	0,5	5,2
Links	9,9	39,4	49,1	45,3	25,8	23,2	3,5	27,4
Mitte	48,9	40,9	38,3	14,7	34,8	54,8	21,1	52,6
Rechts	36,7	13,6	4,2	0,7	20,2	16,4	50,8	´4,8
Rechts außen	1,6	1,8	0,5	1,3	3,4	4,1	24,1	–

eine minimal größere Gruppe »links außen«. Insgesamt ist die Verteilung aber nahezu glockenförmig.

Da die Frage nach der Selbstpositionierung inhaltlich nicht gerahmt ist, erfassen wir nicht, welche Vorstellungen die Befragten von einer »linken« oder einer »rechten« politischen Position haben. Eine Zuordnung zur Parteipräferenz der Probanden zeigt jedoch, dass die Selbstverortung mit der Position der bevorzugten Partei im Spektrum in einem gewissen Zusammenhang steht. Erwartungsgemäß verorten sich die meisten Befragten auch unter den Parteianhängern politisch in der Mitte (Tab. 2). Die AfD und Linkspartei bilden hier die Ausnahmen. Während SPD und Grüne einen hohen Anteil von Wählern links der Mitte auf sich vereinen können, sich diese aber deutlich weniger dezidiert links außen verorten, haben Linkspartei und BSW unter ihren Anhängern relevante Anteile bei Menschen mit dieser Selbstverortung. Überhaupt zeigt die Anhängerschaft des BSW eine auffällige Verteilung: Zwar verorten sie sich mehrheitlich in der politischen Mitte bzw. zu großen Teilen links von ihr, gleichzeitig jedoch auch zu über 20 % rechts der Mitte. Insgesamt haben aber CDU/CSU und AfD jenes Wählerklientel gebunden, das sich selbst rechts der Mitte verortet, wobei nur die AfD einen großen Teil der Wähler im äußersten rechten Spektrum hat.

Tabelle 3 sind die Zusammenhangsmaße für die verwendeten Dimensionen des Antisemitismus zu entnehmen. Zusätzlich haben wir die Zusammenhänge mit verwandten Einstellungsdimensionen berechnet. Die Einzelitems und die Verteilung in der Breite der Bevölkerung sind für alle Dimensionen in Kapitel 2 abgebildet. Dort berichten wir auch die Gütekriterien für die einzelnen Dimensionen. Bei den hier abgebildeten Zusammenhangsmaßen zeigen sich für die fünf Antisemitismusdimensionen sehr hohe bis hohe Interkorrelationen. Diese Zusammenhänge sprechen dafür, dass die Fragebögen einerseits Aspekte eines umfassenderen Phänomens erfassen, gleichzeitig sind die Dimensionen nicht vollständig deckungsgleich, gestatten also für den infrage stehenden Antisemitismus Differenzierungsmöglichkeiten. Auch die theoretisch angenommene Nähe zu Antiamerikanismus, Antikapitalismus und Naturbeherrschung lässt sich

Tabelle 3: Kreuzkorrelationen der verwendeten Antisemitismusdimensionen

	Antisemitischer Antizionismus	Israelbezogener Antisemitismus	Schuldabwehr-antisemitismus	Tradierter Antisemitismus	Antiamerikanismus	Antikapitalismus	Naturbeherrschung
Postkolonialer Antisemitismus	.84**	.67**	.4**	.57**	.31**	.32**	.19**
Antisemitischer Antizionismus	–	.71**	.38**	.59**	.29**	.33**	.22**
Israelbezogener Antisemitismus	–	–	.54**	.63**	.24**	.27**	.18**
Schuldabwehr-antisemitismus	–	–	–	.46**	.2**	.26**	.12**
Tradierter Antisemitismus	–	–	–	–	.27**	.22**	.22**
Antiamerikanismus	–	–	–	–	–	.3**	.06**
Antikapitalismus	–	–	–	–	–	–	.02

Pearson **p < .001

nachweisen. Die geringeren Zusammenhänge sprechen aber für eigenständige Phänomene.

Zur Überprüfung der Antisemitismusdimensionen haben wir zusätzlich zu den in Kapitel 2 berichteten Gütekriterien eine konfirmatorische Faktorenanalyse gerechnet, bei der wir die Anzahl der Faktoren entsprechend der fünf angenommenen Dimensionen (antizionistischer, postkolonialer, israelbezogener und tradierter Antisemitismus sowie Schuldabwehrantisemitismus) vorgegeben haben. Ziel ist es abzusichern, dass mit den Dimensionen jeweils ein Konstrukt gemessen wird. Der Modellfit ist gut, die starken Zusammenhänge mit dem Faktor zweiter Ordnung sind ein weiterer Hinweis dafür, dass mit den Dimensionen ein Phänomen, in unserem Fall Antisemitismus, gemessen wird (vgl. Tab. 4).

Tabelle 4: Ergebnis der konfirmatorischen Faktorenanalyse (Zusammenhangsmaße der Dimensionen mit dem Modell bzw. der Items mit der jeweiligen Dimension)

Faktor 2. Ordnung	Antisemitismus				
Ladung der Dimensionen auf den Faktor 2. Ordnung	.98	.99	.86	.49	.7
Ladung der Items auf die Dimensionen	AnZ	PoK	IAS	SAS	TAS
Item 1	.85	.75	.77	.72	.81
Item 2	.85	.73	.8	.89	.9
Item 3	.87	.83	.85	.66	.88

AnZ = antisemitischer Antizionismus; PoK = postkolonialer Antisemitismus; IAS = israelbezogener Antisemitismus; SAS = Schuldabwehrantisemitismus; TAS = tradierter Antisemitismus; Item-Formulierung siehe Kap. 2

Die Befunde: Das antisemitische Ressentiment entlang Parteipräferenz und politischer Selbstverortung

Von Interesse ist nun die Verbreitung der antisemitischen Ressentiments entlang der Parteipräferenz und der politischen Selbstverortung. Für die folgenden Berechnungen haben wir nur die manifeste Zustimmung je Dimension herangezogen, also einen Grenzwert genutzt: Wer durchschnittlich allen drei Aussagen je Dimension zustimmt (≥ 12), weist eine entsprechende antisemitische Einstellung auf.

Tabelle 5: Manifeste Zustimmung in den Dimensionen des Antisemitismus abhängig von der Parteipräferenz (in %)

	CDU/ CSU	SPD	Die Grünen	FDP	AfD	Die Linke	BSW	Parteiwahl unsicher
Tradierter Antisemitismus	2,1	4,7	0,5	2,7	15	–	1,1	0,7
Israelbezogener Antisemitismus	5,5	7,2	3,2	5,5	22,4	1,3	1,1	8,1
Schuldabwehr-antisemitismus	32,0	23,3	13,9	24,7	50,2	18,7	26,7	23,1
Postkolonialer Antisemitismus	3,3	4,7	4,2	4,1	14,5	6,7	4,4	2,3
Antisemitischer Antizionismus	5,1	5,4	7,4	6,8	15,0	16,0	8,9	3,8

Zwischen den Anhängern der Parteien finden wir deutliche Unterschiede. Unter den Wählern der AfD besteht die höchste Zustimmung zu antisemitischen Ressentiments auf allen Dimensionen (Tab. 5). In Anbetracht der weiten Verbreitung des Schuldabwehrantisemitismus ist es nicht überraschend, dass er unter den Anhängern aller Parteien die am stärksten ausgeprägte Erscheinungsform des Antisemitismus ist. Das gilt auch für Parteien, deren Wähler sich für tradierten Antisemitismus nicht offen zeigen, wie die Grünen, das BSW oder die Linkspartei. Unter deren Parteianhängern finden wir dafür häufiger antisemitischen Antizionismus und postkolonialen Antisemitismus. In der Zustimmung zum antisemitischen Antizionismus sind sich die Wähler von AfD und Linkspartei verwandt. Überraschenderweise findet postkolonialer Antisemitismus die höchste Zustimmung bei AfD-Wählern. Die Ablehnung des Kolonialismus gehört zwar nicht zum ideologischen Bestand der AfD, aber diese Legitimation des Antisemitismus wird dennoch genutzt.

In Grafik 1 sind die antisemitischen Ressentiments entlang der Selbstverortung aufgeschlüsselt und es zeigt sich ein eindeutiges Ergebnis: Antisemitismus ist links außen auf (fast) allen Dimensionen zustimmungsfähiger als links der politischen Mitte, in der Mitte oder rechts der Mitte. Rechts außen erfahren die Aussagen die höchste Zustimmung. Zwei Ausnahmen bestehen. Die eine ist der Schuldabwehrantisemitismus: Ihn treffen wir mit knapp 17 % bei Befragten links außen seltener an als bei den anderen Teilnehmern der Erhebung, also auch seltener als links der Mitte und in der Mitte. Die zweite Ausnahme ist, dass dem postkolonialen Antisemitismus links außen etwas mehr zugestimmt wird als rechts außen. Im Grunde ist dieser Befund erwartungskonform. Eher erstaunlich ist, dass Befragte, die sich selbst sehr weit rechts positionieren, dennoch einen Echoraum für diese Form des Antisemitismus bieten. Wer sich rechts außen verortet, dem ist unabhängig von dessen ideologischer Aufladung jedwede Form von Antisemitismus zur Begründung seines bestehenden Ressentiments recht.

Antisemitismus in der Linken im Zeitverlauf

In den Erhebungen der vergangenen Jahre haben wir wiederholt die Frage nach der politischen Selbstverortung gestellt (2016–2024). Während wir von Anfang an nach dem tradierten Antisemitismus fragten, haben wir weitere Dimensionen des Antisemitismus zwar auch periodisch, aber

Grafik 1: Manifeste Zustimmung in den Dimensionen des Antisemitismus nach politischer Selbstverortung (in %)

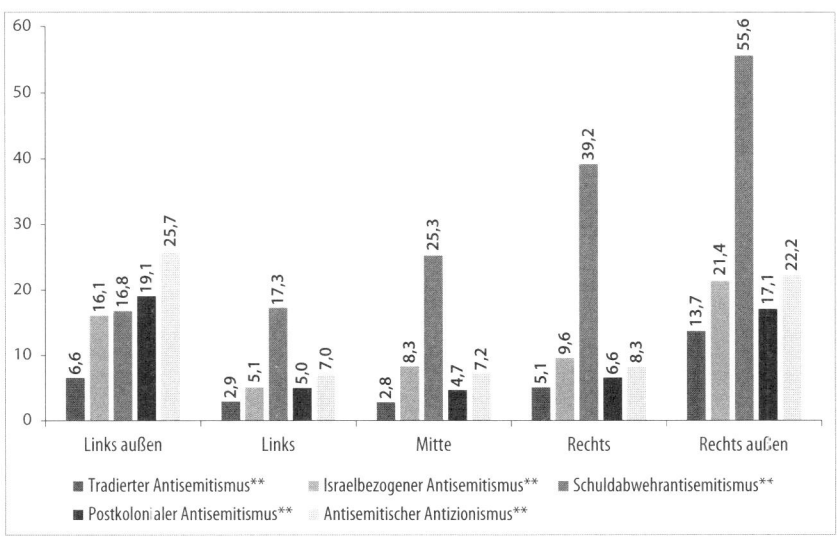

Unterschiede zwischen den Gruppen politischer Selbstverortung signifikant; Pearson **p < .01

mit unterschiedlichen Fragebögen erhoben. Erst seit 2018 setzen wir konstant einen Fragebogen zum Schuldabwehrantisemitismus ein, seit 2020 einen gleichbleibenden Fragebogen zum israelbezogenen Antisemitismus. Beim oben berichteten Vergleich der Zustimmungswerte zwischen den politischen Gruppen ist keine Auskunft über die Differenzen innerhalb der jeweiligen Gruppen zu gewinnen. Weil wir in diesem Kapitel einen Fokus auf den Antisemitismus unter Linken legen, betrachten wir für diese Gruppe noch einmal vertiefend den Langzeitverlauf. Mit unseren Daten können wir die Entwicklung der Einstellung innerhalb der Gruppe »links außen« seit 2016 nachzeichnen (vgl. Grafik 2).

Der tradierte Antisemitismus war innerhalb der Gruppe »links außen« 2016 und 2018 zunächst unterdurchschnittlich repräsentiert. 2020 kam es zu einem Anstieg auf 4,6 % manifester Zustimmung zu allen drei Aussagen des tradierten Antisemitismus und damit zu einer geringfügig höheren Zustimmung als im Mittelwert von 3,6 % für dieses Jahr (vgl. Kap. 2).

Nachdem für den tradierten Antisemitismus im Jahr 2022 keine manifeste Zustimmung verzeichnet wurde – 2022 war ein Jahr mit insgesamt niedrigen Zustimmungswerten –, liegt der Wert im Jahr 2024 bei 6,6 %. Überhaupt sehen wir 2024 auf allen Dimensionen einen massiven

Grafik 2: Manifeste Zustimmung zu verschiedenen Dimensionen des Antisemitismus »links außen« (in %)

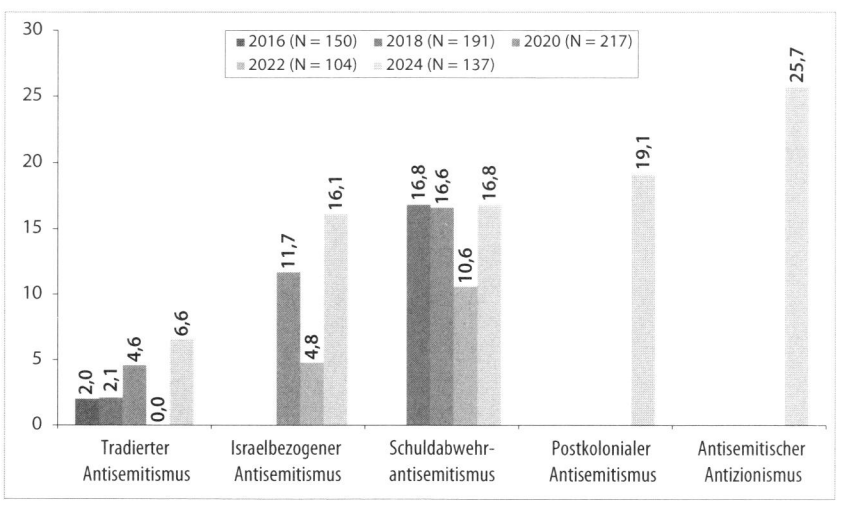

Anstieg. Innerhalb der Gruppe »links außen« ist Antisemitismus verbreitet, der antisemitische Antizionismus wird von jedem vierten Befragten geteilt. Diese Ergebnisse sprechen dafür, dass die offene Äußerung des Ressentiments innerhalb des politischen Milieus auf ein Klima der Akzeptanz oder zumindest Duldung stößt.

Autoritarismus und Antisemitismus

In der Literatur wird als wichtiger Einflussfaktor auf das antisemitische Ressentiment das Autoritäre Syndrom diskutiert. Hierzu gehören Dimensionen des Sadomasochismus (autoritäre Aggression, Unterwürfigkeit und Konventionalismus) sowie die Dimensionen des Fetischismus (Verschwörungsmentalität und Aberglaube) (vgl. Decker et al., 2020). In Grafik 3 ist zu sehen, dass unter den links außen Positionierten die autoritären Aggressionen (deutlich) ausgeprägter sind als links und in der Mitte. Auch die Betonung von Konventionen, Verschwörungsmentalität und Aberglaube finden sich links außen häufiger als dort. Dennoch bleibt sehr deutlich, dass bis auf den Aberglauben alle anderen Dimensionen in Milieus rechts bzw. rechts außen häufiger anzutreffen sind. Diese Verteilungen wollen wir in den folgenden Analysen der Einflussfaktoren für die verschiedenen Ausdrucksformen des Antisemitismus vertieft untersuchen.

Um den Zusammenhang mit dem antisemischen Ressentiment zu bestimmen, haben wir einen Summenwert über alle fünf Dimensionen des Antisemitismus gebildet. Damit haben wir ein Maß zur Ausprägung des Antisemitismus unabhängig davon, welche Ausdrucksform für das Bedürfnis gewählt wird. Die bivariate Korrelation zwischen Antisemitismus und autoritären Bedürfnissen zeigt den Zusammenhang zwischen beidem an. Der Korrelationskoeffizient kann Werte zwischen -1 und -1 annehmen und zeigt an, dass entweder ein negativer Zusammenhang (wenn der Antisemitismuswert hoch ist, ist die entsprechende autoritäre Orientierung niedrig) oder ein positiver Zusammenhang (wenn der Antisemitismuswert hoch ist, ist auch die entsprechende autoritäre Orientierung hoch) besteht. Auch in unserer Untersuchung wird die These vom Einfluss des Autoritarismus gestützt (vgl. Tab. 6).

Nahezu alle Elemente des Autoritarismus korrelieren sehr hoch mit dem Antisemitismus. Es bestätigt sich der enge Zusammenhang zwischen

Tabelle 6: Bivariate Korrelation zwischen dem Antisemitismus (Summenwert) und den Elementen des Autoritarismus

	Sadomasochismus			Fetischismus	
	Autoritäre Aggressionen	Autoritäre Unterwürfigkeit	Konventionalismus	Verschwörungsmentalität	Aberglaube
Antisemitismus	.42**	.43**	.41**	.43**	-.05**

Signifikante Zusammenhänge **p < .001

Grafik 3: Verbreitung der Elemente des Autoritären Syndroms nach Links-rechts-Selbsteinschätzung (in %)

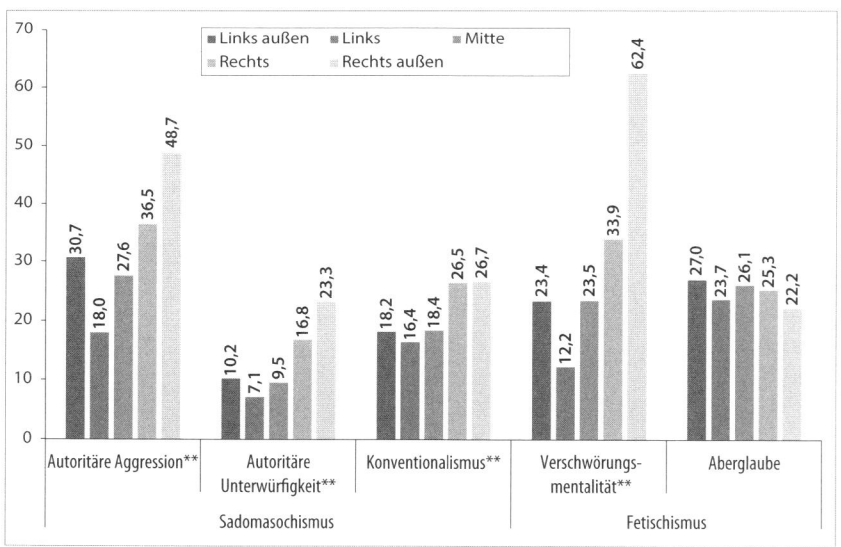

Unterschiede zwischen den Gruppen politischer Selbstverortung signifikant; Pearson **p < .01

den autoritären Bedürfnissen und der Ausbildung des Antisemitismus. In welcher Relation sie zueinander und zur Selbstverortung stehen und ob sie mit anderen Faktoren zur Erklärung des Antisemitismus herangezogen werden können, ist allerdings damit noch nicht geklärt.

Mit einer Regressionsanalyse kann dieses Verhältnis verschiedener Faktoren beim Zustandekommen des Antisemitismus bestimmt werden. Diese statistische Auswertungsmethode gestattet es, die bisher dargestell-

Tabelle 7: Einflussfaktoren auf antisemitische Ressentiments

Prädiktoren		Antisemitische Ressentiments
Gesellschaftspolitische Wahrnehmung		
Zukunftsblick sehr verändert		.11**
Nationale wirtschaftliche Lage (schlecht)		.1**
Antikapitalismus (hoch)		.16**
Links-rechts-Selbsteinschätzung (rechts)		.04*
Autoritäres Syndrom		
Sadomasochismus	Autoritäre Aggressionen	.09**
	Autoritäre Unterwürfigkeit	.12**
	Konventionalismus	.16**
Fetischismus	Verschwörungsmentalität	.21**
	Aberglaube (niedrig)	-.07**
Weitere psychosoziale Faktoren		
Ambiguitätstoleranz (niedrig)		.17**
Esoterik (hoch)		.05**
Wunsch nach Naturbeherrschung (hoch)		.05**
Soziodemografie		
Alter (niedrig)		-.05*
West/Ost (Ost)		.08**
Geschlecht		–
Bildung (niedrig)		-.06**
Äquivalenzeinkommen (hoch)		.05*
Eigene wirtschaftliche Lage (subjektive Einschätzung)		–

Lineare Regression, korrigiertes R-Quadrat = .45; signifikante Zusammenhänge **p < .01; *p < .05

ten Zusammenhänge sowie weitere Einflussfaktoren (z. B. die Soziode-mografie) gewichtet zueinander abzubilden. Wir ziehen zur Gewichtung verschiedener Einflüsse wieder den Summenwert über alle Antisemitis-musformen heran (Tab. 7). Es zeigt sich, dass die Links-rechts-Selbstein-schätzung einen geringen signifikanten Einfluss auf die Ausprägung des Antisemitismus hat. Die in der Tendenz höheren Werte bei Befragten, die sich rechts außen verordnen, finden sich hier wieder. Die gesellschaftspolitischen Veränderungen haben einen größeren Einfluss, unabhängig voneinander wirkt sich eine wahrgenommene wirtschaftliche Krise und ein veränderter Zukunftsblick durch eine Zunahme des Antisemitismus aus. Allerdings gehören zu den deutlichsten Einflussfaktoren weiterhin die Elemente des Autoritären Syndroms, bei den sadomasochistischen Dimensionen fallen der Wunsch nach Autorität und die Betonung von Konventionen besonders auf. Die autoritären Aggressionen treten demgegenüber in den Hintergrund, obwohl sie die höchste bivariate Korrelation mit dem Antisemitismus aufweisen (vgl. Tab. 6). Der Grund hierfür liegt wahrscheinlich darin, dass autoritäre Aggressionen im Antisemitismus ihren Ausdruck finden und deshalb als Ursache hinter die anderen Dimensionen zurücktreten. Groß ist auch der Einfluss der Verschwörungsmentalität, der Aberglaube bleibt bei dem bereits in der bivariaten Korrelation beobachteten Zusammenhang (vgl. Tab. 6). Die Unfähigkeit, Differenz und Vielgestaltigkeit auszuhalten, erhöht den Hang zum antisemitischen Ressentiment deutlich.

Von den soziodemografischen Merkmalen haben folgende Faktoren gleichermaßen einen geringen, aber signifikanten Einfluss auf das mit fünf Dimensionen des Antisemitismus abgebildete Ressentiment: Jüngere und Menschen mit niedrigerem Bildungsabschluss neigen ihm eher zu, auch unter Ostdeutschen findet sich das Ressentiment häufiger. Ähnlich wie die Relevanz eines niedrigen Alters beim Zustandekommen des Antisemitismus ist der Zusammenhang mit einem höheren Einkommen überraschend. Das Modell hat mit einem korrigierten R-Quadrat von .45 eine sehr hohe Erklärungskraft, erfasst also 45 % der Varianz des zusammengefassten antisemitischen Ressentiments.

Diskussion

Um die Entwicklung des Antisemitismus, seine Wandelbarkeit und Anpassungsfähigkeit an gesellschaftliche Normen erfassen zu können, haben wir in diesem Jahr zwei neue Dimensionen aufgenommen. Mit dem postkolonialen Antisemitismus und dem antisemitischen Antizionismus sollten insbesondere Motive des Judenhasses in politisch linken Milieus erfasst werden. Die Überprüfung der neuen Dimensionen zeigte ihre Eignung, Antisemitismus zu erfassen. Nicht nur sind die Fragebögen in sich konsistent, sie stehen auch in einem engen, aber abgrenzbaren Verhältnis zueinander. Schließlich lassen sie sich ausreichend von weiteren, verwandten Konstrukten (Antikapitalismus, Antiamerikanismus) abgrenzen.

Die nach insgesamt fünf Dimensionen differenzierte Betrachtung des Antisemitismus erbrachte dann einen deutlichen Befund: Er ist unabhängig von der politischen Selbstverortung oder Parteipräferenz weit verbreitet. Die Ergebnisse der Regressionsanalyse zeigen, dass die Selbstverortung nur ein Faktor mit kleiner Erklärungskraft für das Vorliegen des antisemitischen Ressentiments ist. Um die Bedeutung der von uns oben vorgestellten Ergebnisse richtig einzuschätzen, muss der Stellenwert von Prozentangaben berücksichtigt werden. Diese sind eine gute Möglichkeit, die Verbreitung entsprechender Ressentiments zu verdeutlichen, aber der Schluss, dass sich der Judenhass auf diejenigen mit der manifesten Einstellung begrenzen lässt, ist falsch. Die Prozentangaben müssen als Hinweis darauf verstanden werden, wie stark das jeweilige politische Milieu von einem Grundtenor geprägt ist, und es zeigt sich, dass in allen politischen Milieus der Bundesrepublik Antisemitismus zum Alltagssound gehört.

Die Regressionsanalyse hebt hervor, dass soziodemografische Merkmale wie Alter und Einkommen sowie politische Einstellungen und die eigene Positionierung keinen oder geringe und teilweise überraschende Einflüsse auf den Antisemitismus haben. Mit Blick auf den Ausgangspunkt dieses Kapitels wird deutlich, dass Antisemitismus zwar in neonazistischen Milieus (rechts außen) leichter und offener geäußert wird, aber die antisemitischen Ressentiments innerhalb der Linken als Reaktion auf den 7. Oktober 2023 vor allem einen Judenhass offenbaren, der in diesem Milieu bereits seit Längerem existiert. Auch in Gruppen, die dem eigenen Anspruch nach emanzipative Ziele verfolgen und in denen der Wunsch nach einer gerechteren Welt vorherrschend ist, ist Antisemitismus anzutreffen (Schäfer & Dalbert, 2013).

Während in der bundesdeutschen Linken bisher der Antisemitismus nicht so deutlich zutage trat, weil Schuldabwehrantisemitismus und tradierter Antisemitismus innerhalb der Linken lange gegen soziale Normen verstießen, werden ideologienähere Formen gewählt. Und doch ist offensichtlich, dass bei der Relativierung des Holocausts angesichts der Kolonialverbrechen im Grunde auch Schuldabwehrantisemitismus eine Rolle spielt. Zwar ist Micha Brumlik zuzustimmen, dass »Erinnern und Gedenken […] kein Nullsummenspiel« (Brumlik, 2022, S. 138) sind, die Thematisierung von Shoah und Kolonialverbrechen also nicht zwangsläufig auf Kosten des jeweils anderen gehen muss. Aber wenn in der Konsequenz die Shoah relativiert wird, indem beispielsweise die Politik Israels dämonisiert und mit dem Nationalsozialismus gleichgesetzt wird, dann zeigt das eine konstitutionelle Schwäche nicht nur der deutschen Linken im Umgang mit Antisemitismus an.

Die minimale Verschiebung der Motive begründete den Verdacht, dass auch in den neuen Erscheinungsformen die Funktion des Antisemitismus am Wirken ist. Heute werden Juden nicht mehr gehasst, weil sie einer »fremden Rasse« angehörten, sondern weil sie »Rassisten« seien. Sie sind nun nicht mehr bedrohlich, weil sie »heimatlos« sind, sondern weil sie in Israel eine Heimat haben (Simons, 2023) Unsere Ergebnisse bestätigen wieder die Erkenntnis des Kulturphilosophen David Koigen: »Jede Epoche konstruiert sich ihr eigenes Judentum« (Koigen, 1934, S. 5). Oft genug kommen dann auch und gleichzeitig die tradierten antisemitischen Tropen wieder zu ihrem Recht, denn auch in dieser Heimat seien sie Fremdkörper, nämlich Kolonialisten, die sich geradezu biblischer Verbrechen schuldig machten. Die Bildsprache der Propaganda der Hamas und ihrer Unterstützer weist entsprechend eindeutige Kontinuitätslinien auf.

Zu guter Letzt zeigt sich die Identitätslogik in der poststrukturalistischen Theorie in einem absurden, aber vorläufigen Endpunkt. Ihre augenfällige Entwicklung von einer Kritik der Identitätslogik hin zur Identitätspolitik in der bewegungsförmigen Linken kann helfen, das Erstarken des Antisemitismus besser zu verstehen (Chaouat, 2024). Mit der Betonung von Gruppenidentitäten wurden nicht nur die Forderungen der autoritär-völkischen Rechten legitimiert und unter der Hand der Universalismus aufgegeben (Lilla, 2017). Es wird darüber hinaus sichtbar, wie stark der Wunsch nach Eindeutigkeit und autoritärer Sicherheit auch in den gesellschaftlichen Gruppen ist, deren Gesellschaftsbilder diesen eigentlich entgegenstehen. Hier wie dort wurde und wird die Gruppenidentität mit immer neuen Ausschlüssen erkauft (Knapp, 1994).

In den Reaktionen innerhalb der Linken – in Deutschland und international – wird deutlich, wie viel mehr als in der Rechten dort lange Zeit die Kommunikationslatenz gegriffen hat (Liebig, 2023). Der israelbezogene Antisemitismus in seinen unterschiedlichen Erscheinungsformen ist Ausdruck eines Autoritarismus der »Gerechten«, die sich gleichzeitig in der binären Ordnung der Gesellschaft und ihrem Identitätszwang halten müssen und diesen doch kritisieren wollen (Decker, 2023). Die Essentialisierung von Identität findet sich heute nicht nur in den neonazistischen Gruppen wie etwa der »Identitären Bewegung« und in der Neuen Rechten als dominantem Teil der AfD, sondern hat sich ausgerechnet unter Bezugnahme auf die poststrukturalistischen Theorien auch in linken Milieus durchsetzen können. Das verwundert nicht nur ihre frühen Vertreter (Koschorke, 2023). Geschuldet ist dies zum Teil der Theorie, hat sie doch durch die Absehung von der Kritik an der die Gesellschaft beherrschenden Totalität des Warentauschs auch das theoretische Handwerkzeug für die Reflexion der individuellen Sozialisationsbedingungen ins Abseits gestellt. Das Ergebnis ist eine in Teilen illiberale Linke (Kováts, 2024) und ein Antisemitismus, der seit einigen Jahren gerade in Gruppen mit ausgeprägten Gerechtigkeitsnormen immer offener zutage tritt.

Im Moment der Zuspitzung der ökonomischen Krisen verschärft sich die autoritäre Dynamik und mit ihm der Antisemitismus in den verschiedenen Erscheinungsformen. Es tritt damit immer deutlicher hervor, was als tektonische Plattenverschiebung schon früh registriert worden ist (Diner, 2004). Antisemitismus bekommt damit die Funktion einer Brückenideologie. Die dadurch entstehende politische Funktion des Antisemitismus ist auf den ersten Blick nicht neu, sie erinnert an jenen »politischen Code«, als welcher der Antisemitismus im Wilhelminischen Kaiserreich beschrieben worden ist (Volkov, 2000). Nicht übersehen werden sollte aber, dass es gegenüber dieser geschichtlichen Situation bedeutsame Veränderungen gibt, die wir abschließend noch einmal hervorheben wollen.

Antisemitismus ist nicht mehr ein Code, an dem sich jene erkennen, die sich gegen gesellschaftliche Emanzipations- und Modernisierungsprozesse wenden, also von antimodernen und antiaufklärerischen Bewegungen. Vielmehr tritt eine andere Brückenfunktion des Antisemitismus deutlicher in den Vordergrund: Er wird links wie rechts in dem Maße desto häufiger gebraucht, je stärker die Gesellschaft durch die Identitätslogik geprägt ist. In der gut »sortierten Gesellschaft« (Richardt, 2018) macht sich die Ambivalenz der Identität ausgerechnet in den gesellschaftlichen Bewegungen bemerkbar, denen es dem eigenen Anspruch nach um die Überwindung der gesellschaftlich homogenisierenden Gewalt geht.

An der Bedeutung des Antisemitismus auch in progressiven Milieus lässt sich ablesen, wie sehr die Betonung von Identität mit einer Schwächung des Universalismus einhergeht (Furedi, 2018). Die poststrukturalistische Theorie, selbst einmal als Kritik der Identitätslogik und des Identitätszwangs gestartet, gerät immer stärker in den Sog der Essentialisierung von Identität (Stender, 2013; Stögner, 2019; Potter & Lauer, 2023). Das antisemitische Ressentiment ist weiterhin das gesellschaftliche Sediment im Individuum, ein »eingeschliffenes Schema, ja ein Ritual der Zivilisation« (Horkheimer & Adorno, 1944, S. 200) und eine »dunkle Ressource« moderner Gesellschaften (Decker & Reimer-Gordinskaya, 2024).

Literatur

Adorno, T. W. (1947). Bemerkungen zu ›The Authotarian Personality‹ von Adorno, Frenkel-Brunswik, Levinson, Sanford. In E. M. Ziege (Hrsg.), *Theodor W. Adorno Bemerkungen zu ›The Authoritarian Personality‹ und weitere Texte* (S. 21–70). Berlin: Suhrkamp (2019).
Adorno, T. W. (1963). Meinung Wahn Gesellschaft. In R. Tiedemann (Hrsg.), *Theodor W. Adorno – Gesammelte Schriften, Bd. 10.2* (S. 573–594). Frankfurt a. M.: Suhrkamp.
Arnold, S. (2016). *Das unsichtbare Vorurteil: Antisemitismusdiskurse in der US-amerikanischen Linken nach 9/11*. Hamburg: Hamburger Edition.
Becker-Schmidt, R. (2004). Identitätslogik. In W. F. Haug (Hrsg.), *Historisch-kritisches Wörterbuch des Marxismus* (S. 661–675). Hamburg: Argument.
Benetka, G. (2020). Zur Psychologie der Unbestimmtheit: Ambivalenz und Ambiguität. In B. Ple, P. Wilhelmer & G. Benetka (Hrsg.), *Facetten der Ungewissheit. Erträge aus interdisziplinären Betrachtungen* (S. 83–95). Hamburg: Verlag Dr. Kovac.
Bergmann, W. (2017). Antisemitism in Contemporary Germany. In A. Mcelligott & J. Herf (Hrsg.), *Antisemitism Before and Since the Holocaust. Altered Contexts and Recent Perspectives* (S. 231–251). Chambridge: Palgrave.
Bergmann, W. & Erb, R. (1986). Kommunikationslatenz, Moral und öffentliche Meinung. Theoretische Überlegungen zum Antisemitismus in der Bundesrepublik Deutschland. *KZfSS – Kölner Zeitschrift für Soziologie und Sozialpsychologie, 38*, 223–246.
Bergmann, W. & Erb, R. (1991). *Antisemitismus in der Bundesrepublik Deutschland. Ergebnisse der empirischen Forschung von 1946–1989*. Opladen: Leske + Budrich.
Bernstein, J. (2023). *Zerspiegelte Welten: Antisemitismus und Sprache aus jüdischer Perspektive*. Weinheim: Juventa.
Beyer, H. & Liebe, U. (2010). Antiamerikanismus und Antisemitismus. Zum Verhältnis zweier Ressentiments. *Zeitschrift für Soziologie, 39*, 215–232.
Brosch, M., Elm, M. & Geißler, N. (Hrsg.) (2007). *Exklusive Solidarität. Linker Antisemitismus in Deutschland*. Berlin: Metropol.
Brumlik, M. (1991). *Der Antisemitismus und die Linke*. Frankfurt a. M.: Haag und Herchen.
Bundesministerium des Inneren & Bundeskriminalamt (2023). *Politisch motivierte Kriminalität im Jahr 2022*. Berlin: https://www.bmi.bund.de/SharedDocs/downloads/DE/veroeffentlichungen/nachrichten/2023/05/pmk2022-factsheets.pdf?__blob=publicationFile&v=5 (Abruf 14.3.2024).
Chaouat, B. (2024). *Ist Theorie gut für die Juden?: Das fatale Erbe französischen Denkens*. Berlin: Edition Tiamat.

Claussen, D. (1992). Die antisemitische Alltagsreligion. Hinweise für eine psychoanalytisch aufgeklärte Gesellschaftskritik. In W. Bohleber & J. S. Kafka (Hrsg.), *Antisemitismus* (S. 163–170). Bielefeld: Aisthesis.

Decker, O. (2018). Flucht ins Autoritäre. In O. Decker & E. Brähler (Hrsg.), *Flucht ins Autoritäre. Rechtsextreme Dynamiken in der Mitte der Gesellschaft* (S. 15–64). Gießen: Psychosozial.

Decker, O. (2023). Autoritäre Dynamiken und binäre Ordnungen. *Zeitschrift für kritische Theorie, 29*, 230–254.

Decker, O., Kalkstein, F., Dilling, M., Celik, K., Hellweg, N., Heller, A. & Brähler, E. (2024). Besteht eine Chance für eine neue Partei? AfD-Anhänger und die Aussicht für eine Alternative links der Mitte. *Forschungsjournal Soziale Bewegungen,* im Druck.

Decker, O., Kalkstein, F., Schuler, J., Celik, K., Brähler, E., Clemens, V. & Fegert, J. (2022a). Polarisierung und autoritäre Dynamiken während der Pandemie. In O. Decker, J. Kiess, A. Heller & E. Brähler (Hrsg.), *Autoritäre Dynamiken in unsicheren Zeiten. Neue Herausforderungen – alte Reaktionen? Leipziger Autoritarismus Studie 2022* (S. 91–126). Gießen: Psychosozial.

Decker, O., Kiess, J., Heller, A. & Brähler, E. (2022b). Die Leipziger Autoritarismus Studie 2022 – Methode, Ergebnisse, Langzeitverlauf. In O. Decker, J. Kiess, A. Heller & E. Brähler (Hrsg.), *Autoritäre Dynamiken in unsicheren Zeiten: Neue Herausforderungen – alte Reaktionen? Leipziger Autoritarismus Studie 2022* (S. 31–90). Gießen: Psychosozial.

Decker, O. & Reimer-Gordinskaya, K. (2024). Antisemitismus – eine »dunkle Ressource« in modernen Gesellschaften. In Heinrich-Böll-Stiftung (Hrsg.). *Nie wieder ist jetzt. Jüdisches Leben und Antisemitismus in Deutschland seit dem 7. Oktober 2023.* Berlin. https://www.bcell.de/de/nie-wieder-ist-jetzt (6.1.2024).

Decker, O., Rothe, K., Weissmann, M., Geißler,, N. & Brähler, E. (2008). *Ein Blick in die Mitte. Zur Entstehung rechtsextremer und demokratischer Einstellungen.* Berlin: FES.

Decker, O., Schuler, J., Yendell, A., Schliessler, C. & Brähler, E. (2020). Das autoritäre Syndrom: Dimensionen und Verbreitung der Demokratie-Feindlichkeit. In O. Decker & E. Brähler (Hrsg.), *Autoritäre Dynamiken. Alte Ressentiments – neue Radikalität. Leipziger Autoritarismus Studie 2020* (S. 179–210). Gießen: Psychosozial.

Decker, O., Weißmann, M. & Rothe, K. (2013). Sozialraum: Psychische Exklusion und soziale Inklusion. Befunde aus Gruppendiskussionen. *Psychotherapie & Sozialwissenschaft, 15*, 57–86.

Diner, D. (1984). Linke und Antisemitismus – Überlegungen zur Geschichte und Aktualität. In K. Schneider & N. Simon (Hrsg.), *Solidarität und deutsche Geschichte. Die Linke zwischen Antisemitismus und Israelkritik* (S. 61–80). Berlin.

Diner, D. (2003). *Feindbild Amerika: Über die Beständigkeit eines Ressentiments.* Berlin: Propyläen.

Diner, D. (2004). Der Sarkophag zeigt Risse. Über Israel, Palästina und die Frage eines »neuen Antisemitismus«. In D. Rabinovici, U. Speck & N. Sznaider (Hrsg.), *Neuer Antisemitismus? Eine globale Debatte* (S. 310–329). Frankfurt a. M.: Suhrkamp.

Eckmann, M. (2005). Antisemitismus im Namen der Menschenrechte? Migration, europäische Identitäten und die französische Diskussion. In H. Loewy (Hrsg.), *Gerüchte über die Juden. Antisemitismus, Philosemitismus und aktuelle Verschwörungstheorien* (S. 101–120). Essen: Klartext.

Edthofer, J. (2017). Vom antiimperialistischen Antizionismus zur aktuellen Boykottbewegung. Veränderungen und Kontinuitäten des israelbezogenen Antisemitismus in der Wiener autonomen Linken. *Österreichische Zeitschrift für Soziologie, 42*, 407–424.

Forster, A. (1979). American Radicals and Israel. In R. Wistrich (Hrsg.), *The Left Against Zion. Communism, Israel and the Middle East* (S. 220–225). London: Vallentine Mitchell & Co.

Frenkel-Brunswik, E. (1949). Intolerance of ambiguity as an emotional and perceptual personality variable. *Journal of Personality, 18*, 108–143.

Frindte, W. & Wammetsberger, D. (2008). Antisemitismus, Israelkritik, Nationalismus. Empirische Befunde. *Berliner Debatte Initial, 19*, 29–42.

Furedi, F. (2018). Die verborgene Geschichte der Identitätspolitik. In J. Richardt (Hrsg.), *Die sortierte Gesellschaft. Zur Kritik der Identitätslogik* (S. 13–25). Frankfurt a. M.: Novo.

Hanloser, G. (2020). *Linker Antisemitismus?* Wien: mandelbaum.

Haury, T. (1992). Zur Logik des bundesdeutschen Antizionismus. In L. Poliakov, *Vom Antizionismus zum Antisemitismus. Mit einem Vorwort von Detlef Claussen und einem Beitrag von Thomas Haury* (S. 125–159). Freiburg: Ca-Ira.

Haury, T. (2019). *Antisemitismus von Links. Facetten der Judenfeindschaft.* Berlin: Aktion Courage e. V.

Haury, T. (2024). Israelbezogener Antisemitismus. In P. Ullrich, S. Arnold, A. Danilina, K. Holz, U. Jensen, I. Seidel & J. Weyand (Hrsg.), *Was ist Antisemitismus? Begriffe und Definitionen von Judenfeindschaft* (S. 42–50). Göttingen: Wallstein.

Heyder, A., Iser, J. & Schmidt, P. (2005). Israelkritik oder Antisemitismus? Meinungsbildung zwischen Öffentlichkeit, Medien und Tabus. In W. Heitmeyer (Hrsg.), *Deutsche Zustände, Bd. 3* (S. 144–165). Frankfurt a. M.: Suhrkamp.

Holz, K. (2000). Die Figur des Dritten in der nationalen Ordnung der Welt. *Soziale Systeme, 5*, 269–290.

Holz, K. (2001). *Nationaler Antisemitismus: Wissenssoziologie einer Weltanschauung.* Hamburg: Hamburger Edition.

Holz, K. & Haury, T. (2021). *Antisemitismus gegen Israel.* Hamburg: Hamburger Edition.

Horkheimer, M. & Adorno, T. W. (1944). Die Dialektik der Aufklärung. In G. Schmid Noerr (Hrsg.), *Max Horkheimer – Gesammelte Schriften Bd. 5.* Frankfurt a. M.: Fischer.

Kahn-Harris, K., Boyd, J. & Staetsky, D. (2023). *The field of research on contemporary antisemitism and Jewish life – Working towards a European research hub.* Brüssel: European Commission, Directorate-General for Research Innovation. https://op.europa.eu/en/publication-detail/-/publication/eb5d8058-cf75-11ed-a05c-01aa75ed71a1/language-en (20.09.2024).

Kempf, W. (2015). *Israelkritik zwischen Antisemitismus und Menschenrechtsidee. Eine Spurensuche.* Berlin: irena regener.

Kiess, J. (2021). Antisemitismus als antimodernes Ressentiment. Skizze des soziologischen Beitrags zur Antisemitismusforschung. In B. Blättel-Mink (Hrsg.), *Gesellschaft unter Spannung. Verhandlungen des 40. Kongresses der Deutschen Gesellschaft für Soziologie 2020.*

Kiess, J., Decker, O., Heller, A. & Brähler, E. (2020). Antisemitismus als antimodernes Ressentiment: Struktur und Verbreitung eines Weltbildes. In O. Decker & E. Brähler (Hrsg.), *Autoritäre Dynamiken. Alte Ressentiments – neue Radikalität: Leipziger Autoritarismus Studie 2020* (S. 211–248). Gießen: Psychosozial.

Kloke, M. W. (1994). *Israel und die deutsche Linke: Zur Geschichte eines schwierigen Verhältnisses.* Frankfurt a. M.: Haag und Herchen.

Knapp, G.-A. (1994). Politik der Unterscheidung. In Institut Für Sozialforschung (Hrsg.), *Geschlechterverhältnis und Politik n(S. 262–287).* Frankfurt a. M.: Suhrkamp.

Knapp, G.-A. (2012). *Im Widerstreit. Feministische Theorie in Bewegung.* Wiesbaden: VS Verlag.

Knappertsbusch, F. & Kelle, U. (2010). »Mutterland des nomadisierenden Finanzkapitals«. Zum Verhältnis von Antiamerikanismus und Antisemitismus vor dem Hintergrund der Finanzkrise. In W. Heitmeyer (Hrsg.), *Deutsche Zustände, Folge 8* (S. 144–163). Frankfurt a. M.: Suhrkamp.

Knothe, H. (2009) *Eine andere Welt ist möglich – ohne Antisemitismus? Antisemitismus und Globalisierungskritik bei Attac* (Reflexive Sozialpsychologie). Bielefeld: transcript.

Koigen, D. (1934). *Das Haus Israel. Aus den Schriften von David Koigen.* Berlin: Schocken.

Koschorke, A. (2023). Lechts und rinks. Seitenwechsel in Zeiten der Polarisierung. *Mittelweg, 36*, 66–78.

Kováts, E. (2024) An Illiberal Left?: Assessing Current Anti-Pluralist Political Practices in the West. In M. Laruelle (Hrsg.), *The Oxford Handbook of Illiberalism*. Oxford: Oxford University Press.

Liebig, S. (2023). Antisemitische Einstellungen in Deutschland: Eine Forschungsnotiz zu den Desiderata einstellungsbezogener Antisemitismus-Forschung. In T. Faas, S. Huber, M. Krewel & S. Roßteutscher (Hrsg.), *Informationsflüsse, Wahlen und Demokratie. Festschrift für Rüdiger Schmitt-Beck* (S. 583–615). Baden-Baden: Nomos.

Lilla, M. (2017). Das Scheitern der Identitätspolitik. *Blätter für deutsche und internationale Politik, 62*.

Longerich, P. (2023). *Antisemitismus. Eine deutsche Geschichte. Von der Aufklärung bis heute.* München: Pantheon.

Luhmann, N. (1994). Inklusion und Exklusion. In H. Berding (Hrsg.), *Nationales Bewußtsein und kollektive Identität: Studien zur Entwicklung des kollektiven Bewußtseins* (S. 15–45). Frankfurt a. M.: Suhrkamp.

Massing, P. (1939). *Hitler is no fool*. New York: Modern Age Books.

Niethammer, L. (2000). *Kollektive Identität: heimliche Quellen einer unheimlichen Konjunktur.* Reinbek bei Hamburg: Rowohlt.

Pickel, G., Tzschiesche, S., Reimer-Gordinskaya, K. & Decker, O. (2022). Antisemitismus in Berlin. Verbreitung, Gründe, Erfahrungen, Folgen und Umgangsweisen in der Zivilgesellschaft. *Zeitschrift für Religion, Gesellschaft und Politik, 6*, 233–273.

Piketty, T. (2020). *Kapital und Ideologie*. München: C.H. Beck.

Postone, M. (1986). Anti-Semitism and National Socialism. In A. Rabinbach & J. Zipes (Hrsg.), *Germans and Jews since the Holocaust – the changing situation in West Germany* (S. 302–314). New York: Holmes & Meier.

Potter, N. & Lauer, S. (2023). *Judenhass Underground: Antisemitismus in emanzipatorischen Subkulturen und Bewegungen*. Berlin: Hentrich & Hentrich.

Reiter, M. (2001). *Unter Antisemitismus-Verdacht: Die österreichische Linke und Israel nach der Shoah*. Innsbruck/Wien: Studien Verlag.

RIAS – Bundesverband der Recherche- und Informationsstellen Antisemitismus (2023a). Antisemitische Reaktionen in Deutschland auf die Hamas-Massaker in Israel. Antisemitische Vorfälle mit Bezug zu den Terrorangriffen auf Israel zwischen dem 07. und 15. Oktober 2023. Berlin: Bundesverband RIAS. https://report-antisemitism.de/documents/2023-10-18_antisemitische_reaktionen_in_deutschland_auf_die_hamas-massaker_in_israel.pdf (30.08.2024).

RIAS – Bundesverband der Recherche- und Informationsstellen Antisemitismus (2023b). Antisemitische Reaktionen auf den 07. Oktober. Antisemitische Vorfälle in Deutschland im Kontext der Massaker und des Krieges in Israel und Gaza zwischen dem 07. Oktober und 09. November 2023. Berlin: Bundesverband RIAS. https://report-antisemitism.de/documents/2023-11-28_antisemitische_reaktionen_in_deutschland_auf_die_hamas-massaker_in_israel_2.pdf (30.8.2024).

Richardt, J. (Hrsg.) (2018). *Die sortierte Gesellschaft. Zur Kritik der Identitätslogik*. Frankfurt a. M.: Novo.

Salzborn, S. (2019). *Antisemitismus seit 9/11: Ereignisse, Debatten, Kontroversen*. Baden-Baden: Nomos.

Schäfer, F. & Dalbert, C. (2013). Gerechte-Welt-Glaube und Antisemitismus. Welche Anforderungen ergeben sich aus der Gerechtigkeitsforschung für den Umgang mit dem Holocaust in der Schule. In C. Dalbert (Hrsg.), *Gerechtigkeit in der Schule* (S. 93–107). Wiesbaden: Springer VS.

Schließler, C., Hellweg, N. & Decker, O. (2024). Die Widerständigen und die Vermittelnden – Jüdische Erfahrungen und Praxisentwürfe im postnationalsozialistischen Deutschland. *Psychosozial Themenheft Antisemitismuserfahrungen, 178*, im Druck.

Schönbach, P. (1961). *Reaktionen auf die antisemitische Welle im Winter 1959/1960*. Frankfurt a. M.: Europäische Verlagsanstalt.

Schwarz-Friesel, M. (2020). Israelbezogener Antisemitismus und der lange Atem des Anti-Judaismus – von »Brunnenvergiftern, Kindermördern, Landräubern«. In Institut für Demokratie und Zivilgesellschaft (Hrsg.), *Wissen schafft Demokratie, Band 8: Antisemitismus* (S. 42–57). Berlin: Antonio-Amadeu-Stiftung.

Sennett, R. (1998). Der neue Kapitalismus. *Berliner Journal für Soziologie, 8*, 305–316.

Simons, J. W. (2023). *Israelophobia: the newest version of the oldest hatred and what to do about it*. London: Constable.

Späti, C. (2005). *Die schweizerische Linke und Israel. Israelbegeisterung, Antizionismus und Antisemitismus zwischen 1967 und 1991*. Essen: Klartext.

Stender, W. (2013). Identitätszwang und Judenhass: zur Gegenwart des Antisemitismus. *Psychologie und Gesellschaftskritik, 36/37*.

Stögner, K. (2019). Wie inklusiv ist Intersektionalität? Neue soziale Bewegungen, Identitätspolitik und Antisemitismus. In S. Salzborn (Hrsg.), *Antisemitismus seit 9/11* (S. 385–402). Baden-Baden: Nomos.

Volkov, S. (2000). *Antisemitismus als kultureller Code: zehn Essays*. München: Beck.

Weber, M. (1904/1905). Die protestantische Ethik und der Geist des Kapitalismus. In Ders., *Gesammelte Aufsätze zur Religionssoziologie I*. Tübingen: Mohr (1988).

Weyand, J. (2024). Postkolonialer Antisemitismus. In P. Ullrich, S. Arnold, A. Danilina, K. Holz, U. Jensen, I. Seidel & J. Weyand (Hrsg.), *Was ist Antisemitismus? Begriffe und Definitionen von Judenfeindschaft* (S. 50–57). Göttingen: Wallstein.

Zick, A., Hövermann, A., Jensen, S. & Bernstein, J. (2017). *Jüdische Perspektiven auf Antisemitismus in Deutschland. Ein Studienbericht für den Expertenrat Antisemitismus*. Bielefeld: Institut für interdisziplinäre Konflikt- und Gewaltforschung.

5. Antifeminismus und Antisemitismus – eine autoritär motivierte Verbindung?

Fiona Kalkstein, Gert Pickel & Johanna Niendorf

Einleitung

Sie ist kinderlos, derzeit in aller Munde und hat viele, viele Katzen. Die »crazy cat lady« oder »childless cat lady«, wie der republikanische Vizepräsidentschaftskandidat J. D. Vance unter anderem die demokratische Präsidentschaftskandidatin Kamala Harris 2021 bezeichnete (Miller, 2024), ist längst zum Symbol eines Kulturkampfes um Geschlechterrollen und -bilder geworden. Sie ist das Schreckgespenst jener, die den Kern von Weiblichkeit in Mutterschaft und in der Unterordnung unter männliche Dominanz sehen. Sie ist zugleich zum Ideal derjenigen aufgestiegen, die sich gegen diese traditionellen Vorstellungen emanzipieren wollen. Letztere möchten zum Ausdruck bringen, dass ein glückliches und erfülltes Leben für Frauen auch ohne Mann und Kinder möglich ist. Erstere möchten, dass die alleinstehende Frau ohne Familie von gesellschaftlichen Möglichkeiten, von Anerkennung und Macht ausgeschlossen bleibt. Der Versuch, Kamala Harris als »childless cat lady« zu delegitimieren, zeigt: *Antifeminismus »sells«*. Im Fall von J. D. Vance zeigt sich zugleich, dass Antifeminismus selten allein kommt. Denn der republikanische Vizepräsidentschaftskandidat, der sich als Hardliner mit Blick auf das Abtreibungsverbot erwiesen hat und die Haltung vertritt, dass es auch Überlebenden von Vergewaltigungen nicht erlaubt sein sollte, eine Schwangerschaft abzubrechen (Slattery & Coster, 2024), hängt zugleich Verschwörungserzählungen an. Dazu zählt allen voran jene der Wahlmanipulation der US-amerikanischen Präsidentschaftswahlen 2020 und die Verharmlosung des Sturms auf das Kapitol vom 6. Januar 2021 (Mansfield, 2024).

Die enge Verwandtschaft von Antifeminismus zu Gruppenbezogener Menschenfeindlichkeit, rechtsextremer Ideologie und Autoritarismus haben wir bereits vor zwei Jahren genauer untersucht (Kalkstein et al., 2022). Dort fielen die hohen Korrelationen zu Verschwörungsmentalität sowie Antisemitismus ins Auge. Dass jemand, der antifeministisch eingestellt ist, ebenfalls antisemitische Ressentiments hegt oder, wie in unserem anfänglichen Beispiel, auch Verschwörungserzählungen folgt (die häufig antisemitisch grundiert sind), ist also statistisch wahrscheinlich. Woher diese Verbindung kommt und wie sie sich aktuell zeigt, wollen wir im Folgenden genauer beleuchten.

Antifeministische Diskurse beruhen auf Vorstellungen von Natur, Natürlichkeit und Eindeutigkeit, die auch für die Verbindung zum Antisemitismus relevant sind (Stögner, 2017; vgl. Kap. 2 in diesem Band). Im Antifeminismus beziehen sie sich auf Annahmen einer essenzialistischen Natürlichkeit von Geschlecht und Heterosexualität, woraus Normalität und Legitimität der geschlechterhierarchischen Ordnung abgeleitet wird (Mayer & Goetz, 2019, S. 222). Gesellschaftliche Unterschiede werden in natürliche uminterpretiert. Antifeminismus ist – wie Antisemitismus auch – eingebunden in das »autoritäre Syndrom« (Decker, 2018). Analysiert wurde dieser Zusammenhang bereits in der historischen Grundlage dieser Studienreihe, den Studien zur autoritären Persönlichkeit (Adorno et al., 1950). Else Frenkel-Brunswik (1950) untersuchte damals die Verbindung zwischen Einstellungen in Geschlechterfragen, Autoritarismus und Antisemitismus. Wir wollen im Folgenden an ihre Analysen anknüpfen, sie für die deutsche Gegenwartsgesellschaft empirisch überprüfen und ggf. weiterentwickeln.

Theoretisches zu Antifeminismus, Transfeindlichkeit und die Verbindungen zum Antisemitismus

Antifeminismus

Antifeminismus richtet sich als eine politische Bewegung gegen den Kampf für geschlechtliche Gleichberechtigung und feministische Emanzipationsbestrebungen. Gerade in seiner politischen Ausrichtung lässt er sich von Misogynie und Sexismus abgrenzen (Höcker et al., 2020; Kalkstein et al., 2022; Lang & Peters, 2018; Schenk, 1992; Schmincke, 2018). Gleichzeitig sind diese Phänomene miteinander verwoben und bedingen einander (Kalkstein et al., 2022, S. 247). *Sexismus* definieren wir als rigide Zuschreibung traditioneller Geschlechterrollen, die von einer Überlegenheit des Mannes ausgeht (Heitmeyer, 2002, S. 20). *Misogynie* verstehen wir als Frauenhass und Vorstellung weiblicher Minderwertigkeit (Planert, 1998), beides verbunden mit einem Straf- und Kontrollbedürfnis gegenüber Frauen, die traditionelle Rollenerwartungen nicht erfüllen (Manne, 2019). Sexismus und Misogynie sind Voraussetzungen für Antifeminismus (Schmincke, 2018).

Antifeminismus wiederum begreifen wir als politischen Widerstand gegen die Liberalisierung der Geschlechterverhältnisse, verbunden mit dem Ziel, heteronormative Geschlechterverhältnisse (Heterosexualität als soziale Norm; Warner 1993) und die darin enthaltene Herrschaft aufrechtzuerhalten (Lang & Fritzsche, 2018, S. 340). Er ist somit eine Ideologie der Ungleichwertigkeit, die zwar wandelbar ist und sich je nach politischem Spektrum in anderen Ausformungen zeigen kann, die allerdings immer mit Vorstellungen von Ungleichwertigkeit und einer Verteidigung gesellschaftlicher Hierarchien einhergeht. Damit steht Antifeminismus in enger Verbindung zu anderen Ideologien der Ungleichwertigkeit wie Rassismus, Homosexuellen- und Transfeindlichkeit (Mayer & Goetz, 2019, S. 2018) sowie zu autoritären Einstellungen.

Die Beziehungen zwischen Antifeminismus und Autoritarismus

Die Studie *The Authoritarian Personality* (Adorno et al., 1950) enthielt neben der F-Skala – einem Fragenbogen zur Messung antidemokratischer Tendenzen – auch die Auswertung von qualitativen Interviews, die mit den Teilnehmenden geführt wurden. Das Interviewmaterial zeigte einen Zusammenhang zwischen Sexualitäts- und Geschlechtervorstellungen, Autoritarismus und Antisemitismus (Frenkel-Brunswik, 1950). Besonders bei Personen, die stark autoritär orientiert waren, dominierten dichotome Vorstellungen über Männlichkeit und Weiblichkeit sowie binäre Geschlechterrollen (Frenkel-Brunswik, 1950). Da die Geschlechtervorstellungen so stereotyp und starr ausfielen und an der eigenen Identität alle Züge verleugneten, die assoziativ mit dem anderen Geschlecht in Verbindung stehen, wählte Frenkel-Brunswik die Bezeichnungen *Pseudo-Maskulinität* und

Pseudo-Feminität (Frenkel-Brunswik, 1950, S. 422). Auch die Beschreibungen von Sexualität waren stark konformistisch geprägt und unterlagen einer strengen moralischen Bewertung, verbunden mit dem autoritären Bedürfnis, Überschreitungen sexueller Konventionen von Anderen zu bestrafen (Adorno et al., 1973, S. 61). Frenkel-Brunswik stellte heraus, wie Ambivalenz in Bezug auf das eigene Geschlecht und Begehren vereindeutigt und aufgespalten wird, aber als Quelle für autoritäre Aggressionen bestehen bleibt (Frenkel-Brunswik, 1950, S. 405). Insbesondere bei stark autoritär orientierten Männern konnte sie eine Trennung in ›gute‹ und ›böse‹ Frauen feststellen (Frenkel-Brunswik, 1950, S. 404). Diese Aufspaltung bildet bis heute das Fundament des Antifeminismus. Sie manifestiert sich in der Gegenüberstellung der guten traditionellen Haus- und Ehefrau mit der bösen, sexuell aktiven und moralisch verkommenen Feministin – oder der gänzlich ›männerlosen‹ und sexuell inaktiven »cat lady«.

Die Beziehungen zwischen Antifeminismus, Transfeindlichkeit und Antisemitismus

Spaltung findet im autoritären Syndrom auch in Bezug auf eigene Persönlichkeitsanteile statt, die nicht der Norm, beispielsweise im Hinblick auf Geschlecht und Sexualität nicht der heterosexuellen Sozialnorm entsprechen (Pohl, 2004). Da die abgespaltenen, verdrängten Anteile und uneingestandenen Wünsche nicht einfach verschwinden, bleiben sie als Quelle für innere Konflikte bestehen. Oft ruft das Aggressionen gegenüber denjenigen Personen hervor, die die unterdrückten Anteile tatsächlich oder vermeintlich aufweisen oder ausleben. Dieser projektive Mechanismus ist sowohl im Antifeminismus (Kalkstein et al., 2022) als auch im Antisemitismus (Stögner, 2014; Pohl 2023) zentral. Im Antifeminismus gibt es neben dem Bild der ›bösen‹ auch das der ›guten‹ Frau, die sich geschlechtskonform verhält und zur Reproduktion der Nation beiträgt. Im Antisemitismus hingegen verkörpert ›der Jude‹ »das negative Prinzip als solches« (Horkheimer & Adorno, 2011 [1944], S. 197).

In antisemitischen Geschlechterbildern oder in antifeministischen Verschwörungserzählungen verschränken sich beide Ideologien unmittelbar. Als gegen die egalitären Versprechen der Moderne gerichtetes Ressentiment bildete sich diese Verbindung im Laufe des 19. Jahrhunderts heraus (Hessel & Misiewicz, 2020, S. 170). Die Chiffren ›Feminismus‹ und

›Judentum‹ erlaubten es, bestimmte Personengruppen für das eigene Unbehagen an den widersprüchlichen Entwicklungen der modernen, kapitalistischen Gesellschaft verantwortlich zu machen. Die ideologischen und personellen Überschneidungen wurden schon früh erkannt (Dohm, 1902; Planert, 1998).

Insbesondere Karin Stögner analysiert die ideologische Verschränkung von Antifeminismus und Antisemitismus in Hinblick auf Naturkonzeptionen (Stögner, 2014). Die Projektionsfiguren in beiden Ideologien stehen für Unnatürlichkeit und Anti-Natur als auch für eine niederträchtige, defizitäre Natur, die es zu beherrschen gilt (Stögner, 2017, S. 30f.). In der antimodernen Orientierung an einer natürlichen Ordnung wird in beidem das gehasst, was vermeintlich bloßer Natur widerspricht: »die Zivilisation, die Vermittlung, für die sie steht, die Individualität und Subjektivität« (ebd., S. 36). Aber auch die Formen der Natur, die man an sich selbst zu beherrschen gezwungen ist und die man überwunden zu haben glaubt, werden stellvertretend an den Projektionsfiguren gehasst: Natur, die für Krankheit, Schmutz und Ekel steht, aber auch für Lust, Sinnlichkeit und Sexualität. »Gehasst wird beides, Natur und Zivilisation, aufgrund des für die Einzelnen in der entwickelten Moderne immer sinnloser werdenden Triebverzichts und -aufschubs« und des nicht eingelösten Glücksversprechens (Stögner, 2017, S. 36).

Gleichzeitig wird sowohl Juden als auch Feministinnen vorgeworfen, die natürliche Ordnung infrage zu stellen, Grenzen zu überschreiten und niederzureißen. In antifeministischen und antisemitischen Geschlechterbildern wird eine Uneindeutigkeit in Bezug auf Geschlecht verhandelt, die zugleich gewünscht und gefürchtet wird – eine Uneindeutigkeit, die an sich selbst abgewehrt werden muss (Stögner, 2019). Besonders stark zum Ausdruck kommt der Hass gegenüber dem Uneindeutigen, wenn es um Transgeschlechtlichkeit geht. Transgeschlechtliche Menschen sind verstärkt Anfeindungen und Gewalt ausgesetzt (Lüter et al., 2022; Pickel & Niendorf, 2024). Insbesondere rechtsextreme Akteure haben transgeschlechtliche Menschen als zeitgenössisches Feindbild und Ziel ihrer Kampagnen ausgemacht, bedroht werden sie aber auch von religiösen Fundamentalisten (Strube et al., 2021).

Die Nähe zum Antisemitismus zeigt sich ebenso deutlich an der in rechten Milieus verbreiteten Verschwörungserzählung, dass hinter einer vermeintlichen ›Transgender-Agenda‹ eigentlich die ›Globalisten‹ (als Chiffre für Juden und Jüdinnen) stünden (Niendorf & Wetzel, 2023). Transfeindlichkeit steht ideologisch in enger Verbindung mit Antifeminismus, Homosexuellenfeindlichkeit und Antisemitismus. Sie eignet sich zur Symbolisierung diffuser Ressentiments, die mit gesellschaftlichem Wandel in Verbindung stehen (Pickel & Niendorf, 2024), wobei wieder die Verteidigung von ›Natürlichkeit‹, ›Normalität‹ und Eindeutigkeit in Bezug auf Geschlecht und Sexualität im Zentrum stehen (Engelmann, 2019; Hechler, 2019).

Antifeministische, sexistische und transfeindliche Einstellungen 2024

Zur Messung von Antifeminismus und Sexismus greifen wir auf Befragungsinstrumente zurück, die wir 2020 vorgestellt haben (Höcker et al., 2020). Die Erhebung von Sexismus basiert auf einem bereits existierenden Messinstrument (Endrikat, 2003) und bestimmt mit insgesamt vier Items die Verbreitung und Ausprägung eines traditionellen Frauenbildes. Antifeministische Einstellungen werden ebenfalls über vier Items erhoben (Höcker et al., 2020, S. 260). Beide Dimensionen wurden über Faktorenanalysen 2020, 2022 und jetzt 2024 als reliable und eigenständige Dimensionen bestimmt (Höcker et al., 2020, S. 258–262; Pickel et al. 2022, S. 52f.). Neu erhoben wurde 2024 eine Skala Transfeindlichkeit oder Ablehnung von Transgeschlechtlichkeit mit drei Items.[1] Für die Analyse nutzen wir eine die jeweiligen Items kombinierende Skala und die dichotomisierte Bestimmung einer geschlossenen antifeministischen bzw. sexistischen oder transfeindlichen Einstellung.[2] Für die weiteren verwen-

[1] Aufgrund des Rückgriffs auf eine frühere Skala wurde in den Fragen etwas irreführend der Begriff Transsexualität verwendet (siehe Kap. 2). Dort wurde der ursprüngliche Begriff »Homosexuelle« jeweils durch »Transsexuelle« ersetzt. Sachgerecht müsste die Begrifflichkeit Transpersonen und Transgeschlechtlichkeit heißen. Wir gehen allerdings aufgrund der kaum bekannten Unterscheidung auf der Seite der Ablehnenden davon aus, dass die Ergebnisse nicht beeinträchtigt werden. Cronbachs Alpha der neuen Skala beträgt .94.

[2] Geschlossene Einstellung bedeutet, dass die Befragten mehrheitlich den vorgegebenen Aussagen zustimmen und man eine konsolidierte antifeministische oder sexistische Einstellung annehmen kann. Grenzwert für die Bestimmung war 10 bei einem Spektrum zwischen 4 und 16 summierten Antwortpunkten aus vier Items. Für die Transfeindlichkeit war aufgrund der Erhebung über drei Items in einer Skala mit fünf Ausprägungen der Grenzwert 12.

deten Konstrukte sei auf die Darstellungen in anderen Kapiteln des Buches verwiesen.

Wie 2020 und 2022 weisen 2024 bis zu einem Viertel der Deutschen geschlossen antifeministische und sexistische Einstellungen auf (Tab. 1). Gegenüber 2022 sind die Werte minimal gesunken. Da die Bewegung zwischen 2022 und 2024 allerdings innerhalb von Schwankungsintervallen von Befragungen liegt, bietet es sich an, eher von einer konstanten Zahl an Deutschen mit geschlossen antifeministischen und sexistischen Einstellungen zu sprechen.

Tabelle 1: Häufigkeit von geschlossen antifeministischen, sexistischen sowie transfeindlichen Einstellungen im Zeit- und West-Ost-Vergleich (in %)

Gruppen/Skala	Antifeminismus	Sexismus	Transfeindlichkeit
2020	19	25	
2022	25	27	
2024	23	25	37
2024 Westdeutschland	20	25	33
2024 Ostdeutschland	35	28	50

Ergebnisse auf der Basis von Skalenzustimmungswerten[3]

Die neu erhobene Transfeindlichkeit ist in der Bundesrepublik noch stärker verbreitet. 37 % der Deutschen weisen eine geschlossene Abwehr von Transgeschlechtlichkeit auf. Ebenfalls erkennbar wird die schon in anderen Studien festgestellte höhere Ablehnung sexueller und geschlechtlicher Vielfalt in Ostdeutschland (Höcker et al., 2020, S. 262; Schnabel et al., 2022, S. 187). Speziell geschlossen antifeministische und transfeindliche Einstellungen sind in Ostdeutschland um ca. 15 Prozentpunkte höher als in Westdeutschland.

Zusätzlich zu dem Anteil an Menschen mit geschlossen antifeministischen, sexistischen bzw. transfeindlichen Einstellungen führen wir in Grafik 1 sowohl den Anteil derjenigen auf, die einzelnen gefragten Items zustimmen, aber kein geschlossenes Weltbild besitzen, als auch den der

---

3 In einer Faktorenanalyse bilden sich alle drei hier dargestellten Dimensionen als eigenständige Dimensionen ab. Die neu gebildete Dimension Transfeindlichkeit erreicht in einer Reliabilitätsanalyse ein Cronbachs Alpha von .94, was eine hohe statistische Korrespondenz der Items ist.

Grafik 1: Antifeministische, sexistische sowie transfeindliche Einstellungen (in %)

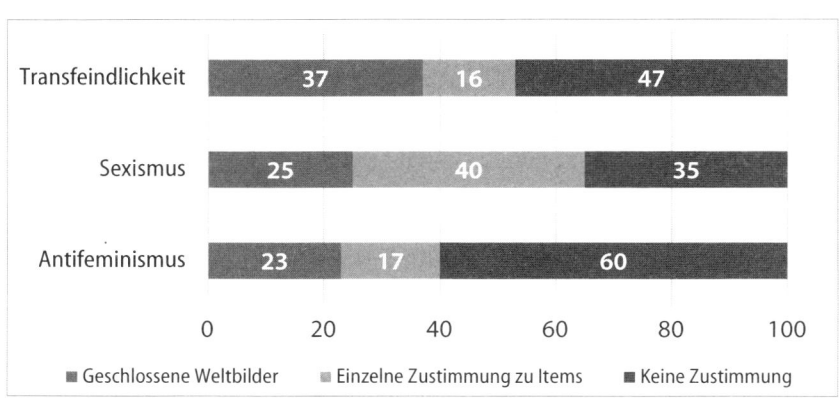

Kombination aus Berechnung geschlossene Einstellung und summiertem Antwortverhalten

Personen, die alle Aussagen ablehnen. Deutlich wird, 60 % der Bundesbürger lehnen antifeministische und 47 % transfeindliche Aussagen durchgehend ab. Da hier lediglich 16 bzw. 17 % vereinzelten Items zustimmen, deutet sich in beiden Konstrukten eine Polarisierung in Form einer Ganz-oder-gar-nicht-Tendenz mit einer übersichtlichen Zahl an Personen mit ambivalenten Einstellungen an. Sexistische Aussagen werden lediglich durch ein Drittel der Bevölkerung abgelehnt, während sich eine große Gruppe zeigt, die dem einen oder anderen sexistischen Item zugestimmt hat, ohne eine geschlossen sexistische Einstellung aufzuweisen. Antifeminismus und Haltungen zur Transgeschlechtlichkeit sind den Ergebnissen nach polarisierender als Sexismus. Dieser Befund lenkt uns zur Überlegung, dass antifeministische und transfeindliche Einstellungen stärker politisch aufgeladen sind (Kalkstein et al., 2022, S. 263ff.).

Betrachten wir die Wählerschaften verschiedener Parteien hinsichtlich ihrer Einstellungen zu sexueller und geschlechtlicher Vielfalt, ist das Ergebnis nicht überraschend. Unter den Anhängern der AfD bleibt die Gruppe mit geschlossen antifeministischen und sexistischen Einstellungen lediglich knapp unter der 50-Prozent-Marke (Grafik 2). Dies bestätigt andere Ergebnisse, dass sich bei den Unterstützern der AfD im Vergleich mit den Anhängern anderer Parteien häufiger sexistische, antifeministische und transfeindliche Einstellungen finden (Grigat, 2017; Lang, 2017). Die antifeministische Agenda ist Teil der politischen Ideologie der Partei.

An zweiter Stelle kommen die Wähler des unlängst gegründeten BSW, die im Vergleich mit den Anhängern anderer Parteien am zweithäufigsten geschossen antifeministische (27 %) und geschlossen transfeindliche (47 %) Einstellungen vertreten. Der geschlossene Sexismus ist dagegen unter den Wählern des BSW vergleichsweise gering ausgeprägt. Möglicherweise finden sich unter ihnen Menschen aus dem radikalfeministischen Spektrum, die Transpersonen aus ihren Bemühungen des Kampfes gegen das Patriarchat ausschließen (Decker et al., 2024; Pearce et al., 2020, S. 679–682). Mit 71 % geschlossener Ablehnung gegenüber Transpersonen sind die AfD-Wähler am häufigsten transfeindlich. Am seltensten sind ablehnende Einstellungen gegenüber sexueller und geschlechtlicher Vielfalt unter den Anhängern der Grünen zu finden.

Die Verortung der Ablehnung sexueller und geschlechtlicher Vielfalt auf der rechten Seite des politischen Spektrums wird auch durch eine Kombinatorik von geschlossen antifeministischen, sexistischen und trans-

Grafik 2: Geschlossen antifeministische, sexistische sowie transfeindliche Einstellungen in der Wählerschaft von politischen Parteien (in %)

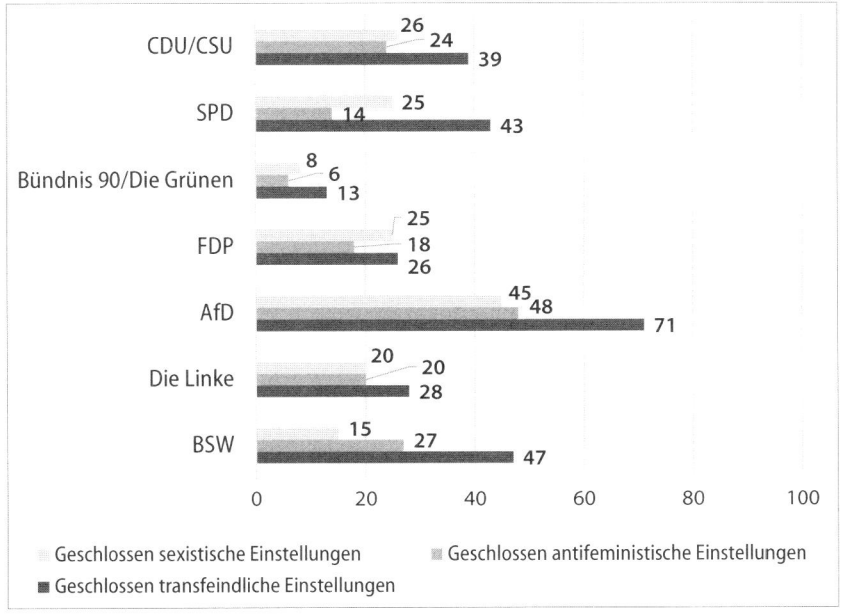

Anmerkung: Alle Wählerschaften sind belastbar für eine Berechnung.

feindlichen Einstellungen mit der Links-rechts-Skala politisch-ideologischer Selbstpositionierung bestätigt (Tab. 2). Antifeministische und sexistische Weltbilder finden sich zwar in allen politisch-ideologischen Gruppen, aber vor allem auf der rechten Seite des politischen Spektrums. Für transfeindliche Einstellungen bleibt das gewohnte Muster, auch wenn die Werte in der Regel um 10 Prozentpunkte höher ausfallen.

Tabelle 2: Geschlossen antifeministische, sexistische sowie transfeindliche Einstellungen nach politisch-ideologischer Selbstpositionierung (in %)

Gruppen/Skala	Links außen	Links	Mitte	Rechts	Rechts außen
Geschlossener Antifeminismus	16	14	19	35	49
Geschlossener Sexismus	17	13	24	36	48
Geschlossene Transfeindlichkeit	25	24	35	50	61

Ergebnisse entlang zusammengefasster Links-rechts-Selbsteinschätzung; Anteil innerhalb der jeweiligen politischen Orientierungsgruppe in Prozent

Insgesamt können die Ergebnisse als Hinweis auf eine besondere Bedeutung von Antifeminismus und Transfeindlichkeit für rechtsextreme und rechtspopulistische Kampagnen angesehen werden, da deren Inhalte auch von anderen Bevölkerungsgruppen geteilt werden (Lang, 2015; Pickel, 2018).

Antifeminismus und Antisemitismus

Bereits 2022 konnten wir eine enge Verbindung zwischen antifeministischen Einstellungen und antisemitischen Ressentiments feststellen (Kalkstein et al., 2022, S. 255). Diese Werte lassen sich für 2024 replizieren. Antifeministische, sexistische und transfeindliche Einstellungen stehen mit allen Formen antisemitischer Ressentiments in Beziehung (Tab. 3).[4]

Dieses Ergebnis schließt an die eingangs diskutierten historischen Debatten über die Beziehung zwischen Antifeminismus und Antisemitismus an (Dohm, 1902; Frenkel-Brunswik, 1950; Planert, 1998) und zeigt die Konsistenz empirischer Anknüpfungspunkte (Stögner, 2014, S. 284;

---

[4] Für die Darstellung der verschiedenen Dimensionen antisemitischer Ressentiments siehe Kapitel 2.

Culina 2018). Sowohl Juden als auch die feministische Bewegung fungieren als Sinnbilder für die Moderne, wodurch sie vor allem auf der rechten Seite des politischen Spektrums auf vehemente Ablehnung stoßen. Die Korrelationen lassen sich auch in Prozentzahlen übersetzen. Grafik 3 zeigt die deutlich höher ausfallende manifeste Zustimmung zu antisemitischen Ressentiments unterschiedlicher Ausprägung unter Personen mit

Tabelle 3: Beziehungen zwischen antifeministischen, sexistischen sowie transfeindlichen Einstellungen und antisemitischen Ressentiments (in %)

	Antifeminismus	**Sexismus**	**Transfeindlichkeit**
Tradierter Antisemitismus	.35	.32	.32
Sekundärer Antisemitismus	.27	.17	.29
Israelbezogener Antisemitismus	.24	.21	.27
Antisemitischer Antizionismus	.27	.21	.28
Antisemitischer Postkolonialismus	.30	.24	.31

Ausgewiesen sind Pearsons r Produkt-Moment-Korrelationen; alle Werte signifikant bei p < .01.

Grafik 3: Verbreitung antisemitischer Ressentiments unter Personen mit geschlossen antifeministischer Einstellung im Vergleich zur Gesamtbevölkerung (in %)

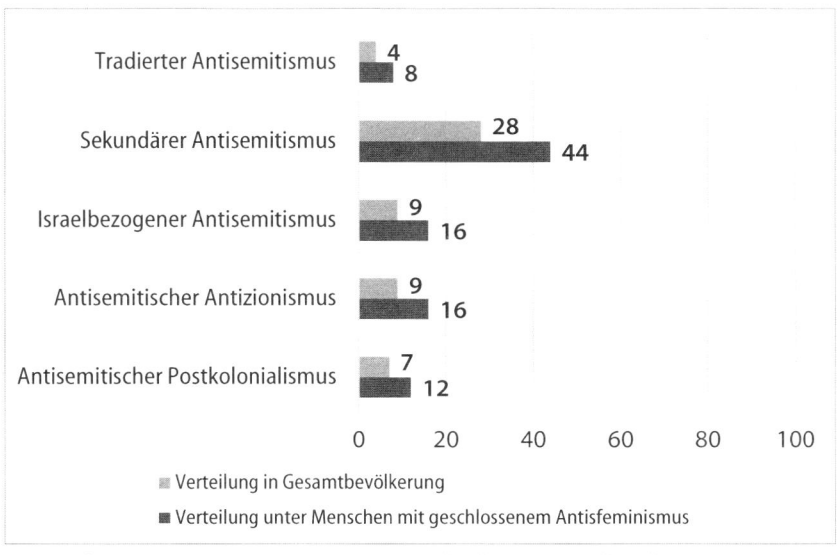

Nur manifeste Formen des Antisemitismus dargestellt; alle Werte signifikant bei **p < .001

171

einem geschlossenen antifeministischen Weltbild gegenüber der Gesamtbevölkerung.

Greifen wir zusätzlich noch die Kombinationen von antifeministischer Einstellung und politischer Orientierung auf (Tab. 2), dann zeigt sich die besonders große Relevanz antisemitischer Ressentiments für Antifeministen, die sich rechts außen verorten (Tab. 4). Auch wenn die Ergebnisse aufgrund der teilweise geringen Fallzahlen in den Extremkategorien mit einer gewissen Vorsicht zu betrachten sind, wird eine hohe Bereitschaft extrem rechter Antifeministen für alle Formen antisemitischer Ressentiments erkennbar. Am stärksten ausgebreitet sind israelbezogene, antizionistische und postkolonial-antisemitische Ressentiments jedoch unter Antifeministen der extremen Linken.

Tabelle 4: Antisemitische Ressentiments nach geschlossener antifeministischer Einstellung und politisch-ideologischer Selbstpositionierung (in %)

Gruppen/Skala	Links außen	Links	Mitte	Rechts	Rechts außen
Tradierter Antisemitismus	9	10	5	6	*25*
Sekundärer Antisemitismus	54	34	30	53	*70*
Israelbezogener Antisemitismus	36	12	13	14	33
Antisemitischer Antizionismus	*54*	12	13	10	35
Antisemitischer Postkolonialismus	*32*	13	7	11	23

Untersuchungsgröße nur Personen mit einer geschlossen antifeministischen Einstellung; Zustimmungsgrade zu geschlossen antisemitischen Ressentiments nach Links-rechts-Selbsteinschätzung; Anteil innerhalb der jeweiligen politischen Orientierungsgruppe; Fallzahlen für antifeministische Einstellung und extrem links = 22; antifeministische Einstellungen und extrem rechts = 57

Es existiert nach unseren Daten eine Zweigliedrigkeit des Zusammenhangs zwischen Antifeminismus und Antisemitismus, der theoretisch kaum bearbeitet ist. (1) Unter Antifeministen mit politisch äußerst rechter Orientierung findet sich eine erheblich erhöhte Bereitschaft, antisemitischen Ressentiments – hier vor allem tradiertem und sekundärem Antisemitismus – zuzustimmen. (2) Unter Antifeministen der äußeren Linken besteht eine erhöhte Bereitschaft zu israelbezogenem Antisemitismus oder zu antisemitischem Postkolonialismus und Antizionismus. Theoriekonform ist, dass die Zahl der Antifeministen auf der rechten Seite des politischen Spektrums zweieinhalbmal so hoch ausfällt wie auf der linken Seite des politischen Spektrums.

Die zweigliedrige Verteilung des Antisemitismus unter Antifeministen je nach politischer Selbsteinschätzung hat uns veranlasst, noch einmal einen differenzierteren Blick auf die verschiedenen Erscheinungsformen zu richten. Hierfür nehmen wir eine Typologisierung vor, also eine Kombinatorik von Items.[5] Wir unterscheiden auf Basis der Beobachtungen aus Tabelle 4 zwischen einem eher rechten Antisemitismus, dem tradierter und sekundärer Antisemitismus zugeschlagen wird, und einem eher linken Antisemitismus, der sich aus antisemitischem Postkolonialismus, Antizionismus sowie israelbezogenem Antisemitismus speist. Genauso wie beim Antifeminismus nutzen wir nur die geschlossenen Einstellungen antisemitischer Ressentiments. Diese beiden Kategorisierungen werden mit einem geschlossenen Antifeminismus zu einer Typisierung verbunden, wobei alle Ergebnisse ohne Antifeminismus und ohne Antisemitismus ausgeschlossen werden, da diese für uns nicht interessant sind. Auch fassen wir die beiden rein antisemitischen Typen zusammen. Das Ergebnis sind fünf Typen.

10 % der Befragten sind geschlossen antifeministisch, aber nicht antisemitisch (Typ 1). Eine notwendige und immer existierende Verbindung zwischen Antifeminismus und Antisemitismus scheint also nicht vorzuliegen. Etwas mehr – zusammengerechnet 13 % – weisen sowohl ein geschlossen antifeministisches als auch ein geschlossen antisemitisches Weltbild auf (Typen 2, 3 und 4), wobei das Gros der Verbindung im Bereich sekundärer und tradierter Antisemitismus liegt (Typ 3) und die Verbindung von Antifeminismus mit antisemitischen Postkolonialismus, Antizionismus und Israelfeindlichkeit am seltensten anzutreffen ist (Typ 4). Über ein geschlossen antisemitisches Weltbild ohne antifeministische Ressentiments verfügen 22 % der Befragten (Typ 5).

Insgesamt zeigt sich eine beachtliche Varianz des Verhältnisses von Antifeminismus und Antisemitismus. Es bestehen Beziehungen, allerdings sind diese spezifisch und weniger allgemein als angenommen. Darüber

---

5 In eine Typologisierung kann nur eine begrenzte Menge an Variablen aufgenommen werden, um noch übersichtliche Ergebnisse zu erreichen. Umgekehrt sind die Ergebnisse erheblich klarer und stichhaltiger gegenüber eher mit weichen Kriterien arbeitenden Clusteranalysen. Aus Gründen der Verdichtung wurden die Formen des Antisemitismus teilweise zusammengeführt.

Grafik 4: Typologie Antifeminismus und Antisemitismus – Gruppengrößen der Typen mit antifeministischem Anteil (in %)

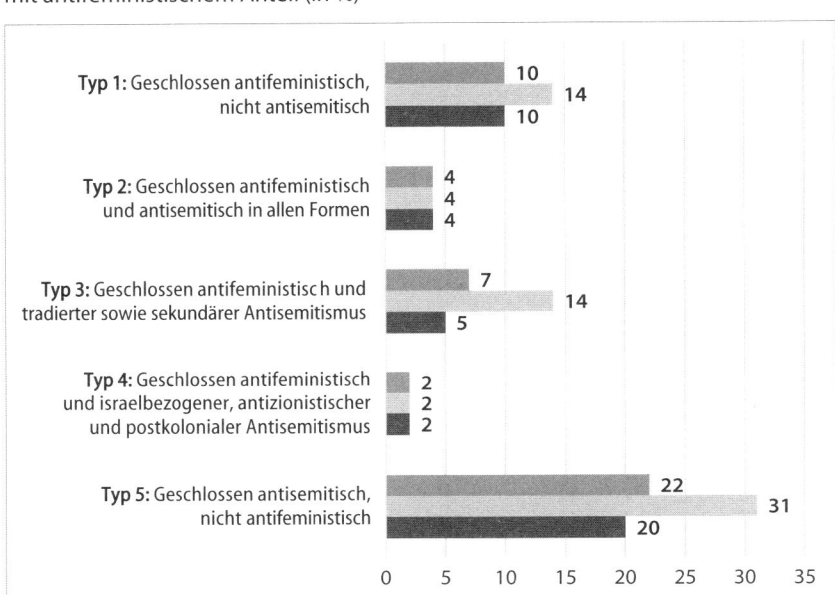

hinaus zeigen sich markante Unterschiede in der Aufteilung der Typen auf West- und Ostdeutschland. So steigt für Ostdeutschland der Anteil derjenigen, bei denen ein geschlossen antifeministisches Weltbild, ein geschlossen antisemitisches Weltbild oder eine Kombination aus beiden Ressentiments anzutreffen ist, auf 65 % (41 % in Westdeutschland). Insbesondere die Beziehung zwischen Antifeminismus und tradiertem bzw. sekundärem Antisemitismus fällt im Osten fast dreimal so hoch aus wie im Westen. Zudem liegt der Anteil an Ostdeutschen, die ein geschlossen antisemitisches Weltbild haben, bei denen jedoch keine antifeministischen Ressentiments anzutreffen sind, um mehr als 10 Prozentpunkte über dem westdeutschen Wert.

Betrachtet man die ermittelten Typen entlang einiger sozialstruktureller Merkmale, zeigt sich eine stärkere männliche Prägung der mit Antifeminismus verbundenen Kategorien (Typen 1 bis 4). Zudem sind diejenigen, bei denen ein geschlossen antifeministisches Weltbild sowie tradierter

Tabelle 5: Typen mit geschlossen antifeministischer Einstellung und antisemitischen Ressentiments nach Merkmalen (in %)

Gruppen/Skala	Typ 1	Typ 2	Typ 3	Typ 4	Typ 5
Anteil Männer	65	68	65	74	43
Altersdurchschnitt (Mittelwert)	54	53	59	49	51
Konventionalismus	26	55	38	36	28
Autoritäre Unterwürfigkeit	16	46	18	21	15
Autoritäre Aggression	30	68	43	38	46
Ausschluss von Ambiguität	27	54	18	55	26
Naturverhältnis (volle Naturkontrolle)	17	31	21	17	8

Typen entsprechend Grafik 4; zur Beschreibung der Formen des Autoritarismus sowie der Skalen Naturverhältnis und Ambiguität siehe Kapitel 2

bzw. sekundärer Antisemitismus anzutreffen sind (Typ 3), die im Durchschnitt älteste Gruppe. Hier scheint es sich um längerfristige Verankerungen zu handeln. Gut erkennbar ist die Verbindung der Typen zum autoritären Syndrom. Die Werte des Autoritarismus fallen bei allen Typen der Kombination antisemitischer oder antifeministischer Einstellungen erkennbar überdurchschnittlich aus (Typen 2–4), während sie bei den rein antifeministischen und rein antisemitischen Einstellungen etwas abfallen. Besonders sticht Typ 2 hervor, bei dem alle Formen des Antisemitismus mit antifeministischen Einstellungen zusammenkommen und alle Werte des Autoritarismus besonders hoch ausfallen. Auch finden sich unter ihnen besonders viele Personen, die danach trachten, die Natur zu beherrschen, sowie solche, die keine Ambiguität aushalten können und klaren Schemata zwischen Gut und Böse folgen. Letzteres gilt interessanterweise genauso für Typ 4, also diejenigen mit einer Verbindung von Antifeminismus mit postkolonialem, antizionistischem und israelbezogenem Antisemitismus.

Diese Ergebnisse bestätigen die eingangs formulierte Vermutung, dass das Fundament der ideologischen Verbindung zwischen Antisemitismus und Antifeminismus vor allem im Abwehrmechanismus gegenüber der Moderne und dem im Autoritarismus enthaltenen Anspruch der Naturbeherrschung zu finden ist.

Fazit

Die Verbreitung antifeministischer und sexistischer Einstellungen ist in der Bundesrepublik weiterhin auf hohem Niveau stabil: Ein Viertel der deutschen Bevölkerung vertritt geschlossen antifeministische Einstellungen, genauso viele ein geschlossen sexistisches Weltbild. Bei geschlossenen transfeindlichen Einstellungen liegen die Werte mit 37 % noch deutlich höher. Vor diesem Hintergrund verwundert es nicht, dass Parteien und Bewegungen im äußeren rechten Spektrum das antifeministische Ideologiefragment mehr in den Mittelpunkt rücken – ist es doch bereits Bestandteil ihrer Ideologie (Lang, 2015). Zu Beginn dieses Kapitels haben wir aus aktuellem Anlass auf die USA geblickt, doch lässt sich für die Bundesrepublik Ähnliches konstatieren. »Feministinnen sind hässlich und grässlich«, äußerte Anfang des Jahres Maximilian Krah (Conrad, 2024), Spitzenkandidat der AfD für die Europawahl, und umriss das Feindbild klar und deutlich. Die transfeindliche Agitation der AfD wurde unverblümt offenkundig, als sie zum Protest gegen eine Veranstaltung in München aufrief, auf der Dragqueens Kinderbücher vorlesen sollten. Unter dem Slogan »Hände weg von unseren Kindern« war eine Dragqueen abgebildet, die deutlich antisemitische Stereotype aufwies. Drag und vermeintlich jüdisch verschränkte sich unwillkürlich.

Antifeminismus und Transfeindlichkeit sind gegenüber Sexismus stärker politisch aufgeladen. Diese in einer Gruppe der Gesellschaft weit verbreiteten Abwehrhaltungen besitzen eine große Bedeutung für die Vertreter der extremen Rechten und ihre Wahlkampagnen. Feministen und Transpersonen werden als ein zentrales Feindbild aufgebaut, auch weil sich damit Wähler mobilisieren lassen. Fast drei Viertel der Wähler der AfD zeigen eine geschlossen transfeindliche Einstellung, vergleichbare Werte finden sich entlang der politisch-ideologischen Selbsteinschätzung (rechts bis rechts außen).

Antifeministische Einstellungen treten sowohl einzeln als auch in Verbindung mit antisemitischen Ressentiments auf. Zu Letzteren finden sich statistisch bedeutsame Beziehungen und zugleich eine beachtliche Varianz. Politisch-ideologisch gibt es unter Personen mit einem antifeministischen Weltbild auf der rechten Seite des politischen Spektrums erheblich stärkeren Zuspruch zu tradiertem und sekundärem Antisemitismus, während postkolonialer Antisemitismus und antisemitischer Antizionismus bei linken Antifeministen besonders hoch im Kurs stehen. Nimmt man eine Typisierung der unterschiedlichen Zusammensetzungen von Antifeminismus und Antisemitismus vor, wird eine Differenzierung deutlich. Unter den Typen, die mindestens Teile beider Ressentiments aufweisen, ist die Gruppe derjenigen am größten, bei denen Antifeminismus zusammen mit tradiertem bzw. sekundärem Antisemitismus auftritt. Dies verbindet sich mit dem Vorergebnis der starken antifeministischen Positionierung auf der extrem rechten Seite des politischen Spektrums. Autoritäre Dynamiken lassen sich als wichtiges Verbindungselement für antisemitisches und antifeministisches Denken ausmachen.

Weisen die Ausprägungen des Sexismus relativ geringe Unterschiede zwischen West- und Ostdeutschland auf, liegen bei Transfeindlichkeit und Antifeminismus die Einstellungswerte im Osten deutlich höher als im Westen. Entsprechend kann eine antifeministische und transfeindliche Kampagnensteuerung der extremen Rechten in Ostdeutschland auf verstärktes Interesse treffen. Dies zeigen auch die beachtlichen Werte der Wählerschaft der AfD hinsichtlich Transfeindlichkeit und Antifeminismus. Es ist also davon auszugehen, dass die AfD zumindest teilweise aufgrund antifeministischer und transfeindlicher Positionen gewählt wird – und diese Wünsche versucht die Partei zu bedienen. Schließlich verweisen diese Ansprechbarkeiten für Antifeminismus und Transfeindlichkeit auf psychologische Abwehrvorgänge, die innerhalb einer autoritären gesellschaftlichen Dynamik entwickelt und erlernt werden. Es sollte nicht aus dem Blick geraten, dass autoritär motivierte Ideologien und Ressentiments vor allem in Krisenzeiten Konjunktur erfahren und dass gerade Ostdeutschland als nach wie vor überwiegend strukturschwache Region weniger krisensicher ist.

Literatur

Adorno, T. W., Frenkel-Brunswik, E., Levinson, D. & Sanfort, R. N. (1950). *The Authoritarian Personality. Studies in Prejudice.* New York: Harper and Row.

Adorno, T. W., Sanford, R. N., Frenkel-Brunswik, E. & Levinson, D. J. (1973). Die Messung antidemokratischer Züge in der Charakterstruktur. In T. W. Adorno, *Studien zum autoritären Charakter* (S. 37–104). Frankfurt a. M.: Suhrkamp.

Culina, K. (2018). Verschwörungsdenken, Antifeminismus, Antisemitismus. Die Zeitschrift Compact als antifeministisches Diskursorgan. In J. Lang & U. Peters (Hrsg.), *Antifeminismus in Bewegung. Aktuelle Debatten um Geschlecht und sexuelle Vielfalt* (S. 91–115). Hamburg: Marta Press.

Conrad, M. (2024). Sexismus bei den Rechten: Feminismus ist Freiheit. *taz*, 29.02.2024. https://taz.de/Sexismus-bei-den-Rechten/!5991733/ (13.08.2024).

Decker, O. (2018). Flucht ins Autoritäre. In O. Decker & E. Brähler (Hrsg.), *Flucht ins Autoritäre. Rechtsextreme Dynamiken in der Mitte der Gesellschaft* (S. 15–63). Gießen: Psychosozial.

Decker, O., Kalkstein, F., Dilling, M., Celik, K., Hellweg, N. & Brähler, E. (2024). Besteht eine Chance für eine neue Partei? AfD-Anhänger und die Aussicht für eine Alternative links der Mitte. *DAS ONLINE-Supplement des Forschungsjournals, Forschungsjournal Soziale Bewegungen, 37*(2), 1–27.

Dohm, H. (1902). *Die Antifeministen*. Berlin: Dümmlers Verlagsbuchhandlung.

Endrikat, K. (2003). Ganz normaler Sexismus. Reizende Einschnürung in ein Rollenkorsett. In W. Heitmeyer (Hrsg.), *Deutsche Zustände, Folge 2* (S. 120–140). Frankfurt a. M.: Suhrkamp.

Engelmann, H. (2019). *Antiqueere Ideologie*. Münster: Unrast.

Frenkel-Brunswik, E. (1950). Sex, people and the self as ssen through the interviews. In T. W. Adorno, E. Frenkel-Brunswik, D. J. Levinson, & R. N. Sanford (Hrsg.), *The Authoritarian personality* (S. 390–441). New York: Harper & Brothers.

Freud, S. (1952 [1896]). Weiter Bemerkungen über Abwehr-Neuropsychosen. In *Gesammelte Werke Bd. 1* (S. 379–403). Frankfurt a. M.: Fischer.

Gehmacher, J. (1998). Die Eine und der Andere. Moderner Antisemitismus als Geschlechtergeschichte. In M. Bereswill & L. Wagner (Hrsg.), *Bürgerliche Frauenbewegung und Antisemitismus* (S. 101–120). Tübingen: Edition Diskord.

Grigat, S. (2017). *AfD & FPÖ. Antisemitismus, völkischer Nationalismus und Geschlechterbilder*. Baden-Baden: Nomos.

Hechler, A. (2019). »Missbildung«. Interdiskrimminierung in der extremen Rechten. In FIPU (Hrsg.), *Rechtsextreminsmus. Band 3: Geschlechterreflektierte Perspektiven* (S. 88–122). Wien: Mandelbaum.

Heitmeyer, W. (2002). Gruppenbezogene Menschenfeindlichkeit. Die theoretische Konzeption und erste empirische Ergebnisse. In W. Heitmeyer (Hrsg.), *Deutsche Zustände 1* (S. 15–36). Frankfurt a. M.: Suhrkamp.

Hessel, F. & Misiewicz, J. (2020). Antifeminismus und Antisemitismus in der Gegenwart – eine Fallanalyse zu Verschränkung und kultureller Codierung. In Institut für Demokratie und Zivilgesellschaft (Hrsg.), *Wissen schafft Demokratie. Band 8: Schwerpunkt Antisemitismus* (S. 168–179). Jena: IDZ.

Höcker, C., Pickel, G. & Decker, O. (2020). Antifeminismus – Das Geschlecht im Autoritarismus? Die Messung von Antifeminismus und Sexismus in Deutschland auf der Einstellungsebene. In O. Decker & E. Brähler (Hrsg.), *Autoritäre Dynamiken. Alte Ressentiments – neue Radikalität. Leipziger Autoritarismus Studie 2020* (S. 249–282). Gießen: Psychosozial.

Horkheimer, M. & Adorno, T. W. (2011 [1944]). *Dialektik der Aufklärung. Philosophische Fragmente*. Frankfurt a. M.: Fischer.

Kalkstein, F., Pickel, G., Niendorf, J., Höcker, C. & Decker, O. (2022). Antifeminismus und Geschlechterdemokratie. In O. Decker, J. Kiess, A. Heller, & E. Brähler (Hrsg.), *Autoritäre Dynamiken in unsicheren Zeiten. Neue Herausforderungen – alte Reaktionen. Leipziger Autoritarismus Studie 2022* (S. 245–270). Gießen: Psychosozial.

Lang, J. (2015). Familie und Vaterland in der Krise. Der extrem rechte Diskurs um Gender. In S. Hark & P.-I. Villa (Hrsg.), *Anti-Genderismus. Sexualität und Geschlecht als Schauplätze aktueller politischer Auseinandersetzung* (S. 167–182). Bielefeld: transcript.

Lang, J. (2017). *Feindbild Feminismus: Familien- und Geschlechterpolitik in der AfD*. In S. Grigat (Hrsg.), *AfD & FPÖ: Antisemitismus, völkischer Nationalismus und Geschlechterbilder* (S. 61–78). Baden-Baden: Nomos.

Lang, J. & C. Fritzsche (2018). Backlash, neoreaktionäre Politiken oder Antifeminismus? Forschende Perspektiven auf aktuelle Debatten um Geschlecht. *feministische Studien*, *36*(2), 335–346.

Lang, J. & Peters, U. (2018). Antifeminismus in Deutschland. Einführung und Einordnung des Phänomens. In J. Lang & U. Peters (Hrsg.), *Antifeminismus in Bewegung. Aktuelle Debatten um Geschlecht und sexuelle Vielfalt* (S. 13–36). Hamburg: Marta Press.

Lüter, A., Breitscheid, D., Greif, P., Imhof, W., Konradi, M. & Riese, S. (2022). *Berliner Monitoring Trans- und homophobe Gewalt. Zweite Ausgabe 2022. Schwerpunktthema Transfeindliche Gewalt.* Berlin: Camino.

Manne, K. (2019). *Down Girl. Die Logik der Misogynie.* Frankfurt a. M.: Suhrkamp.

Mansfield, E. (2024). JD Vance cast doubt on 2020 election results, wouldn't have certified result. *USA Today*, 16.07.2024. https://eu.usatoday.com/story/news/politics/2024/07/16/jd-vance-questioned-2020-election-results/74294067007/ (13.08.2024).

Mayer, S. & Goetz, J. (2019). Mit Gott und Natur gegen geschlechterpoltischen Wandel. Ideologie und Rhetoriken des rechten Antifeminismus. In FIPU (Hrsg.), *Rechtsextremismus. Band 3: Geschlechterreflektierte Perspektiven* (S. 205–247). Wien: Mandelbaum.

Miller, D. (2024). JD Vance and the origin of the »crazy cat lady« trope. *FOX29*, 30.07.2024. https://www.fox29.com/news/jd-vance-crazy-cat-lady-trope (13.08.2024).

Maihofer, A. & Schutzbach, F. (2015). Vom Antifeminismus zum Anti-Genderismus. Eine zeitdiagnostische Betrachtung am Beispiel Schweiz. In S. Hark & P.-I. Villa (Hrsg.), *Anti-Genderismus. Sexualität und Geschlecht als Schauplätze aktueller politischer Auseinandersetzung* (S. 201–218). Bielefeld: transcript.

Niendorf, J. & Wetzel, G. (2023). Antifeminismus, »Anti-Gender« und Transfeindlichkeit in sächsischen Telegram-Kanälen und Gruppen. In J. Kiess & G. Wetzel (Hrsg.), *EFBI Digital Report 2023-3. Schwerpunktheft: Antifeminismus und Queerfeindlichkeit in der sächsischen Telegram-Szene.* Leipzig: EFBI.

Pearce, R., Erikainen, S. & Vincent, B. (2020). TERF wars: An introduction. *The Sociological Review*, *68*(4), 677–698.

Petchesky, R. (1981). Antiabortion, Antifeminism and the Rise of the New Right. *Feminist Studies* 7(2), 206–246.

Pickel, G., Huber, S., Liedhegener, A., Pickel, S., Yendell, A. & O. Decker (2022). Kirchenmitgliedschaft, Religiosität, Vorurteile und politische Kultur in der quantitativen Analyse. In EKD (Hrsg.), *Zwischen Nächstenliebe und Abgrenzung. Eine interdisziplinäre Studie zu Kirche und politischer Kultur* (S. 24–98). Leipzig: Evangelische Verlagsanstalt.

Pickel, G. & Niendorf, J. (2024). Transfeindlichkeit und Ablehnung sexueller und geschlechtlicher Vielfalt in Berlin. In G. Pickel, O. Decker & K. Reimer-Gordinskaya (Hrsg.), *Der Berlin-Monitor 2023. Berlin in Zeiten multipler Krisen* (S. 90–112). Springe: zu Klampen.

Planert, U. (1998). *Antifeminismus im Kaiserreich. Diskurs, soziale Formation und politische Mentalität.* Göttingen: Vandenhoeck & Ruprecht.

Pohl, R. (2004). *Feindbild Frau. Männliche Sexualität, Gewalt und die Abwehr des Weiblichen*, Hannover: Offizin.

Pohl, R. (2023). Der antisemitische Wahn. Aktuelle Ansätze zur Psychoanalyse einer sozialen Pathologie. In H. Gess (Hrsg.), *Kritiknetz – Zeitschrift für Kritische Theorie der Gesellschaft.* https://www.kritiknetz.de/antisemitismus/1542-der-antisemitische-wahn (12.09.2024).

Schenk, H. (1988). *Die feministische Herausforderung: 150 Jahre Frauenbewegung in Deutschland.* München: Beck.

Schmincke, I. (2018). Frauenfeindlich, sexistisch, antifeministisch? *Aus Politik und Zeitgeschichte*, *17*, 28–33.

Schnabel, A, Beyer, H. & Ülpenich, B. (2022). Die wahrgenommene feministische Bedrohung: Empirische Befunde zum Antifeminismus in Deutschland. *Österreichische Zeitschrift für Soziologie, 47*(2), 175–198.

Slattery, G. & Coster, H. (2024). J. D. Vance once compared Trump to Hitler. Now they are running mates. *Reuters,* 16.07.2024. https://www.reuters.com/world/us/jd-vance-once-compared-trump-hitler-now-they-are-running-mates-2024-07-15/ (13.08.2024).

Stögner, K. (2014). *Antisemitismus und Sexismus. Historisch-gesellschaftliche Konstellationen.* Baden-Baden: Nomos.

Stögner, K. (2017). »Intersektionalität von Ideologien«. Antisemitismus, Sexismus und das Verhältnis von Gesellschaft und Natur. *Psychologie & Gesellschaftskritik, 41*(2), 25–45.

Stögner, K. (2019). Konstellationen von Antisemitismus und Sexismus. In Frauen & Geschichte Baden-Württemberg e. V. (Hrsg.), *Antisemitismus und Antifeminismus. Ausgrenzungsstrategien im 19. und 20. Jahrhundert* (S. 15–35). Sulzbach: Ulrike Helmer.

Strube, S., Perintvali, R., Hemet, R., Metze, M. & Sahbaz, C. (2021). *Anti-Genderismus in Europa. Allianzen von Rechtspopulismus und religiösem Fundamentalismus. Mobilisierung – Vernetzung – Transformation.* Bielefeld: transcript.

Volkov, S. (2001). *Das jüdische Projekt der Moderne. Zehn Essays.* München: Beck.

6. Verwahrloste Demokratie? Politische Kultur und Unterstützung der Demokratie in Deutschland

Susanne Pickel, Kazim Celik & Oliver Decker

Einleitung

Seit den Leipziger Autoritarismus Studien 2020 und 2022 haben sich einige Befunde zur politischen Kultur und politischen Unterstützung der Demokratie in Deutschland bestätigt (G. Pickel et al., 2020; S. Pickel et al., 2022). Die bereits 2020 diagnostizierten Potenziale antidemokratischer und antisystemischer Haltungen haben sich vor allem im Wahlverhalten bei der Europawahl im Mai 2024 entfaltet. Parallel laufen intensive Desinformationskampagnen über Sinn und Unsinn ordnungspolitischer Entscheidungen der Bundesregierung. In der Folge hat sich die ablehnende Haltung eines Teils der Bevölkerung gegenüber der Demokratie vertieft und die Unzufriedenheit mit der Regierung, aber auch mit der Demokratie hat weiter zugenommen (AFP/Reuters, 2024). Diese Unzufriedenheit stellt sich zunehmend auch als Gefahr für die Demokratie an sich dar: Das Wahlverhalten kann zwar als Ventil dieser ablehnenden Haltung gegenüber den Leistungen der Regierung und als Reaktion auf das schwache Wirtschaftswachstum durchaus als demokratischer Akt anerkannt werden, das Bröckeln der Anerkennungswürdigkeit (Legitimität) der Demokratie durch ihre Bürger ist allerdings ein deutlicher Hinweis darauf, dass die Demokratie ihr stützendes Fundament verliert. Die damit einhergehende Verschiebung des Verständnisses, was eine gute politische Herrschaft ausmacht (von der freiheitlich-demokratischen Grundordnung hin zu einer Akzeptanz autokratischer Systemelemente), gehört zu den aktuellen Kernherausforderungen der Demokratie. In diesem Kontext stellen wir die Frage: Wie kann die zunehmende Unzufriedenheit der Deutschen mit der Demokratie, also unserem ganzen politischen System, so wie es tatsächlich funktioniert, erklärt werden?

Zukunftsängste angesichts der wahrgenommenen Polykrisen aus Klimakatastrophe, dem Krieg in der Ukraine, der daraus resultierenden Inflation, der angeblich schwächelnden deutschen Wirtschaft, den Fluchtbewegungen und den Folgen der COVID-19-Pandemie steigern einen Veränderungsdruck, dem sich viele Menschen in Deutschland nicht mehr gewachsen sehen. Gesucht werden einfache, überschaubare Lösungen, die vieles im Leben der Menschen unverändert lassen und beherrschbar erscheinen. Angebote, die diese Nachfrage befriedigen, kommen von Parteien wie der *Alternative für Deutschland* (AfD), die mit den einfachen Lösungen und Verschwörungserzählungen auch gleich Sündenböcke (v. a. Migranten und Menschen anderer Hautfarbe, Religion oder geschlechtlicher/sexueller Orientierung) liefern, denen man die Schuld an der eigenen und deutschen Misere zuweisen kann (G. Pickel et al., 2020, 2022; Norris & Inglehart, 2019), oder dem *Bündnis Sahra Wagenknecht* (BSW), das eine konservative Gesellschaftspolitik mit einer umverteilungsorientierten Wirtschafts- und Sozialpolitik vereint (Wagner et al., 2023; Thomeczek et al., 2024). Autoritäre Einstellungen unterstützen die Annahme, starke Führer, Diktaturen oder ein Einparteiensystem könnten zur Problemlösung beitragen. Auf diese Weise wird die Legitimität der Demokratie dauerhaft untergraben und das demokratische politische System in Deutschland infrage gestellt. Ihren Ausgang nimmt diese Entwicklung in der Unzufriedenheit der Menschen.

Politische Kultur und politische Unterstützung

Das Konzept der politischen Kulturforschung, das auf Bevölkerungsbefragungen rekurriert, erlaubt es, die Stimmungen und Einstellungen der Bürger in Deutschland systematisch dahingehend zu untersuchen, ob die Überlebensfähigkeit der Demokratie (noch) gegeben ist. Die politische Kulturforschung befasst sich somit mit der subjektiven Seite der Politik, mit dem Wissen, den Gefühlen und den Bewertungen der Bürger gegenüber dem politischen System (Almond & Verba, 1963) sowie seinen

Amtsinhabern und untersucht, welche Einstellungen und Wertorientierungen die Bürger ihnen entgegenbringen, das heißt, ob sie das politische System mit seinen Teilobjekten unterstützen. Dabei geht es nicht um die Einstellungen eines Individuums, sondern um die Überzeugungen des politischen Kollektivs, der Menschen in Deutschland, die sich aus den zusammengefassten Einstellungen der Individuen ergeben.

Die Legitimität der Demokratie, die auch als normative Anerkennungswürdigkeit der Demokratie »an sich« (Demokratie als Staatsidee) und als empirische, tatsächliche Anerkennung durch die Bürger (positive Einstellung zur Demokratie als Staatsidee) beschrieben wird, bildet das Fundament des demokratischen politischen Systems. Sie markiert einen Grundkonsens innerhalb der Bevölkerung darüber, dass die Demokratie die für die Gesellschaft angemessenste Regierungsform ist (Lipset, 1959, S. 77). Damit die Demokratie in dieser Weise durch die Bürger langfristig unterstützt werden kann, müssen ihre Regeln und Verfahren den Vorstellungen der Bürger entsprechen. Diese Vorstellungen werden im Demokratieverständnis gebündelt, mit dem die Bürger die tatsächliche Umsetzung der Demokratie abgleichen. Eine negative Bilanz führt zu Abstrichen beim Legitimitätsempfinden. Fällt die Legitimität unter ein gewisses Mindestmaß und treten gleichzeitig aktive Gegner der Demokratie auf – Diamond (1999, S. 65) nennt hier etwa 70 % (Legitimität) bzw. 15 % (Gegner) der Bürger –, dann ist das Überleben der Demokratie gefährdet. Dies gilt einmal mehr für Krisenzeiten, wobei es für die Gefährdung der Demokratie eine untergeordnete Rolle spielt, ob es sich dabei um eine ökonomische (Inflation, Energie), eine innere (COVID-19-Pandemie), eine soziale (zunehmende soziale Ungleichheit) oder eine politische (russischer Angriffskrieg auf die Ukraine) Krise handelt. Die Legitimität der Demokratie kann Mängel ihrer Leistungsfähigkeit (Effektivität) langfristig nicht mehr ausgleichen.

Eine weitere Form der politischen Unterstützung ist das Vertrauen in die politischen Institutionen und Amtsträger. Nach Easton (1979, S. 171–225) gehört politisches Vertrauen wie die Legitimität zu den eher langfristigen, diffusen Unterstützungsformen, die durch kurzfristige Krisen nicht so leicht zu erschüttern sind. Vertrauen in politische Institutionen und Amtsinhaber speist sich aufgrund der Einbindung der Institutionen in das demokratische politische System zum einen aus dessen Legitimität, zum anderen aus positiven, generalisierten Erfahrungen mit der Leistungsfähigkeit der Amtsinhaber und der Funktionsfähigkeit der Institutionen. Easton (1979) definiert Vertrauen auch als Überzeugung der Bürger, dass die Amtsträger in den Institutionen zum Wohle aller handeln. Dazu gehört auch, dass die politischen Institutionen die Teilhabe der Bürger ermöglichen und ggf. unterstützen. Fehlt den Bürgern das Gefühl der Selbstwirksamkeit und sehen sie keine Möglichkeit, sich jenseits von Wahlen wirksam an der politischen Entscheidungsfindung zu beteiligen (*internal und external efficacy*; Lane, 1959), dann verlieren sie nicht nur das Vertrauen in die politischen Institutionen. Darüber hinaus ziehen sie sich möglicherweise aus der Sphäre des Politischen zurück (*exit*) oder sie wählen aus Protest oder aus Überzeugung von einer höheren Wirksamkeit (*voice*) Parteien (Hirschman, 1970), die unter Umständen Einschränkungen der demokratischen Rechte und Freiheiten vornehmen wollen. Vermitteln diese Parteien dann zusätzlich den Eindruck, auf die Bürger zu hören, ihre Wünsche zu erfüllen und fortgesetzt mit ihnen zu kommunizieren (Responsivität; Pitkin, 1967; Esaiasson et al., 2015), dann füllen sie eine Leerstelle bei denjenigen Bürgern, die von den meisten Parteien frustriert sind und sich entfremdet abgewendet haben (AfD-Wahl aus Überzeugung; siehe Walke & Wurthmann, 2024; Wurthmann, 2022a; Lewandowsky, 2024; Decker et al., 2024).

Legitimität und Vertrauen gehören zum politischen Objekt »Regime« (Easton, 1975), das die grundlegende Struktur des Institutionensystems festlegt. Die Legitimität des konkreten politischen Systems, in unserem Fall die freiheitlich demokratische Grundordnung der Bundesrepublik Deutschland, wird über die Zustimmung zum politischen System, wie es im Grundgesetz festgelegt ist, ermittelt.

Die kurzfristige, sogenannte spezifische Unterstützung oder Effektivität wird ausschließlich politischen Autoritäten zuteil. Ihre eher kurzfristige, fast tagesaktuelle politische und wirtschaftliche Leistung wird von den Bürgern ebenso kurzfristig bewertet. Sind die Menschen mehrheitlich unzufrieden, werden die entsprechenden Autoritäten abgewählt. Die spezifische Unterstützung wird über die Zufriedenheit mit der gesamtwirtschaftlichen und der eigenen finanziellen Lage ermittelt.

Die Zufriedenheit mit der tatsächlichen Demokratie, also damit, wie diese funktioniert und jeden Tag erlebt wird, ist ein Mischindikator für die Einstellungen der Bürger zur aktuellen Demokratie. Er misst eine grundsätzliche Anerkennung der politischen Ordnung, die Selbstwirksamkeit sowie die Bewertung der Bürger hinsichtlich der Leistungsfähigkeit der Regierung, verlässliche Entscheidungen zu produzieren und die wirtschaftliche Lage im gesamten Land positiv zu entwickeln. Aus diesen subjektiven Wahrnehmungen leiten sich unter Umständen Ängste vor Wohlstandsverlusten ab. Die Einschätzung der eigenen finanziellen Lage hingegen bleibt meist von nachgeordneter Bedeutung für die Einstellungen der Bürger zur aktuellen Demokratie, ist aber nicht bedeutungslos.

In der Demokratiezufriedenheit vermischen sich Leistungszufriedenheit und Legitimitätsempfinden. Sie sollte deshalb nicht als Indikator für eine grundsätzliche Befürwortung oder Ablehnung der Demokratie verwendet und verstanden werden. Unzufriedenheit mit der aktuellen Demokratie drückt vielmehr eine Unzufriedenheit mit den aktuellen Zuständen und dem Handeln der Regierenden aus, die den Erwartungen, die an das demokratische politische System gestellt werden, nicht gerecht werden (G. Pickel et al., 2022).

Legitimität der Demokratie

Die Legitimität der Demokratie galt lange Zeit als unhinterfragt, die Demokratie als Idee oder die Form der Demokratie, wie sie im Grundgesetz festgelegt ist, erfuhren hohe Zustimmungswerte. Dass diese scheinbar ungebrochene politische Unterstützung nur die eine Seite der Wahrheit abbildet, wurde übersehen. Neben der weit verbreiteten Anerkennung der Demokratie, welche die Grundlage für das Überleben der demokratischen politischen Ordnung auch in Krisenzeiten bildet (Lipset, 1959; Pickel & Pickel, 2006), besteht auch eine zunehmende Akzeptanz, ja Anerkennung, von Systemalternativen (Alvarez & Welzel, 2011; S. Pickel, 2024; Öztürk & Pickel, 2024). Das Demokratieverständnis scheint sich von den Eigenschaften der Freiheit, politischen Gleichheit und politischen Kontrolle stärker zu autokratischen Elementen der zentrierten Entscheidungsfindung, der Kontrolle der Bürger und der Einschränkung des pluralistischen Parteiensystems zu verschieben.[1] Ein starker Führer, der Deutschland zum

---

1 Im World Values Survey steigt zwar das Bekenntnis zur Demokratie in Deutschland seit 1995, gleichzeitig können sich aber auch mehr Menschen mit einem starken Führer anfreunden. Seit 2010 liegt dieser Wert bei ca. 20 % (https://www.worldvaluessurvey.org/WVSOnline.jsp).

Wohle aller mit starker Hand regiert, eine Diktatur im nationalen Interesse oder eine einzige starke Partei, welche die Volksgemeinschaft insgesamt verkörpert, erscheinen mehr Menschen als sinnvolle Ergänzung oder Alternative zur Demokratie.

Betrachtet man aber genauer, wie viele Menschen nicht nur einem demokratischen politischen System zustimmen, sondern sich auch für Systemalternativen oder Elemente dieser Alternativen erwärmen können, so stellt sich heraus, dass die Demokratie zunehmend auf tönernen Füßen steht. Die um die Akzeptanz autoritärer Elemente bereinigte Unterstützung der Demokratie wird ebenso schwächer wie die Menschen weniger werden, die sich außer der Demokratie kein anderes politisches System vorstellen können. Für das Überleben der Demokratie stellt dies ein großes Gefahrenpotenzial dar.

Aus der Unterstützung der Idee der Demokratie und der Zufriedenheit mit der Demokratie in der Bundesrepublik Deutschland, also unserem ganzen politischen System, so wie es in der Verfassung festgelegt ist, kann zunächst ermittelt werden, dass 90 % der Bevölkerung in Deutschland die Demokratie »an sich« und 73 % die Demokratie in Deutschland als legitim empfinden. Während die Zustimmung zur „Demokratie als Idee" damit den tiefsten Stand seit Beginn unserer Messung im Jahr 2006 erreicht, handelt es sich auch um die geringste Akzeptanz der verfassungsmäßigen Demokratie seit 2010 (vgl. Grafiken 24 und 25 in Kap. 2). Selbst die einfache, grundlegende politische Unterstützung der deutschen Demokratie geht somit zurück; die demokratischen Werte und Verfahren befinden sich nicht mehr im Einklang mit den Vorstellungen vieler Menschen von Demokratie.

Den Systemalternativen – Führer, Diktatur und Einparteiensystem (siehe Kap. 2) – lassen hingegen mehr Menschen ihre Unterstützung zukommen. 2024 meinen knapp 39 % der Menschen in Deutschland, wir bräuchten eine einzige starke (völkische) Partei, wünschen sich knapp 24 % einen starken Führer und halten 19 % eine Diktatur unter bestimmten Umständen für eine bessere Staatsform. Der Anteil der Befürworter eines autokratischen politischen Systems hat somit signifikant zugenommen. Dies bedeutet, dass die Demokratie unter Druck gerät und die Bürger sie zunehmend mithilfe demokratischer politischer Partizipation und Unterstützung demokratischer politischer Parteien, aber auch in politischen Diskussionen und Statements verteidigen müssen.

Aus den genannten Zustimmungen zu Demokratie, Führer, Diktatur und Einparteiensystem lassen sich Einstellungstypen ermitteln (Grafik 1), die (1) ausschließlich demokratische Einstellungen besitzen (solide Demokraten), (2) sich auch zusätzlich autokratische Systemvarianten vorstellen können (fragile Demokraten) oder (3) die Demokratie gar ablehnen und sich ausschließlich zu Autokratien positiv äußern (Autokraten; Öztürk et al., 2023; Öztürk & Pickel, 2024; Landeszentrale für politische Bildung Nordrhein-Westfalen, 2023).

Grafik 1: Zustimmung zur Demokratie in Deutschland 2018–2024 (in %)

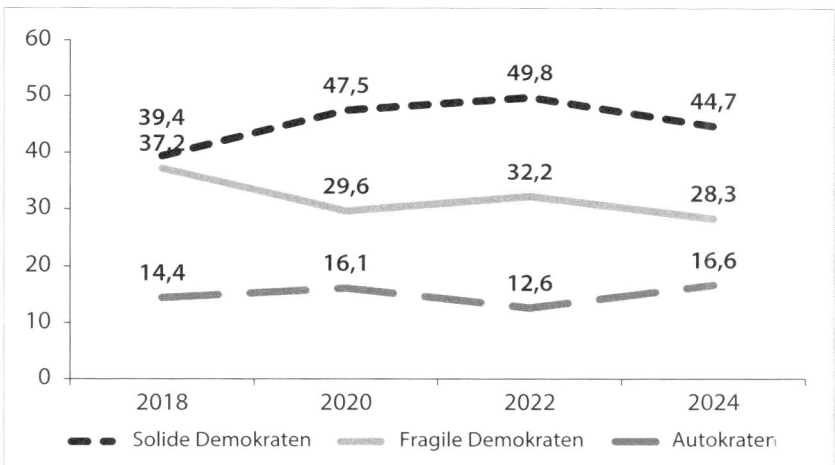

Ergebnisse der Leipziger Autoritarismus Studien 2018–2024 (2018: N = 2.516, 2020: N = 2.503, 2022: N = 2.522, 2024: N = 2.504); solide Demokraten = Zustimmung zu Items der Demokratieunterstützung und Ablehnung einer rechtsautoritären Diktatur; fragile Demokraten = Zustimmung sowohl zu Items der Demokratieunterstützung als auch der Befürwortung einer rechtsautoritären Diktatur; Autokraten = Ablehnung von Items der Demokratieunterstützung und Zustimmung zu einer rechtsautoritären Diktatur

Die Unterstützer der liberalen Demokratie, die *soliden Demokraten*, machen 2024 noch 44 % aus. 28 % müssen als *fragile Demokraten* und 17 % als *Autokraten* bezeichnet werden. Es ist eine knappe Mehrheit von insgesamt 45 % der Bevölkerung, die sich zumindest teilweise autokratische Verhältnisse in Deutschland vorstellen kann. Im Vergleich zu den Vorjahren zeigen sich mehr oder minder deutliche Schwankungen, tendenziell nimmt der Anteil der soliden und fragilen Demokraten wieder eher ab, der Anteil der Autokraten hingegen leicht zu. Autoritäre Einstellungen unterhöhlen das Fundament der Demokratie in Deutschland, die damit grundsätzlich infrage gestellt wird. Dies ist nicht erst seit der COVID-19-Pandemie der Fall, während der zahlreiche Menschen eine Einengung demokratischer Rechte beklagten, sich damit aber immer noch in einer Minderheitenposition befinden. Die hohen Anteile und die Dauer der zu geringen uneingeschränkten Zustimmung zur Demokratie lassen den Schluss zu, dass die Kritiker und Feinde der Demokratie nicht nur aus den radikalen und extremistischen politischen Gruppen und ihren Anhängern kommen. Sie sind vielmehr längst in den politischen Raum der sogenannten Mitte vorgedrungen. Autokratische Systemelemente sind salonfähig und werden in einem großen Teil der Bevölkerung akzeptiert. Dieser empirische Befund deutet auf eine gewisse Verwahrlosung der demokratischen politischen Kultur (Forst, 2020) hin und wirft die Frage auf, wie loyal sich die *fragilen Demokraten* in Krisenzeiten verhalten werden.

(Un-)Zufriedenheit mit der Demokratie

Die Zufriedenheit mit der Demokratie in Deutschland als Mischindikator aus Legitimitätsempfinden (Unterstützung der Demokratie »an sich«) und der Zufriedenheit mit ihren Leistungen gibt zunächst nur einen eingeschränkten Hinweis auf ihre Krisenfestigkeit. Es ist zu erwarten, dass die uneingeschränkten Unterstützer der Demokratie auch zufriedener mit ihrer aktuellen Praxis sind und Schwächen in der Praxis eher den politischen Akteuren als dem demokratischen System zuschreiben. Unzufriedenheit, die sich aus der Wahrnehmung mangelnder Leistungsfähigkeit speist, bildet das Spielbein der Demokratie: Hält man die aktuell verantwortlichen politischen Akteure für schlecht, hat man die Chance, sie abzuwählen.

Die Funktionsfähigkeit der Demokratie in Deutschland, so wie sie praktiziert wird, ruft 2024 Unzufriedenheit und Ablehnung hervor. Lediglich 42 % der Bürger, so wenig wie noch nie seit Beginn unserer Messung dieses Items im Jahr 2006, sehen ihre Vorstellungen von Demokratie und die aktuelle demokratische Praxis im Einklang (vgl. Grafik 26 in Kap. 2). Dies entspricht deutlichen Abweichungen zwischen der tatsächlich praktizierten Demokratie und dem Demokratieverständnis der Bür-

Grafik 2: Schwachpunkte beim Funktionieren der Demokratie

Ausgewiesen ist eine Wortwolke mit den am häufigsten verwendeten Worten (mindestens fünf Nennungen) im Rahmen der Beantwortung der Freitext-Feld-Frage »Welche Schwachpunkte sehen Sie beim Funktionieren unserer Demokratie?«; die Größe des jeweiligen Wortes gibt Aufschluss über die Häufigkeit der Nennungen (Referenz: »Politiker« wurde insgesamt 133 mal genannt); Füllworte wurden bereinigt

ger. Die Antworten (N = 1.708) auf eine offene Frage nach den Schwachpunkten beim Funktionieren unserer Demokratie bestätigen die Kontexte der allgemeinen Unzufriedenheit mit detaillierten Begründungen: Sie weisen auf eine hohe Unzufriedenheit mit der Regierung sowie auch im weiteren Sinne mit Politikern und Parteien – kurzum der aktuellen Politik – hin. Einen ersten Überblick bieten hierbei die am häufigsten genutzten Worte (Grafik 2). Die Begriffe »Politiker«, »Parteien« und »Regierung«

stehen sichtlich an erster Stelle. Ebenfalls viele Nennungen zählen Begriffe wie »Bürokratie«, »Korruption«, »Migration«, »Volk«, »Ausländer«, »AfD«, »Wirtschaft« und andere. Sie deuten auf viele verschiedene Fokusse bei der Benennung von Schwachpunkten der deutschen Demokratie hin. Mithilfe eines induktiven Kodiervorgangs (Mayring, 2000) wurden die insgesamt 1.708 Nennungen kategorisiert und gebündelt (Tab. 1). Die Antworten wurden hierbei 20 Kategorien zugeteilt.

Etwa 18 % der Befragten nennen negative Eigenschaften von Politikern, Parteien oder die aktuelle Regierung als Schwachpunkte. Im Rahmen dieser Nennungen tritt eine Regierungs- bzw. Politikerverdrossenheit zutage, die komplementär zu den zuvor vorgestellten Ergebnissen auf eine hohe Unzufriedenheit mit der aktuellen Politik und geringe spezifische Unterstützung (Easton, 1975), aber auch auf mangelndes Vertrauen gegenüber den Parteien und Politikern schließen lässt. 4 % der Antworten greifen besonders den Aspekt des Parteienpluralismus auf und problematisieren Streit und Uneinigkeit sowie die Menge der Parteien. Weitere 5 % der Befragten nennen Lobbyismus und Korruption als Schwachstellen und deuten hierbei mehr oder weniger eindeutig auf politische Akteure hin. 8 % sehen gleichzeitig wenige oder keine Möglichkeiten, Einfluss auf die Politik zu nehmen. Sie erkennen entsprechend eine mangelnde Responsivität aufseiten der Parteien und Politiker sowie fehlende Möglichkeiten zur direkten Partizipation (z. B. in Form von Volksentscheiden) als Schwachpunkte. In einer anderen Form drückt sich politische Deprivation im Kontext der Kategorie »Völkisches Aufbegehren« aus. Hierunter fallen etwa 2 % der Nennungen, die auf einen »Volks«-Begriff rekurrieren, der auf ein verabsolutierendes und mit (ethnischer) Reinheit verbundenes Verständnis hindeutet.

Etwa 7 % der Antworten zentrieren das Konzept der Demokratie und seine fehlende Umsetzung. Hierbei werden auch konkrete Verfahren bemängelt, wie z. B. die 5-Prozent-Hürde oder die Dauer der Legislaturperioden. Weitere 6 % nennen die Langwierigkeit demokratischer Prozesse und die hohe Aufwendung von Bürokratie als Problem. Jeweils 1 % der Antworten widmen sich der mangelnden Wehrhaftigkeit der Demokratie und dem Misstrauen gegenüber politischen Institutionen, die sich z. B. in geringer Wahlbeteiligung ausdrücken.

Einen problematischen Rechtsruck benennen etwa 4 % der Antworten. Sie umfassen rechte Einstellungen bis hin zu Rechtsextremismus.

Tabelle 1: Kategorisierung der Nennungen im Freitext-Feld

	N	in %	Inhaltliche Rahmung der Codes und Beispiel-Nennungen
1. Politik(er)verdrossenheit	300	17,6	– Negative Eigenschaften der Politiker (z. B. Gier, Arroganz, Inkompetenz) – Kritik an der aktuellen Regierung und den Parteien
2. Partizipation und Repräsentanz	133	7,8	– Politiker und Parteien vertreten n cht die Interessen der Bevölkerung – Zu wenig Partizipationsmöglichkeiten und Volksentscheide
3. Konzept und Umsetzung der Demokratie	113	6,6	– Demokratiebegriff diffus, dadurch auch anfällig für Missbrauch – Schwer bzw. nicht umsetzbar – Kritik an Verfahren und Prozessen (z. B. 5-Prozent-Hürde, Länge der Legislaturperioden)
4. Migration	110	6,4	– Asyl- und Flüchtlingspolitik scheitert – »Überfremdung« durch zu viele Ausländer – »Ausnutzung« der Sozialsysteme durch Ausländer
5. Bürokratie und langwierige Prozesse	99	5,8	– Zu viel Bürokratie – Zu langsame/träge Prozesse der Entscheidungsfindung
6. Verteilungsgerechtigkeit	92	5,4	– Soziale Ungleichheit – »Schere« zwischen Arm und Reich – Arbeitsplätze und Arbeitslosigkeit
7. Lobbyismus und Korruption	82	4,8	– Korruption und »Bestechlichkeit«, oft im Kontext von Politik und Politikern – Lobbyismus
8. Kommunikationskultur und gesellschaftliches Klima	77	4,5	– Zu viel Streit – Fehlender gesellschaftlicher Zusammenhalt und Gemeinschaftssinn
9. Parteienpluralismus	74	4,3	– Zu viele Parteien – Zu viel Streit unter den Parteien
10. Rechtsruck	65	3,8	– Rechte Parteien und Politiker – AfD als Gefahr für die Demokratie – Rechtsextremismus
11. Sicherheit und Rechtsstaatlichkeit	50	2,9	– Zu viel Kriminalität – Strafverfolgung zu »lasch«

	N	in %	Inhaltliche Rahmung der Codes und Beispiel-Nennungen
12. Wirtschaft	46	2,7	– Wirtschafts-/Finanzkrise – Stagnierende Wirtschaft – Steuerlast
13. Völkisches Aufbegehren	38	2,2	– »Volk« bzw. »Volkswille« wird nicht gehört/berücksichtigt – »Volk« wird betroffen; Regierung und Politik arbeiten gegen das »Volk«
14. Fehlende Gleichberechtigung und Ungerechtigkeit	34	2,0	– Chancenungleichheit
15. Einschränkung der Meinungsfreiheit	33	1,9	– Meinungsfreiheit nicht gegeben – Probleme dürfen nicht angesprochen werden
16. Alterssicherung	30	1,8	– Probleme in der Rentenpolitik – Altersarmut – Niedrige Renten
17. Misstrauen in die demokratischen Institutionen	21	1,2	– Zu geringe Wahlbeteiligung – Kein Vertrauen in politische Institutionen und System
18. Fehlende Wehrhaftigkeit und Radikalisierung	20	1,2	– »Demokratiefeinden« müssen Grenzen gesetzt werden – Zunehmende Radikalisierung
19. Klimawandel und -schutz	13	0,8	– Naturkatastrophen als Bedrohung – Klimaziele werden durch die Politik nicht genügend verfolgt
20. Andere	278	16,3	– Andere Nennungen
Nennungen insgesamt	**1.708**	**68,2**	
Fehlende Werte	**796**	**31,8**	

Ergebnisse der Freitext-Feld-Frage »Welche Schwachpunkte sehen Sie beim Funktionieren unserer Demokratie?«; die Nennungen (N = 1.708) wurden im Zuge eines induktiven Kodiervorgangs in 20 Kategorien eingeteilt; Angaben in % nutzen die Anzahl der Nennungen ohne fehlende Werte als Referenz

Auch die AfD wird in diesem Kontext als Schwachpunkt genannt. Ein wesentlicher Teil ihrer Mobilisierungsstrategie liegt im Schüren von Ressentiments gegen Migranten und Muslime (Celik et al., 2020). Entsprechend verdeutlichen auch einige der Nennungen Ängste und Sorgen im Hinblick auf die deutsche Migrationspolitik. 6 % der Befragten benennen

Asyl- und Flüchtlingspolitik sowie die »Überfremdung« des Landes als zentrale Schwachstelle der deutschen Demokratie.

Im Allgemeinen sehen einige Befragte zudem negative Entwicklungen hinsichtlich der Kommunikationskultur und des gesellschaftlichen Klimas. Etwa 5 % der Antwortenden beklagen fehlenden gesellschaftlichen Zusammenhalt und Streit. Zusätzlich nehmen etwa 2 % der Befragten eine Einschränkung der Meinungsfreiheit an und haben das Gefühl, nicht offen aussprechen zu können, was sie denken.

Insgesamt zeichnet sich ein Bild der Unzufriedenheit und des Misstrauens in Hinblick auf die derzeitige Regierung und ihre Politik, das flankiert wird von politischer Deprivation, einem politisierten und polarisierten – wenn nicht fragmentierten – gesellschaftlichen Klima sowie als Bedrohung empfundenen Herausforderungen verschiedener Krisenlagen (Migration, Alterssicherung und Demografie, Klima, Verteilungsgerechtigkeit). Es liegt der Schluss nahe, dass die Unzufriedenheit mit der aktuellen Politik in Kombination mit der Wahrnehmung, keinen Einfluss auf die Politik nehmen und einen Wandel erwirken zu können, ein hohes Maß an Frustration verursacht und sich bei einigen Gruppen zuträglich für antisystemische Einstellungen auswirkt.

Auch korrelative Zusammenhänge zwischen der Unterstützung der Demokratie und der Nennung bestimmter Schwachpunkte legen diesen Befund nahe (Tab. 2). So steht der zuvor beschriebene Typus der *soliden Demokraten* etwa in einem positiven Zusammenhang zur Benennung eines Rechtsrucks (0,090**) und fehlender Wehrhaftigkeit der Demokratie (0,071**) als Schwachpunkte. Die Sorge vor einer »Überfremdung« (-0,085**), völkisch konnotierte Forderungen (-0,051*) sowie die Wahrnehmung, ungerecht behandelt zu werden (-0,053**), sind hingegen weniger wahrscheinliche Nennungen für diese Gruppe. Demgegenüber korreliert die Zugehörigkeit zum Typus der *Autokraten* positiv mit Nennungen zur Migrationspolitik als Schwachstelle der deutschen Demokratie (0,059**) und negativ mit der Benennung eines Rechtsruck (-0,064**). Die *fragilen Demokraten* bewegen sich dazwischen: Sie tendieren dazu, Unzufriedenheit mit der Politik und ihren Autoritäten zu äußern (0,054**) und zugleich den Mangel an partizipativen Möglichkeiten (0,052**) – manchmal gekoppelt an völkische Forderungen (0,062**) – zu beanstanden. Zugleich ist die Wahrnehmung eines problematischen Rechtsrucks (-0,050*) und fehlender Wehrhaftigkeit gegenüber den Feinden der Demo-

Tabelle 2: Zusammenhänge zwischen Schwachstellen und Unterstützung der Demokratie

	Solide Demokraten	Fragile Demokraten	Autokraten	Ost/West (Ost)
Politik(er)verdrossenheit		0,054**		0,104**
Partizipation und Repräsentanz		0,052**		0,040*
Konzept und Umsetzung der Demokratie				
Migration	-0,085**		0,059**	
Bürokratie und langwierige Prozesse	0,049*			
Verteilungsgerechtigkeit	-0,054**			0,050*
Lobbyismus und Korruption				-0,047*
Kommunikationskultur und gesellschaftliches Klima				
Parteienpluralismus				
Rechtsruck	0,090**	-0,050*	-0,064**	
Sicherheit und Rechtsstaatlichkeit				
Wirtschaft		-0,058**		-0,048**
Völkisches Aufbegehren	-0,051*	0,062**		0,072*
Fehlende Gleichberechtigung und Ungerechtigkeit	-0,053**			
Einschränkung der Meinungsfreiheit				0,072**
Alterssicherung	-0,059**			
Misstrauen in die demokratischen Institutionen				
Fehlende Wehrhaftigkeit und Radikalisierung	0,071**	-0,04*		0,081**
Klimawandel und -schutz				

Ausgewiesen sind die Ergebnisse einer Korrelationsmatrix; Pearsons Produkt-Moment-Korrelation; Signifikanzniveaus: **p < .01; *p < .05; leere Zellen = keine signifikante Korrelation

kratie (-0,04*) innerhalb dieser Gruppe weniger gegeben. Insgesamt zeigt sich eine breite Unzufriedenheit und Verdrossenheit der *fragilen Demokraten*, die sich nicht gehört und übersehen fühlen. Diese Einstellungskonstellationen machen auch eine Wahl einer Partei wahrscheinlicher, die es mit den demokratischen Prinzipien nicht so genau nimmt – nicht aus Protest, sondern aus der Überzeugung heraus, das der vermeintliche »Volkswille« und die bestehende, auf einem Mehrparteiensystem aufbauende, repräsentative Demokratie nicht mehr so richtig zusammenpassen.

Erklärung der (Un-)Zufriedenheit

Wie kann die (Un-)Zufriedenheit der deutschen Bevölkerung mit ihrer Demokratie erklärt werden? Das Legitimitätsempfinden scheint zumindest bei der relativen Mehrheit der Deutschen, auch wenn man es um die Akzeptanz autoritärer Systemvarianten bereinigt, vorhanden zu sein. Generell liegen die Legitimitätswerte der Demokratie »an sich« in Ostdeutschland etwas höher als im Westen (Idee der Demokratie: Ost: 95 %, West: 89 %; Demokratie in Verfassung: Ost: 81 %, West: 71 %). Allerdings ist die Differenz zwischen Ost- und Westdeutschland bei der Zufriedenheit mit der demokratischen Praxis mit 16-Prozentpunkten relativ groß (Ost: 30 %, West: 46 %). Die Menschen in den ostdeutschen Bundesländern sehen offenbar die deutsche Demokratie, so wie sie im Grundgesetz festgelegt ist, als schlechter umgesetzt. Sie fühlen sich der Politik hilfloser ausgesetzt und denken im Vergleich zu Menschen in Westdeutschland häufiger, dass sie politisch einflusslos seien (Ost: 78 %, West: 70 %) und dass es sinnlos sei, sich politisch zu engagieren (Ost: 72 %, West: 62 %). Die Werte sind bundesweit schlecht und deuten auf eine verbreitete Involvierungsverdrossenheit (G. Pickel, 2002, S. 91) hin.

Steffen Mau führt die erhöhte Involvierungsverdrossenheit der Ostdeutschen auf unterschiedliche Deutungskulturen[2] der Demokratie in Ost- und Westdeutschland zurück, die historisch gewachsen sind und tradiert werden (Mau, 2024, S. 9). Dies führt er im Falle Ostdeutschlands auf

---

2 Nach dem Politikwissenschaftler Karl Rohe sind damit innerhalb einer Gruppe bestehende Grundannahmen über die politische Welt gemeint, die das öffentliche Reden und Handeln der Mitglieder leiten.

195

sozialstrukturelle, demografische und kulturelle Aspekte zurück: So liege eine sozialstrukturelle Unterprivilegierung vor, die sich aus dem vergleichsweise geringen Wohlstand der Ostdeutschen zusammenfüge. Diese habe sich zusätzlich durch die »Überschichtung der ostdeutschen Gesellschaft durch westdeutsches Führungspersonal« (ebd., S. 44) im Nachgang der Wiedervereinigung verfestigt und mit der »Unternutzung des demokratischen Potenzials der friedlichen Protestbewegung« bei gleichzeitiger »Übernutzung des nationalen Potenzials politischer Mobilisierung« zur heutigen Prägung der politischen Kultur Ostdeutschlands beigetragen. Im heutigen Kontext ist die ostdeutsche Gesellschaft demzufolge primär eine »einfache Arbeitnehmergesellschaft« oder ein »Land der kleinen Leute« (ebd., S. 22), das geprägt ist von einem notorischen Gefühl, nur Bürger zweiter Klasse zu sein. Eine in der DDR gängige Elitenkritik (»die da oben, wir hier unten«) konnte sich somit als wichtiges Deutungsmuster erhalten. Hinzu kommen eine durch frühere Krisen leicht aktivierbare Verlustaversion sowie eine fehlende Verwurzelung von Parteien und zivilgesellschaftlichen Strukturen, welche die politische Kommunikation zwischen Bürgern und Politik zusätzlich erschweren sowie das Gefühl fehlender Einfluss- und Partizipationsmöglichkeiten verstetigen.

Neben der angesprochenen Involvierungsverdrossenheit verfestigt sich dieser Eindruck auch mit Blick auf korrelative Zusammenhänge zwischen den Nennungen von Schwachstellen der Demokratie und der Zugehörigkeit zur Gruppe der Ostdeutschen (Tab. 2). Sie sind vergleichbar mit den Ergebnissen für den Typus der *fragilen Demokraten*. Die Politik und ihre Funktionsträger – respektive »die da oben« – werden von ostdeutschen Befragten vergleichsweise eher als Schwachpunkt identifiziert (0,104**). Auch Nennungen, die einen Mangel an Partizipationsmöglichkeiten beklagen, wurden von ostdeutschen Befragten häufiger getätigt (0,040*). Dies gilt ebenfalls für Nennungen der Kategorie »Verteilungsgerechtigkeit« (0,050*). Darüber hinaus bestehen positive Zusammenhänge zwischen der Zugehörigkeit zur Gruppe der Ostdeutschen und völkisch konnotierten Nennungen (0,072*) sowie der Wahrnehmung fehlender Meinungsfreiheit (0,072**). Zugleich scheinen ostdeutsche Befragte aber auch vergleichsweise häufiger eine fehlende Wehrhaftigkeit der Demokratie als Problem zu benennen (0,081**).

Die zuvor ausgeführten Überlegungen und Zusammenhänge bilden die Rahmenbedingungen für eine Bewertung der Funktionsfähigkeit der

Grafik 3: Erklärung der (Un-)Zufriedenheit mit der deutschen Demokratie

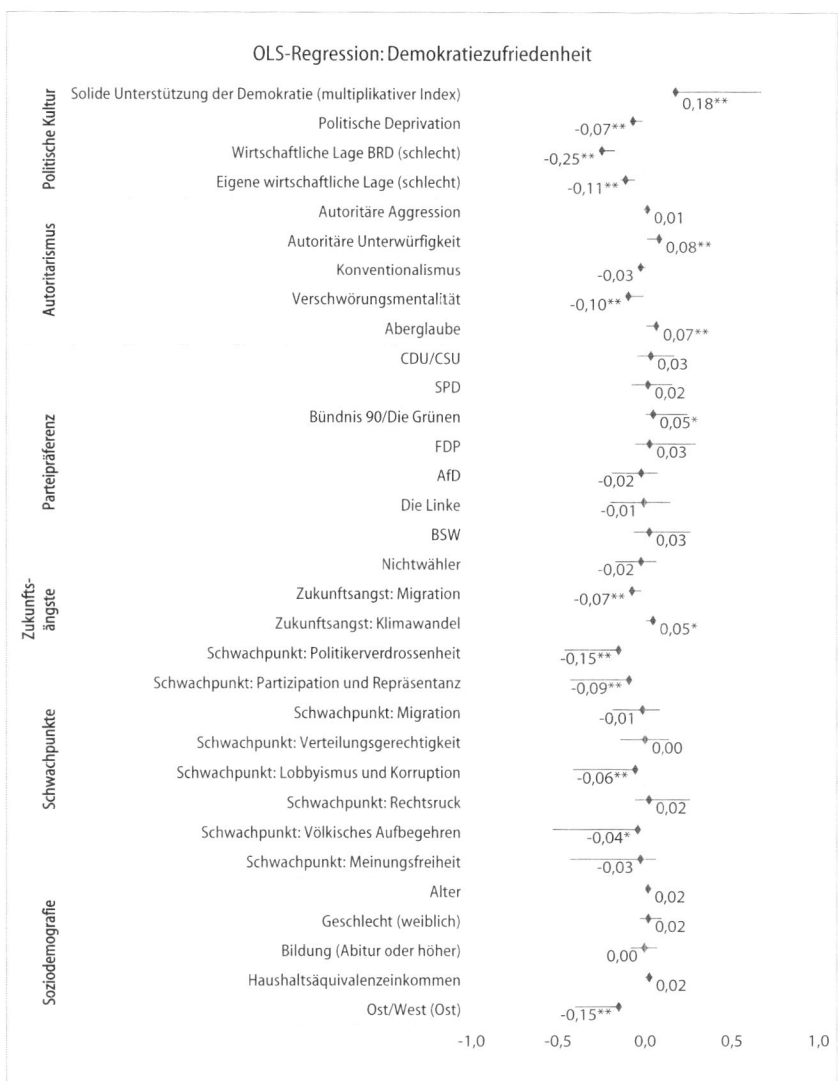

Ausgewiesen sind die Ergebnisse einer linearen Regressionen in Form von standardisierten Beta-Koeffizienten; abhängige Variable: »Und was würden Sie allgemein zur Demokratie in der Bundesrepublik Deutschland, also zu unserem ganzen politischen System, sagen, so wie es tatsächlich funktioniert?«; F(32, 1840) = 39,764; p < .001; R² = 0,409; Signifikanzniveaus: **p < .01; *p < .05

Demokratie in Deutschland und lassen sich nun in einem nächsten Schritt unter Anwendung einer linearen Regressionsanalyse im Verhältnis bewerten (Grafik 3). Die generelle Unzufriedenheit, die in Ostdeutschland verbreiteter ist als in Westdeutschland, bildet sich auch in den Ergebnissen der Regressionsanalyse ab (Beta: -0,15**). Sie hängt eng mit der diffusen Unterstützung (der Legitimität der deutschen Demokratie) sowie der spezifischen Unterstützung (der Zufriedenheit mit der gesamtwirtschaftlichen und der eigenen wirtschaftlichen Lage) zusammen. Halten die Menschen die Demokratie in Deutschland für legitim und unterstützen sie die Demokratie uneingeschränkt, dann sind sie auch insgesamt mit der demokratischen Praxis in Deutschland zufriedener (Beta: 0,18**). Je schlechter die wirtschaftlichen Lagen beurteilt werden und je geringer das Legitimitätsempfinden gegenüber der deutschen Demokratie ist, desto unzufriedener sind die Menschen mit der aktuellen Demokratie in Deutschland (Beta: -0,25** und -0,11**). Tatsächlich halten 40 % der deutschen Bevölkerung die Leistungen der politischen Akteure in Hinblick auf die gesamtwirtschaftliche Lage und 21 % in Bezug auf die eigene wirtschaftliche Lage für schlecht (o. Abb.). Dieser Befund stellt sich nuancierter auch im Rahmen der Frage nach den Schwachpunkten der deutschen Demokratie dar. Dabei ist die Einschätzung der gesamtwirtschaftlichen Lage ausschlaggebend für die Unzufriedenheit: Denkt man, dass sich die Wirtschaft in Deutschland schlecht entwickelt, so wird dies der politischen Praxis zugeschrieben und erzeugt Unzufriedenheit mit der Demokratie.

Auch das Gefühl, politisch keinen Einfluss zu haben und nichts bewirken zu können (politische Deprivation, im Mittel 68 %), trägt zur Unzufriedenheit mit der demokratischen Praxis bei (Beta: -0,07**). Glaubt man an Verschwörungserzählungen, hängt dies unter Prüfung korrelativer Zusammenhänge nicht nur mit dem Gefühl politischer Einflusslosigkeit (0,227**) zusammen, sondern auch mit einer großen Unzufriedenheit mit der deutschen Demokratie (-0,287**) und, was für das Überleben der Demokratie viel entscheidender ist, mit einem Zweifel an ihrer Legitimität (-0,451**). Auch die Ergebnisse der Regressionsanalyse unterstützen diesen Befund (Beta: -0,10**). Küppers (2024) kann im Einklang mit unseren Befunden zeigen, dass Verschwörungsgläubige jedes politische System gegenüber der repräsentativen Demokratie bevorzugen. Verschwörungsgläubigkeit erweist sich somit als starkes Gift für die Demokratie

(Pickel et al., 2022; Landeszentrale für politische Bildung Nordrhein-Westfalen, 2023).

Zukunftsängste werden häufig als Erklärung für die Zuwendung zu Parteien diskutiert (Deppisch, 2020; Quent, 2021; Celik et al., 2020), die sich an den Rändern des ideologischen Spektrums befinden. Zwei Befürchtungen nehmen im Rahmen der Regressionsanalyse einen Einfluss auf die Demokratiezufriedenheit: Während für die Angst vor weiterer Migration ein deutlich negativer Zusammenhang festzustellen ist (Beta: -0,07**), sind Menschen, die Angst vor dem Klimawandel äußern, mit der derzeitigen demokratischen Praxis zufrieden und sehen diese Problematik gut bearbeitet (Beta: 0,05*). Die beiden Themen Migration und Klimapolitik spalten vor allem zwischen den Anhänger der AfD und denen der Grünen. Dieser Befund deutet in die Richtung der Annahme, dass insbesondere die Partei, die Alternativen zur Demokratie schaffen und gleichzeitig eine fortgesetzte Migration nach Deutschland verhindern will, für die Unzufriedenen attraktiv ist.

Für die kategorisierten Nennungen der Schwachpunkte der deutschen Demokratie ergeben sich insgesamt vier signifikante Regressionskoeffizienten. Eine Verdrossenheit gegenüber Politikern und Parteien sowie der aktuellen Regierung erweist sich als abträglich für die Demokratiezufriedenheit (Beta: -0,15**). Auch das Beklagen mangelnder Partizipationsmöglichkeiten wirkt sich in diese Richtung aus (Beta: -0,09**). Es deutet auf eine politische Deprivation hin. Wer Lobbyismus und Korruption als Schwachpunkte der deutschen Demokratie identifiziert, tendiert ebenfalls dazu, unzufriedener mit ihr zu sein (Beta: -0,06**). Und auch Nennungen, die völkisch konnotiert sind, wirken sich negativ aus (Beta: -0,04*).

Die allgemeine Unzufriedenheit mit der Demokratie präsentiert sich demnach im Kontext mangelhafter Legitimitätsgefühle, einer schlechten Beurteilung der wirtschaftlichen Lage, einem Fehlen politischer Selbstwirksamkeit und von Zukunftsängsten, die insbesondere Ängste vor weiterer Migration nach Deutschland thematisieren, als besonders groß. Im Kontext der wahrgenommenen Schwachpunkte der deutschen Demokratie sind es vor allem Angaben, die auf eine Politik(er)verdrossenheit schließen lassen, sowie die Wahrnehmung, keine Möglichkeiten zur (direkten) Einflussnahme zu haben – in manchen Fällen gekoppelt an völkische Forderungen –, die eine Unzufriedenheit mit der Demokratie bestärken.

Allerdings zeigen sich die Anhänger der AfD und des BSW zunächst nicht per se unzufriedener mit der demokratischen Praxis in Deutschland, wenn man die Einstellungen der politischen Kultur, zum Autoritarismus und zu bestimmten Zukunftsängsten hinzunimmt. Lediglich die Anhängerschaft der Grünen ist etwas zufriedener als die der übrigen Parteien (Beta: 0,05*).

Tabelle 3: Zusammenhänge zwischen der Wahlabsicht für AfD bzw. BSW und Einstellungen zur Demokratie

	AfD	BSW
Unterstützung für die Idee der Demokratie	-0,144**	
Demokratie, wie in der deutschen Verfassung festgelegt	-0,160**	
Demokratie, wie sie aktuell funktioniert	-0,213**	
Beurteilung der gesamtwirtschaftlichen Lage (schlecht)	0,196**	
Beurteilung der eigenen wirtschaftlichen Lage (schlecht)	0,130**	0,045*
Politische Deprivation	0,068**	
Autoritäre Aggression	0,149**	
Autoritäre Unterwürfigkeit	0,189**	
Konventionalismus	0,156**	
Verschwörungsmentalität	0,232**	
Aberglaube	-0,052*	
Zukunftsangst: Migration	0,166**	
Zukunftsangst: Klimawandel	-0,221**	

Ausgewiesen sind die Ergebnisse einer Korrelationsmatrix; Pearsons Produkt-Moment-Korrelation; Signifikanzniveaus: **p < .01; *p < .05; leere Zellen = keine signifikante Korrelation

Zieht man zusätzlich die korrelativen Zusammenhänge zwischen einigen Erklärungsfaktoren heran, bietet sich ein differenziertes Bild (Tab. 3): Seit der Gründung der AfD 2013, noch stärker aber seit ihrer Positionsverschiebung ab 2017 und der Gründung des BSW 2023 stehen den Enttäuschten und von der liberalen Demokratie Frustrierten (politische Deprivation) nunmehr Parteien zur Verfügung, welche die eigenen Vorstellungen von einer funktionierenden Demokratie abbilden, auch wenn diese Vorstellungen oft weit entfernt sind von der freiheitlich-demokratischen Grundordnung oder anderen Formen einer liberalen Demokratie

(Wurthmann, 2022b, S. 402–419; König, 2022; S. Pickel & Celik, 2024, S. 55–57). Eine Analyse der Einstellungen der Anhänger des BSW zeigt jedoch, dass – abseits von der Beurteilung der eigenen wirtschaftlichen Lage (0,045*) – keine Zusammenhänge mit der (Un-)Zufriedenheit mit der Demokratie, aber auch mit ihrer Unterstützung oder anderen Faktoren bestehen, die den Kontext einer Anhängerschaft der AfD abbilden. Dort, wo sich die Anhänger der AfD eindeutig von der Demokratie abwenden, sind die Anhänger des BSW indifferent und besitzen kein eindeutiges Einstellungsmuster. Sie sind weder eindeutig pro- noch anti-demokratisch.

Die Anhänger der AfD hingegen zeigen sich als eindeutig unzufrieden mit der deutschen Demokratie (-0,160** und -0,213**). Diese Unzufriedenheit wird von einer Verschwörungsmentalität (0,232**) und einem damit korrespondierenden Mangel an Vertrauen in politische Amtsträger begleitet. AfD-nahe Menschen glauben, dass die Politiker nicht selbst entscheiden, sondern von obskuren Mächten gesteuert werden (»Politiker sind nur Marionetten«). Selbst wenn die Wähler sich ausschließlich aus Protest für die AfD entscheiden (was die wenigsten tun), verpufft der positive Effekt eines Wahlerfolges auf die Demokratiezufriedenheit zeitnah zur Wahlentscheidung – wie auch bei denjenigen Wählern, die der AfD aus politisch-inhaltlichen Gründen ihre Stimme gaben (Schäfer & Reinl, 2022, S. 100–102). Darüber hinaus erneuern unsere Daten die bereits bekannten Befunde, dass die Anhänger der AfD vor allem Angst vor der Entwicklung der Migration haben (0,166**) und den Klimawandel für nicht existent halten (-0,221**).

Wesentlich bedeutsamer für die Entwicklung der Demokratie in Deutschland sind die Einstellungen der AfD-Anhänger zur Legitimität (-0,144**) bzw. Unterstützung der Demokratie: AfD-Anhänger lehnen die Demokratie deutlich häufiger ab als diejenigen aller übrigen Parteien und glauben stattdessen an Verschwörungserzählungen zulasten der Demokratie (Decker et al., 2020, 2022). Dass Befürchtungen hinsichtlich der allgemeinen wirtschaftlichen Lage in Deutschland oder gar persönliche wirtschaftliche Missstände Menschen in die Arme der AfD treiben, können unsere Ergebnisse bestätigen (0,196** und 0,130**). Es sind besonders Menschen, die sich selbst als wirtschaftlich unsicher und die Volkswirtschaft in Deutschland als leidend empfinden, die sich zur AfD bekennen. Wiederum zeigt sich: Verschwörungsgläubigkeit passt nicht zur Unterstützung der Demokratie, sie erzeugt nicht nur eine Unzufriedenheit mit der Demokratie in Deutschland, sondern eine grundsätzliche Ablehnung der Demokratie und die Hinwendung zu einer Partei, die die freiheitlich-demokratische Grundordnung nachhaltig verändern will.

Die in der Regression abgebildete Indifferenz der AfD-Anhänger gegenüber der Demokratiezufriedenheit ist ein Effekt der Binnenkorrelationen: Verschwörungsgläubigkeit und Angst vor Migration hängen eng mit der Sympathie für die AfD zusammen und lassen den direkten Effekt der Anhängerschaft auf die Zufriedenheit mit der Demokratie verschwinden. Das Syndrom aus autoritären Einstellungen, Verschwörungsgläubigkeit, Leugnung des Klimawandels, Angst vor Zuwanderung, wirtschaftlicher Unzufriedenheit, politischer Deprivation und insbesondere eine Ablehnung der (deutschen) Demokratie kennzeichnet die politischen Einstellungen der Anhänger der AfD und erklärt deren Unzufriedenheit mit der Demokratie in Deutschland. Sie ist jedoch nur ein Nebenschauplatz. Wesentlich ist die ablehnende Grundhaltung gegenüber der Demokratie, die deren Überleben gefährdet – nicht nur in Krisenzeiten.

Fazit

Die Unzufriedenheit mit der demokratischen Praxis in Deutschland bildet nur die Spitze des Eisbergs ab. Einerseits kann sie als »Spielbein der Demokratie« Auskunft über die Bewertung der Leistungsfähigkeit der Demokratie vor dem Hintergrund ihrer grundsätzlichen Anerkennung durch die Bürger geben, andererseits äußern sich die Menschen recht eindeutig über die Aspekte der Demokratie, die sie unzufrieden machen. Ein großer Teil der Antworten auf die Frage, was die Schwachpunkte beim Funktionieren der deutschen Demokratie seien, nehmen hierbei Bezug auf Politiker und Parteien, ihre negativen Eigenschaften und ihre Abkopplung von der Wählerschaft als Elite. In dieselbe Kategorie fallen auch Nennungen, die als Schwachpunkt eine vermeintliche Inkompetenz der aktuellen Regierung identifizieren. Gleichzeitig benennen ebenfalls viele Menschen einen Mangel an (direkten) Partizipationsmöglichkeiten als Problem. Manche Menschen äußern implizite Forderungen, die sich an einem verabsolutierenden Volksbegriff orientieren und von Frustration und Wut zeugen. Eine Kombination aus Unzufriedenheit mit den Out-

puts der aktuellen Politik und ihrer Funktionsträger einerseits sowie gleichzeitiger politischer Deprivation andererseits erweist sich somit als Nähr-
boden für antisystemische Haltungen. Sie ist ein Kennzeichen *fragiler
Demokraten*, zu denen auch ein vergleichsweise großer Teil der Ostdeutschen gezählt werden kann. Zugleich zeigen sich zwei Pole in Hinblick
auf die Einstellungen zur Demokratie und die wahrgenommenen Probleme bei unterschiedlich gefestigten Demokraten bzw. Autokraten. So
tendieren diejenigen, die eine hohe Demokratiebefürwortung und -zufrie-
denheit aufweisen, etwa dazu, einen Rechtsruck und den Klimawandel
als Probleme zu benennen. Befürworter einer rechtsautoritären Diktatur
und Personen mit einer geringen Demokratiezufriedenheit hingegen tendieren dazu, die aktuelle Migrationspolitik und Verwerfungen von Politikern und Parteien zu problematisieren. Die Befunde verweisen somit auf
unterschiedliche Deutungen darüber, was genau eine Demokratie ausmacht und wo ihre Probleme liegen.

Unter der sichtbaren Oberfläche der (Un-)Zufriedenheit und der einfachen Bestimmung der grundsätzlichen Zustimmung zeigt sich, dass
sich die tatsächliche Legitimität der Demokratie als fragil und innerhalb
der Bevölkerung als zu wenig eindeutig verbreitet präsentiert. Unsichere,
fragile Demokraten und Autokraten stehen eindeutigen, soliden Demokraten nach Anteilen an der Gesamtbevölkerung nahezu ebenbürtig gegenüber. Die Demokratie kann sich demnach auf ihre Bürger nicht mehr uneingeschränkt verlassen.

Dieses Ergebnis lässt mehrere Deutungen zu (S. Pickel, 2024):

a) Viele Menschen in Deutschland kennen die Unterschiede zwischen
einem autokratischen System (Führerstaat, Einparteiensystem, Diktatur) und einer Demokratie nicht. Sie denken möglicherweise, dass
diese Systeme bzw. derlei Systemelemente ihren Interessen entgegen-
kommen und sie von einem weniger demokratischen System profitieren, weil sie für ihre Treue zur machthabenden Partei belohnt
werden.

b) Sie kennen die Unterschiede, denken aber, dass die Einschränkungen
sie nicht treffen, die freiheitlichen Grundrechte einer Demokratie in
einem eingeschränkt demokratischen oder autoritären System weiter
geachtet werden oder es sich bei den Einschränkungen nur um vorü-
bergehende Maßnahmen, vielleicht sogar nur gegenüber von Minderheiten, handelt.

c) Sie kennen die Unterschiede, aber akzeptieren die Einschränkungen der Demokratie, weil sie ihnen vermeintlich zugutekommen und sie gegenüber anderen Gesellschaftsgruppen bevorzugt werden.

Eine Verschwörungsmentalität, der Wunsch, dass sich in der Gesellschaft besonders in Bezug auf die sozialen Positionen, die bestimmte Gruppen einnehmen, nichts ändern darf (soziale Dominanzorientierung), und autoritäre Sozialisationserfahrungen erweisen sich als zentrale Prädiktoren antidemokratischer Einstellungen (G. Pickel et al., 2022, Öztürk et al., 2023; Landeszentrale für politische Bildung Nordrhein-Westfalen, 2023). Die Konsequenz daraus ist, dass die Demokratie in Deutschland nicht mehr unumstritten ist. Und diese Auseinandersetzung findet nicht nur um die Gestaltung unserer freiheitlich-demokratischen Grundordnung oder um die politischen Präferenzen und die Qualität der politischen Entscheidungen der Regierung statt. Dies wären »normale« Debatten in einer Demokratie. Der Streit entbrennt vielmehr um das politische System selbst.

Literatur

AFP/Reuters (2024). Ampelkoalition ist unbeliebter als je zuvor. *Spiegel Online*, 04.08.2024. https://www.spiegel.de/politik/deutschland/sonntagsfrage-nur-noch-10-prozent-wuerden-gruene-waehlen-ampelregierung-unbeliebt-wie-nie-a-826d6e44-8fdf-472b-a651-3102b76dcb4f (30.08.2024).

Almond, G. & Verba, S. (1963). *The Civic Culture. Political Attitudes and Democracy in Five Nations*. Princeton: University Press.

Alvarez, A. M. & Welzel, C. (2011). How Values shape people's views of Democracy: A global comparison. www.democracy.uci.edu/files/docs/conferences/2011/Moreno%20Welzel_Chapter.pdf (30.08.2024).

Celik, K., Decker, O. & Brähler, E. (2020). Rechtsextremismus für die breite Gesellschaft? Der Wandel der AfD-Wählerschaft von 2014 bis 2020. In O. Decker & E. Brähler (Hrsg.), *Autoritäre Dynamiken. Alte Ressentiments – neue Radikalität* (S. 149–175). Gießen: Psychosozial.

Decker, O., Kalkstein, F., Dilling, M., Celik, K., Hellweg, N. & Brähler, E. (2024). Besteht eine Chance für eine neue Partei? AfD-Anhänger und die Aussicht für eine Alternative links der Mitte. *Forschungsjournal Soziale Bewegungen, 37*(2), 1–27.

Decker, O., Kiess, J., Heller, A. & Brähler, E. (2022). Autoritäre Dynamiken in unsicheren Zeiten: Neue Herausforderungen – alte Reaktionen? In O. Decker, J. Kiess, A. Heller & E. Brähler (Hrsg.), *Autoritäre Dynamiken in unsicheren Zeiten. Neue Herausforderungen – alte Reaktionen?* (S. 11–28). Gießen: Psychosozial.

Decker, O., Schuler, J., Yendell, A., Schießler, C. & Brähler, E. (2020). Das autoritäre Syndrom: Dimensionen und Verbreitung der Demokratie-Feindlichkeit. In O. Decker & E. Brähler (Hrsg.), *Autoritäre Dynamiken. Alte Ressentiments – neue Radikalität* (S. 179–209). Gießen: Psychosozial.

Deppisch, L. (2020). »Gefühle des Abgehängtseins« – ein Angstdiskurs. In S. Martin & T. Linpinsel (Hrsg.), *Angst in Kultur und Politik der Gegenwart. Kulturelle Figurationen: Artefakte, Praktiken, Fiktionen.* Wiesbaden: Springer VS. https://doi.org/10.1007/978-3-658-30431-7_10

Diamond, L. (1999). *Developing Democracy: Toward Consolidation.* Baltimore: Johns Hopkins University Press.

Easton, D. (1975). A Re-assessment of the Concept of Political Support. *British Journal of Political Science, 5*(4), 435–457. https://doi.org/https://doi.org/10.1017/S0007123400003309

Easton, D. (1979). *A Framework for Political Analysis.* Chicago: University of Chicago Press.

Esaiasson, P., Kolln, A.-K. & Turper, S. (2015). External Efficacy and Perceived Responsiveness – Similar but Distinct Concepts. *International Journal of Public Opinion Research, 27*(3). https://doi.org/10.1093/ijpor/edv003

Forst, R. (2020). Die verwahrloste Demokratie. *Süddeutsche Zeitung,* 01.09.2020. https://www.sueddeutsche.de/kultur/demokratie-rainer-forst-1.5017022 (30.08.2024).

Hirschman, A. O. (1970). *Exit, Voice and Loyalty. Responses to Decline in Firms, Organizations and States.* Cambridge: Harvard University Press.

König, P. D. (2022). Populismus versus majoritärer Relativismus: Zu einer wichtigen Unterscheidung zwischen Demokratiekonzeptionen in der Bevölkerung. *Politische Vierteljahresschrift, 63,* 639–661. https://doi.org/10.1007/s11615-022-00407-5

Küppers, A. (2024). Anything but Representative Democracy: Explaining Conspiracy Believers' Support for Direct Democracy and Technocracy. *Politics and Governance,* 12. https://doi.org/10.17645/pag.8582

Landeszentrale für politische Bildung Nordrhein-Westfalen (2023). 2. Demokratiebericht. Politische und demokratische Lebenswelten der nordrhein-westfälischen Bevölkerung in 2023. https://www.politische-bildung.nrw.de/fileadmin/imperia/md/content/projekte/Demokratiebericht/LpBNRW_Demokratiebericht_2023.pdf (30.08.2024).

Lane, R. E. (1959). *Political life: Why and how people get involved in politics.* Chicago, Markham: Free Press.

Lewandowsky, M. (2024). *Was Populisten wollen: Wie sie die Gesellschaft herausfordern – und wie man ihnen begegnen sollte.* Köln: Kiepenheuer & Witsch.

Lipset, S. M. (1959). Some Social Requisites of Democracy: Economic Development and Political Legitimacy. *American Political Science Review, 53*(1), 69–105.

Mau, S. (2024). *Ungleich vereint. Warum der Osten anders bleibt.* Berlin: Suhrkamp.

Mayring, P. (2000). Qualitative Inhaltsanalyse. *Forum Qualitative Sozialforschung, 1*(2).

Norris, P. & Inglehart, R. (2019). *Cultural Backlash. Trump, Brexit, and Authoritarian Populism.* Cambridge: Cambridge University Press.

Öztürk, C. & Pickel, S. (2024). Die Gefahr der Co-Radikalisierung: Wie sich Muslim*innenfeindlichkeit und Islamismus in Deutschland wechselseitig verstärken. *Zeitschrift für Religion, Gesellschaft und Politik* (i. E.).

Öztürk, C., Pickel, S., Schmitz-Vardar, M., Decker, O. & Pickel, G. (2023). Muslim:innenfeindliche Demokratieferne: Zur autoritären Dynamik antimuslimischer Einstellungen und ihrem gesellschaftlichen Radikalisierungspotenzial. In S. Pickel, G. Pickel, O. Decker, I. Fritsche, M. Kiefer, F. M. Lütze, R. Spielhaus & H.-H. Uslucan (Hrsg.), *Gesellschaftliche Ausgangsbedingungen für Radikalisierung und Co-Radikalisierung* (S. 261–291). Wiesbaden: Springer VS.

Pickel, G. (2002). *Jugend und Politikverdrossenheit. Zwei politische Kulturen im Deutschland nach der Vereinigung?* Opladen: Leske + Budrich.

Pickel, G., Öztürk, C., Schneider, V., Pickel, S. & Decker, O. (2022). Covid-19-Related Conspiracy Myths, Beliefs, and Democracy-Endangering Consequences. *Politics and Governance,* 10(4), 177–191. https://doi.org/10.17645/pag.v10i4.5798

Pickel, G., Pickel, S. & Yendell, A. (2020). Zersetzungspotenziale einer demokratischen politischen Kultur: Verschwörungstheorien und erodierender gesellschaftlicher Zusammenhalt? In O. Decker & E. Brähler (Hrsg.), *Autoritäre Dynamiken. Alte Ressentiments – neue Radikalität* (S. 89–118). Gießen: Psychosozial.

Pickel, S. (2024). Was ist Demokratie? *Aus Politik und Zeitgeschichte*, *74*(27), 4–11. https://www.bpb.de/shop/zeitschriften/apuz/demokratie-in-gefahr-2024/549904/was-ist-demokratie/ (30.08.2024).

Pickel, S. (2025). Kein Mensch wacht morgens auf und ist plötzlich radikal. Warum radikalisieren sich Menschen? In J. Junk, S. Tultschinetski, M. Freiheit & S. Abdellah (Hrsg.), *Islamismus in Deutschland und Europa – Gesellschaftliche Ursachen und Wirkungen*. Wiesbaden: Springer VS. (i. E.).

Pickel, S. & Celik, K. (2024). »Was sind für Sie persönlich die wichtigsten Merkmale der Demokratie?« Eine offene Frage an die Berliner:innen. In G. Pickel, O. Decker, K. Reimer-Gordinskaya (Hrsg.), *Der Berlin-Monitor 2023. Berlin in Zeiten multipler Krisen* (S. 37–60). Springe: zu Klampen.

Pickel, S., Pickel, G., Gittner, N., Celik, K. & Kiess, J. (2022). Demokratie und politische Kultur. In O. Decker, J. Kiess, A. Heller & E. Brähler (Hrsg.), *Autoritäre Dynamiken in unsicheren Zeiten. Neue Herausforderungen – alte Reaktionen?* (S. 185–208). Gießen: Psychosozial.

Pitkin, H. F. (1967). *The concept of representation*. Berkeley: University of California Press.

Quent, M. (2021). Ambivalenzen und Rechtsextremismus. In B. Groß, V. Krieger, M. Lüthy & A. Meyer-Fraatz (Hrsg.), *Ambige Verhältnisse. Uneindeutigkeit in Kunst, Politik und Alltag* (S. 277–292). Bielefeld: transcript. https://doi.org/10.1515/9783839450659-013

Schäfer, C. & Reinl, A.-K. (2022). Mit der Demokratie versöhnt? Die Demokratiezufriedenheit von AfD-WählerInnen im Nachgang zur Bundestagswahl 2017. In H. U. Brinkmann & K.-H. Reuband (Hrsg.), *Rechtspopulismus in Deutschland. Wahlverhalten in Zeiten politischer Polarisierung* (S. 85–109). Wiesbaden: Springer VS. https://doi.org/10.1007/978-3-658-33787-2_585

Thomeczek, J. P., Wurthmann, L. C. & Stecker, C. (2024). Die Parteienlandschaft zur Europawahl 2024. *DVPW-blog*, 26.06.2024. https://www.dvpw.de/blog/die-parteienlandschaft-zur-europawahl-2024-ein-beitrag-von-jan-philipp-thomeczek-l-constantin-wurthmann-christian-stecker (15.08.2024).

Wagner, S., Wurthmann, L. C. & Thomeczek, J. P. (2023). Bridging Left and Right? How Sahra Wagenknecht Could Change the German Party Landscape. *Politische Vierteljahresschrift*, *64*, 621–636. https://doi.org/10.1007/s11615-023-00481-3

Walke, L. & Wurthmann, L. C. (2024). Koalitionen mit der AfD? Determinanten der Präferenzbildung in Ost- und Westdeutschland vor der Bundestagswahl 2021. *Zeitschrift für Vergleichende Politikwissenschaft* (i.E.).

Wurthmann, L. C. (2022a). Black–Blue or Bahamas? Explaining CDU, CSU, FDP and AfD Voter Attitudes Towards a Common Governmental Coalition Before the 2017 German Federal Election. *German Politics*, *33*(3), 110–132. https://doi.org/10.1080/09644008.2022.2056593

Wurthmann, L. C. (2022b). *Wertorientierungen und Wahlverhalten. Wahlen und politische Einstellungen*. Wiesbaden: Springer VS. https://doi.org/10.1007/978-3-658-38456-2_5

7. Methodische Überlegungen zur Erhebung rechtsextremer und autoritärer Einstellungen

Ayline Heller, Marius Dilling, Johannes Kiess, Oliver Decker & Elmar Brähler

Mit den Leipziger Autoritarismus Studien (LAS) erheben wir seit dem Jahr 2002 rechtsextreme und autoritäre Einstellungen in der deutschen Bevölkerung. Ein zentrales Ziel der Studienreihe ist es, die Zustimmung zu antidemokratischen Aussagen und somit das Potenzial für autoritäre Mobilisierung zu erfassen. Unser Anliegen ist es, alle zwei Jahre einen kritischen Beitrag zur politischen Debatte in Deutschland zu veröffentlichen, und entsprechend werden die Ergebnisse in der Öffentlichkeit kontrovers diskutiert. Im Rahmen einer solchen Langzeituntersuchung werden auch immer wieder methodische Fragen aufgeworfen, die die Aussagekraft der Ergebnisse hinterfragen. Vor dem Hintergrund zunehmender Wissenschaftsskepsis, in der die Vermischung von Fakten und Meinung immer weiter fortschreitet und künstliche Intelligenz die Einschätzung der Legitimität von Quellen erschwert, beobachten wir gleichzeitig ein steigendes Interesse an und eine zunehmende Sensibilität für die Notwendigkeit einer kritischen Diskussion empirischer Forschungsergebnisse. Aus diesen Gründen enthält die diesjährige Veröffentlichung ein eigenes Kapitel zu methodischen Fragestellungen. Dabei wollen wir einerseits Probleme der umfragebasierten Forschung im Allgemeinen ansprechen, diese aber andererseits stets anhand unseres konkreten Forschungsgebietes – autoritäre Reaktionen auf der Individualebene als Ausdrucksformen einer autoritären Dynamik auf der gesamtgesellschaftlichen Ebene – betrachten.

Um die zentralen methodischen Fragestellungen zu diskutieren, greifen wir auf etablierte Konzepte, Fachbegriffe und Definitionen zurück.

Auch in diesem Grundlagenkapitel können wir dabei nicht alle relevanten Aspekte aufgreifen oder gar ausführlich darstellen. Ziel ist es vielmehr, einen Einblick zu geben, wofür wir uns auf die für die breitere Öffentlichkeit augenfälligen Probleme der Umfrageforschung fokussieren. Zur Beurteilung der Qualität von Umfragedaten wird in der Forschung häufig auf das *Total Survey Error Framework* (TSE) als Theoriegerüst zurückgegriffen. Bei diesem Ansatz geht es darum, unterschiedliche Fehlerquellen im Erhebungs- und Auswertungsprozess offenzulegen, sie zu systematisieren und zu evaluieren, um sie nach Möglichkeit abzuschwächen oder sogar ganz auszuräumen.

Dabei wird grob zwischen zwei Fehlertypen unterschieden: den *Repräsentationsfehlern* einerseits und den *Messfehlern* andererseits. Im Folgenden werden wir diese beiden Fehlertypen näher beschreiben und anhand einiger Beispiele erläutern, welcher Umgang in unserer Studie mit den jeweiligen Problemstellungen gefunden wurde und warum. Vorwegnehmen müssen wir, dass sich die meisten Fehlerquellen in Umfragen nicht vollständig beseitigen lassen. Es geht vielmehr darum, Schwachstellen zu identifizieren, die Vergleichbarkeit der Ergebnisse über Erhebungszeitpunkte und variierende Studiendesigns hinweg sicherzustellen und so deren Aussagekraft zu erhöhen.

Repräsentativität – wer wird eigentlich gefragt und wer wird gehört?

Der Begriff der Repräsentativität ist im öffentlichen Umgang mit Umfragedaten allgegenwärtig und wird von Medienschaffenden häufig recht unbedarft verwendet. Nicht selten wird er dabei als eine Art »Gütesiegel« der jeweiligen Studien präsentiert. Da es aber keine offiziellen Kriterien für Repräsentativität gibt, liegt die Definitionshoheit letztlich in den Händen der Forschenden. Zwar setzen sich auch verschiedene Institute und Arbeitsgemeinschaften – beispielsweise der Arbeitskreis Deutscher Markt- und Sozialforschungsinstitute (ADM), das Leibniz Institut für Sozialwissenschaften (GESIS) oder die American Association for Public Opinion Research (AAPOR) – immer wieder für die Etablierung einheitlicher Standards ein, diese werden jedoch in der medialen Öffentlichkeit kaum rezipiert.

Im Allgemeinen beschreibt Repräsentativität die Vergleichbarkeit der verwendeten Stichprobe mit der Untersuchungspopulation, also der Personengruppe, über die Aussagen getroffen werden sollen. Damit ist Repräsentativität abhängig von der jeweiligen Fragestellung der Untersuchung. In den LAS wollen wir Aussagen über die Allgemeinbevölkerung in Deutschland treffen, sodass wir eine möglichst hohe Übereinstimmung unserer Stichprobe mit der Gesamtbevölkerung anstreben. Wenn in der Bundesrepublik Deutschland zum Beispiel etwas mehr als 50 % Frauen und etwas weniger als 50 % Männer wohnen, dann sollte eine Stichprobe in etwa im selben Verhältnis Frauen und Männer beinhalten (Statistisches Bundesamt, 2024).

Um eine solche Übereinstimmung zu erreichen, greifen wir seit Beginn unserer Studienreihe auf Verfahren der Zufallsstichprobenziehung (*probability sampling*) zurück. Dabei werden aus der Grundgesamtheit aller in Deutschland lebenden Personen anhand eines Randomisierungsverfahrens möglichst zufällig Zielpersonen für die Befragung ausgewählt. Nur wenn die Auswahl- und Teilnahmewahrscheinlichkeit für alle Personen nahezu identisch ist, kann von einer solchen Stichprobe auf Verteilungen bestimmter Merkmale in der gesamten Population geschlossen werden (Diekmann, 2022, S. 380; Schnell et al., 2018, S. 275f.). Die Grundidee ist, dass es bei Vorliegen einer echten Zufallsauswahl und hinreichend großer Stichprobe immer unwahrscheinlicher wird, zu Ergebnissen zu kommen, die stark von der angestrebten Grundgesamtheit abweichen: Je größer die Stichprobe, desto weiter nähert sich die Stichprobenzusammensetzung der Zusammensetzung der Grundgesamtheit an. Unter anderem deshalb streben wir bei unseren Erhebungen etwa 2.500 Befragte an und legen fest, dass etwa 500 davon in Ostdeutschland wohnen (zur diesjährigen Zusammensetzung der Stichprobe siehe Kap. 2). Diese Anzahl ist ausreichend groß, um davon auszugehen, dass eine weitere Ziehung von 2.500 bzw. 500 Befragten zu Ergebnissen mit nur geringen Abweichungen führen würde. Dennoch handelt es sich bei den Ergebnissen solcher Zufallsbefragungen immer um Annäherungen an die Wirklichkeit, da wir nicht alle ca. 83 Millionen in Deutschland wohnenden Menschen um Auskunft bitten können. Sichere Erkenntnisse erlangen wir durch die Wiederholung der Studien (seit 2002), in der immer wieder dieselben Fragebögen eingesetzt werden, sowie durch eine Sicherung der Datenqualität (siehe Abschnitt »Messung«).

Eine Möglichkeit zur Randomisierung der Stichprobenziehung stellt die Auswahl über Listen der Einwohnermeldeämter dar. Anhand einer solchen Liste aller in Deutschland gemeldeter Personen könnte eine zufällige Auswahl der Zielpersonen getroffen werden. Allerdings existiert in Deutschland kein allgemeines Einwohnerregister und die Listen müssten einzeln von den jeweiligen Ämtern angefragt und gesammelt werden. Das von uns beauftragte Befragungsinstitut USUMA greift daher auf ein etabliertes, dreistufiges Randomisierungsverfahren zurück, das die Einwohnermeldeämter umgeht. Es handelt sich hierbei um das sogenannte ADM-Design, welches vom Arbeitskreis deutscher Markt- und Sozialforschungsinstitute entwickelt wurde. Hierzu wird das Bundesgebiet in 258 überschneidungsfreie Flächen, sog. *sampling points*, aufgeteilt. 210 dieser Flächen liegen in Westdeutschland, 48 in Ostdeutschland. Im ersten Randomisierungsschritt wird eine dieser Flächen zufällig ausgewählt. Im zweiten Schritt wird ein Haushalt durch das *Random-Route-Verfahren* zufällig bestimmt. Bei diesem Verfahren wird zunächst ein Startpunkt festgelegt, von dem der Interviewer oder die Interviewerin einer vordefinierten Route folgt (z. B. eine bestimmte Schrittweite oder jeder dritte Haushalt), um den Haushalt zu bestimmen. Im dritten und letzten Randomisierungsschritt wird auch die im ausgewählten Haushalt zu befragende Person zufällig ausgewählt. Hierfür kommt der sog. *Schwedenschlüssel* zum Einsatz: Jeder Person im Haushalt wird eine Nummer zugewiesen. Anhand einer zufallsgenerierten Nummernfolge wird dann die entsprechende Zielperson ausgewählt.

Trotz dieses komplexen mehrstufigen Verfahrens kommt es jedoch zu einem systematischen Ausschluss bestimmter Personengruppen (*coverage bias*). So können beispielsweise weder Wohnungslose erreicht werden noch Personen, die sich illegal in Deutschland aufhalten. Auch Personen, die in Altenheimen, Psychiatrien oder Gefängnissen leben, werden nicht berücksichtigt, gleiches gilt für spezielle Berufsgruppen wie z. B. Seeleute. Hinzu kommen die Ausschlusskriterien, die wir aus erhebungspraktischen und ethischen Gründen anwenden: Wir befragen grundsätzlich nur Personen ab 16 Jahren.[1] Außerdem müssen sowohl die Lesekompetenz als

---

1 Bis 2020 umfassten die LAS Personen ab 14 Jahren. In den neueren Veröffentlichungen schließen wir die unter 16-Jährigen in Langzeitvergleichen deshalb aus. Dadurch kann es zu Abweichungen im Nachkommabereich kommen.

auch die Deutschkenntnisse der Befragten ausreichen, um den Fragebogen selbstständig ausfüllen zu können. Übersetzungen des Fragebogens in andere Sprachen liegen nicht vor. Genau genommen handelt es sich bei unserer Grundgesamtheit also um *die in deutschen Privathaushalter lebende, deutschsprachige Bevölkerung über 16 Jahren.*

Da die Ziehung von Zufallsstichproben sehr zeit- und kostenintensiv ist, wird in den letzten Jahren und Jahrzehnten vermehrt auf sogenannte *online access panels* zur Erhebung von Umfragedaten zurückgegriffen. Diese stellen eine kostengünstige und schnelle Alternative zu klassischen Zufallserhebungen dar: Die Anbieter verfügen über einen mehr oder weniger großen Pool an potenziellen Teilnehmenden, denen die jeweiligen Umfragen meist gegen eine kleine Vergütung zugespielt wird. Auch wenn die Auswahl der Befragten innerhalb des Panels zufällig sein mag, so ist dies die Rekrutierung für ein solches Panel keineswegs. Letztere beruht vielmehr auf Selbstselektion (*nonprobability sampling*), d.h. es befinden sich schätzungsweise mehr Personen im Pool, die beispielsweise internetaffin sind und/oder ein generelles Interesse daran haben, an Umfragen teilzunehmen.[2] Dieser Umstand ist besonders problematisch für Umfragen, die mit großem medialem Interesse verbunden sind, wie etwa die Wahlprognose für Jugendliche.[3] Derlei Befragungen sowie solche, die zum Beispiel zur Vorbereitung oder Legitimation politischer Entscheidungen beitragen sollen, müssen einen besonderen Wert auf hohe Qualitätsstandards legen, damit methodische Einschränkungen auch realistisch (mit)diskutiert werden können (Kohler & Post, 2023).

Ein weiteres Problem, mit dem sich alle Umfragetypen konfrontiert sehen, ist die sinkende Teilnahmebereitschaft (De Leeuw et al., 2018; de Leeuw & de Heer, 2002; Schnell, 1997; Schnell et al., 2018, S. 279ff.). In der Umfrageforschung wird davon ausgegangen, dass die Nichtteilnahme

---

2 Schon die Internetnutzung und der Zugang zum Internet variieren beispielsweise nach Altersgruppe und Bildungshintergrund. Aber auch innerhalb der Population der Internetnutzenden finden sich systematische Unterschiede zwischen denen, die an Onlinebefragungen teilnehmen, und denen, die dies nicht tun (Herzing & Blom, 2019).

3 Während die auf einer Onlinebefragung beruhende »Jugendstudie« unter jungen Menschen einen Anteil von AfD-Unterstützern in Höhe von 22 % ausmachte, kam eine Telefonbefragung auf 14 % (forsa, 2024). Neben der Art der Stichprobenziehung können hier jedoch auch der Erhebungsmodus und damit verbundene, sozial erwünschte Antworttendenzen eine Rolle spielen (s. Abschnitt »Messung«).

von Zielpersonen dann weitgehend unproblematisch ist, wenn es sich um unsystematische, also zufällige Ausfälle handelt. Problematisch wird es demnach erst, wenn sich hinter der Nichtteilnahme eine Systematik verbirgt, wenn also bestimmte Personengruppen aufgrund geteilter Merkmale nicht teilnehmen möchten oder können (man spricht hier von einem *nonresponse bias*). So weisen beispielsweise fast alle Zufallserhebungen einen gewissen Bildungsbias auf, d. h. Personen mit einem höheren formalen Bildungsabschluss werden tendenziell besser erreicht (oder sind eher bereit zu antworten) als Personen mit niedriger Bildung, wobei auch der Erhebungsmodus eine Rolle spielen kann (Best et al., 2018; Dillman et al., 2009). Eine umfassende Erfassung des *nonresponse bias* ist schwer möglich, da hierzu sehr viele Faktoren berücksichtigt werden müssten. Es existieren jedoch Ansatzpunkte und Indikatoren, die Stichprobenzusammensetzung zumindest mit Blick auf Basismerkmale zu analysieren. So wird eine hohe Rücklaufquote tendenziell mit einem niedrigen *nonresponse bias* in Verbindung gebracht, auch wenn eine Gleichsetzung eigentlich nicht zulässig ist. Die Rücklaufquoten der LAS lagen in der Vergangenheit stets höher als in vergleichbaren Bevölkerungsumfragen wie der Allgemeinen Bevölkerungsumfrage der Sozialwissenschaften (ALLBUS) oder dem European Social Survey (ESS, siehe Tab. 1), wobei auch in unseren Befragungen die Teilnahmebereitschaft rückläufig ist. In diesem Jahr lag unsere Rücklaufquote mit 39,2 % durchaus im erwartbaren Bereich.

Zusätzlich können Außenkriterien (*benchmarks*) zur Einschätzung des *nonresponse bias* genutzt werden, die aus offiziellen, externen Erhebungen wie beispielsweise dem Mikrozensus oder den zuständigen Einwohnermeldeämtern stammen. Die Stichprobenzusammensetzung kann dann hinsichtlich zentraler Merkmale wie Geschlecht und Alter mit dieser Vergleichsstichprobe in Beziehung gesetzt werden. Eine Meta-Analyse von Cornesse und Bosnjak (2018) kam zu dem Schluss, dass Zufallsstichproben im Vergleich mit solchen offiziellen *benchmarks* tendenziell besser abschnitten als *nonprobability samples* – also zum Beispiel Stichproben, die durch Selbstselektion zustande kommen – und nicht-webbasierte Erhebungsmodi besser als webbasierte. Insgesamt erzielten aber sogenannte *Mixed-mode*-Befragungen, also solche, die mehrere verschiedene Erhebungsmodi miteinander kombinieren, die besten Stichprobenzusammensetzungen (ebd.).

Tabelle 1: Rücklaufquoten einiger Langzeitbefragungen aus dem Bereich Rechtsextremismus/Autoritarismus (in %)

	2002	2004	2006	2008	2010	2012	2014	2016	2018	2020/ 2021	2022/ 2023	2024/ 2025
Leipziger »Mitte«-Studien, ab 2020 LAS	71,9	61,4	62,1	62,1	56,2	56,5	54,8	49,4	47,3	47,3	41.2	39,2
ALLBUS	47,3	45,7	41,0	40,3	34,4	37,6	35,0	34,9	32,2	29,5	–	/
ESS	51,7	51,0	52,9	42,7	29,7	33,7	31,4	30,6	27,6	37,0	26,7	/
FES[4]	/	/	/	/	/	/	–	14,7	12,5	11,1	10,4	/

Legende: – = nicht bekannt oder (noch) nicht angegeben; / = in diesem Jahr (noch) nicht erhoben

Qualitätsneutrale Ausfälle werden nicht berücksichtigt; LAS = Leipziger Autoritarismus Studien; ALLBUS = Allgemeine Bevölkerungsumfrage der Sozialwissenschaften; ESS = European Social Survey; FES = Mitte-Studien der Universität Bielefeld im Auftrag der Friedrich-Ebert-Stiftung. Da verschiedene Definitionen vom Begriff Rücklaufquote existieren (American Association for Public Opinion Research, 2023; Stadtmueller et al., 2019), beziehen wir uns in der Darstellung aus praktischen Gründen auf die Angaben der jeweiligen Studien.

Um den *nonresponse bias* zu minimieren, setzen wir seit 2002 auf einen Modus der Befragung, der sich aus zwei Teilen zusammensetzt: Sobald die Befragungspersonen durch die oben beschriebene Zufallsauswahl bestimmt wurden, werden sie von geschulten Interviewerinnen und Interviewern aufgesucht. Sollte die Zielperson nicht erreichbar sein, wird sie bis zu viermal erneut kontaktiert, bevor eine neue Zielperson ausgewählt wird. Nachdem die Person über die Ziele der Studie, die Freiwilligkeit der Teilnahme sowie über den Datenschutz und die Vertraulichkeit der Aussagen aufgeklärt wurde, beginnt das Interview.[5] Der erste Teil der Befragung besteht aus einem mündlichen, soziodemografischen Interview, um Basisdaten über die Befragten zu sammeln und ein Vertrauensverhältnis

---

4 Von 2006 bis 2012 bestand eine Kooperation zwischen unserer Arbeitsgruppe und der Friedrich-Ebert-Stiftung. Nach dem Ende der Kooperation führten wir die Studienreihe 2014 wie schon 2002 und 2004 allein durch. Die FES beauftragte ab 2014 eine Arbeitsgruppe in Bielefeld und ging in den damit begonnenen FES-Mitte-Studien zum Telefonmodus über. Grundsätzlich erzielen Telefonbefragungen niedrigere Rücklaufquoten als Face-to-face-Befragungen.

5 Im Falle von Minderjährigen wird mindestens ein Elternteil vor Beginn des Interviews über die Befragung informiert.

aufzubauen. Der zweite Teil der Befragung, der die eigentlichen Fragebögen enthält, wird von den Befragten selbstständig und schriftlich ausgefüllt. Die Interviewerinnen und Interviewer stehen hier lediglich für Rückfragen zur Verfügung.[6] Der ausgefüllte Fragebogen wird dann – auf Wunsch in einem Briefumschlag – übergeben. Ein solches Face-to-face-Setting ermöglicht es uns, bildungsferne Schichten sowie Personen, die auf Hilfe beim Ausfüllen angewiesen sind, besser zu erreichen. Trotzdem ist es so, dass bestimmte Personengruppen, wie z. B. Menschen, die Umfragen generell skeptisch gegenüberstehen, die Teilnahme eher verweigern, sodass Verzerrungen der Stichprobe (in diesem Fall eine Unterrepräsentation misstrauischer oder wissenschaftsskeptischer Personen) möglich sind, die mit für uns relevanten Einstellungsdimensionen wie Autoritarismus und Rechtsextremismus zusammenhängen können. Wenn dies der Fall ist, dann unterschätzen unsere Ergebnisse tendenziell die Verbreitung solcher Einstellungen.

Um fehlende Repräsentativität auszugleichen, wird insbesondere in webbasierten Onlinepanel-Befragungen häufig auf vordefinierte Quotierungen zurückgegriffen – es werden also so lange Zielpersonen gesucht, bis die Stichprobenzusammensetzung die erwünschten Vorgaben erfüllt. Um trotz zufälliger Stichprobenziehung die Stichprobenverteilung bestimmter Merkmale (Alter, Geschlecht, Bildung usw.) näher an die bekannten Charakteristika der Gesamtpopulation anzugleichen, wird in vielen Auswertungen außerdem mit Gewichtungen gearbeitet. Beide Vorgehensweisen verbessern zwar auf den ersten Blick die Eigenschaften der Stichprobe, können aber Verzerrungen der Stichprobenzusammensetzung nur bedingt ausgleichen (Jensen et al., 2022; Kocar & Baffour, 2023).[7] Dies liegt mitunter auch daran, dass die Verfahren auf unrealistischen Annahmen beruhen. Ein Beispiel: Angenommen, ältere Personen nehmen tendenziell weniger häufig an Onlinebefragungen teil. Die spezielle Subpopulation älterer Personen, die aber an solchen Erhebungen teilnimmt, vertritt womöglich eine besonders starke politische Einstellung. Eine Quotierung würde diese Subpopulation dann lediglich vergrößern, eine

---

6   USUMA versendet an alle Befragten zudem Kontrollkarten, mit denen der ordnungsgemäße Ablauf des Interviews sichergestellt werden soll.

7   Die Effektivität sogenannter *sampling weights* hängt auch immer von der Qualität der für die Erstellung der Gewichtung verfügbaren Außenkriterien zusammen (Kocar & Baffour, 2023).

stärkere Gewichtung würde zu einer Überbetonung ebendieser Einstellungen führen. In beiden Fällen wären keine Rückschlüsse auf die eigentliche Gruppierung der älteren Personen möglich.[8] In der LAS verzichten wir deshalb auf Gewichtungen und greifen nur für einen wichtigen Aspekt unseres Langzeitforschungsprojektes auf eine Quotierung zurück: Personen, die in den ostdeutschen Bundesländern leben, werden bei uns überquotiert. Auf diese Weise steht uns eine ausreichend große[9] Stichprobe zur Verfügung, um regionale Differenzen aussagekräftig identifizieren und analysieren zu können (siehe Kap. 3).

Messung: Welche Fragen werden gestellt und welche Rückschlüsse daraus gezogen?

Während sich Fehler der Repräsentation vor allem auf Aspekte der Stichprobenauswahl, -ziehung und -adjustierung beziehen, stehen bei der Diskussion um Messfehler die konkreten Messinstrumente und das individuelle Antwortverhalten im Fokus. Das Antwortverhalten der Befragten wird von vielen unterschiedlichen Faktoren beeinflusst, die nicht Teil dessen sind, was wir erheben wollen oder können, und die sich daher als Fehler über den eigentlichen, sogenannten »wahren Wert« der Antwort legen. So können beispielsweise bereits kleine Änderungen der Fragenformulierung einen Einfluss auf das Antwortverhalten haben. Auch Fragenreihenfolge, Kategorienbeschriftung und sogar eine andere Präsentation der Antwortskala (z. B. horizontale im Vergleich zu vertikalen Antwortmöglichkeiten) können sich mitunter auf die Messung auswirken (Menold & Bogner, 2015).

Die psychologische und sozialwissenschaftliche Forschung ist in der Regel nicht oder nicht nur an den beobachteten Zustimmungswerten zu einzelnen Aussagen interessiert. Vielmehr werden die Zustimmungswer-

---

8 Zur Modellierung der entstehenden Verzerrungen und der Probleme, die damit verbunden sind, siehe Diekmann (2022, S. 394ff.), Kohler & Post (2023) sowie Schnell et al. (2018, S. 218).

9 Um mit einer reinen Zufallsauswahl über Gesamtdeutschland auf eine ausreichende Anzahl von 500 Befragten in Ostdeutschland zu kommen, müssten sonst mehr als 3.300 Befragte insgesamt erreicht werden (bei etwa 15 % Ostdeutschen an der Gesamtbevölkerung in Deutschland), was die Kosten der Befragung deutlich steigern würde.

te als Ausdruck zugrunde liegender, sogenannter *latenter Konstrukte* (wie bspw. Rechtsextremismus oder Autoritarismus) verstanden, die sich mitunter aus verschiedenen Facetten oder Dimensionen zusammensetzen und nicht direkt messbar sind. So wäre die Frage »Würden Sie sich selbst als rechtsextrem eingestellt einordnen?« genauso wenig zielführend wie im Gesundheitsbereich die Frage »Haben Sie eine Angststörung?«. Stattdessen wird mithilfe mehrerer Fragen, sogenannter *Items*, zu konkreten Sachverhalten (Zustimmung zu bestimmten Aussagen oder Auftreten bestimmter Beschwerden) ermittelt, ob eine Einstellung vorliegt. In der Einstellungsforschung werden die Konstrukte und eventuell deren Subdimensionen in der Regel zunächst theoretisch hergeleitet und begründet, ehe sie in einzelne Fragen bzw. Aussagen »übersetzt« werden können. So setzt sich beispielsweise der von uns verwendete »Fragebogen zur rechtsextremen Einstellung – Leipziger Form«, der das als Ungleichwertigkeitsideologie definierte Konstrukt »rechtsextreme Einstellung« erfassen soll, aus sechs Dimensionen zusammen, die für den Rechtsextremismus in Deutschland prägend sind und deshalb als relevant für die Messung gelten können (siehe Decker & Brähler, 2006; Kiess, 2011; Kreis, 2007). Die Dimensionen Sozialdarwinismus, Zustimmung zu einer rechtsautoritären Diktatur, Antisemitismus, NS-Verharmlosung, Chauvinismus und Ausländerfeindlichkeit (vgl. Kap. 2) und der Zusammenhang als rechtsextreme Einstellung wurden seither mehrfach anhand empirischer Studien überprüft und bestätigt (Decker et al., 2013; Dilling et al., 2023; Heller et al., 2020; Heyder & Decker, 2011).

In manchen Fällen ist jedoch auch ein umgekehrtes oder ein iteratives Vorgehen notwendig bzw. angemessen – beispielsweise, wenn zu einem Phänomen (noch) keine ausreichend differenzierte Theorie existiert. In einem solchen Fall kann es sinnvoll sein, eine große Anzahl von Items, die zur Erfassung des Konstrukts infrage kommen, in einer Vorstudie zu testen und deren Zusammenhänge durch strukturaufdeckende, explorative Verfahren zu untersuchen. Ein solches Verfahren haben wir beispielsweise für die Analysen neuer Formen des Antisemitismus (Kap. 4) sowie in der Vergangenheit zur Entwicklung des Fragebogens zum Antifeminismus (Höcker et al., 2020) genutzt. Vorstudien dieser Art können ferner eingesetzt werden, um zu untersuchen, welche Itemformulierungen sich am besten eignen, um die jeweiligen Dimensionen oder Konstrukte zu erfassen (*Itemselektion*).

In den LAS nutzen wir nach Möglichkeit validierte, bewährte Frage-batterien, die sich in der Regel aus drei oder mehr Items pro Konstrukt bzw. pro Dimension zusammensetzen. So können Messfehler besser ein-geschätzt und kontrolliert werden. Erst dieses Vorgehen ermöglicht eine nachträgliche Evaluation der Messqualität und eine Korrektur der Mess-fehler über strukturbestätigende, konfirmatorische Verfahren. Die Zu-verlässigkeit unserer Messung (Reliabilität) bewerten wir beispielsweise über Kennwerte wie Cronbachs Alpha und McDonalds Omega, die einen Indikator dafür bieten, ob unsere Items ein einheitliches Konstrukt mes-sen (vgl. Schermelleh-Engel & Gäde, 2020).

Nichtsdestotrotz stellt sich die Frage, ob unsere Fragebögen von allen Befragten gleich verstanden werden bzw. ob die Struktur der untersuch-ten Konstrukte über die Gruppen hinweg identisch ist, da nur dann aus-sagekräftige Vergleiche möglich sind (Leitgöb et al., 2023). So wäre es beispielsweise theoretisch denkbar, dass Rechtsextremismus bei Männern stärker durch Ausländerfeindlichkeit geprägt ist als bei Frauen oder dass ältere Personen ein gänzlich anderes Verständnis vom Begriff »Auslän-der« haben als jüngere, sodass sich die Items dieser Dimension für diese Gruppe gar nicht zur Messung rechtsextremer Einstellungen eignen wür-den. Solche Strukturunterschiede lassen sich empirisch anhand von *Mess-invarianzanalysen*[10] untersuchen. Die Verfahren eignen sich ferner auch, um die Strukturgleichheit (Invarianz) der Fragebögen über die Zeit und über verschiedene Erhebungsarten hinweg zu evaluieren. Bisherige Ergebnis-se deuten darauf hin, dass unsere Fragebögen sowohl über soziale Grup-pierungen (Altersgruppen, Bildungshintergründe, Geschlecht und Wohn-ort in Ost- oder Westdeutschland) als auch über die Zeit hinweg ver-gleichbare Ergebnisse produzieren (Heller et al., 2020, für den Fragebogen zur rechtsextremen Einstellung; Heller et al., 2022, für die Kurzskala Autoritarismus).

---

[10] Das gängigste Verfahren zur Überprüfung testet in einem mehrstufigen Prozess, ob Frage-bögen in verschiedenen sozialen Gruppierungen gleich gut funktionieren, das heißt, ob beispielsweise die gleichen Dimensionen eines Konstruktes vorliegen (*konfigurale* Invari-anz) und ob die einzelnen Items gleich stark mit dem latenten Konstrukt zusammenhän-gen (*metrische* Invarianz). Erst bei Vorliegen der höchsten Messinvarianzstufe, der skalaren Invarianz, lassen sich die (latenten) Mittelwerte zwischen den Gruppen aussagekräftig vergleichen (Leitgöb et al., 2023).

Ein weiterer relevanter Verzerrungseffekt bei der Messung ist die soziale Erwünschtheit. Mit diesem Begriff wird das Bedürfnis bezeichnet, sich auch in anonymen Befragungen sozial konform zu präsentieren und entsprechend zu antworten. Sehr persönliche, sensible Themen wie die eigene Gesundheit oder auch bestimmte Einstellungen sind stärker von einem sozial erwünschten Antwortverhalten betroffen als andere (Bosnjak, 2017). Bergmann und Erb (1986) wiesen auf den für unsere Untersuchungen besonders relevanten Umstand hin, dass antisemitische Ressentiments zwar in der Bevölkerung breit geteilt werden, sich aufgrund ihrer gesellschaftlichen Tabuisierung aber in einer *Kommunikationslatenz* befinden, also nicht offen geäußert werden (können) und deshalb über Umwege kommuniziert werden. Zum Beispiel wird dann nicht über die angebliche jüdische Weltverschwörung gesprochen, dafür aber das »Ostküstenkapital« als Verursacher von Krisen identifiziert – oder es werden andere Chiffren genutzt.

Aus zahlreichen Meta-Analysen ist bekannt, dass interviewbasierte Erhebungsmodi wie Telefonbefragungen oder reine Face-to-face-Befragungen insbesondere bei persönlichen, sensiblen Themen eher ein sozial erwünschtes Antwortverhalten hervorrufen, als wenn ausgewählte Personen die Fragebögen selbst ausfüllen können (selbstadministrierte Modi; Bosnjak, 2017). Der selbstadministrierte Hauptteil unserer Befragung sowie die durch den Briefumschlag gewährleistete Anonymität der eigenen Aussagen – auch vor der Interviewerin oder dem Interviewer vor Ort – sollen diesen möglichen Verzerrungseffekt reduzieren. Gerade im Hinblick auf stark tabuisierte Einstellungen wie Antisemitismus ist davon auszugehen, dass der gewählte Befragungsmodus diese Einstellungen weniger stark verdeckt als rein interviewbasierte Erhebungsmodi. Zwar argumentiert Reuband (2023) anhand eines Vergleichs der (telefonbasierten) FES-Mitte-Studien und der Ergebnisse der (face-to-face durchgeführten) Studien des Instituts für Demoskopie von 2023, dass Modusunterschiede nicht der Hauptgrund für die erheblichen Unterschiede in Zustimmungswerten zu rechtsextremen Einstellungen darstellen könnten. Hier handelt es sich jedoch um zwei interviewbasierte Modi und auch die verwendeten Fragebögen unterscheiden sich. Vergleicht man die Ergebnisse der FES-Mitte-Studien mit den unsrigen, finden sich trotz gleicher Fragebögen konstant geringere Zustimmungswerte in den telefoninterviewbasierten FES-Mitte-Studien. Die FES-Mitte-Studien dokumentieren diese Unterschiede selbst und führen an, dass dies auf die »konservativere« (telefonbasierte) Erhebungsmethode zurückzuführen sei (Küpper & Zick, 2024) und somit zumindest teilweise durch sozial erwünschtes Antwortverhalten erklärbar sein könnte. Entsprechende statistische Analysen zur Messinvarianz über die verschiedenen Modi hinweg stehen bisher jedoch aus. Unabhängig vom Erhebungsmodus gilt, dass die tatsächliche Zustimmung zu rechtsextremen Einstellungen in allen Studien eher unter- als überschätzt wird, da immer von einer Tendenz zu sozial erwünschtem Antwortverhalten auszugehen ist.

Neben sozialer Erwünschtheit kann auch das sogenannte *satisficing* das Antwortverhalten beeinflussen. Übertragen auf die Umfrageforschung beschreibt dieses ursprünglich aus den Wirtschafts- und Kognitionswissenschaften stammende Konzept eine Tendenz der Befragten, den kognitiven Aufwand der Befragung zu minimieren: Anstatt sich die Mühe zu machen, die Fragestellung und die präsentierten Auswahlmöglichkeiten ausführlich zu lesen, zu verarbeiten und die eigene Positionierung mit Blick auf die Antwortkategorien zu beurteilen, kürzen Teilnehmende diesen Prozess ab (Krosnick, 1991). Es wird die erstbeste, immer die gleiche oder irgendeine Antwortmöglichkeit gewählt; Befragte stimmen jeder Aussage blind zu (Akquieszenz), wählen die Antwort, die am ehesten den Status quo beschreibt oder die »Weiß-nicht«-Kategorie, wenn diese angeboten wird (ebd.). Das Auftreten dieser Verzerrungseffekte hängt neben der Schwierigkeit der Fragen selbst vor allem auch mit den kognitiven Fähigkeiten und der Motivation der Befragten zusammen (ebd.). Die Erfassung wiederum ist schwierig, da Antwortmuster mit tatsächlichen, »realen« Einstellungen vermischt werden könnten. So lehnten in unserer diesjährigen Befragung 7,9 % der Befragten durchgängig ab – sie wählten also stets die gleiche Antwortkategorie. Ob dies auf sozial erwünschtes Antwortverhalten oder Formen des *satisficing* zurückführzuführen ist oder aber von einer tatsächlich ablehnenden Einstellung zeugt, kann kaum differenziert werden.[11] In Onlinebefragungen werden daher vermehrt Fragen zur Qualitätssicherung eingesetzt, in denen die Befragten beispielsweise dazu aufgefordert werden, in einem Fragenblock eine bestimmte Antwortoption zu wählen. Auch wird vorgeschlagen, Items mit

---

[11] Zum Vergleich: Insgesamt weniger als 1 % der Befragten wählte durchgängig eine der anderen Antwortoptionen.

gegenteiliger Polung zu verwenden, um solchen Antworttendenzen entgegenzuwirken (vgl. Bizumic & Duckitt, 2018; Funke, 2005). In der Befragung 2020 haben wir beispielsweise zusätzlich zu den existierenden Items des Antisemitismus die Aussage »Juden gehören selbstverständlich zur deutschen Bevölkerung« verwendet, bei der eine Ablehnung statt einer Zustimmung für eine hohe Ausprägung des antisemitischen Ressentiments steht. Dies ist jedoch insofern problematisch, als unklar ist, ob mit solchen invertierten Items tatsächlich noch dasselbe Konstrukt gemessen wird. Diese Problematik zeigte sich dann auch in der faktorenanalytischen Untersuchung: Zwar entsprachen die Zustimmungswerte zu dieser Aussage ungefähr den Ablehnungswerten der anderen Antisemitismusitems (was gegen das Vorliegen von *satisficing* spricht), jedoch ergab die Auswertung, dass diese Aussage im Vergleich zu den anderen nur relativ geringe Zusammenhänge mit dem zu messenden latenten Konstrukt aufwies, sich also nicht so gut wie die anderen Aussagen eignete, Antisemitismus zu erfassen (Kiess et al., 2020).

Bei den ein breiteres Publikum adressierenden Veröffentlichungen wie der vorliegenden berichten wir, um die Interpretierbarkeit zu erleichtern, die Zustimmung zu einzelnen rechtsextremen Aussagen sowie zu ganzen Dimensionen rechtsextremer Einstellung in Prozentwerten. Dabei differenzieren wir bei den von uns eingesetzten Likert-Skalen zwischen einem ablehnenden Bereich (1) »lehne völlig ab« und (2) »lehne überwiegend ab« sowie einer manifesten Zustimmung (4) »stimme überwiegend zu« und (5) »stimme voll und ganz zu«. Außerdem interpretieren wir auch die mittlere Kategorie (3), die in den Fragebögen mit »stimme teils zu, teils nicht zu« bezeichnet ist als *latente* Zustimmung (siehe Tab. 2). Mit dem zusätzlichen Bericht der teilweisen Zustimmung machen wir auf ein *latentes* Potenzial der Demokratiebedrohung aufmerksam.[12]

Diese Aufteilung wird – wie fast alle methodischen und methodologischen Fragen – durchaus diskutiert: So wird beispielsweise argumentiert, dass das Angebot einer Mittelkategorie von den Befragten als »Weiß-nicht«-Kategorie oder Indifferenz missverstanden werde und eher zum zuvor genannten *satisficing* führe (Krosnick, 1991; vgl. auch Wang & Krosnick,

---

[12] Die FES-Mitte-Studien sprechen vergleichbar von einem Graubereich (Küpper & Zick, 2024).

Tabelle 2: Zuordnung manifester und latenter Zustimmung

Antwort-kategorie	Lehne völlig ab	Lehne über-wiegend ab	Stimme teils zu, teils nicht zu	Stimme überwie-gend zu	Stimme voll und ganz zu
Likert-Skalenwert	1	2	3	4	5
Inhaltliche Zuordnung	Ablehnung		Latente Zustimmung	Manifeste Zustimmung	

2020).[13] Vergleiche einer 4-stufigen Skala, wie sie unter anderem im Thüringen Monitor und in den Befragungen des Instituts für Demoskopie eingesetzt wird, zeigten jedoch, dass sich zwischen den verschiedenen Antworttypen in den meisten Skalen nur minimale Unterschiede ergaben, wenn die Hälfte der »Teils-teils«-Antworten als Zustimmung gewertet wurden und die andere Hälfte als Ablehnung (Reuband, 2023). Auch ein Split-Experiment, das im Rahmen der FES-Mitte-Studien 2019 der Hälfte der Befragten eine 4er- und der anderen Hälfte eine 5er-Antwortskala anbot, konnte diesen Befund untermauern (Zick et al., 2019). Zu einem ähnlichen Schluss kommen auch Wang und Krosnick (2020) in ihren methodischen Experimenten. Zwar zeigten Befragte, die die Mittelkategorie wählten, eher Tendenzen des *satisficing*, jedoch verbesserte das Weglassen der Mittelkategorie die Datenqualität in keiner der untersuchten Varianten. Vielmehr ermöglicht der Einsatz einer mittleren Kategorie auch, dass die Befragten ambivalente – also: teilweise zustimmende, teilweise ablehnende – Einstellungen äußern, was zu reliableren und valideren Antworten führen kann (Sturgis et al., 2014, S. 35). Die Interpretation dieser Antwortkategorie als latente Zustimmung, also als Zustimmungs*potenzial* oder teilweise Zustimmung, ist aus unserer Sicht daher gerechtfertigt.[14] Liebig (2023) argumentiert für den Fall des Antise-

---

13 Der mögliche Effekt des *satisficing* ist aus unserer Perspektive – trotz des Anbietens einer Mittelkategorie – zu vernachlässigen: Nur 12 der 2.504 Befragten wählten über alle 13 Items des FR-LF zur rechtsextremen Einstellung durchgängig die mittlere Kategorie.

14 Für komplexere statistische Auswertungen, die über die Darstellung der Zustimmungswerte hinausgehen, ist ferner die Klassifizierung der Antworten als ordinal, also eine Rangfolge bildend, oder metrisch bzw. intervallskaliert relevant. Eine metrische Skalierung setzt voraus, dass die Befragten die Abstände zwischen den einzelnen Antwortoptionen als gleich interpretieren. Dies ist für die vorliegende Skala nicht unbedingt anzuneh-

mitismus sogar für eine noch weitergehende Interpretation: Wer Items zum Antisemitismus nur »überwiegend« ablehne, hege trotzdem in Anteilen ein antisemitisches Ressentiment – eben, weil er oder sie die Aussagen nicht vollständig ablehnt. Mit dieser Argumentation könnte also sogar die von uns verwendete Antwortkategorie 2 als latente Zustimmung gewertet werden (siehe Tab. 2). Grundsätzlich drückt sich dies auch in der in wissenschaftlichen Publikationen verbreiteten Nutzung von Mittelwerten aus: Liegt der Mittelwert der Zustimmung zu einer Aussage in zwei Gruppen unter 2 »lehne überwiegend ab«, so ist diese Aussage in der Gruppe mit einem statistisch signifikant höheren Wert dennoch zustimmungsfähiger. Eine solche Information scheint uns auch dann relevant, wenn die Zustimmung insgesamt niedrig ist. So würden wir bei rechtsextremen Einstellungen schließlich stets wissen wollen, ob diese bei Männern oder Frauen, Älteren oder Jüngeren usw. häufiger auftritt.

Fazit und Ausblick

Ziel der Ausführungen in diesem Kapitel ist es, aktuelle methodische Debatten aus der Forschung zum Rechtsextremismus und Autoritarismus aufzugreifen und die Entscheidungen unseres Erhebungsdesigns ausführlicher zu begründen. Ein solch differenzierter Blick kann dabei helfen, unsere und die Ergebnisse anderer umfragebasierter Studien besser einzuordnen.

Wir unterscheiden zwischen der Repräsentationsebene einerseits, die sich auf Fragen der Stichprobenziehung und der Auswahl der Befragten bezieht, und der Messebene andererseits, die das konkrete Antwortverhalten der einzelnen Befragten in den Blick nimmt. Repräsentationsfehler versuchen wir in den LAS zu minimieren, indem wir auf ein dreistufiges

---

men, da der Abstand zwischen »stimme voll und ganz zu« und »stimme überwiegend zu« möglicherweise anders interpretiert wird als der zwischen »stimme überwiegend zu« und »stimme teils zu, teils nicht zu«. In Simulationsstudien kommen Rhemtulla et al. (2012) jedoch zu dem Schluss, dass auch Likert-skalierte Antworten bei latenten Modellierungen als metrisch behandelt werden können, wenn diese fünf oder mehr Antwortoptionen anbieten. Ähnlich argumentieren Lozano et al. (2008): Sie halten fest, dass Likert-Skalen zwischen vier und sieben Antwortkategorien gute psychometrischen Eigenschaften aufweisen, womit komplexere statistische Modellierungen ermöglicht werden.

Randomisierungsverfahren nach ADM-Design (also eine Zufallsauswahl der Befragten) sowie die recht aufwendige Face-to-face-Befragung als Rekrutierungsmethode setzen. Unsere Ausschöpfungsquoten deuten auf eine rückläufige, aber im Vergleich zu anderen Bevölkerungsumfragen dennoch hohe Teilnahmebereitschaft hin. Auf der Messebene begegnen wir Verzerrungseffekten, indem wir für sensible Themen einen Papierfragebogen einsetzen, um sozial erwünschtes Antwortverhalten zu reduzieren. Außerdem analysieren wir regelmäßig die Datenqualität; wir greifen auf bewährte Erhebungsinstrumente zurück, Neuentwicklungen werden stets anhand geeigneter Methoden und Kennwerte auf ihre Messqualität überprüft. Ein latentes Zustimmungspotenzial bilden wir durch eine Mittelkategorie (»stimme teils zu, teils nicht zu«) ab. Etwaige daraus resultierende Tendenzen zu unaufmerksamen Antworten oder *satisficing* lassen sich auf Basis der vorliegenden Daten nicht ausmachen.

Nichtsdestotrotz bleibt festzuhalten: Alle Umfragedaten unterliegen bestimmten Verzerrungseffekten auf der Repräsentations- sowie auf der Messebene. Es liegt bei den Forschenden, diese bestmöglich aufzudecken, nach Möglichkeit abzumildern und mögliche Schwachstellen der eigenen Forschung transparent zu machen. Die Länge von Publikationen und Präsentationsformaten setzt diesem Vorhaben in der Praxis der Wissenschaftskommunikation Grenzen. Eine zunehmend methodeninformierte mediale Aufbereitung und eine kritische und interessierte Öffentlichkeit können diesen Prozess aber unterstützen. Mit den vorliegenden Erläuterungen wollen wir auch den Leserinnen und Lesern direkt einen niedrigschwelligen Einstieg in die methodische Diskussion ermöglichen und Medienschaffende dazu animieren, diese Grundlagen bei der Rezeption und Aufbereitung von Umfrageergebnissen zu berücksichtigen.

Die Einstellungsforschung sieht sich darüber hinaus mit weiteren Schwierigkeiten konfrontiert. Politische Einstellungen können zwar erfragt, jedoch nicht direkt beobachtet werden. Sie sind starken zeitlichen Fluktuationen unterworfen und nicht direkt in Handlungen und Verhaltensweisen übertragbar. Vielmehr besteht ein komplexes Wechselverhältnis zwischen Einstellungen und Handlungen. Rechtsextreme Einstellungen können einerseits zu entsprechendem Wahlverhalten oder sogar Gewalthandlungen führen, andererseits können sich Einstellungen auch durch eine entsprechende Praxis radikalisieren (vgl. Stöss, 2010). Darüber hinaus sind bestimmte auslösende Faktoren dem Bewusstsein der Befragten gar nicht zugänglich: Verstehen wir Autoritarismus in Weiterführung der Arbeiten von Adorno, Frenkel-Brunswik, Levinson und Sanford (1950) als unbewusste Dynamik, so kann diese nicht gänzlich durch die Erhebung von Einstellungen aufgedeckt werden. Es ist daher notwendig, die Ergebnisse der Umfrageforschung mit anderen Datenquellen – mit tatsächlichen Wahl- oder Gewaltstatistiken, Analysen von Medieninhalten und insbesondere auch qualitativer Forschung – in Verbindung zu setzen, um Ursachen und Auswirkungen rechtsextremer und autoritärer Einstellungen in ihrer Dynamik zu begreifen.

Literatur

Adorno, T. W., Frenkel-Brunswik, E., Levinson, D. & Sanford, R. N. (1950). *The Authoritarian Personality*. New York: Harper & Brothers.

American Association for Public Opinion Research (Hrsg.) (2023). *Standard Definitions. Final Dispositions of Case Codes and Outcome Rates for Surveys*. https://aapor.org/wp-content/uploads/2023/05/Standards-Definitions-10th-edition.pdf (13.08.2024).

Bergmann, W. & Erb, R. (1986). Kommunikationslatenz, Moral und öffentliche Meinung. Theoretische Überlegungen zum Antisemitismus in der Bundesrepublik Deutschland. *Kölner Zeitschrift für Soziologie und Sozialpsychologie, 38*, 223–246.

Best, H., Reiser, M. & Salheiser, A. (2018). Gutachten zur Weiterentwicklung des Datenerhebungsdesigns des Thüringen-Monitors: Telefonische und persönliche Befragung im Vergleich. Begleitendes Methodenprojekt zum Thüringen-Monitor 2018 (15. September – 15. Dezember 2018) im Auftrag der Thüringer Staatskanzlei. Jena: KomRex. https://www.komrex.uni-jena.de/komrexmedia/2335/tm-2018-gutachten.pdf (13.08.2024).

Bizumic, B. & Duckitt, J. (2018). Investigating right wing authoritarianism with a very short authoritarianism scale. *Journal of Social and Political Psychology, 6*(1), 129–150. https://doi.org/10.5964/jspp.v6i1.835

Bosnjak, M. (2017). Mixed-Mode Surveys and Data Quality. In F. Faulbaum & S. Eifler (Hrsg.), *Methodische Probleme von Mixed-Mode-Ansätzen in der Umfrageforschung* (S. 11–25). Wiesbaden: Springer VS. https://doi.org/10.1007/978-3-658-15834-7_1

Cornesse, C. & Bosnjak, M. (2018). Is there an association between survey characteristics and representativeness? A meta-analysis. *Survey Research Methods, 12*(1), 1–13. https://doi.org/10.18148/srm/2018.v12i1.7205

De Leeuw, E. D. & de Heer, W. (2002). Trends in household survey nonresponse. A longitudinal and international comparison. In Groves R., Dillman D., Eltinge J & Little R. J. A. (Hrsg.), *Survey nonresponse* (Wiley series in survey methodology, S. 41–54). New York: John Wiley.

De Leeuw, E. D., Hox, J. & Luiten, A. (2018). International Nonresponse Trends across Countries and Years. An analysis of 36 years of Labour Force Survey data. https://doi.org/10.13094/SMIF-2018-00008

Decker, O. & Brähler, E. (2006). *Vom Rand zur Mitte. Rechtsextreme Einstellungen und ihre Einflussfaktoren in Deutschland*. Berlin: Friedrich-Ebert-Stiftung. https://doi.org/10.15496/publikation-5578

Decker, O., Hinz, A., Geißler, N. & Brähler, E. (2013). Fragebogen zur rechtsextremen Einstellung – Leipziger Form (FR-LF). In O. Decker, J. Kiess & E. Brähler (Hrsg.), *Rechtsextremismus der Mitte. Eine sozialpsychologische Gegenwartsdiagnose* (S. 197–212). Gießen: Psychosozial. http://home.uni-leipzig.de/decker/e406.pdf (13.08.2024).

Diekmann, A. (2022). *Empirische Sozialforschung. Grundlagen, Methoden, Anwendungen*. Reinbek bei Hamburg: Rowohlt.

Dilling, M., Kiess, J. & Brähler, E. (2023). Flucht in die Projektion. Zum Zusammenhang von Autoritarismus, Verschwörungsmentalität und rechtsextremer Einstellung. *ZRex – Zeitschrift für Rechtsextremismusforschung*, 3(2), 169–191. https://doi.org/10.3224/zrex.v3i2.02

Dillman, D. A., Phelps, G., Tortora, R., Swift, K., Kohrell, J., Berck, J. et al. (2009). Response rate and measurement differences in mixed-mode surveys using mail, telephone, interactive voice response (IVR) and the Internet. *Social Science Research*, 38(1), 1–18. https://doi.org/10.1016/j.ssresearch.2008.03.007

forsa (2024). Parteipräferenzen der unter 30-Jährigen 2024. https://newsletter.forsa.de/file/1839/1816/20240507_parteipraeferenzen_der_unter_30jaehrigen_2024 (30.08.2024).

Funke, F. (2005). The Dimensionality of Right-Wing Authoritarianism: Lessons from the Dilemma between Theory and Measurement. *Political Psychology*, 26(2), 195–218. https://doi.org/10.1111/j.1467-9221.2005.00415.x

Heller, A., Brähler, E. & Decker, O. (2020). Rechtsextremismus – ein einheitliches Konstrukt? In A. Heller, O. Decker & E. Brähler (Hrsg.), *Prekärer Zusammenhalt. Die Bedrohung des demokratischen Miteinanders in Deutschland* (S. 149–172). Gießen: Psychosozial. https://doi.org/10.30820/9783837930504-149

Heller, A., Decker, O., Clemens, V., Fegert, J. M., Heiner, S., Brähler, E. et al. (2022). Changes in authoritarianism before and during the COVID-19 pandemic: Comparisons of latent means across East and West Germany, gender, age, and education. *Frontiers in Psychology*, 13, 941466. https://doi.org/10.3389/fpsyg.2022.941466

Herzing, J. M. E. & Blom, A. G. (2019). The Influence of a Person's Digital Affinity on Unit Nonresponse and Attrition in an Online Panel. *Social Science Computer Review*, 37(3), 404–424. https://doi.org/10.1177/0894439318774758

Heyder, A. & Decker, O. (2011). Rechtsextremismus – Überzeugung, Einstellung, Ideologie oder Syndrom? In A. Langenohl & J. Schraten (Hrsg.), *(Un)Gleichzeitigkeiten – Die demokratische Frage im 21. Jahrhundert* (S. 223–259). Marburg: Metropolis.

Höcker, C., Pickel, G. & Decker, O. (2020). Antifeminismus – das Geschlecht im Autoritarismus? Die Messung von Antifeminismus und Sexismus in Deutschland auf der Einstellungsebene. In O. Decker, E. Brähler & K. Celik (Hrsg.), *Autoritäre Dynamiken. Alte Ressentiments – neue Radikalität*. Leipziger Autoritarismus Studie 2020 (S. 249–282). Gießen: Psychosozial. https://doi.org/10.30820/9783837977714-249

Jensen, H. A. R., Lau, C. J., Davidsen, M., Feveile, H. B., Christensen, A. I. & Ekholm, O. (2022). The impact of non-response weighting in health surveys for estimates on primary health care utilization. *European Journal of Public Health*, 32(3), 450–455. https://doi.org/10.1093/eurpub/ckac032

Kiess, J. (2011). Rechtsextrem – extremistisch – demokratisch? In Forum für kritische Rechtsextremismusforschung (Hrsg.), *Ordnung. Macht. Extremismus* (S. 240–260). Wiesbaden: Springer VS. https://doi.org/10.1007/978-3-531-93281-1_11

Kiess, J., Decker, O., Heller, A. & Brähler, E. (2020). Antisemitismus als antimodernes Ressentiment: Struktur und Verbreitung eines Weltbildes. In O. Decker, E. Brähler & K. Celik (Hrsg.), *Autoritäre Dynamiken. Alte Ressentiments – neue Radikalität. Leipziger Autoritarismus Studie 2020* (S. 211–248). Gießen: Psychosozial. https://doi.org/10.30820/9783837977714-211

Kocar, S. & Baffour, B. (2023). Comparing and Improving the Accuracy of Nonprobability Samples. Profiling Australian Surveys. *Methods, Data, Analyses, 17*(2), 171–206. https://doi.org/10.12758/mda.2023.04

Kohler, U. & Post, J. C. (2023). Pulp Science? Zur Berichterstattung über Meinungsforschung in den Massenmedien. *GWP – Gesellschaft. Wirtschaft. Politik, 72*(4), 475–483. https://doi.org/10.3224/gwp.v72i4.09

Kreis, J. (2007). *Zur Messung von rechtsextremer Einstellung* (Arbeitshefte aus dem Otto-Stammer-Zentrum 12). https://doi.org/10.17169/refubium-23175

Krosnick, J. A. (1991). Response strategies for coping with the cognitive demands of attitude measures in surveys. *Applied Cognitive Psychology, 5*(3), 213–236. https://doi.org/10.1002/acp.2350050305

Küpper, B. & Zick, A. (2024). Messung rechtsextremer Einstellungsmuster. In F. Virchow, A. Hoffstadt, C. Heß & A. Häusler (Hrsg.), *Handbuch Rechtsextremismus* (S. 1–21). Wiesbaden: Springer VS. https://doi.org/10.1007/978-3-658-38373-2_17-1

Leitgöb, H., Seddig, D., Asparouhov, T., Behr, D., Davidov, E., Roover, K. de et al. (2023). Measurement invariance in the social sciences: Historical development, methodological challenges, state of the art, and future perspectives. *Social Science Research, 110*, 102805. https://doi.org/10.1016/j.ssresearch.2022.102805

Liebig, S. (2023). Antisemitische Einstellungen in Deutschland: Eine Forschungsnotiz zu den Desiderata einstellungsbezogener Antisemitismus-Forschung. In T. Faas, S. Huber, M. Krewel & S. Roßteutscher (Hrsg.), *Informationsflüsse, Wahlen und Demokratie* (S. 583–616). Baden-Baden: Nomos. https://doi.org/10.5771/9783748915553-583

Lozano, L. M., García-Cueto, E. & Muñiz, J. (2008). Effect of the Number of Response Categories on the Reliability and Validity of Rating Scales. *Methodology, 4*(2), 73–79. https://doi.org/10.1027/1614-2241.4.2.73

Menold, N. & Bogner, K. (2015). *Gestaltung von Ratingskalen in Fragebögen* (GESIS Survey Guidelines). Mannheim: GESIS – Leibniz-Institut für Sozialwissenschaften. https://doi.org/10.15465/gesis-sg_015

Reuband, K.-H. (2023). Gibt es eine »alarmierende« Ausbreitung rechtsextremer Einstellungen in der Bevölkerung? *Zeitschrift für Parteienwissenschaften, 3*, 377–419. https://doi.org/10.24338/MIP-2023377-419

Rhemtulla, M., Brosseau-Liard, P. É. & Savalei, V. (2012). When can categorical variables be treated as continuous? A comparison of robust continuous and categorical SEM estimation methods under suboptimal conditions. *Psychological Methods, 17*(3), 354–373. https://doi.org/10.1037/a0029315

Schermelleh-Engel, K. & Gäde, J. C. (2020). Modellbasierte Methoden der Reliabilitätsschätzung. In H. Moosbrugger & A. Kelava (Hrsg.), *Testtheorie und Fragebogenkonstruktion* (S. 335–368). Berlin, Heidelberg: Springer. https://doi.org/10.1007/978-3-662-61532-4_15

Schnell, R. (1997). *Nonresponse in Bevölkerungsumfragen. Ausmaß, Entwicklung und Ursachen.* Opladen: Leske + Budrich. https://doi.org/10.1007/978-3-322-97380-1

Schnell, R., Hill, P. B. & Esser, E. (2018). *Methoden der empirischen Sozialforschung.* Berlin: De Gruyter Oldenbourg.

Stadtmueller, S., Silber, H., Daikeler, J., Martin, S., Sand, M., Schmich, P. et al. (2019). *Adaptation of the AAPOR Final Disposition Codes for the German Survey Context* (GESIS Survey Guidelines). Mannheim: GESIS – Leibniz-Institut für Sozialwissenschaften. https://doi.org/10.15465/gesis-sg_en_026

Statistisches Bundesamt (2024). Bevölkerung nach Nationalität und Geschlecht (Quartalszahlen). https://www.destatis.de/DE/Themen/Gesellschaft-Umwelt/Bevoelkerung/Bevoelkerungsstand/Tabellen/liste-zensus-geschlecht-staatsangehoerigkeit.html#1346466 (13.08.2024).

Stöss, R. (2010). *Rechtsextremismus im Wandel*. Berlin: Friedrich-Ebert-Stiftung.

Sturgis, P., Roberts, C. & Smith, P. (2014). Middle Alternatives Revisited. *Sociological Methods & Research*, *43*(1), 15–38. https://doi.org/10.1177/0049124112452527

Wang, R. & Krosnick, J. A. (2020). Middle alternatives and measurement validity: a recommendation for survey researchers. *International Journal of Social Research Methodology*, *23*(2), 169–184. https://doi.org/10.1080/13645579.2019.1645384

Zick, A., Berghan, W. & Mokros, N. (2019). Gruppenbezogene Menschenfeindlchkeit in Deutschland 2002–2018/19. Mit einem Exkurs zum Neuen Antisemitismus von Beate Küpper und Andreas Zick. In A. Zick, B. Küpper & W. Berghan (Hrsg.), *Verlorene Mitte – Feindselige Zustände. Rechtsextreme Einstellungen in Deutschland 2018/19* (S. 53–116). Bonn: Dietz.

II. Zum Stand der Zivilgesellschaft

8. Selbstwirksamkeit, Widerstand und Religion: Nuancen der Selbstverortung jüdischer Aktivisten in Deutschland

Thorsten Fehlberg & Dani Kranz

Einleitung

Unmittelbar nach der Shoah begannen Juden[1] in Deutschland wieder, sich sozialpolitisch zu engagieren. Überlebende organisierten sich, um bessere Lebensbedingungen in den Lagern für Displaced Persons (DF) zu erreichen (Onken, 2022, S. 65), sie kämpften für die Anerkennung der Shoah, für Orte des Gedenkens (Saalmann, 2022, S. 215–216) und für Entschädigungszahlungen (Bodemann, 1996; Platt, 2012). Außerdem wiesen sie auf personelle Kontinuitäten der bundesdeutschen Eliten hin (Fehlberg & Klein, 2021). Allerdings lässt sich an den Entlassungen der jüdischen Landesbeauftragten und Staatskommissare für Wiedergutmachungsangelegenheiten, die schon ab 1950 stattfanden (Kranz, 2023), erkennen, dass politisches Engagement von Juden nur sehr bedingt willkommen war. Fälle wie der Suizid des bayrischen Staatskommissars Philipp Auerbach nach dessen antisemitisch begründeter Verurteilung sowie die Dauerkämpfe des Staatsanwalts Fritz Bauer und des Richters Robert Michaelis sind symptomatisch für die bundesdeutsche Nachkriegsgesellschaft. Vor diesem Hintergrund muss das politische Engagement von Juden als (Versuch von) Selbstwirksamkeit ebenso wie als Kampf um Anerkennung als

---

[1] Zur besseren Lesbarkeit verwenden wir im Text das generische Maskulinum. Es sind jedoch stets alle Geschlechter gleichermaßen gemeint.

Juden in Post-Shoah-Deutschland verstanden werden. Denn wer sich politisch engagiert, versteht sich als Teil der Gesellschaft oder hegt zumindest einen Zugehörigkeitswunsch.

Im Folgenden richten wir den Blick in die Gegenwart, auf die Motivation von Juden, die aktuell oder in den vergangenen Jahren in Deutschland politisch aktiv waren bzw. sind. Dabei geht es insbesondere um Muster der persönlichen Motivation, die sich in Handlungsfeldern und Umgangsformen zeigen. Bezugspunkte des Engagements von Juden bilden ihre individuellen Biografien, ihre Familienbiografien sowie die kollektivierte jüdische Erfahrung. Um mehr über die verschiedenen Motivationen für politisches Engagement von Juden zu erfahren, führten wir qualitative Interviews, bei denen wir die Interviewpartner unter anderem fragten, welche familiären Tradierungen, Alltagserfahrungen und, wenn zutreffend, in welcher Form die eigene Migrationsgeschichte für das politische Engagement relevant sind. Bevor der Beitrag sich dem methodischen Ansatz – den Interviews und der darauf basierenden Typenbildung – zuwendet, wird das politische Engagement von Juden nach 1945 skizziert.

Politisches Engagement von Juden in Deutschland nach 1945

In Bezug auf das politische Engagement von Juden in den ersten Jahren nach 1945 lassen sich auf Grundlage ihrer Biografien grob zwei Gruppen unterscheiden. Während sich deutsche Juden vor allem innerhalb von Justiz und Verwaltung für jüdische Angelegenheiten einsetzten, stand bei osteuropäischen, jüdischen DPs, die politisch aktiv waren, ihre aktuelle Lebenswelt im Zentrum: ihre Lebensbedingungen in den DP-Camps und ihr Wunsch nach Emigration. Weder wollten sie in Deutschland bleiben noch hatten sie ausreichend Sprach- und Kulturkenntnisse, um sich in Deutschland selbst zu beteiligen (Kranz, 2021). Entsprechend dieser Zusammensetzung der jüdischen Bevölkerung entstand zunächst eine Doppelstruktur, die 1950 zusammengeführt wurde (Geller, 2005). Mit der Gründung der Einheitsgemeinde 1950 wurde klar, dass Juden auf Dauer in Deutschland verbleiben würden. Allerdings blieb das politische Engagement abhängig von den Biografien der Aktiven und die Außenrepräsentation fiel an deutsche Juden. Da die Mitglieder in den Einheitsgemeinden im Vergleich zur bundesdeutschen Bevölkerung eine Kleinstgruppe von

15.920 Menschen[2] (im Jahr 1955) waren, hatten ihre Vertreter eine entsprechend schwierige Position in den Verhandlungen mit dem bundesdeutschen Staat. Sie stellten Forderungen an die Politik, wurden jedoch gleichzeitig vom Staat finanziert. Auch verstanden sich einige der Repräsentanten des Zentralrats – nicht zuletzt um sich selbst zu rechtfertigten – als Repräsentanten eines »anderen« Deutschlands (Kauders, 2007, 2010). Diese Repräsentation für »die Deutschen« war unter den Mitgliedern der Einheitsgemeinde umstritten, bei im Ausland lebenden Juden traf sie auf komplettes Unverständnis (Kauders, 2010).

Die Kinder der Überlebenden (die Zweite Generation, vgl. Kranz, 2019)[3] erlebten sich weder als deutsche noch als osteuropäische Juden, sondern als Juden in Deutschland (Rapaport, 1997). Neben den Kämpfen um Restitution und Reparation, welche die Zweite (und später auch die dritte) Generation gezwungenermaßen weiterführten (Kranz, 2023), begannen mit der Zweiten Generation die Debatten, die noch bis heute aktuell sind: Seitdem werden die Themen Leben in Deutschland (im Gegensatz zu Verweilen), der Umgang mit Interehe/Interfamilien und die Beziehung zu Israel kontrovers diskutiert (Kauders, 2007). Auch in der Ersten Generation bestand über diese Themen kein Konsens. Die Nähe zur Shoah war allerdings zu groß und die Gemeinschaft, nicht nur die Gemeinden, so klein, dass für Dissens wenig Raum war.

Die Ausdifferenzierung in der Zweiten Generation mündete darin, dass sich im Rahmen des politischen Engagements jüdische Gruppen bildeten (Khasani, 2004). Diese bestanden aus Juden der Zweiten Generation, die sich im engen Korsett der Einheitsgemeinden nicht wiederfanden und die sich mit den drei benannten Themen kontrovers auseinandersetzen wollten. Gerade das Verhältnis zu Israel war in dieser Zeit besonders bri-

---

2 Die von uns genannten Zahlen beziehen sich immer auf die Mitgliederzahlen der jüdischen Gemeinden. Wenn wir von jüdischer Community sprechen, meinen wir die Grundgesamtheit aller Menschen, die sich selbst als Juden identifizieren. Die Anzahl wird mit 118.000 beziffert, wenn die strikte, orthodoxe Auslegung der Halacha, des jüdischen Gesetzes, zugrunde gelegt wird, und mit 175.000, wenn alle einbezogen werden, die zumindest ein jüdisches Elternteil haben und die sich als »partly Jewish« identifizieren (vgl. JPR, o. J.). Die Einheitsgemeinde hatte am 31.12.2023 90.478 Mitglieder (ZWST, 2024).

3 Erste, Zweite und Dritten wird großgeschrieben, wenn es sich um die in Deutschland verbliebenen Überlebenden, deren Kinder und Enkel handelt. Im Gegensatz dazu wird erste, zweite, dritte nicht großgeschrieben, wenn es sich um die generativen Kohorten handelt, in denen die Erste, Zweite und Dritte Generation nur eine Teilgruppe sind (vgl. Kranz, 2019).

sant: In der Bundesrepublik hatten linke politische Fraktionen den israe-lisch-palästinensischen Konflikt entdeckt und antiisraelische Positionen wurden offen verbalisiert (Klocke, 2007). Die Zweite Generation, die sich linken Spektren zuordnete, erlebte, wie ihre politischen Positionen aus dem Kontext gerissen und ihre Sprecherposition als Juden von anderen Perso-nen genutzt wurden, um deren eigene Einstellung gegenüber Israel zu rechtfertigen. Als Reaktion zogen sich jüdische Akteure in jüdische Grup-pen zurück, um kritisch, offen und ohne Angst vor Implementierung dis-kutieren zu können (Khasani, 2004).

Bedingt durch die Immigration (post-)sowjetischer Juden ab 1990, die sich durch den Zusammenbruch der Sowjetunion 1991 beschleunigte, wuchs die jüdische Community in Deutschland stark und damit auch die Zahl der in Gemeinden organisierten Juden. Die letzte Volkskammer der DDR hatte im Sommer 1990 ein Gesetz auf den Weg gebracht, das Ju-den aus der Sowjetunion die Immigration in die DDR ermöglichte. Nach hartem Ringen mit der Bundesrepublik wurde diese Regelung schließlich in den Einheitsvertrag übernommen (Cronin, 2019; Körber, 2021). Eine größere Community, wachsende Gemeinden und andere biografische Be-züge bedeuteten auch, dass sich der politische Aktivismus weiter ausdif-ferenzierte und neben die Kernthemen (Leben in Deutschland, Interehe/ Interfamilien, Verhältnis zu Israel) neue Aktionsfelder traten: die mangel-haften Rentenansprüche postsowjetischer Juden und der mangelhafte Zugang von Nachfahren deutscher Juden zur deutschen Staatsangehö-rigkeit (Kranz, 2025). Weiterhin etablierten sich intersektionale Perspek-tiven auf jüdisches Leben in Deutschland, es entstanden inter-ethnische und inter-religiöse Gruppen, die sich für eine inklusive Zukunft des Er-innerns einsetzten oder die sich mit zivilgesellschaftlichen Themen/ Problemen befassten. Zwei Beispiele dafür sind das im Rahmen des Ernst Ludwig Ehrlich Studienwerks (ELES) entstandene Projekt Dialogpers-pektiven, das nun ein eigenständiger Verein ist, sowie das Begegnungs-projekt Shalom Aleikum, das beim Zentralrat der Juden in Deutschland beheimatet ist.

An dieser Stelle muss erwähnt werden, dass diese Projekte alle vor dem 7. Oktober 2023 gegründet worden waren. Seit diesem Tag haben sich deutliche Spannungen in inter-ethnischen und inter-religiösen Projek-ten manifestiert: Einige Kooperationen sind komplett kollabiert, da nicht-jüdische Kooperationspartner sich wenig empathisch, andere gar offen antiisraelisch positionierten, wobei der Anti-Israelismus deutlich auf Antisemitismus zurückgriff (Kranz, 2024a).

Spannend ist, dass Erinnerungskultur und -politik von Juden zwar schon in den 1950er Jahren thematisiert wurden (Geis, 1996), im politischen Engagement aber erst ab den 1990er Jahren an Bedeutung gewannen. Vorher hatten Juden die deutsche Erinnerungskultur bereits kritisiert und attestiert, dass die als deutsch konstruierte und die jüdische Erinnerungskultur auseinanderfallen (Bodemann, 1996; Brumlik & Kunik, 1988; Geis, 1996). Großflächigere Kritik entstand allerdings erst, nachdem die jüdische Community stark gewachsen war. Verstärkt wurde diese Entwicklung, als die Kinder der russischsprachigen Juden erwachsen waren, und auch dadurch, dass ab Mitte der 2000er Jahre die Anzahl von jüdischen Israelis in Deutschland anstieg (Rebhun et al., 2022). Mit 20.000 Israelis handelt es sich zwar im Verhältnis zu den knapp 220.000 als Kontingentflüchtlingen immigrierten Juden um eine kleine Gruppe (ebd., S. 65). Jedoch sind beides riesige Zahlen im Vergleich zu den alten Gemeinden Ost und West. Die alte Gemeinde West hatte 1989 27.711 Mitglieder (ZWST, 2001), die Gemeinde Ost 372 (Burgauer, 1993, S. 359). Diese jüdischen Immigranten brachten ihre eigenen Erinnerungskulturen mit (Bernstein, 2008; Kranz, 2021) und gerade die in einer jüdischen Mehrheit aufgewachsenen Israelis äußerten sich öffentlich kritisch gegenüber der deutschen Erinnerungskultur. Durch die größere jüdische Community und eine entsprechend viel größere Anzahl von Aktiven konnte sich das politische Engagement von Juden einerseits stabilisieren (Kranz, 2023), andererseits differenzierte es sich sowohl thematisch als auch hinsichtlich der zugrundeliegenden Motivationen weiter aus.

Datenerhebung und Auswertung

Um Zusammenhänge zwischen persönlicher Motivation, Biografie und jüdischen Identitäten aufzuzeigen, haben wir auf der Grundlage von Interviews Typen der Motivation für politisches Engagement gebildet.[4] Alle befragten Personen sind Angehörige der zweiten oder dritten Genera-

---

4 Interviewführung, Datenauswertung und Typenbildung wurden von Thorsten Fehlberg durchgeführt. Im Gespräch mit Dani Kranz wurden die Typen reflektiert und überarbeitet.

tion. Sie sind politisch agierende Subjekte und keine passiven Empfänger sozialer Strukturen, sondern nutzen ihre Handlungsfreiheiten, um ihre Umgebung aktiv zu beeinflussen und zu gestalten (Somers, 1994, S. 614). Sie engagieren sich in einer großen Bandbreite von Themen für sozialen Wandel, die auch gesellschaftliche Teilhabe und die Kritik an einer unfairen Ressourcen- und Privilegienverteilung umfasst (vgl. Müllenmeister et al., 2023, S. 377f.). Einige sind sozialpolitisch für benachteiligte Gruppen, inklusive den älteren Kontingentflüchtlingen oder Menschen mit Fluchterfahrung, aktiv. Wieder andere widmen sich der Aufklärung über die Vielfalt jüdischen Lebens – sowohl innerhalb von jüdischen Gemeinden als auch über die jüdische Community hinaus. Einige Befragte sind oder waren in etablierten Vereinen, aber auch in politischen Parteien oder antifaschistischen Gruppen engagiert.

Für die vorliegende Untersuchung führten wir problemzentrierte Interviews, wobei wir alle Gespräche mit einer narrativen Einstiegsfrage begannen (vgl. Witzel & Reiter, 2012). Die vollständig transkribierten Interviews haben wir mit der qualitativen Inhaltsanalyse ausgewertet, um darauf aufbauend eine Typenbildung hinsichtlich der Motivation für das politische Engagement vorzunehmen (Kuckartz, 2010, S. 556f.). Wir konnten drei empirische Typen aus den Materialien herausarbeiten (vgl. Kluge, 2000). Dafür betrachteten wir zum Beispiel, wie Menschen für bestimmte Aspekte oder Themen ihres Engagements argumentieren, und analysierten die Aussagen in einem nächsten Schritt hinsichtlich empirischer Regelmäßigkeiten: Erzählen Menschen mit ähnlicher Motivation über ähnliche Formen des Engagements? Lassen sich hier wiederkehrende Muster und Sinnzusammenhänge erkennen? Zur Charakterisierung und Kontrastierung der Typen haben wir im Laufe der Auswertung vier Vergleichsdimensionen aus den Materialien herausgearbeitet (Kluge, 2000). Mit diesen Ebenen werden die Typen voneinander abgegrenzt, um Unterschiede in den Erzählungen über die Motivation für das Engagement deutlich zu machen (vgl. Kuckartz, 2010, S. 563).

Da wir uns auf das Erkenntnisinteresse, das der Untersuchung vorausging, fokussierten, betonten wir diejenigen Erzählungen, die mit dem Engagement verknüpft sind (vgl. Gerhardt, 2010, S. 77). Die empirischen Typen konstruierten wir so, dass sie allgemeine Charakteristika in den Vordergrund stellen. Entsprechend blendeten wir regelmäßig auftretende individuelle Besonderheiten oder Abweichungen zur Typenbildung aus

(Kuckartz, 2010, S. 560f.). Da es sich um eine Typisierung handelt und Einzelpersonen mit mehreren Motivationen für ihr Engagement argumentieren können (vgl. Fehlberg, 2023), müssen sich die im Folgenden dargestellten Narrationen über das Engagement in ihrer Eindeutigkeit nicht in der sozialen Realität wiederfinden. Es geht um die modellhafte Verdeutlichung und Erklärung der Realität, nicht aber um eine Abbildung dieser (vgl. Kuckartz, 2010, S. 555; Gerhardt, 2010, S. 81).

Motivation für gesellschaftspolitisches Engagement

Im folgenden Schema werden drei Typen politisch Engagierter – die *Vermittler*, die *Selbstwirksamen* und die *Widerständigen* – hinsichtlich ihrer Motivation und mithilfe von vier Vergleichsebenen voneinander abgegrenzt (vgl. Kluge, 2000). Darauf folgt eine ausführlichere Beschreibung unter Zuhilfenahme von Zitaten aus den Materialien.

Typ 1: Die Vermittler

Das Engagement von Typ 1 erfolgt in direkter Verbindung zu jüdischen Institutionen (vgl. Interviews 2023D, 2023F). Jüdische Identität, Erfahrungen mit Antisemitismus sowie die eigene Zuwanderungsgeschichte sind hierbei entscheidende Einflussfaktoren. Einen wichtigen Bezugspunkt für *Vermittler* bilden die unterschiedlichen Verbindungen zum Judentum, mit denen Kontingentflüchtlinge aus der ehemaligen Sowjetunion nach Deutschland kamen. Die Verständigung mit diesen sowie mit anderen Juden bilden ein zentrales Ziel des Engagements.

> »[...] innerhalb des Judentums gibt es sehr viele, die ganz liberal aufwachsen, orthodox, die gar nichts mit dem Judentum zu tun haben« (Interview 2023C).

Im Engagement werden die unterschiedlichen Bezüge zur jüdischen Identität aufgegriffen und entsprechende Handlungsbedarfe abgeleitet. Es geht um Kommunikation zwischen nicht-praktizierenden Juden und Menschen, die mit einer starken Verbindung zum Judentum aufgewachsen sind. Gleichzeitig macht sich Typ 1 für den Austausch über die vielen dazwischenliegenden Bezüge zu jüdischen Identitäten stark. Unterschiedliche Erfahrungen mit Antisemitismus motivieren die Aktivitäten ebenso (Interview 2023C).

Tabelle 1: Idealtypische Motivationen für politisches Engagement

	Typ 1: **Die Vermittler** religiös orientiert	Typ 2: **Die Selbstwirksamen** realpolitisch, generalistisch	Typ 3: **Die Widerständigen** kämpferisch
Erfahrungen und Tradierungen	– Beschreibung von Fremdheitsgefühl nach Zuwanderung – Verbergen der Identität – Antisemitismus	– Zuwanderung als Empowerment – Wirkungsmacht in der Kindheit – Positive Wahrnehmung der Vergangenheit	– Rückbezug auf Widerstandskämpfer, Sieg über das nationalsozialistische Deutschland – Diverse Familiengeschichten – Verantwortungsgefühl
Anbindungen	– An jüdische Institutionen – An unterschiedlich ausgerichtete jüdische Gemeinden	– An größere Organisation, die bundesweit agieren: Parteien, gemeinnützige Vereine, Nichtregierungsorganisationen	– An unabhängige politische Gruppen, nicht-religiöse jüdische Strukturen – An unterschiedliche, themenbezogene Bündnisse
Bezug zum Jüdischsein	– Gibt Zugehörigkeitsgefühl – Traditionen und Praktiken wichtig für Selbstverständnis – Frühe Anbindung oder Rückbesinnung	– Beschreibung als Einsatzfeld z. B. gegen Antisemitismus – Formulierung von Bedrohungsgefühl	– Jüdischsein als einer von vielen politischen Bezugspunkten – Leidens-, Schicksalsgemeinschaft
Handlungsfelder, Ziele, Umgangsformen	– Verständigung mit Juden über jüdische Identität – Religiöse Verständigung – Arbeit mit Geflüchteten	– Breites Themenspektrum – Wirksamkeit entfalten, z. B. über Partei oder gesellschaftlichen Status	– Engagement gegen Neonazis und Antisemitismus – Einsatz für Sichtbarkeit von jüdischem Leben in Deutschland

»Denn danach hatte die Mutter Probleme in der Schule. Das war auch die gleiche Geschichte mit meiner Oma. Und deshalb für sie das wichtig war dieser Punkt, dass ich werde die jüdische Schule besuchen und dann ich werde nicht so schwierige Weg haben im Leben, nicht solche schlechte Erfahrungen wie sie damals. […] Ich habe nur gute Erinnerungen [an die Schule] danach daran« (Interview 2022D).

Prägend für *die Vermittler* sind Erfahrungen mit Antisemitismus, die Teil der eigenen Biografie sowie des Familiengedächtnisses sind und teilweise über Generationen hinweg tradiert werden. Berichtet wird beispielsweise von Ausgrenzungen in der Schule durch Mitschüler und sogar Lehrer (vgl. Interview 2023E). Auch antisemitische Anfeindungen von unbekannten Personen sind Teil der Erfahrungswelt. Antisemitismus führt auch dazu, dass die eigene Identität aufgrund (potenzieller) Anfeindungen durch die Dominanzgesellschaft verborgen werden muss.

> »Ich habe in der Schule immer gesagt, ich bin Russe und damit hatte ich einen sehr guten Status. Russen, ja sind stark, trinken Wodka [...] Also ich habe mich damit wenig beschäftigt und auch meine Eltern meinten, ja lieber nicht drüber sprechen« (Interview 2023E).

Die eigene Identität verbergen zu müssen, ist eine weitere Erfahrung, die das Engagement motiviert. Aus der erlebten Ausgrenzung, den entsprechenden Erzählungen innerhalb der Familie und dem angepassten Verhalten von Angehörigen ergeben sich starke Impulse für aktuelle Handlungen der *Vermittler*. Beschrieben wird eine Rückbesinnung auf die eigene jüdische Abstammung ebenso wie die Ermutigung anderer Menschen, sich mit ihrer jüdischen Identität auseinanderzusetzen. Eigene und familiäre Erfahrungen aus der Vergangenheit führen zu einer stärkeren Orientierung in Richtung jüdischer Praktiken und Religiosität in der Gegenwart.

> »Das habe ich eher mit der Zeit in die Familie gebracht. In meinen Andenken an meine Urgroßmutter, mit der wir dann hergekommen sind, die eben, ne, unsere Shoah-Überlebende ist […]. Also ich bin mütterlicherseits jüdisch, mein Vater nicht […]« (Interview 2023C).

Es handelt sich nicht zwangsläufig um eine Neuzuwendung zum eigenen Jüdischsein. Die Verbundenheit zum Judentum wird auch mit frühen Kindheitserinnerungen verknüpft. Gründe dafür sind nicht nur der oben aufgezeigte Antisemitismus, sondern auch positive Emotionen, die mit dem eigenen Jüdischsein verbunden sind (vgl. Interview 2023C). Die Erinnerung an gelebte jüdische Kultur wird bei *Vermittlern* auch mit Geborgenheit in Verbindung gebracht und als wichtiger Teil des Lebens beschrieben, als »ein warmes Gefühl […] wie zu Hause« (Interview 2022D). Diese Verbundenheit motiviert zur Anbindung an jüdische Strukturen, wobei der Weg in jüdische Institutionen Hand in Hand mit gesellschaftlichem Engagement geht. Es werden Tätigkeiten in der Beratung (Interview 2023F) oder die Arbeit als Jugendbetreuer (Interview 2023D) angeführt. Charakteristisch für diese eher suchende Haltung im Engagement ist es, an Bedarfen anzuknüpfen, die jüdische Communities betreffen. Das Engagement zielt darauf ab, das Verständnis für die eigene Identität oder die eigenen Wurzeln sowie den Austausch mit anderen zu fördern. Darüber hinaus ermutigen sie Menschen, sich mit ihren eigenen Zugängen zur jüdischen Identität auseinanderzusetzen.

> »Und jetzt aktuell genau konkretisiert sich unsere Idee mit [Name einer Person] einfach immer mehr. Deswegen auch eben nicht nur in der Gemeinde in [Name einer Stadt] zu bleiben, sondern eben auch über die Gemeinden hinweg und auch über die Jugendzentren. Also es geht uns auch nicht darum, irgendwie ein Angebot wegzunehmen oder Konkurrenz zu schaffen, sondern einfach ein Bildungsangebot mehr anzubieten, genau den Strömungen übergreifend« (Interview 2023C).

Dabei resultieren Initiativen zur Verständigung zwischen Juden mit unterschiedlichen Zuwanderungsgeschichten und Bezügen zur Religion aus dem Gefühl von Nichtzugehörigkeit nach der Zuwanderung, der Verbundenheit zum Jüdischsein, aber auch aus der eigenen Religiosität. Auffällig ist gleichzeitig das Engagement für Menschen mit Fluchterfahrung, das *Vermittler* praktizieren und das direkt mit der eigenen Zuwanderungsgeschichte verbunden ist. Der Austausch über unterschiedliche Religionen ist für *Vermittler* ebenso wichtig.

Aufgrund der eigenen oder familiären Biografie besteht bei den Engagierten des Typs 1 oftmals ein besseres Verständnis der allgemeinen Schwierigkeiten, die Menschen nach der Zuwanderung oder auch Flucht erleben. Entsprechend bezieht sich das Ziel der gegenseitigen Verständigung mitunter nicht allein auf Juden, sondern auf einen erweiterten Adressatenkreis, sodass es auch um kulturelle und religiöse Verständigung im Allgemeinen geht. Aus der eigenen Religiosität und Biografie leitet sich die politische Mission zum Verständnis anderer Religionen und Kulturen ab (vgl. Interview 2023C).

Typ 2: Die Selbstwirksamen

Die *Selbstwirksamen* engagieren sich in sozialpolitischen Themen (beispielsweise Armutsbekämpfung, soziale Gerechtigkeit, Europapolitik) sowie gegen Antisemitismus und Rassismus. Sie sind mitunter an mehrere Institutionen angebunden. Ein frühzeitiger Kontakt mit etablierten Organisationen und der Bezug auf Mentoren, die bei der Orientierung in der Anfangsphase des Engagements geholfen haben, sind charakteristisch für Typ 2. Oftmals sind sie Mitglieder einer Partei oder auch größerer Nichtregierungsorganisationen. Im Mittelpunkt der eigenen Motivation steht dabei die persönliche Wirksamkeit, weniger die Bindung an eine spezielle Institution. Insgesamt handelt es sich um eine Motivation, die von einem hohen Maß an Selbstsicherheit und Selbstbewusstsein geprägt ist (vgl. Interviews 2022B, 2023A, 2023F).

> »[…] aber ich glaube mal, mir ist immer wieder, wenn ich sehe, dass ich etwas verändern kann, und dann finde ich das gut, dass ich in der Partei bin und kann das durchsetzen. […] Deswegen auch sehr viel Engagement auf Ortsvereinsebene, auf der Kommunalebene, weil auf der Kommunalebene was zu bewirken ist vielleicht (unv.) auf das Ergebnis« (Interview 2023A).

Die *Selbstwirksamen* beschreiben eine hohe persönliche Leistungsbereitschaft (bspw. ein ambitioniertes Selbststudium) oder berichten davon, früh wichtige Lebensentscheidungen getroffen zu haben (bspw. ein Schulwechsel in sehr jungem Alter), womit einmal mehr deutlich wird, dass sie selbstbewusst und zielorientiert sind.

> »Da[s] war so große Erfahrung für mich, so große Aha-Erlebnis für mich, dass eigentlich nicht ich muss, abhängig sein von […] Menschen, die neben mir stehen, sondern ich muss mich so stehen, dass alle andere von mir abhängig sind, verstehst du? […] Und eigentlich an der Uni war ich auch sehr aktiv politisch, ja? Ich war Sprecherin von unserer Studentengruppe auch und so eigentlich meine Rolle, wie in der Klasse in Schule, genauso […]« (Interview 2023F).

Die Motivation zum politischen Handeln ergibt sich für die *Selbstwirksamen* aus dem Bedürfnis, bestimmten Anfeindungen und stereotypen Vorstellungen zu widersprechen. Zwar werden auch eigene negative Erfahrungen mit Antisemitismus (hier vor allem israelbezogener Antisemitismus) als Bestärkung für die Motivation benannt, jedoch ist Typ 2 weniger vom eigenen Jüdischsein oder direkter Betroffenheit motiviert, sondern fokussiert auf eigene Fähigkeiten. Darüber hinaus taucht auch die eigene Zuwanderungsgeschichte als positiver Bezugspunkt im Engagement auf, wenn beispielsweise eine besondere kulturelle oder sprachliche Kompetenz betont wird (vgl. Interview 2022B). Aufgrund der eigenen Erfahrungen und Fähigkeiten engagieren sich die *Selbstwirksamen* in vielen Bereichen.

> »Ja, ich bin ja in mehreren Vereinen, also, einmal natürlich ein großer Teil meines Lebens ist mittlerweile die [Name einer Partei]« (Interview 2022B).

Die Anbindung des Typs 2 an unterschiedlichste Organisationen hängt mit den vielfältigen Zielen zusammen, die diese Engagierten verfolgen. Der damit verbundene Wunsch nach großer Wirksamkeit in vielen Bereichen lässt sich oft nur als Parteimitglied realisieren. Daher wirkt ihre Parteimitgliedschaft in erster Linie als Mittel, um Ziele durchzusetzen (vgl. Interviews 2022B, 2023A). Engagierte diesen Typs beschreiben sich als einflussreich, weisen auf eigene Erfolge hin und strahlen damit große Sicherheit aus. Auch besitzen sie eigenen Angaben zufolge eine besondere Überzeugungskraft. Bedarfe werden an große Organisationen herangetragen, um diese zum Handeln zu bewegen. Mit jüdischen Gemeinden arbeiten die *Selbstwirksamen* folglich genauso themenspezifisch zusammen, wie mit anderen Organisationen. Im Gegensatz zur starken Bindung an jüdische Strukturen, wie sie bei Typ 1 zu finden ist, wird die Zusammenarbeit mit jüdischen Gemeinden nur in bestimmten Kontexten gesucht. Dennoch sind im Rahmen dieser Motivation auch Themen relevant, die jüdische Gemeinden direkt oder indirekt betreffen (vgl. Interviews 2022A, 2023A, 2023F). Dies ist beispielsweise der Fall, wenn es um Antisemitismus geht. Die *Selbstwirksamen* betrachten sich als Netzwerker, Moderatoren oder Multiplikatoren und agieren strategisch (vgl. Interviews 2023A, 2023F).

> »Manchmal versuche ich alle ins Boot zu holen und mache ich auch nur mit bei den Sachen, wo ich sehe, das bringt was den Menschen [...]« (Interview 2023A).

Typ 2 zielt auf gesellschaftspolitische Wirksamkeit auch über die genannten Politikfelder hinaus. Der Weg dorthin kann über ein Berufsziel oder Bildungsabschluss eingeschlagen werden.

»Ja, ich würde sagen, das [Einfluss nehmen] ist meine Hauptmotivation gewesen. Und heutzutage ist es sie immer noch; plus dazu kommt eben, dass ich jetzt seit guten eineinhalb Jahren ungefähr Jura studiere und ja, ich merke, wie wichtig einfach die Zukunft und die Gegenwart für uns ist, auch politisch gesehen« (Interview 2023D).

Der Wunsch nach Wirksamkeit und vollständiger Teilhabe wird als Antrieb beschrieben, auch um politische Sichtbarkeit zu erreichen. Fehlende gesellschaftliche Einflussmöglichkeiten werden als Problem benannt. Dies ist eine Erfahrung, die zum Teil von den Eltern gemacht wurde, die als zugewanderte Personen nicht in der deutschen Gesellschaft angekommen sind. Die schwierige Situation der Eltern kann also eine weitere treibende Kraft für politischen Aktivismus sein (vgl. Interview 2022B).

Typ 3: Die Widerständigen

Die *Widerständigen* beschreiben den Weg ins Engagement eher als Prozess oder als intellektuellen Zugang. Auffällig ist der hohe Grad an Selbstreflexion bezüglich des eigenen Engagements. Typisch ist ein Bezug zur Politisierung während der Schulzeit, noch stärker ist jedoch der Bezug zum Studium. Erlebnisse und theoretische Auseinandersetzung werden bei der Motivation verknüpft. Charakteristisch ist die akademische Beschäftigung mit Themen des Engagements, wobei die *Widerständigen* auch die Wahl der Studienrichtung sowie die Themen von Qualifizierungsarbeiten (von Seminararbeiten bis zu Dissertationen) als Teil der politischen Auseinandersetzung anführen (vgl. Interviews 2022E, 2023B, 2023E).

»Aber es [das Engagement] kam eigentlich so aus dem Studium, also ich habe Geschichte studiert und bin […] so in das Studium reingegangen mit (unv.). Ich habe eigentlich ganz viel schon zur Geschichte des Nationalsozialismus gelernt und ich will da eigentlich nicht die ganze Zeit darin herumgraben […]« (Interview 2022E).

»Und habe dann sozusagen mich intensiv nochmal mit der Geschichte meiner Eltern und meiner Großeltern befasst, über diese [Bezeichnung einer Abschlussarbeit]. Und sicherlich auch, wie das ja immer ist bei so einer [Bezeichnung einer Abschlussarbeit], wenn man die eigene Familiengeschichte macht, auch aus Anerkennungsdrang oder sowas [...]« (Interview 2023B).

Zur Selbstreflexion gehört bei Typ 3 das Hinterfragen der eigenen Motivation. Typischerweise bevorzugen sie kleinere Organisationsformen wie politische Bündnisse an Universitäten, nicht-religiöse jüdische Organisationen und Vereine mit Bezug zu Gewerkschaften, aber auch Gruppierungen aus dem linken politischen Spektrum. Die *Widerständigen* setzen sich gegen neonazistische oder rechtspopulistische Strukturen und Antisemitismus ein, befürworten eine erhöhte Sichtbarkeit von vielfältigem jüdischem Leben, beteiligen sich an deutschen Diskursen zur Gedenk- und Erinnerungskultur, engagieren sich in Universitätsgremien oder sind in der politischen Bildungsarbeit aktiv.

Der Einsatz gegen Unsichtbarkeit von jüdischer Vielfalt ist für Typ 3 charakteristisch. Sichtbarmachung ist dabei eine Form der Widerständigkeit. Jüdischer Widerstand und jüdische Wut sind in Deutschland weniger präsente Erzählungen im Zusammenhang mit der Aufarbeitung der Shoah. Eine Motivation für Typ 3 ist es, solche Facetten jüdischer Vergangenheit sichtbar zu machen.

»Und das hat sich dann immer vermischt mit genervt sein von bestehenden Diskursen und da irgendwie so eine eigene Perspektive einbringen wollen und sozusagen über die Shoah sprechen aus einer Gegenwartsperspektive und aus einer Perspektive, die im heutigen Deutschland lebende Jüdinnen und Juden irgendwie miteinbezieht. Vor allem eine, die halt auch in Deutschland lebenden Jüdinnen und Juden oder Nachfahren von Kontingentflüchtlingen, die halt eben russischsprachig sind oder halt aus dem postsowjetischen Raum sind« (Interview 2022E).

Widerständige betonen die Pluralität der Bezüge zum Zweiten Weltkrieg und zum Leben in der Sowjetunion, wobei sich Migrationsgeschichten mit weiter zurückliegenden familiären und kollektiven Tradierungen verweben. Geschichten über Familienmitglieder, die gegen die Nazis gekämpft haben, werden als bestärkend für die eigenen Handlungen beschrieben (vgl. Interview 2023B). In diesem Zusammenhang wird zudem ein Gefühl von Verantwortung aufgrund der Familiengeschichte und der eignen jüdischen Identität benannt. Ein weiterer bedeutender Aspekt der Motivation für das politische Engagements besteht daher darin, verborgene Geschichten sichtbar zu machen, das gilt sowohl für patrilineare als auch matrilineare Bezüge zum Judentum. Dafür werden beispielsweise Bildungsangebote geschaffen oder Veranstaltungen organisiert.

> »Nein, ich bin nicht jüdisch, habe aber halt trotzdem den Hintergrund. Also im Sinne von einerseits den Shoah-Hintergrund in der Familie und aber auch eben, weil meine Familie als Kontingentflüchtlinge gekommen sind, also man auch irgendwie manchmal denkt so: Hey, das ist halt meine Existenzberechtigung mehr oder weniger, auch wenn ich es jetzt im halachischen Sinne nicht bin« (Interview 2022E).

Das Tragen jüdischer Symbole wird im folgenden Zitat auch mit einem Verweis auf Widerständigkeit und Sichtbarmachung verbunden.

> »Und ich weiß noch, dass ich damals, wenn mich nicht alles täuscht, ich glaube, eine Kippa mitgenommen habe und in Birkenau die aufgesetzt habe sozusagen in Birkenau als größter jüdischer Friedhof. Ich glaube und das ist aber insofern bemerkenswert, als dass ich sonst nie die trage, wirklich nicht, in keiner Weise, also in keiner Weise religiös bin, keine religiösen Traditionen gepflegt habe und nur ganz wenige überhaupt Feiertage zu Hause begangen habe« (Interview 2023B).

Beschrieben wird ein »Moment von Stolz […]. Stolz dahingehend, dass man nicht der Tätergemeinschaft angehört« (Interview 2023B). Sich in solch einer Situation als Jude erkennbar zu machen, deutet darauf, dass man selbst nicht das Privileg hatte, die Vergangenheit zu ignorieren, da Mitglieder der eigenen Familie zu den Verfolgten gehörten.

> »[…] für mich persönlich heißt jüdisch sein, ein starkes Zugehörigkeitsgefühl zu einer ja, irgendwie eine Art Schicksalsgemeinschaft […] zu sein« (Interview 2023B).

Auch wenn die *Widerständigen* von *othering* in unterschiedlichen Kontexten berichten, basiert ihre Motivation nicht auf eigenen Erfahrungen mit Antisemitismus. Dennoch ist der Einsatz gegen Antisemitismus Teil akademischer und aktivistischer Auseinandersetzung. Hier und auch beim

Engagement gegen Neo-Nazis spielt die Anbindung an linke Organisationen eine wichtige Rolle.

Diskussion

Während Typ 1 (*Vermittler*) stark auf die Verständigung innerhalb und zwischen verschiedenen Communities und Einzelpersonen abzielt, richtet sich der Ansatz von Typ 2 (*Selbstwirksame*) an einen breiteren Adressatenkreis. Ein weiterer Unterschied besteht darin, dass Typ 1 vom eigenen Engagement selbst profitiert und daher potenziell Teil der eigenen Zielgruppe ist. *Vermittler* greifen die Bedarfe von Kontingentflüchtlingen auf, auch wenn diese nicht als praktizierende Juden nach Deutschland gekommen sind (vgl. Körber & Gotzmann, 2022, S. 105–115). Die eigene Verwurzelung im Judentum, die manchmal erst nach einer Orientierungsphase besteht, motiviert sie, die Identitätssuche anderer zu unterstützen (vgl. Vataman, 2020). Eigene oder familiäre Antisemitismuserfahrungen dienen als Anhaltspunkt für einen engeren Austausch mit Menschen, die ähnliche Erfahrungen gemacht haben. Das Engagement von Typ 1 macht deutlich, dass zugewanderte Menschen Communities zum Empowerment benötigen.

Die Typen 2 und 3 (*Widerständige*) profitieren, wenn überhaupt, nur indirekt vom eigenen Engagement. Beide engagieren sich gegen die Fremdmachung und Anfeindungen aus der Dominanzgesellschaft (vgl. Rommelspacher, 1998, S. 23–38; Schäuble, 2015), setzen sich also gegen gesellschaftlichen Ausschluss und »Entgleichung« ein (vgl. Terkessidis, 2004, S. 195ff.; Klein, 2012, S. 220).

Die Typen 1 und 2 sind langfristig in etablierten Strukturen aktiv, auch wenn es unterschiedliche Gründe für ihre Anbindung gibt und die Institutionen variieren. Im Gegensatz dazu zeigt sich Typ 3 eher rastlos und setzt häufiger auf neue, kleinere Initiativen.

Während die Ziele bei den Typen 1 und 3 klar und konstant bleiben, bezieht sich Typ 2 auf ein breiteres Themenspektrum. Das Themenfeld der eigenen Familiengeschichte und deren Verbindung zur Shoah und zum Zweiten Weltkrieg taucht im Rahmen der Interviews immer wieder auf und wurde in Teilen auch mit der Motivation in Verbindung gebracht. Dies zeigt sich auch bei anderen Nachkommen von NS-Verfolgten und kann als Gemeinsamkeit festgehalten werden (vgl. Fehlberg, 2023, S. 24–26; Fehlberg & Klein, 2021). Neben Geschichten vom Kampf in der Roten Armee oder vom Widerstand gegen Faschisten sind auch Erzählungen von Verfolgung und Ermordung im Familiengedächtnis enthalten.

Bei den Typen 1 und 2 sind aktuellere Bezüge zur Familiengeschichte von größerer Bedeutung, was im Zusammenhang mit ihrer Zuwanderungsgeschichte steht. Dabei verweben sich für *Vermittler* eigene Erfahrungen im Kontext der Migration mit dem Engagement, während bei den *Selbstwirksamen* eher die zusätzliche sprachliche oder interkulturelle Kompetenz, aber auch der Wunsch nach Wirksamkeit eine Rolle spielen. Fehlende gesellschaftliche Anerkennung und Einflussmöglichkeiten können erklären, warum zugewanderte Personen den Bedarf sehen, sich zu engagieren (vgl. Schührer, 2019, S. 337–367). Bei Typ 3 wird die Zuwanderung nur in Verbindung mit einem historischen Verantwortungsgefühl relevant. Die *Widerständigen* engagieren sich gegen Privilegien der Dominanzgesellschaft gegenüber Juden, die Coffey und Laumann (2021) als Teil von Gojnormativität bezeichnen, die jüdische Perspektiven unsichtbar macht.

Ausblick

Im vorliegenden Beitrag wurde vor dem Hintergrund des politischen Engagements von Juden nach 1945 gezeigt, was Aktivisten zu unterschiedlichen Formen des Engagements in der Gegenwart motiviert. Die drei Idealtypen samt ihrer Motivationen dienen als empirische Beispiele und erheben keinen Anspruch darauf, alle Gründe für das Engagement abzudecken. Der Text soll helfen, einzelne Aspekte der Motivation für Engagement besser zu erfassen und einzuordnen, aber auch eine Basis für zukünftige Forschung zu bieten. Die oben dargestellten Typen können beispielsweise für empirische Vergleiche in zukünftiger Forschung genutzt werden.

Der 7. Oktober 2023 sowie der in der Folge latent bis offen ausgedrückte Antisemitismus und Anti-Israelismus in Deutschland und darüber hinaus zeigen, wie relevant die Erforschung jüdischer Perspektiven bleibt. Dass der 7. Oktober 2023 Folgen für die jüdische Community hat, steht außer Zweifel (Kranz, 2024b.). Es stellt sich die Frage, wie Bedrohungen auf persönlicher Ebene, aber auch physische Gewalt gegen jüdische Institutionen, wie der Brandanschlag auf eine Synagoge in Berlin am 18. Oktober 2023 oder gegen das israelische Generalkonsulat am 5. September 2024 in München, sich in jüdischen Lebenswelten manifestieren werden, zumal die Gewalt, physisch, psychisch und strukturell, nicht abreißt. Erschwerend war schon vor diesem letzten Gewaltausbruch, dass sich Antisemitismus und Marginalisierung auch aus den Reihen einstiger Bündnispartner zeigten. Dieses wird die politische Teilhabe und das Engagement von Juden in Deutschland nachhaltig erschweren (vgl. Chernivsky & Lorenz-Sinai, 2024, S. 22; Kranz, 2024a; vgl. auch Kap. 4). Die Ursachen für die Marginalisierung jüdischer Akteure nach dem 7. Oktober 2023 müssen aufgearbeitet und jüdische Perspektiven einbezogen werden. Judith Coffey und Vivien Laumann haben die Ursachen der Unsichtbarmachung jüdischer Lebenswelten umfassend dargestellt. Ihr Ansatz kann dabei helfen, die Mechanismen zu erkennen, die dazu führen, dass nicht-jüdische Perspektiven, Werte und Verhaltensweisen als normal und universell betrachtet werden, während jüdische Perspektiven als anders oder abweichend wahrgenommen werden (vgl. Coffey & Laumann 2021), und dass dieses auch den Bereich der Antisemitismusforschung selbst betrifft.

Das Juden, die sich öffentlich äußern, aufgrund ihrer Sprecherposition als Juden zu *tokens* degradiert werden können, ist eine Erfahrung, die Juden in der Bundesrepublik seit Ende des Zweiten Weltkrieges gemacht haben (Kranz, 2024a). Und auch der gegenwärtige Mechanismus, dass sich Juden in sichere (oft jüdische) Räume zurückziehen (Chernivsky & Lorenz-Sinai 2024, S. 21–24), war bereits in der Zweiten Generation zu beobachten (Khasani, 2004). Allerdings sind es nicht nur die politisch Aktiven, die sich in jüdische Safer Spaces zurückziehen: Dass Juden sich verstecken müssen oder ihre Identitäten verbergen, kann in einer demokratischen Gesellschaft nicht die Antwort auf Antisemitismus sein. Neben dem zusätzlichen Schutz, den Juden benötigen, stellt sich eine sehr weitreichende Frage zur Zukunft jüdischen Lebens und jüdischen, politischen Aktivismus in Deutschland: Wie wird sich der gegenwärtige Einschnitt auf Juden in Deutschland, ihr politisches Engagement und die Themen, für die sie sich einsetzen, auswirken?

Literatur

Bodemann, Y. M. (1996). *Gedächtnistheater: Die jüdische Gemeinschaft und ihre Deutsche Erfindung.* Hamburg: Rotbuch Verlag.

Brumlik, M. & Kunik, P. (Hrsg.) (1988). *Reichspogromnacht: Vergangenheitsbewältigung aus jüdischer Sicht.* Frankfurt a. M.: Brandes und Apsel.

Burgauer, E. (1993). *Zwischen Erinnerung und Verdrängung – Juden in Deutschland nach 1945.* Reinbek bei Hamburg: Rowohlt.

Chernivsky, M. & Lorenz-Sinai, F. (2024). Der 7. Oktober als Zäsur für jüdische Communities in Deutschland. *APuZ 74* (25–26), 19–24.

Coffey, J., & Laumann, V. (2021). *Gojnormativität: Warum wir anders über Antisemitismus sprechen müssen.* Berlin: Verbrecher Verlag.

Cronin, J. (2019). *Russian-Speaking Jews in Germany's Jewish Communities, 1990–2005.* Cham, CH: Springer Nature.

Fehlberg, T. (2023). »Und wer muss die Hand reichen als Erster? Der Stärkere.« Motivation für gesellschaftliches Engagement von Rom_nja und Sinti_ze in Deutschland. *Psychologie & Gesellschaftskritik, 47*(1/2), 7–33.

Fehlberg, T. & Klein, A. (2021). Nachkomm_innen von NS-Verfolgten als erinnerungspolitische Akteur_innen. In J. Lölke & M. Staats (Hrsg.), *richten – strafen – erinnern. Nationalsozialistische Justizverbrechen und ihre Nachwirkungen in der Bundesrepublik* (S. 237–253). Göttingen: Wallstein.

Geis, J. (1996). Gehen oder Bleiben? Der Mythos von der »Liquidationsgemeinde« In Y. M. Bodeman (Hrsg.), *Gedächtnistheater: Die jüdische Gemeinschaft und ihre deutsche Erfindung* (S. 55–79). Hamburg: Rotbuch Verlag.

Geller, J. H. (2005). *Jews in Post-Holocaust Germany, 1945–1953.* Cambridge: Cambridge University Press.

JPR (Institute for Jewish Policy Research) (o.J.). Germany. https://www.jpr.org.uk/countries/how-many-jews-in-germany (06.09.2024).

Kauders, A. D. (2007). *Unmögliche Heimat: Eine deutsch-jüdische Geschichte der Bundesrepublik.* München: dva.

Kauders, A. D. (2010). West German Jewry: Guilt, Power and Pluralism. *Quest. Issues in Contemporary History. Journal of Fondazione CDEC, 1,* 16–33.

Khasani, S. (2004). Eine Minderheit in der Minderheit: Das politische Engagement der linksorientierten Juden der Frankfurter Jüdischen Gruppe. *Trumah. Juden in der Bundesrepublik Deutschland, 14,* 55–74.

Klein, A. (2012). »Jude sein ist keine einfache Sache.« Identität, Sozialität und Ethik in der Migrationsgesellschaft. In R. Gebhardt, A. Klein, & M. Meier (Hrsg.), *Antisemitismus in der Einwanderungsgesellschaft. Beiträge zur kritischen Bildungsarbeit.* Weinheim: Beltz Juventa.

Kloke, M. W. (2007) Das Zionistische Staatsgebilde als Brückenkopf des Imperialismus: Vor vierzig Jahren wurde die deutsche Linke antiisraelisch. *Merkur. Deutsche Zeitschrift für europäisches Denken, 61(698).*

Kluge, S. (2000). Empirisch begründete Typenbildung in der qualitativen Sozialforschung. *Forum Qualitative Sozialforschung / Forum: Qualitative Social Research, 1(1), Art. 14,* Methodical and Empirical Examples.

Körber, K. (2021). *Lebenswirklichkeiten. Junge russischsprachige Juden in der deutschen Einwanderungsgesellschaft.* Göttingen: Vandenhoeck & Ruprecht.

Körber, K., & Gotzmann, A. (2022). *Lebenswirklichkeiten: Russischsprachige Juden in der deutschen Einwanderungsgesellschaft.* Göttingen: Vandenhoeck & Ruprecht.

Kranz, D. (2019). »It took me a few years until I understood that I am, as a matter of fact, Jewish«: The third generation writ small going large as a generaction. In J. Rebentisch, A. Dymczyk & T. Fehlberg (Hrsg.), *Trauma, Resilience and Empowerment. Descendants of Survivors of Nazi Persecution* (S. 105–125). Frankfurt a. M.: Mabuse.

Kranz, D. (2020). (Friendly) Strangers in Their Own Land No More: Third Generation Jews and Socio-Political Activism in the Present in Germany. In C. Bartlett & J. Schlör (Hrsg.), *The Stranger in Jewish Thought, History and Fiction* (S. 113–138). Amsterdam: Brill.

Kranz, D. (2023). Politischer Aktivismus und Selbstermächtigung von Jüdinnen*Juden seit 1945 in Deutschland: Kritische Masse, Diversität und Empowerment. *Sozialwissenschaftliche Literatur Rundschau, 87*, 96–111.

Kranz, D. (2024a). Antisemitismus und Israelkritik: Schuld, Unschuld, Post-Schuld. https://www.boell.de/de/2024/06/18/antisemitismus-und-israelkritik-schuld-unschuld-post-schuld (31.08.2024).

Kranz, D. (2024b). A Little Known, Exotic Species Jews in Germany Post-1945 and the Long-Term Effects of Genocide on Scientific Research. *Contemporary Jewry* (i. E.).

Kranz, D. (2025). Ius Valorem: Jüdinnen*Juden als symbolische Andere im deutschen Staatsangehörigkeitsgesetz. *Spiegelungen. Zeitschrift für deutsche Kultur und Geschichte Südosteuropas* (i. E.).

Kuckartz, U. (2010). Typenbildung. In G. Mey & K. Mruck (Hrsg.), *Handbuch qualitative Forschung in der Psychologie* (S. 553–568). Wiesbaden: Springer VS.

Müllenmeister, C., Maersk, J. L. & Farias, L. (2023). Exploring doing activism as a means for political action and social transformation in Germany. *Journal of Occupational Science, 30*(3), 377–389. https://doi.org/10.1080/14427591.2022.2110146

Onken, L. (2022). »Die Spuren der Sklavenherrschaft abgeworfen«. Jüdische Selbstorganisation in der britischen Besatzungszone Deutschlands. In A. Beßmann, I. Eschebach & O. von Wrochem (Hrsg.), *NS-Verfolgte nach der Befreiung. Ausgrenzungserfahrungen und Neubeginn* (S. 65–78). Göttingen: Wallstein.

Platt, K. (2012). *Bezweifelte Erinnerung, verweigerte Glaubhaftigkeit. Überlebende des Holocaust in den Ghettorenten-Verfahren.* München: Wilhelm Fink.

Rapaport, L. (1997). *Jews and Germans after the Holocaust.* Cambridge: Cambridge University Press.

Rebhun, U., Kranz, D. & Sünker, H. (2022). *A Double Burden: Israeli Jews in Contemporary Germany.* SUNY Series in National Identities. Albany, New York: SUNY Press.

Rommelspacher, B. (1998). *Dominanzkultur. Texte zu Fremdheit und Macht.* Berlin: Orlanda-Frauenverlag.

Saalmann, T. (2022). Kaddish in Flossenbürg. On the Genesis of the Memorials to Jewish Victims of the Concentration Camp. In K. Keßler, S. M. Ross, B. Staudinger & L. Weik (Hrsg.), *Jewish Life and Culture in Germany after 1945* (S. 211–226). Berlin: De Gruyter.

Schäuble, B. (2015). Beleidigungen und Herabsetzungen. Zur sozialen Logik antisemitischer Aussagen. In I. Attia, S. Köbsell & N. Prasad (Hrsg.), *Dominanzkultur reloaded. Neue Texte zu gesellschaftlichen Machtverhältnissen und ihren Wechselwirkungen* (S. 323–334). Bielefeld: transcript.

Scheller, B. (1987). *Die Zentralwohlfahrtsstelle. Der jüdische Wohlfahrtsverband in Deutschland. Eine Selbstdarstellung.* Frankfurt a. M.: ZWST.

Schührer, A.-K. (2019). Verknüpfung von Empirie und Theorie. In Dies., *Migration und Engagement* (S. 337–367). Wiesbaden: Springer VS. https://doi.org/10.1007/978-3-658-25096-6_7

Somers, M. R. (1994). The narrative constitution of identity: A relational and network approach. *Theory and Society, 23*(5), 605–649.

Sterling, E. (1965). »Judenfreunde – Judenfeinde«. *Die Zeit*, 10.12.1965, https://www.zeit.de/1965/50/judenfreunde-judenfeinde/komplettansicht (06.09.2024).

Terkessidis, M. (2004). *Die Banalität des Rassismus: Migranten zweiter Generation entwickeln eine neue Perspektive*. Bielefeld: transcript. https://doi.org/10.1515/9783839402634

Vataman, M. (2020). *Migration – Adoleszenz – Identität: Fallstudien zur Identitätskonstruktion jüdischer Jugendlicher aus der ehemaligen Sowjetunion in Deutschland*. Baden-Baden: Nomos.

Witzel, A. & Reiter, H. (2012). *The problem-centred interview: Principles and practice*. Melbourne: SAGE.

ZWST (2021). *Mitgliederstatistik 2020 der jüdischen Gemeinden und Landesverbände in Deutschland*. Frankfurt a. M.: ZWST.

ZWST (2024). *Mitgliederstatistik 2023 der jüdischen Gemeinden und Landesverbände in Deutschland*. Frankfurt a. M.: ZWST.

9. Mehr als ein starkes Symbol? Die Proteste gegen Rechtsextremismus 2024

Marco Bitschnau & Sebastian Koos

Vorgeschichte

Am 10. Januar 2024 veröffentlichte das Rechercheportal CORRECTIV einen mit »Geheimplan gegen Deutschland« betitelten Bericht über eine klandestine Zusammenkunft von Privatleuten, Funktionären der Alternative für Deutschland (AfD) und außerparlamentarischen Akteuren der radikalen Rechten, die sich im vorangegangenen November in der Potsdamer Villa Adlon zugetragen haben soll (vgl. Bensmann et al., 2024).[1] Auf diesem Treffen, so die Autoren, waren unter anderem auch Vorschläge diskutiert worden, die eine *Remigration* deutscher Staatsbürger mit Migrationshintergrund vorsahen – also das Verbringen dieser Menschen in die Länder ihrer (elterlichen) Herkunft. Diese Enthüllung geriet umso brisanter, da die AfD in den Wochen und Monaten zuvor einen beeindruckenden Umfragehöhenflug hingelegt hatte. Allein zwischen Juli 2022 und Dezember 2023 war ihr Stimmenanteil (»Sonntagsfrage«) bei INSA von 12 % auf 23 %, bei der Forschungsgruppe Wahlen von 11 % auf 22 % und bei Forsa von 9 % auf 23 % angewachsen,[2] womit sich die lange an der Grenze zur Einstelligkeit herumdümpelnde Partei mit einem Schlag zur zweitstärksten Kraft des Landes aufgeschwungen hätte. Ein gutes Stück hinter der Union zwar, doch noch vor der Kanzlerpartei SPD und den ihr weltanschaulich wie habituell scharf entgegengesetzten Grünen.

---

[1] Zu den prominentesten Teilnehmern zählten mit Martin Sellner der ehemalige Sprecher der *Identitären Bewegung Österreich* und mit Roland Hartwig der damalige persönliche Referent der AfD-Bundesvorsitzenden Alice Weidel.

[2] YouGov wies am 11. Januar 2024 gar einen bis heute nicht wieder erreichten Spitzenwert von 24 % aus.

Für das Alltagsgeschäft im Plenarsaal mag dieser Anstieg nur bedingt von Bedeutung gewesen sein. Doch psychologisch brachen sich mit ihm über Jahre angestaute Befürchtungen Bahn: dass sich in der Gesellschaft etwas nachhaltig verschoben hätte, dass auf alte Gewissheiten (etwa die Hinwendung des Wählers zu moderaten Kräften) kein Verlass mehr sei und dass die bislang gegenüber der AfD angewandte Mischstrategie aus Ablehnung und Nichtbeachtung sichtlich an ihre Grenzen gestoßen war. Bereits sechs Jahre zuvor hatte sich mit dem #unteilbar-Bündnis ein Bewegungsakteur mit dem Ziel formiert, den zivilgesellschaftlichen Kampf gegen die Partei und den von ihr beförderten »Rechtsruck« voranzutreiben (vgl. Stjepandić et al., 2023) – doch waren die politischen Fahrwasser damals noch zu ruhig, als dass sich dauerhafter Erfolg hätte einstellen können. Zumal es weder einen Protestkatalysator noch eine ähnlich verbreitete Wahrnehmung gab, die Gesellschaft sei in ihren demokratischen Grundsätzen gefährdet.

Nun aber gelang dem CORRECTIV-Bericht auch vor dem Hintergrund einer zunehmenden gesellschaftlichen Polarisierung und Krisensensibilisierung (vgl. Hutter & Weisskircher, 2023) das, woran #unteilbar gescheitert waren: organische Massenkundgebungen zu initiieren, die sich innerhalb von Wochen im ganzen Land verbreiteten, mit fast vier Millionen Teilnehmern zu den größten Protesten der deutschen Geschichte zählten, dann aber mit Frühjahrseinbruch rasch wieder abflauten und seither nicht nur aus Sicht der Protest- und Bewegungsforschung zahlreiche Fragen aufwerfen. Wo und in welchem Ausmaß wurde protestiert? Wer ging auf die Straße und weshalb? Welchen Rückhalt hatten die Proteste in der Gesellschaft und was haben sie erreicht? In diesem Kapitel wollen wir einen Überblick über die Proteste als einer bemerkenswerten Episode gesellschaftlichen Engagements gegen Rechtsextremismus geben, wobei wir uns auf Protestereignisdaten, eigene Befunde und eine Auswertung des Politbarometers stützen.

Ein deutschlandweiter Proteststurm

Die Entstehung kontingenter Sozialphänomene wie Proteste ist häufig schwer zu rekonstruieren: Wie, wo und unter welchen Umständen wird auf kollektiver Ebene aus einem Anlass ein Handlungsmotiv und aus diesem eine koordinierte Handlung? Auch bei den Protesten gegen Rechtsextremismus bleiben diese Dynamiken weithin verschattet – wir wissen allein, dass es keine vierundzwanzig Stunden nach Veröffentlichung des CORRECTIV-Berichts bereits zu einer ersten, wenn auch überschaubaren Spontandemonstration auf der Persiusbrücke nahe der Villa Adlon kommt. »Jetzt ist ein Punkt erreicht, der uns zum Handeln zwingt«, verkündet eine der Initiatorinnen unmittelbar im Anschluss im Berliner *Tagesspiegel* (Grote & Kramer, 2024) und nimmt damit ein Argument vorweg, dass in den nächsten Wochen noch häufiger zu hören sein wird. Auch besitzt es dezidiert prophetischen Charakter, denn schon am nächsten Tag versammeln sich in Hamburg an die 2.000 Menschen, zwei weitere Tage später sind es in Berlin bereits Zehntausende, und spätestens mit Anbruch der neuen Woche gibt es kein Halten mehr. Landauf, landab schließen sich nun kirchliche und gewerkschaftliche Akteure mit Einzelpersonen, Parteigliederungen, Vereinen und Zivilgesellschaft zu Organisationsbündnissen zusammen, um Proteste anzumelden, Veranstaltungen zu planen und unter dem Slogan *Für Demokratie – gegen Rechtsextremismus* die sozialen Medien zu bespielen. Bereits am 21. Januar werden aus München und Berlin Teilnehmerzahlen im sechsstelligen, aus zahlreichen anderen Städten immerhin im fünfstelligen Bereich gemeldet.

Spätestens jetzt ist klar: Ein Sturm hat die Republik erfasst und die Empörung über das Potsdamer Treffen in eine massentaugliche und überraschend breitenwirksame Form gebracht. Von Nord bis Süd, von Aachen bis Zwickau versammeln sich Tausende und Abertausende zu Märschen und Kundgebungen; selbst in vergleichsweise entlegenen Dörfern und Weilern kommen vielerorts noch einige Hundert zusammen. Bis Ende März, so eine Analyse auf Basis von Ereignisdaten der *Tageszeitung* (vgl. Sander & Ansa, 2024), sind es mehr als 3,9 Millionen Menschen, die an einer der deutschlandweit knapp 1.800 Veranstaltungen teilnehmen.[3] Dennoch verrät eine Betrachtung der Veranstaltungsverteilung auf Landkreisebene zugleich eine gewisse Zusammenballung in urbanen Zentren und Agglomerationen, wie man sie auch von zahlreichen anderen Protes-

---

3 Dabei ist davon auszugehen, dass nicht wenige Menschen mehr als eine Protestveranstaltung besucht haben und daher mehrfach in die Gesamtsumme zählen. Es handelt sich also nicht um 3,9 Millionen Einzelpersonen.

ten in Westeuropa kennt (Grafiken 1 und 2).[4] Vor allem in Berlin, für das auch Rucht (2024) eine deutliche Überrepräsentation feststellt, Hamburg, Düsseldorf und München finden gleich mehrere besonders teilnehmerstarke Kundgebungen statt.[5] Und auch bei der Gesamtzahl der Protestveranstaltungen weist die Hauptstadt mit 31 Fällen vor dem ebenfalls stark protestaffinen Landkreis Hannover (29 Fälle) den Spitzenwert auf, wiewohl auch für diverse Kreise ohne Großstadt (wie etwa Mittelsachsen oder Steinfurt) zweistellige Werte zu verzeichnen sind.

Grafik 1: Anzahl der Proteste nach Landkreis

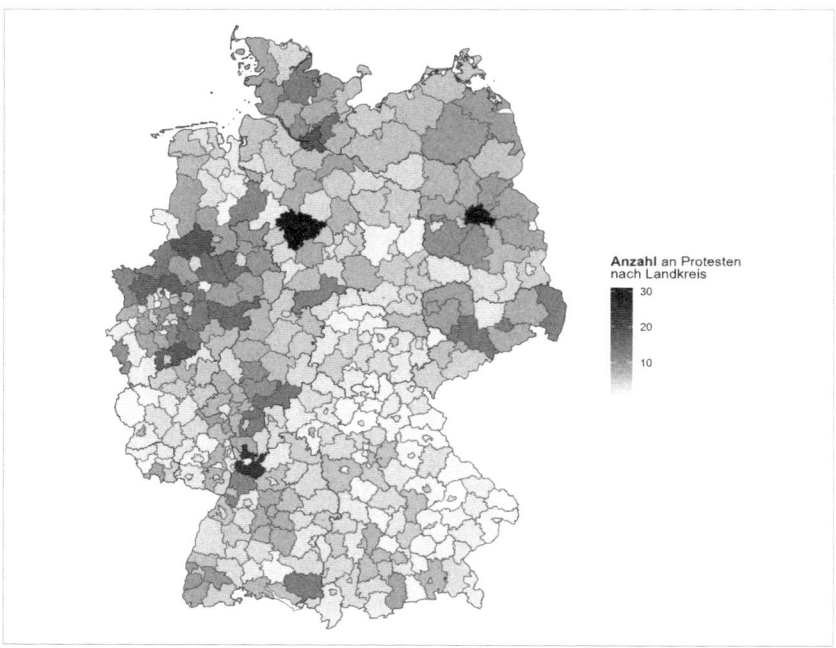

Datenbasis: Sander & Ansa, 2024.

---

4   Für die Analyse wurden die Daten von Sander und Ansa (2024) mit jenen der Webseite *Demokrateam* abgeglichen und auf Ebene der Landkreise und kreisfreien Städte aggregiert. Ausgewiesen wird hier der für Verzerrungen (z. B. durch hohe Teilnehmerzahlen in Großstädten) weniger anfällige Medianwert.

5   Im Falle der Stadtstaaten Hamburg und Berlin wird dieser Effekt allerdings dahingehend gemildert, dass eine analytische Untergliederung in (bezüglich ihrer Einwohnerzahl landkreisäquivalente) Bezirke entfällt.

Grafik 2: Median der Protestteilnehmer nach Landkreis

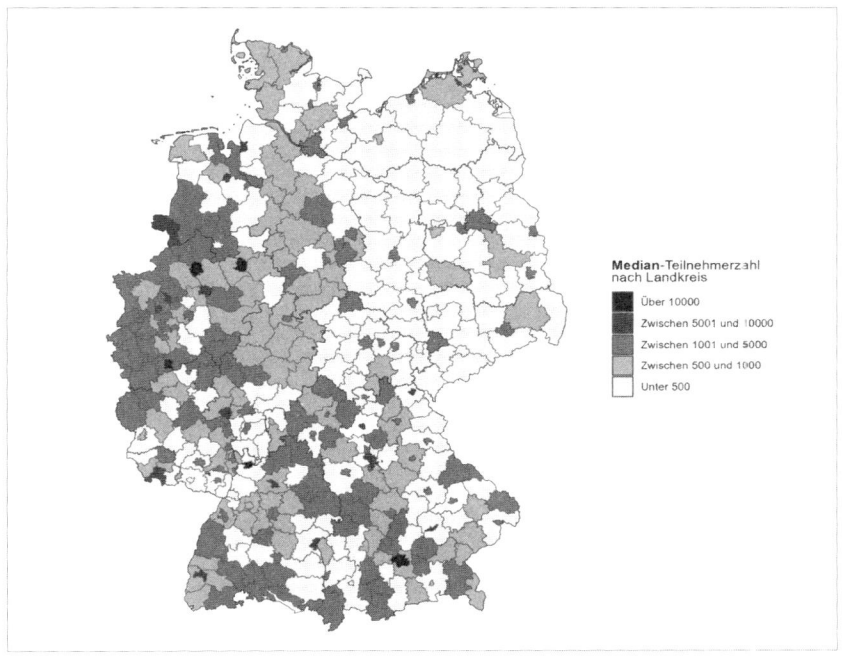

Datenbasis: Sander & Ansa, 2024.

Diskursiv begleitet wird dieser hohe Aktionsgrad von nahezu einmütigen Unterstützungs- und Solidaritätsbekundungen aus Politik, Medien und Wissenschaft. So lobt etwa Bundespräsident Frank-Walter Steinmeier die Protestgänger dafür, »unsere Republik und das Grundgesetz gegen seine Feinde [zu verteidigen]« (Sabinsky-Wolf et al., 2024), und der Journalist Georg Diez (2024) spricht in einem ausladenden Essay für *Die Zeit* gar von einer »neuen Revolution« auf den Straßen: »Sie können die Demokratie nicht nur beschützen, sondern verändern.« Aber auch abseits dieses politmedialen Elitenkonsenses lassen sich – zumindest für die Kernphase der Proteste – hohe lagerübergreifende Zustimmungswerte ausmachen. Der im Februar gestellten Politbarometer-Frage, ob man »die Proteste gegen rechtsextreme Parteien und Gruppierungen« gut finde, stimmen zum Beispiel beinahe 80 % der Befragten zu, darunter drei Viertel der Wähler von Union und FDP sowie jeder zweite Unterstützer der Freien

Wähler.[6] Auffällig ist hier indes der erhebliche Ost-West-Unterschied von fast zwanzig Prozentpunkten und der auf den ersten Blick kontraintuitiv erscheinende Umstand einer 15-prozentigen Zustimmungsrate unter Wählern der AfD (Grafik 3).[7]

Ebenfalls positive Resonanz erfährt der Umstand, dass die Proteste in ihrer großen Mehrheit friedlich und gesprächsorientiert angelegt sind – etwas, dass in einer immer mehr von disruptiver Härte geprägten Bewe-

Grafik 3: Protestunterstützung nach Wählergruppen (in %)

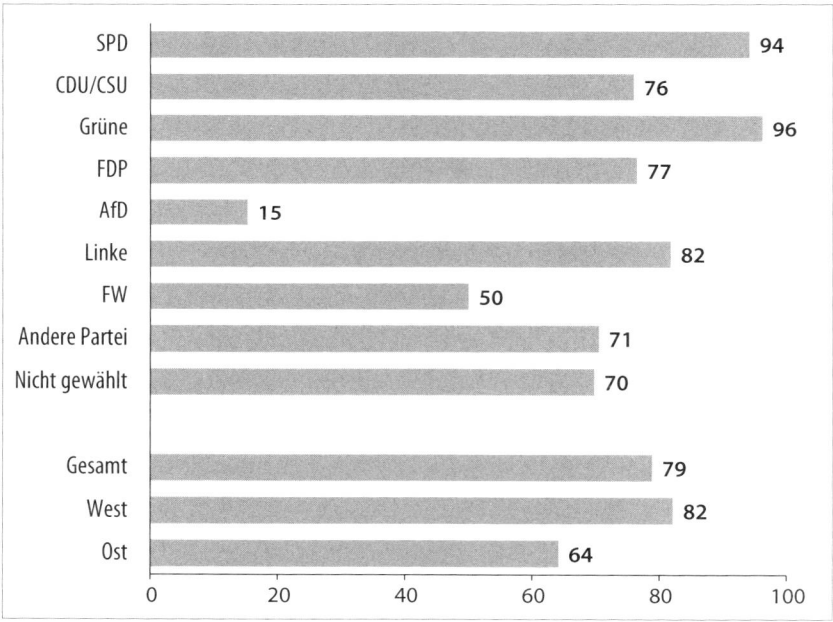

Datenbasis: Politbarometer, Februar 2024.

---

6   Gefragt wurde: »In der letzten Zeit gibt es in ganz Deutschland Demonstrationen gegen rechtsextreme Parteien und Gruppierungen. Finden Sie diese Demonstrationen gut oder nicht gut?« Da die Daten nicht frei verfügbar sind, wurde die Auswertung freundlicherweise von Annette Mayer (Forschungsgruppe Wahlen) durchgeführt.

7   Dieser dürfte sich zum Teil dadurch erklären lassen, dass viele AfD-Wähler ihre Partei keinesfalls für rechtsextrem halten und entsprechende Kategorisierungsversuche ablehnen. Auf der anderen Seite wurde sich auf einer Mehrzahl der Proteste unmissverständlich gegen die AfD ausgesprochen.

gungslandschaft keineswegs selbstverständlich ist. Auch der »spielerische Charakter etlicher Slogans und Sprüche« und die »teilweise originellen Wortspiele« (Rucht, 2024, S. 8f.), die politkulturelle Referenzen ebenso aufgreifen (»Liberté, Egalité, NoAfDé«) wie sie Forderungsironisierung betreiben (»Nazis deportieren«), stoßen in der medialen Betrachtung auf Lob. Nichtsdestoweniger gibt es Unterschiede zwischen den verschiedenen Städten, zumal die Dezentralität der Organisation das Ausformen einer einheitlichen Protestkultur erschwert und eine gewisse Variabilität in Fragen der Themensetzung und des Sprachgebrauchs befördert. Am deutlichsten über das Ziel hinausgeschossen wird dabei in jenen Fällen, in denen das Potsdamer Treffen mit der nur wenige Kilometer entfernt abgehaltenen Wannseekonferenz parallelisiert und so einer (unbeabsichtigten) Bagatellisierung des Holocausts Vorschub geleistet wird. Am Ende sind die Abschiebebegehrlichkeiten von Privatpersonen und Funktionären der dritten Reihe – ganz gleich, was man von ihnen halten mag – etwas fundamental anderes als ein von staatlicher Stelle geplanter und maschinell durchexerzierter Völkermord (vgl. Lotter, 2024).[8]

Die *Mitte der Gesellschaft*?

Zu den prominentesten Begleiterzählungen der Proteste gehört nicht nur die vom Fass, das mit dem CORRECTIV-Bericht zum Überlaufen gebracht worden sei, sondern auch die, dass hier in erster Linie die *Mitte der Gesellschaft* respektive die *schweigende Mehrheit* auf die Straße gehe. Zwei Größen also, die sich dem Streben nach »einer exakten Definition vortrefflich entzieh[en]« und deren Verortung mit allerhand Komplikationen einhergeht, sofern »der Nenner nicht gerade in ihrer relativen Unbestimmtheit bestehen soll« (Burzan et al., 2014, S. 13). Da ist allein schon die Frage nach ihrer normativen Grundierung, denn während sich im Fall der schweigenden Mehrheit zumindest noch ein Majoritätsbezug annehmen lässt (und vor allem das *schweigend* für Interpretationsspielraum sorgt), ist der Begriff der Mitte mit stark wertgebundenen Vorstellungen von Normalität und Erwünschtheit verknüpft. Wer zu ihr statt zu den

---

[8]   Ähnliches gilt für die auf den Protesten häufig zu beobachtende Gleichsetzung von AfD und NSDAP.

Rändern gehört, stellt eine tragende Säule des Gesellschaftsgefüges dar. Er trägt unmittelbar zu dessen Reproduktion bei und ist in diesem Sinne seinerseits Angehöriger einer Mehrheit, deren Schweigen nicht Apathie, sondern Duldsamkeit verrät. Wird es gebrochen, beispielsweise durch die Entscheidung für eine Protestteilnahme, bedeutet das nichts anderes als: Die Lage ist ernst. Nun geht es nicht länger um Partikularinteressen, sondern um eine akute Gefährdung der sozialen Ordnung.

Die Operationalisierung beider Konzepte bleibt dennoch diffizil, weshalb es sinnvoll ist, sich als Annäherung zunächst die Frage nach der Demografie der Protestteilnehmer zu stellen und auf dieser Grundlage verschiedene Konzepte von Mitte und Mehrheit zu durchleuchten. Welche Gruppen finden sich also auf den Kundgebungen? Welche wurden erfolgreich mobilisiert? Und welche blieben dem Ganzen lieber fern? Erste empirische Anhaltspunkte hierzu bietet eine Vor-Ort-Untersuchung, die wir im Januar 2024 auf Protestveranstaltungen in drei südwestdeutschen Gemeinden – Konstanz, Singen und Radolfzell (N = 509) – durchgeführt und in Teilen bereits ausgewertet und veröffentlicht haben (vgl. Bitschnau & Koos, 2024). Die genannten Orte teilen sich zwar denselben Landkreis, sind in ihrem sozialräumlichen Profil aber ansonsten recht heterogen: So gilt die Konzilsstadt Konstanz mit ihren Hochschulen und ihrer Kulturszene als regionales Oberzentrum, Singen ist eine im Landesinneren gelegene und sozialdemokratisch geprägte Industriestadt und das auf halber Strecke gelegene, kaum 30.000 Einwohner zählende Radolfzell weist schließlich deutliche Kleinstadtcharakteristika auf.[9]

Unabhängig von diesen Unterschieden verweisen unsere Befunde auf erhebliche Ambivalenzen und Gegenläufigkeiten. Versteht man *Mitte* etwa politisch im Sinne der Selbstidentifikation im Ideologienbogen von *Mitte-links* über *Mitte* bis *Mitte-rechts*, so rechnet sich einerseits zwar das Gros der Befragten dieser Gruppe zu, andererseits zeigt sich insofern eine Schräglage, als sich nur 3 % der Befragten *Mitte-rechts* und nur 26 % in der *Mitte* als solcher verorten, fast zwei Drittel (65 %) dagegen *Mitte-links* (Grafik 4). Diese Werte spiegeln sich auf der parteipolitischen Ebene in dem Umstand, dass eine Mehrheit von 61 % angibt, bei der vergangenen

---

9   Dies schlägt sich etwa auch im AfD-Wahlanteil nieder. Bei der Bundestagswahl 2021 erzielte die Partei in Konstanz lediglich 4,6 % (-2,2 Prozentpunkte), in Singen dagegen 14,3 % (-2,6 Prozentpunkte) und in Radolfzell 7,4 % (-2,1 Prozentpunkte). Bei der Europawahl 2019 war die Spreizung ähnlich gelagert.

Bundestagswahl 2021 mit Zweitstimme Bündnis 90/Die Grünen gewählt zu haben, während der Gesamtstimmenanteil der bürgerlichen Parteien CDU, CSU und FDP bei gerade einmal einem Zehntel liegt.[10] Selbst unter Berücksichtigung regionaler Kontextfaktoren – die Grünen sind in Baden-Württemberg traditionell stark und seit nunmehr dreizehn Jahren an der Landesregierung beteiligt – zeigt sich so, dass ein Teilelement der politischen Mitte zwar durchaus auf den Protesten zugegen ist, man aber wie bei vielen anderen Protestereignissen kaum von der gleichmäßigen Einbindung aller politischen Lager diesseits der Extreme sprechen kann (vgl. Daphi et al., 2023).

Dieser Eindruck setzt sich bei einer sozioökonomisch (also um die Variablen Bildung und Schicht) erweiterten Lesart des Mitte-Begriffs fort: In allen drei Städten besitzen die Teilnehmer ganz überwiegend Abitur oder einen Hochschulabschluss (79 %) und rechnen sich zumeist der mittleren oder oberen Mittelschicht zu (86 %). Unterrepräsentiert sind im Vergleich dazu Menschen mit abgeschlossener Berufsausbildung sowie Angehörige der unteren Mittelschicht (Grafik 5). »Arriviert, gebildet und mit klarer politischer Linkstendenz« (Bitschnau & Koos, 2024, S. 8) stellt sich das Protestpublikum in der Summe also dar – ein Teil der Mitte, doch

Grafik 4: Politische Selbstverortung der Protestteilnehmer (Links-Rechts; in %)

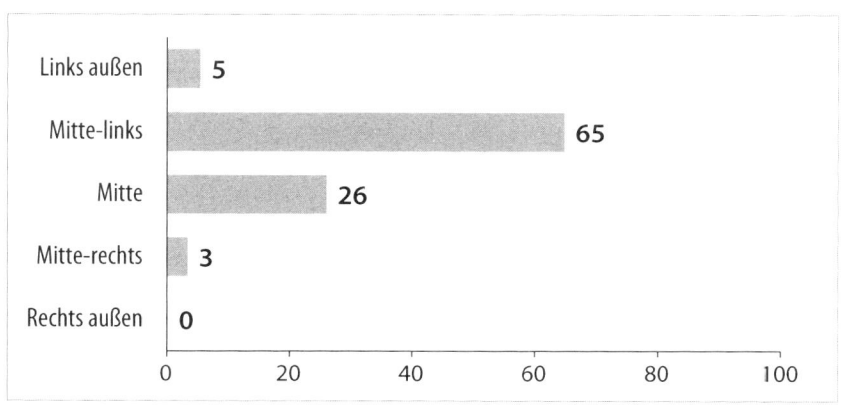

Konkret hatten 8 % für die CDU oder die CSU und 3 % für die FDP gestimmt. Dazu kommen weitere 8 % für Die Linke, 18 % für die SPD und 2 % für sonstige Parteien.

Grafik 5: Gesellschaftliche Selbstverortung der Protestteilnehmer (Schicht; in %)

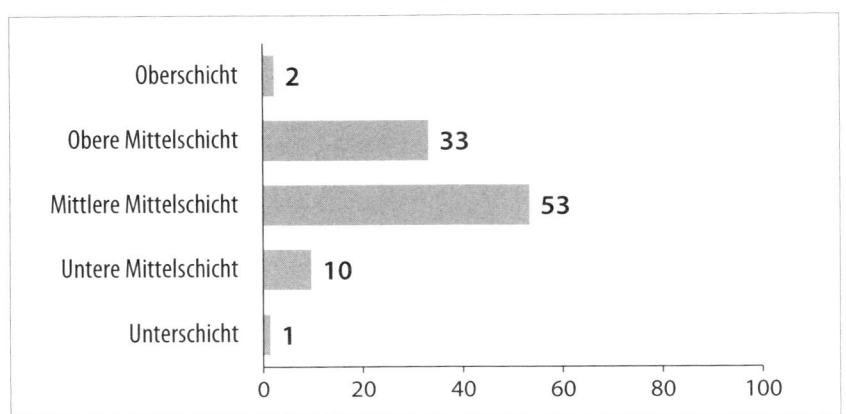

nicht die Mitte als Ganzes oder gar eine Mehrheit. Und das Adjektiv *schweigend*? Tatsächlich zeigt sich, dass mehr als ein Drittel der Befragten zum ersten Mal überhaupt an einem Protest teilgenommen hat (38 %), zwei Drittel waren das erste Mal bei einem, der ausdrücklich gegen Rechtsextremismus gerichtet war (66 %). Es finden sich also nicht wenige Menschen unter ihnen, die keine erfahrenen »Demogänger« sind, sich aber aufgrund der dem Protestzweck zugeschriebenen Bedeutung auf das ungewohnte Format eingelassen haben.

Interessant ist in diesem Zusammenhang auch, wo die Befragten die Verantwortung für die in ihrer Wahrnehmung erheblichen rechtsextremen Geländegewinne sehen; mithin also die Frage, ob es sich bei einem Phänomen wie dem Erfolg der AfD – so die Formulierung – um einen inneren gesellschaftlichen Defekt oder doch um etwas situativ Bedingtes, der Gesellschaft gewissermaßen Übergestülptes handelt. Sind es die Parteien und Massenmedien oder doch eher die multiplen Krisenlagen der letzten Jahre, denen hier entscheidende Bedeutung zukommt?[11] Tatsächlich gibt es unter den Befragten eine Tendenz zur zweiten Interpretation, wobei eine deutliche Mehrheit von 89 % den Nachwirkungen der Flüchtlingskrise entweder *sehr* oder *ziemlich* viel Verantwortung zuschreibt, 63 % der Inflation, 55 % der COVID-19-Pandemie, aber nur 33 % dem russischen

---

11 Die Frage nach der Verantwortung für den »Rechtsruck« hat hier ätiologischen Charakter. Sie fragt nicht nach *Schuld* im Sinne einer Fehlleistung oder eines Versäumnisses.

Grafik 6: Verantwortungszuschreibung der Protestteilnehmer (in %)

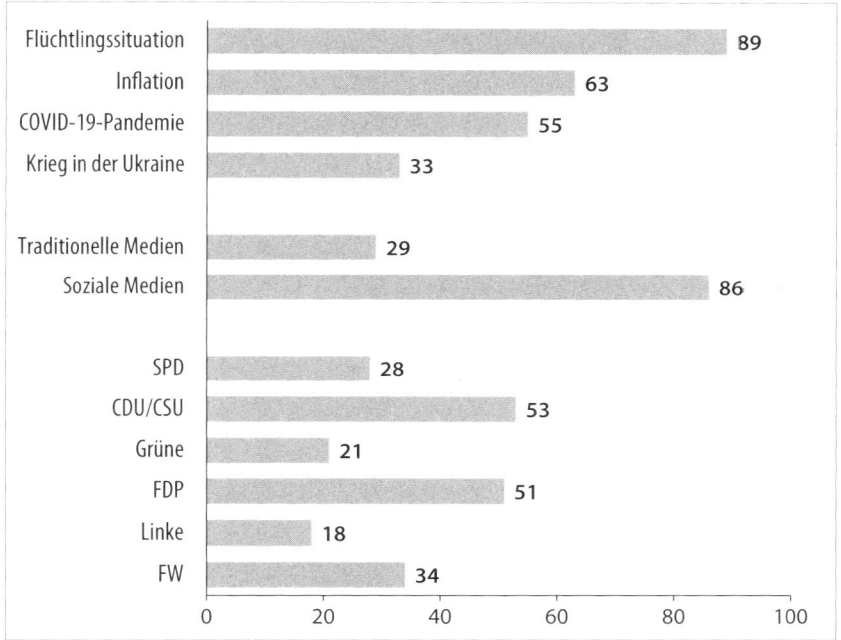

Einmarsch in die Ukraine. Bei den Einzelakteuren liegen die Werte mit Ausnahme der Unionsparteien (53 %) und der FDP (51 %) durchgehend niedriger, wobei diese Ausreißer angesichts der politischen Verortung der meisten Protestgänger nicht allzu überraschend sind. Ebenfalls fast unisono werden auch die sozialen Medien in der Verantwortung gesehen (86 %), deren Nennwert im Vergleich zu traditionelleren Formaten (29 %) um mehr als das Fünffache höher ausfällt (Grafik 6).

Insgesamt verweisen diese Befunde auf der Einstellungsebene also auf eine recht heterogene Gemengelage, widersprechen in Sachen Soziodemografie aber dennoch »dem von Medien, aber auch einigen Wissenschaftlern gezeichneten Bild der Demonstrierenden als eines Querschnitts der Bevölkerung« (Rucht, 2024, S. 12), wie es bereits bei anderen Protestereignissen voreilig gezeichnet wurde.[12] Auch bei den Protesten gegen

---

12 Rucht (2024) nennt hier exemplarisch »die Demonstrierenden gegen den bevorstehenden Irakkrieg im Jahr 2003 und gegen das Stuttgarter Bahnprojekt S21« (ebd., S. 12). In

Rechtsextremismus ist es letztlich nur ein bestimmter Teil der Mitte, der zugegen ist »und in seinen wesentlichen Charakteristika […] nur bedingt Schnittmengen mit der abstiegsbedrohten unteren Mittelschicht aufweist, wie sie seit einiger Zeit als [Adressatin] radikaler Politik diskutiert wird« (Bitschnau & Koos 2024, S. 8). Dabei gilt, dass die vorliegenden Befunde als Lokalerhebungen zwar keine bundesweite Aussagekraft für sich in Anspruch nehmen können, in ihrer Tendenz aber durchaus einige Fragen aufwerfen: Woran lag es, dass nicht mehr Wähler bürgerlicher Parteien – die ja meist ein positives Bild der Proteste hatten – und Angehörige von Bevölkerungsgruppen diesseits der gebildeten Mittelschicht präsent waren? Haben sie mit dem Format gefremdelt? Wurden sie von der Protestästhetik nicht angesprochen? Oder fehlte ihnen im von Sachzwängen bestimmten Alltag einfach die Zeit oder Gelegenheit zur Teilnahme? Dies sind nur einige Fragen, an denen künftige Forschung qualitativ und vergleichend ansetzen kann.

Was bleibt?

Die Proteste gegen Rechtsextremismus waren heftig, aber kurz. So rasch wie sie sich im Januar und Februar aufgebaut hatten, ebbten sie mit Frühjahrseinbruch wieder ab. Als »größte auf einen engen Zeitraum konzentrierte Protestwelle in der Geschichte der Bundesrepublik« (Rucht, 2024, S. 17) kam ihnen dessen ungeachtet hohe Symbolkraft zu, boten sie doch der Zivilgesellschaft eine Gelegenheit, neuen Mut zu schöpfen und sich aus einer jahrelangen Handlungsstarre zu befreien. Angetrieben von der Wahrnehmung rechtsextremer Bodengewinne und dem stetigen Popularitätszuwachs der AfD hatte sich hier vielerorts ein Gefühl der Hilflosigkeit eingestellt – der Eindruck, dass man es mit einem übermächtigen Gegner zu tun habe, an dem jeder Angriff abpralle und gegen den anzukämpfen letztlich aussichtslos sei (vgl. Bitschnau & Koos, 2024). Das Mobilisieren von Hunderttausenden binnen Wochen setzte dieser von Fatalismusmotiven durchwirkten Erzählung die einer widerständigen Bürgerschaft gegenüber: Die Scharen an Protestgängern mussten unweigerlich als eine

beiden Fällen war das Mitte-Narrativ weit verbreitet, konnte sich empirisch (und im Falle von S21 auch an der Wahlurne) aber nicht bestätigen.

Hoffnung stiftende Gegenprojektion zum Bild der dem Abgrund entgegentaumelnden Republik erscheinen. Nach außen konnten sie so das bis dahin dominante Narrativ umkehren; nach innen trugen sie hingegen zur Bemühung um demokratische Selbstvergewisserung bei.

Problematisch erscheint hingegen – neben der demografischen Unwucht, auf die unsere Befunde hindeuten – der Umstand, dass die Proteste längst nicht immer gegen *Rechtsextremismus*, sondern häufig schlicht gegen *rechts* gerichtet waren. Problematisch deshalb, weil der Begriff *rechts* nach international üblicher Nomenklatur etwa christdemokratische und liberale Parteien miteinschließt (vgl. etwa Bale & Rovira Kaltwasser, 2021) und auch hierzulande eine entsprechende Ambiguität in sich trägt. Ihn in der dargestellten Form als Abgrenzungsmarker zu verwenden, erscheint vor diesem Hintergrund wenig zielführend und dürfte (zusammen mit stellenweise auftretenden Anfeindungen gegen das bürgerliche Lager[13]) dazu beigetragen haben, die Teilnahmebereitschaft bereits unterrepräsentierter Gruppen weiter zu mindern: Mancher mag angesichts der insinuierten Ideologiebinarität gar geglaubt haben, dass ein Protest gegen *rechts* notwendigerweise von *links* kommen beziehungsweise eine linke Konnotation haben muss. So oder so gilt indes, dass die Rechte ein legitimer Bestandteil jeder demokratischen Pluralität ist. Einzig da, wo sie in den Extremismus kippt, wo also elementare Spielregeln der Demokratie missachtet werden, lässt sie sich unter das Vorzeichen der Proteste stellen, die das Objekt ihrer Kritik ja außerhalb dieser Regeln verorten.[14]

Alles andere als einfach gestaltet sich zuletzt eine Bewertung des substanziellen (also über das Symbolische hinausgehenden) Protesterfolgs, zu dem vermutlich nur in der Langzeitbetrachtung und mit ergänzendem Datenmaterial tragfähige Aussagen getroffen werden können. So büßte beispielsweise die AfD ab Januar 2024 bei allen großen Umfrageinstituten einige Prozentpunkte Unterstützung ein und kam auch bei der Europawahl im Juni auf nur 15,9 % – die Annahme einer unmittelbaren Kausal-

---

[13] So wurde etwa von Protesten berichtet, auf denen Einlassungen gegen die Unionsparteien zu hören waren und ihren Rednern das Wort verweigert wurde (vgl. u. a. Betschka & von Marschall, 2024).

[14] Entsprechend auch das Fazit des baden-württembergischen Ministerpräsidenten Winfried Kretschmann, der zu Protokoll gab, diese Begriffsvermengung »überhaupt nicht [zu verstehen]. Ich finde das fragwürdig. Es geht gegen Rechtsextremismus und Rechtsradikalismus. Rechts darf man sein …« (Busch & Schultheiß, 2024).

beziehung zu den Protesten wird jedoch dadurch verkompliziert, dass sich zur selben Zeit auch das neugegründete *Bündnis Sahra Wagenknecht* (BSW) als Umfrageoption etablierte und so für eine psephologische Ruptur der hiesigen Parteienlandschaft sorgte.[15] Gut möglich also, dass es sich beim AfD-Umfrageknick stattdessen um die Abwanderung[16] vormaliger Nicht- und Wutwähler zum BSW handelt, die dem politischen Betrachter dann aufgrund der zeitlichen Koinzidenz und narrativen Schlüssigkeit irrtümlich als Protestfolge erscheint. Die wahrscheinlichste Option dürfte freilich sein, dass beide Entwicklungen in einem noch zu bestimmenden Wechselverhältnis zueinander stehen; dass also die Berichterstattung von CORRECTIV und die daran anschließenden Proteste die AfD in einigen Bevölkerungsschichten durchaus Rückhalt gekostet haben, das Aufkommen des BSW diesen Effekt aber verstärkt, überlagert und verstetigt hat.

In jedem Fall erscheinen die Verluste der Partei moderat und stellen eher ein Zurechtstutzen auf den Wert der ersten Jahreshälfte 2023 (16–18 %) als einen wie auch immer gearteten Kollaps dar. Weder, so ist festzuhalten, hat sich etwas am Status der AfD als bundespolitisch zweitstärkster Kraft hinter der Union geändert, noch haben die Proteste einem der drei Ampelkoalitionäre demoskopischen Auftrieb gegeben. Optimistischer stimmt demgegenüber ein Blick auf die mit der Protestorganisation befassten Bündnisse und Initiativen, die sich überall in Deutschland herausgebildet haben, nicht selten in bestehende zivilgesellschaftliche Formationen eingemündet sind und so eine neue Dynamik des Austauschs und der Vernetzung geschaffen haben. Ein gutes Beispiel stellen hier etwa die 2018 gegründeten *Omas gegen Rechts* dar, die in den vergangenen Monaten um mehr als 100 neue Ortsgruppen angewachsen sind und einen deutschlandweiten Wahrnehmungsschub erfahren haben (DPA, 2024) –

---

15 Die Gründung des BSW erfolgte in der zweiten Januarwoche; die großen Meinungsforschungsinstitute wiesen die Partei aber erst Ende Januar gesondert aus, also zu dem Zeitpunkt, als die Proteste ihren Zenit erreicht hatten.

16 Wie aus Statistiken zur Wählerwanderung bei der Europawahl ersichtlich wird, rekrutiert sich das BSW-Elektorat größtenteils aus einstigen SPD- und Linken-Wählern – was aber keineswegs im Widerspruch zu dem beschriebenen Abwerbeeffekt stehen muss. Die statistische Wählerwanderung weist schließlich nur Verschiebungen im Vergleich zweier Wahlen aus. Sie lässt damit all diejenigen unberücksichtigt, die in der Vergangenheit nicht die AfD gewählt hatten, es dieses Mal aber ohne das BSW als gangbare Alternative getan hätten (und zu Jahresbeginn auch mit AfD-Wahlabsicht in den Umfragen aufgetaucht waren).

ein häufig unterschätzter, in seiner Wirkmächtigkeit aber durchaus bedeutsamer Protesteffekt.

Am Ende bleibt somit die Feststellung, dass das Land es zu Jahresbeginn 2024 mit einer beachtlichen und in ihrer Spitze auch historischen Protestwelle zu tun hatte, die insbesondere das Erzeugen medialer Aufmerksamkeit bei gleichzeitiger Revitalisierung der Zivilgesellschaft auf ihrer Habenseite verbuchen kann. Gleichwohl gelang es nur eingeschränkt, AfD-Anhänger zum Überdenken ihrer Wahlentscheidung zu bewegen und die Partei empfindlich zu schwächen, was die Frage aufwirft, ob es sich bei alldem wirklich um den beispielsweise von Klaus Hurrelmann beschworenen »Befreiungsschlag« (Sabinksy-Wolf et al., 2024) gehandelt hat. Aus heutiger Sicht liegt eher die Vermutung nahe, dass die Proteste nicht als singulärer Wendepunkt in der Auseinandersetzung mit dem Rechtsextremismus, sondern als eine aus dem Moment geborene und sich dynamisch aufbauende Gelegenheitsstruktur für diverse Gruppen und Initiativen verstanden werden müssen. Für die Zukunft bleibt offen, inwieweit es diesen gelingen kann, die Kraft des Augenblicks in langfristige Handlungsstrategien umzuleiten und so zu einer Stärkung der demokratischen Resilienzfähigkeit unseres Gemeinwesens beizutragen.

Literatur

Bale, T. & Rovira Kaltwasser, C. (Hrsg.) (2021). *Riding the Populist Wave: Europe's Mainstream Right in Crisis*. Cambridge: Cambridge University Press.

Bensmann, M. et al. (2024). Geheimplan gegen Deutschland. *Correctiv.org*, 10.01.2024. https://correctiv.org/aktuelles/neue-rechte/2024/01/10/geheimplan-remigration-vertreibung-afd-rechtsextreme-november-treffen/ (01.08.2024).

Betschka, J. & von Marschall, C. (2024). CDU und FDP gegen Ausgrenzung beim Protest: »Das breite Bündnis darf nicht von links gespalten werden.« *Tagesspiegel.de*, 25.01.2024. https://www.tagesspiegel.de/politik/demonstrationen-nicht-spalten-cdu-und-fdp-werben-fur-breites-bundnis-gegen-rechtsextremismus-11104942.html (01.08.2024).

Bitschnau, M. & Koos, S. (2024). Die schweigende Mehrheit auf der Straße? Ergebnisse einer Befragung von Teilnehmer:innen an den Protesten gegen Rechtsextremismus. *Policy Paper 15* (Hrsg. v. Cluster of Excellence »The Politics of Inequality« und Das Progressive Zentrum), 1–11.

Burzan, N., Kohrs, S. & Küsters, I. (2014). *Die Mitte der Gesellschaft: Sicherer als erwartet?* Weinheim/Basel: Beltz Juventa.

Busch, F. & Schultheis, J. (2024). Winfried Kretschmann über Schwarz-Grün: »Die Langeweile bedauere ich nicht.« *Web.de*, 06.02.2024. https://web.de/magazine/politik/winfried-kretschmann-schwarz-gruen-langeweile-bedauere-39286302 (01.08.2024).

Daphi, P., Haunss, S., Sommer, M. & Teune, S. (2023). Taking to the Streets in Germany – Disenchanted and Confident Critics in Mass Demonstrations. *German Politics*, *32*(3), 440–468.

Diez, G. (2024). Eine neue Revolution. *Zeit.de*, 14.02.2024. https://www.zeit.de/kultur/2024-02/demonstrationen-gegen-afd-demokratie-zivilgesellschaft-effekte (01.08.2024).

DPA – Deutsche Presse-Agentur (2024). Erster Bundeskongress von »Omas gegen Rechts« – mit Demo. *Sueddeutsche.de*, 04.08.2024. https://www.sueddeutsche.de/politik/fuer-demokratie-erster-bundeskongress-von-omas-gegen-rechts-mit-demo-dpa.urn-newsml-dpa-com-20090101-240803-930-193209 (05.08.2024).

Grote, K. & Kramer, H. (2024). Nach rechtem Geheimtreffen: Potsdamer versammeln sich zu Spontandemo vor Villa Adlon. *Tagesspiegel.de*, 11.01.2024. https://www.tagesspiegel.de/potsdam/landeshauptstadt/nach-rechtem-geheimtreffen-potsdamer-versammeln-sich-zu-spontandemo-an-der-villa-adlon-11034931.html (01.08.2024).

Hutter, S. & Weisskircher, M. (2023). New Contentious Politics: Civil Society, Social Movements, and the Polarisation of German Politics. *German Politics, 32*(3), 403–419.

Lotter, M. (2024). Verteidigung der Demokratie. *IPG-Journal*, 27.02.2024. https://www.ipg-journal.de/rubriken/demokratie-und-gesellschaft/artikel/verteidigung-der-demokratie-7350/ (01.08.2024).

Rucht, D. (2024). Für Demokratie – gegen Rechtsextremismus: Profil und Dynamik der jüngsten Protestwelle. *IPB Working Paper*, 1/2024, 1–19.

Sabinsky-Wolf, H., Sartor, S. & Thies, L. (2024). Demos gegen Rechtsextremismus: Ist das ein Befreiungsschlag? *Augsburger-Allgemeine.de,* 21.01.2024. https://www.augsburger-allgemeine.de/politik/demonstrationen-hunderttausende-demonstrieren-gegen-rechtsextremismus-ist-das-ein-befreiungsschlag-id69156511.html (01.08.2024).

Sander, L. & Ansa, S. (2024). Tausendmal Tausende für Vielfalt. *Taz.de*, 01.03.2024. https://taz.de/Analyse-der-Demos-gegen-Rechtsextreme/!5995645/ (01.08.2024).

Stjepandić, K., Steinhilper, E. & Zajak, S. (2023). Forging Plural Coalitions in Times of Polarisation: Protest for an Open Society in Germany. *German Politics, 32*(3), 469–494.

Übersicht aller bisher erschienenen Studien dieser Reihe 2002–2022

Oliver Decker, Oskar Niedermayer & Elmar Brähler (2003). Rechtsextreme Einstellungen in Deutschland. Ergebnisse einer repräsentativen Erhebung im April 2002. *Zeitschrift für Psychotraumatologie und Psychologische Medizin, 1,* 65–77.

Oliver Decker & Elmar Brähler (2005). Rechtsextreme Einstellungen in Deutschland. *Aus Politik und Zeitgeschehen, 42,* 8–17.

Oliver Decker & Elmar Brähler (2006). *Vom Rand zur Mitte. Rechtsextreme Einstellungen und ihre Einflussfaktoren in Deutschland.* Unter Mitarbeit von Norman Geißler. Berlin: FES.

Oliver Decker, Katharina Rothe, Marliese Weißmann, Norman Geißler & Elmar Brähler (2008). *Ein Blick in die Mitte. Zur Entstehung rechtsextremer und demokratischer Einstellungen.* Unter Mitarbeit von Franziska Göpner & Kathleen Pöge. Berlin: FES.

Oliver Decker & Elmar Brähler (2008). *Bewegung in der Mitte. Rechtsextreme Einstellungen in Deutschland 2008.* Unter Mitarbeit von Johannes Kiess. Berlin: FES.

Oliver Decker, Marliese Weißmann, Johannes Kiess & Elmar Brähler (2010). *Die Mitte in der Krise. Rechtsextreme Einstellungen in Deutschland 2010.* Springe: zu Klampen (2012).

Oliver Decker, Johannes Kiess & Elmar Brähler (Hrsg.) (2012). *Die Mitte im Umbruch. Rechtsextreme Einstellungen in Deutschland 2012.* Bonn: Dietz.

Oliver Decker, Johannes Kiess & Elmar Brähler (Hrsg.) (2013). *Rechtsextremismus der Mitte. Eine sozialpsychologische Gegenwartsdiagnose.* Gießen: Psychosozial.

Oliver Decker, Johannes Kiess & Elmar Brähler (Hrsg.) (2014). *Die stabilisierte Mitte. Rechtsextreme Einstellung in Deutschland 2014.* Universität Leipzig.

Oliver Decker, Johannes Kiess & Elmar Brähler (Hrsg.) (2015). *Rechtsextremismus der Mitte und sekundärer Autoritarismus.* Gießen: Psychosozial.

Oliver Decker, Johannes Kiess & Elmar Brähler (Hrsg.) (2016). *Die enthemmte Mitte. Autoritäre und rechtsextreme Einstellung in Deutschland. Die Leipziger Mitte-Studie 2016.* Gießen: Psychosozial.

Oliver Decker & Elmar Brähler (Hrsg.) (2018). *Flucht ins Autoritäre. Rechtsextreme Dynamiken in der Mitte der Gesellschaft. Die Leipziger Autoritarismus-Studie 2018.* Gießen: Psychosozial.

Oliver Decker & Elmar Brähler (Hrsg.) (2020). *Autoritäre Dynamiken. Alte Ressentiments – neue Radikalität. Leipziger Autoritarismus Studie 2020.* Gießen: Psychosozial.

Oliver Decker, Johannes Kiess, Ayline Heller & Elmar Brähler (Hrsg.) (2022). *Autoritäre Dynamiken in unsicheren Zeiten. Neue Herausforderungen – alte Reaktionen? Leipziger Autoritarismus Studie 2022.* Gießen: Psychosozial.

Autorinnen und Autoren

Dr. Marco Bitschnau ist Postdoktorand an der Professur für Soziologie mit Schwerpunkt soziale Bewegungen der Universität Konstanz und zugleich mit dem Exzellenzcluster »The Politics of Inequality« affiliiert. Seine Forschungsinteressen umfassen verschiedene Teilbereiche der politischen Soziologie, etwa die Protest-, Krisen- und Populismusforschung.

Prof. Dr. Elmar Brähler war von 1994 bis zu seiner Emeritierung 2013 Leiter der Abteilung für Medizinische Psychologie und Medizinische Soziologie der Universität Leipzig. Seitdem ist er Gastwissenschaftler an der Klinik und Poliklinik für Psychosomatische Medizin und Psychotherapie der Universitätsmedizin Mainz. Er leitet dort das BMBF-Verbundprojekt »DDR-Vergangenheit und psychische Gesundheit: Risiko- und Schutzfaktoren«. Zudem ist er Gastwissenschaftler am Else-Frenkel-Brunswik-Institut für Demokratieforschung an der Universität Leipzig.

KAZIM CELIK, M. A., Politikwissenschaftler, ist Wissenschaftlicher Mitarbeiter am Else-Frenkel-Brunswik-Institut für Demokratieforschung und seit 2019 Mitglied des Kompetenzzentrums für Rechtsextremismus- und Demokratieforschung an der Universität Leipzig. Seine Forschungsschwerpunkte liegen bei Politischer Kulturforschung sowie gesellschaftlicher Polarisierung als Triebfaktor für Radikalisierungs- und Co-Radikalisierungsprozesse.

Prof. Dr. OLIVER DECKER ist Direktor des Else-Frenkel-Brunswik-Instituts sowie des Kompetenzzentrums für Rechtsextremismus- und Demokratieforschung, beide Universität Leipzig. Er ist zudem Professor für Sozialpsychologie an der Sigmund-Freud-Universität Berlin.

MARIUS DILLING, M. A., ist seit November 2020 Wissenschaftlicher Mitarbeiter am Else-Frenkel-Brunswik-Institut für Demokratieforschung und Mitglied des Kompetenzzentrums für Rechtsextremismus- und Demokratieforschung an der Universität Leipzig. Zuvor studierte er Sozialwissenschaften an der Universität Siegen und war dort Wissenschaftliche Hilfskraft am Lehrstuhl für Empirische Sozialforschung. Er forscht zu demokratiefeindlichen Einstellungen mit Fokus auf Autoritarismus und Rechtsextremismus.

THORSTEN FEHLBERG ist Politikwissenschaftler und Dipl.-Sozialgeograf. Seit 2021 promoviert er – gefördert vom Ernst Ludwig Ehrlich Studienwerk – an der Universität zu Köln. Er ist assoziierter Wissenschaftler am Else-Frenkel-Brunswik-Institut für Demokratieforschung in Sachsen. Von 2020 bis 2022 war er Wissenschaftlicher Mitarbeiter bei der Stiftung Hamburger Gedenkstätten und Lernorte zur Erinnerung an die Opfer der NS-Verbrechen. Von 2013 bis 2019 war er beim Bundesverband Information & Beratung für NS-Verfolgte e. V. tätig. Schwerpunkte seiner Forschung umfassen die Themen Nachkommen von NS-Verfolgten, jüdischer Aktivismus, Antisemitismus, Gedenkkultur sowie Aktivismus von Roma und Sinti.

Dr. AYLINE HELLER ist Post Doc für Vergleichbarkeit von Umfragedaten bei GESIS – Leibniz-Institut für Sozialwissenschaften sowie Wissenschaftliche Mitarbeiterin im BMBF-Projekt »DDR-Vergangenheit und Psychische Gesundheit«. Seit 2019 ist sie Vorstandsmitglied der Gesellschaft für psychoanalytische Sozialpsychologie e. V. (GfpS).

Dr. FIONA KALKSTEIN ist stellvertretende Direktorin des Else-Frenkel-Brunswik-Instituts für Demokratieforschung in Sachsen und leitet den qualitativen, vorrangig tiefenhermeneutischen Arbeitsbereich. Ihre Forschungsschwerpunkte liegen auf materialistischen Perspektiven auf die Psychodynamik von Autoritarismus sowie in der Auseinandersetzung mit der neuen Querfront und Hass auf Frauen. In der Vergangenheit forschte sie über die unglückliche Verschränkung von Weiblichkeit und Klassenantagonismus bei Müttern.

Dr. JOHANNES KIESS ist Soziologe und stellvertretender Direktor des Else-Frenkel-Brunswik-Instituts für Demokratieforschung an der Universität Leipzig. Seine Forschungsschwerpunkte sind politische Soziologie (insbesondere Rechtsextremismus- und Demokratieforschung), industrielle Beziehungen und Europasoziologie. Derzeit leitet er u. a. die Drittmittelprojekte »Handlungsfähigkeit (wieder-)entdecken. Arbeitskämpfe und die lokale politische Kultur in Sachsen« (Hans-Böckler-Stiftung) und »PEPP-COV: Politische Einstellungen und politische Partizipation in Folge der COVID-19-Pandemie« (BMBF).

Prof. Dr. SEBASTIAN KOOS ist Professor für Soziologie mit Schwerpunkt soziale Bewegungen an der Universität Konstanz und zugleich mit dem Exzellenzcluster »The Politics of Inequality« affiliiert. Seine Forschungsinteressen liegen im Bereich der Protest- und Bewegungsforschung sowie in der Umwelt-, Wirtschafts- und Organisationssoziologie.

Prof. Dr. DANI KRANZ hat den DAAD Humboldt-Lehrstuhl am Colegio de Mexico, Mexico City, inne. Sie ist die erste Vorsitzende von Präsenzen – Netzwerk jüdische Gegenwartsforschung e. V. und arbeitet als angewandte Anthropologin und Direktorin von Two Foxes Consulting, Deutschland. Ihre Expertise umfasst Migrations- und Ethnizitätsforschung, Kulturerbe sowie Anthropologie von Recht, Politik und Staat sowie intergenerationaler Tradierung und Erinnerungskultur und -politik. In ihrer angewandten Arbeit ist sie u. a. Mitglied im Beratungskreis des Bundesbeauftragten für jüdisches Leben und der Bekämpfung von Antisemitismus sowie im Rat für Migration. Sie kooperiert mit Stiftungen und berät zudem Museen und NROs. Sie ist im Vorstand des Netzwerks jüdischer Hochschullehrender.

JOHANNA NIENDORF, M. A., studierte Soziologie, Psychologie und Sozialwissenschaften. Sie ist Wissenschaftliche Mitarbeiterin am Else-Frenkel-Brunswik-Institut und promoviert zu Geschlechterverhältnissen und autoritären Dynamiken. Sie ist Mitherausgeberin der Zeitschrift »Freie Assoziation – Zeitschrift für psychoanalytische Sozialpsychologie«.

Prof. Dr. GERT PICKEL ist Professor für Religions- und Kirchensoziologie an der Universität Leipzig. Zudem ist er Leiter des Teilinstituts Leipzig des Forschungsinstitutes Gesellschaftlicher Zusammenhalt (FGZ) und Co-Leiter des Kompetenzzentrums Rechtsextremismus- und Demokratieforschung an der Universität Leipzig.

Prof. Dr. SUSANNE PICKEL ist Professorin für Politikwissenschaft mit dem Schwerpunkt Vergleichende Politikwissenschaft an der Universität Duisburg-Essen und Konsortialleiterin des BMBF-geförderten Verbundprojektes »Radikaler Islam vs. radikaler Anti-Islam«.

Psychosozial-Verlag

Oliver Decker, Johannes Kiess, Ayline Heller, Elmar Brähler (Hg.)

Autoritäre Dynamiken in unsicheren Zeiten
Neue Herausforderungen – alte Reaktionen?
Leipziger Autoritarismus Studie 2022

2022 · 402 Seiten · Broschur
ISBN 978-3-8379-3175-4

Die Zeiten sind unsicher: Klimawandel, COVID-19-Pandemie, der Angriffskrieg Russlands gegen die Ukraine, Energiemangel und Inflation bestimmen in dichter Folge die öffentliche Debatte und das Leben in der Bundesrepublik. Welche Auswirkungen haben diese Herausforderungen auf die politische Kultur und die Gesellschaft?

Auf Grundlage der Ergebnisse der seit 2002 zum elften Mal durchgeführten repräsentativen Bevölkerungsumfrage zeigen die Autorinnen und Autoren, wie die Deutschen diese unsicheren Zeiten wahrnehmen, wie sich ihre Krisenwahrnehmung auf die politische Einstellung im Allgemeinen und auf autoritäre Dynamiken im Besonderen auswirkt.

Mit Beiträgen von David Aderholz, Inken Behrmann, Sophie Bose, Elmar Brähler, Kazim Celik, Vera Clemens, Oliver Decker, Marius Dilling, Jörg M. Fegert, Natalie Gittner, Ayline Heller, Nele Hellweg, Charlotte Höcker, Valentin Ihßen, Fiona Kalkstein, Johannes Kiess, Johanna Niendorf, Laura Pfirter, Gert Pickel, Susanne Pickel, Clara Schließler, Andre Schmidt, Johanna M. Schmidt, Julia Schuler, Simon Toewe und Alexander Yendell

Walltorstr. 10 · 35390 Gießen · Tel. 0641-969978-18 · Fax 0641-969978-19
bestellung@psychosozial-verlag.de · www.psychosozial-verlag.de

Psychosozial-Verlag

Manfred Prisching

Verlorenheit
Ressentiments und verletzte Bedürfnisse in Krisenzeiten

2024 · 171 Seiten · Broschur
ISBN 978-3-8379-3352-9

▸ **Neuer und differenzierter Blick auf das gegenwärtige Unbehagen**
▸ **Verweist fundiert auf verletzte Grundbedürfnisse in der Gesellschaft**
▸ **Klar, pointiert und orientiert an aktuellen Debatten**

Das Unbehagen steigt, Krisen sind in aller Munde und immer mehr Menschen fühlen sich in der spätmodernen Gesellschaft fremd und verloren. Dabei verstärken gegenwärtige Konflikte lediglich ein elementares und seit Längerem wachsendes Grundgefühl: Die vormalige Normalität des Lebens ist vorbei. Manfred Prisching begreift die Atmosphäre diffuser Unruhe als Ergebnis verletzter Grundbedürfnisse. Wo verbindliche Werte, die Verwurzelung in einer Gemeinschaft oder elementare Sicherheitsbedürfnisse keinen Ort mehr haben, steigt erst die Irritation, dann entwickeln sich zunehmend Angst, Aggressivität und Ressentiment. Doch wohin driftet eine Gesellschaft, in der jedes polarisierungsfähige Thema und jedes streitfähige Ereignis zum Anlass genommen werden, um den emotionalen »Überdruck« konflikthaft zu inszenieren?

Walltorstr. 10 · 35390 Gießen · Tel. 0641-969978-18 · Fax 0641-969978-19
bestellung@psychosozial-verlag.de · www.psychosozial-verlag.de